瀬戸内海 離島社会の変容

「産業の時間」と「むらの時間」のコンフリクト

武田尚子 著

少子高齢化の島もにぎわう秋の祭礼（町集落の山王社境内）

御茶の水書房

図表の訂正

図表１－12　田島西部の家大工・船大工の系譜（一部仮名）〔70頁〕

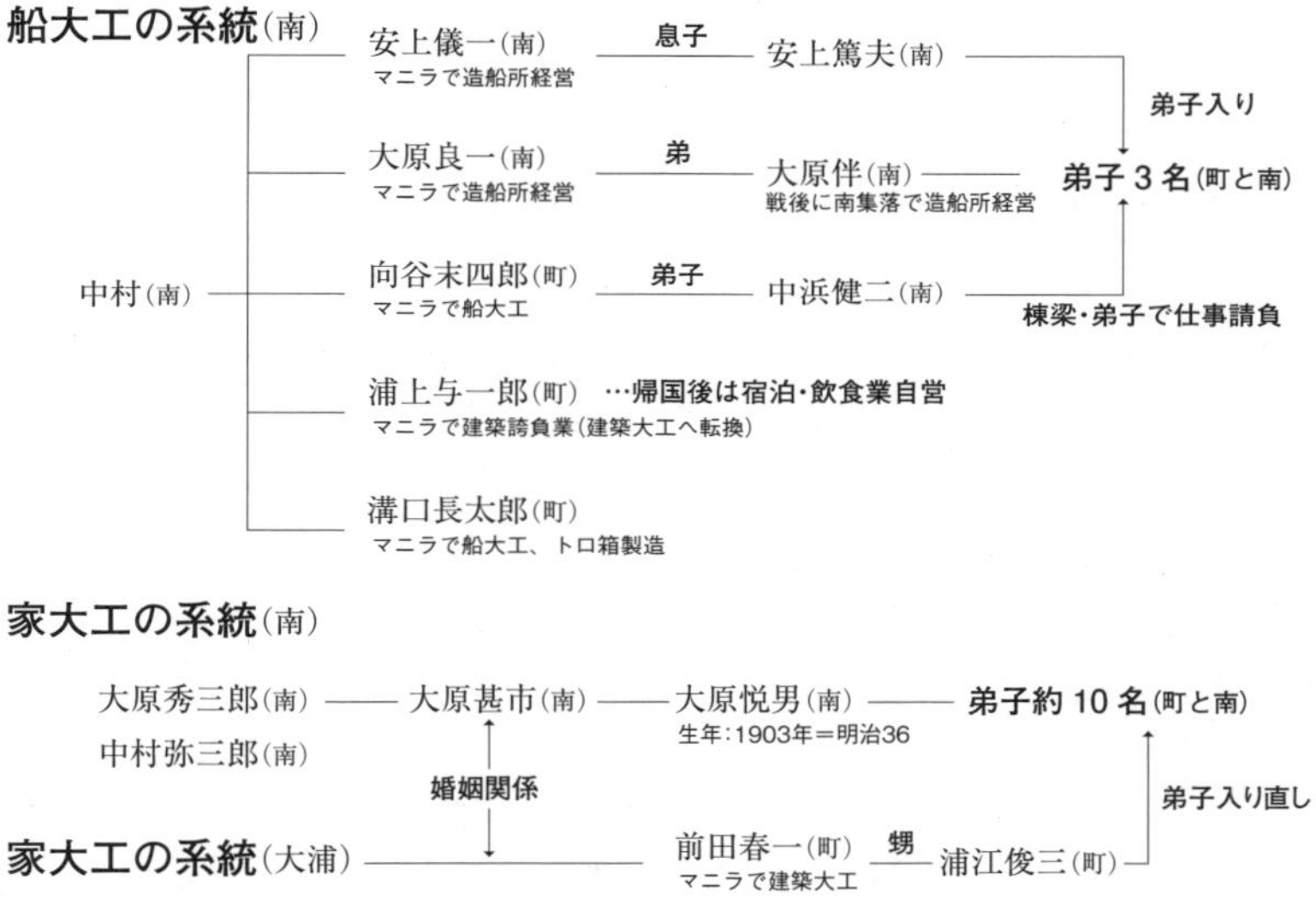

出典：W家所蔵資料より筆者作成。

図表3-4　宗教的活動の多層的構成〔153頁〕
（空間的展開と歴史的・時間的蓄積）

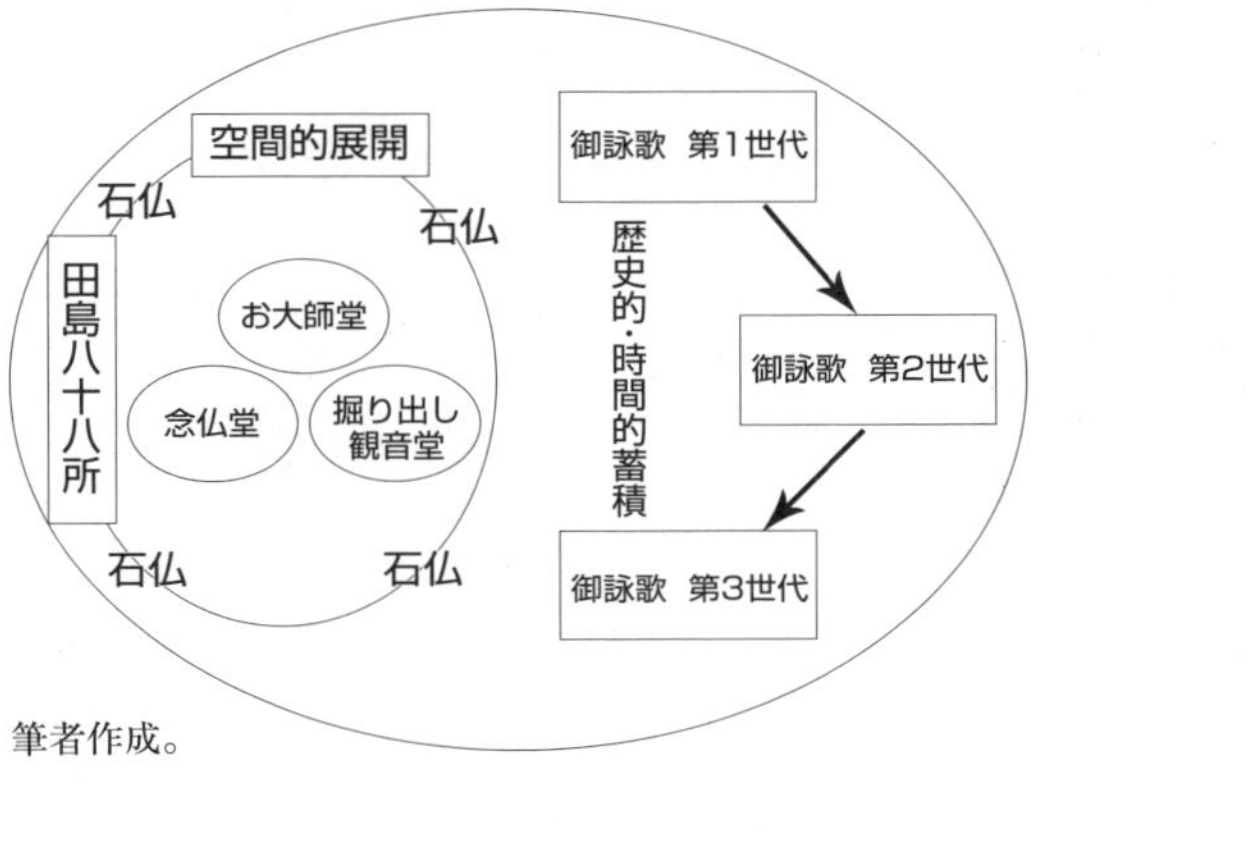

筆者作成。

瀬戸内海離島社会の変容——目次

目次

Ⅱ部　「産業の時間」——海の世界と産業の再編

凡 例

1. 年号の記載は原則として、一九四五年以前の西暦だけ、各章に初出の際に和暦を付記した。

2. 出生年については、すべて西暦表記のみで記した。「〇〇年出生」を略記して「〇〇年生」と記す。

3. 人名は、本名表記、漢字を用いた仮名表記、アルファベットを用いた仮名表記の三種類を併用した（人名の引用が多く、仮名にする場合、アルファベット表記だけではわかりにくくなるため）。

4. インタビュー内容の表記について。

①【 】は、語りの要点を的確に示すため、武田がつけた小見出しである。

②〔 〕は調査者（武田）の発言である。聴き取り調査対象者の会話の内容を理解するために必要な発言のみ記した。

③（ ）は、調査対象者の発言内容をわかりやすくするため、武田が補ったものである。

④〈 〉は、語りの内容を要約したものである。

瀬戸内海離島社会の変容

――「産業の時間」と「むらの時間」のコンフリクト――

序　章　第一次産業就業者層の分解とタイムラグ

● 麦刈る祖母（個人所蔵）

1　漁民層分解と集落間のタイムラグ

はじめに、本書の調査対象地にみられる、興味深い一つの事実について述べておこう。瀬戸内海の小さな離島社会であるのに、第一次産業就業者層（漁業者）の階層分解の時期が集落によって異なっている。集落間にタイムラグがあった。このタイムラグは、単なる時間のラグにとどまらない。集落間にあった様々な社会的なラグの反映である。また、次の社会的ラグを発生させる要因にもなった。地域社会に内包されている多様なラグは、マクロ社会の変化と相乗し、地域社会をダイナミックに変化させた。集落間のタイムラグとは、いったい何か。本書では、タイムラグや社会的なラグの実態、それらが生みだした摩擦・コンフリクト、地域社会の変容の軌跡を記述し、タイムラグが意味するものについて考えてみたい。

まず最初に、調査地の概要と集落間にみられるタイムラグの実態について簡略に説明しておこう。本書の調査対象地は、広島県沼隈郡内海町（二〇〇三年から福山市内海町）である（図表A）。一九五五年に、隣接する二つの離島、横島と田島が合併し、沼隈郡内海町となった。合併後の数字ではあるが、一九六〇年には田島の人口三五八五人、普通世帯数九二三、横島の人口三二八七人、普通世帯数七六〇である。両島は潮がひいたときには歩いて渡れると言われるほど近接している。しかし、両島それぞれが近代にたどった歴史や、産業構成は異なっている。そのような両島が一九五五年に合併して同じ行政単位に属することになり、地域社会はこれまでとは異なるダイナミズムで変化していくことになった。

図表A　広島県東部および内海町（田島・横島）拡大図

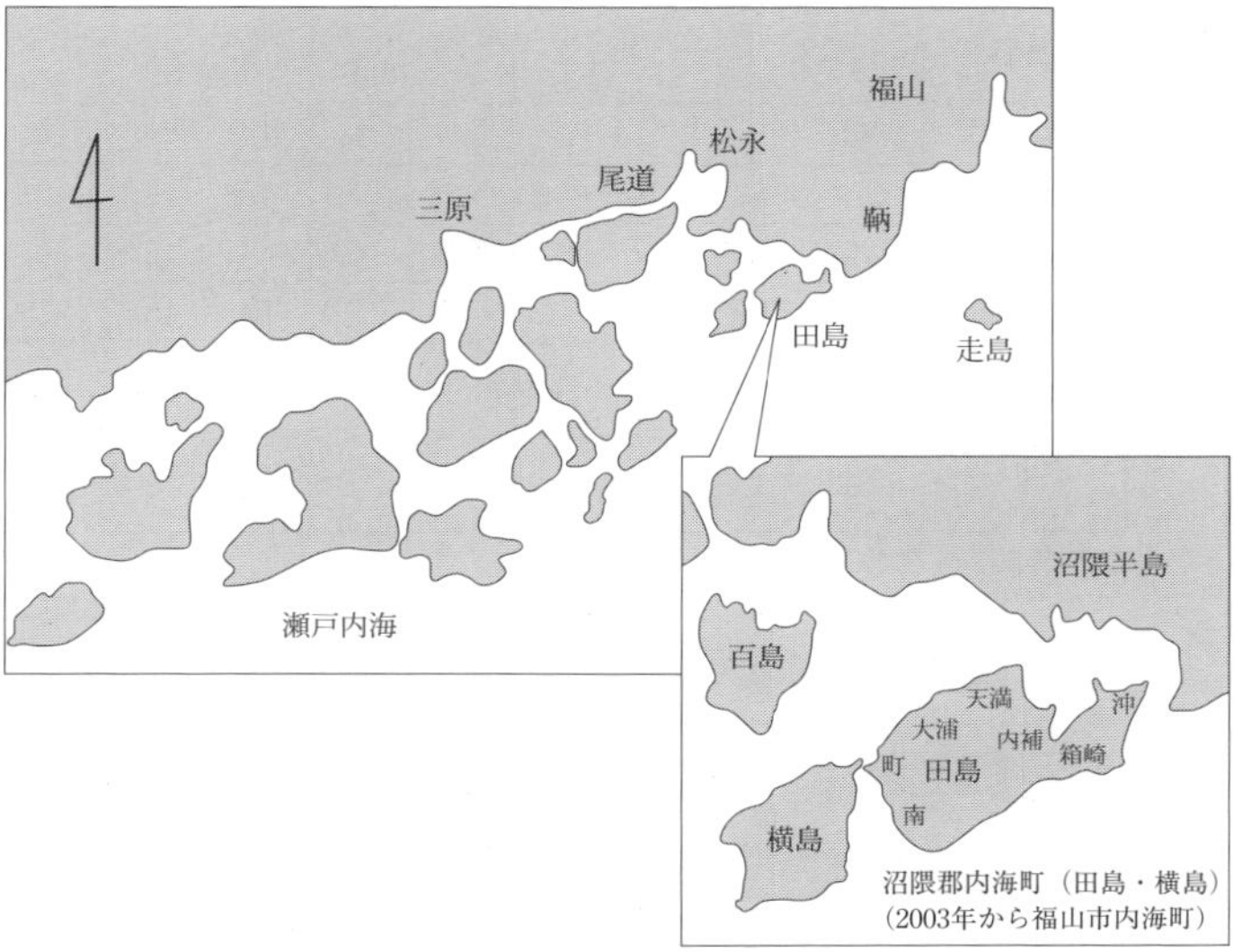

両島の相違を具体的に挙げると次のようになる。田島では、島の海岸部に沿って五つの大字集落がある。田島西部にあるのが、南、町、大浦、天満の四つの集落である。田島東部にあるのが内浦である。五つの大字集落には、それぞれ氏神神社があって自然村を形成し、地域自治会が構成されていた。近世から昭和戦前期まで、集落によって主要産業は異なっていた。

田島西部の町集落は商業・漁業を中心とする集落で、明治期後半から昭和戦前期にかけて、マニラへ漁業移民を送出した特徴ある集落である［武田 2002］。西部の他の集落（南、大浦、天満）は農業集落であった。田島東部の内浦も農業集落で、内浦の枝村が東部に複数点在していた（沖、箱崎、釜谷、寺山）。枝村のなかでも箱崎だけは漁業集落で、江戸末期に漁業に特化して新しく形成された集落である。明治期に入って漁業がさらに盛んになり、田島村の漁業組合は箱崎におかれるようになった。現在も箱崎集落では漁業が行われている。

一方、横島の集落構成は、田島とは異なっている。居住

図表B　1960年　内海町における産業別・普通世帯数

（実数、％）

	漁家		農家		製造・建設・鉱業		商業・サービス・自由業		勤め人・労務者		就業者なし・内職	
	実数	％	実数	％	実数	％	実数	％	実数	％	実数	％
横島	154	20.3	279	36.7	24	3.2	88	11.6	108	14.2	107	14.1
田島西部	24	4.3	280	49.9	7	1.2	59	10.5	88	15.7	103	18.4
田島東部	78	21.5	207	57.2	3	0.8	19	5.2	47	13.0	8	2.2
田島西部のうち町集落のみ	12	4.4	75	27.5	4	1.5	45	16.5	63	23.1	74	27.1
田島東部のうち箱崎集落のみ	23	52.3	16	36.3	0	0.0	1	2.3	4	9.1	0	0.0

出典：1960年国勢調査　特性別調査区一覧表。

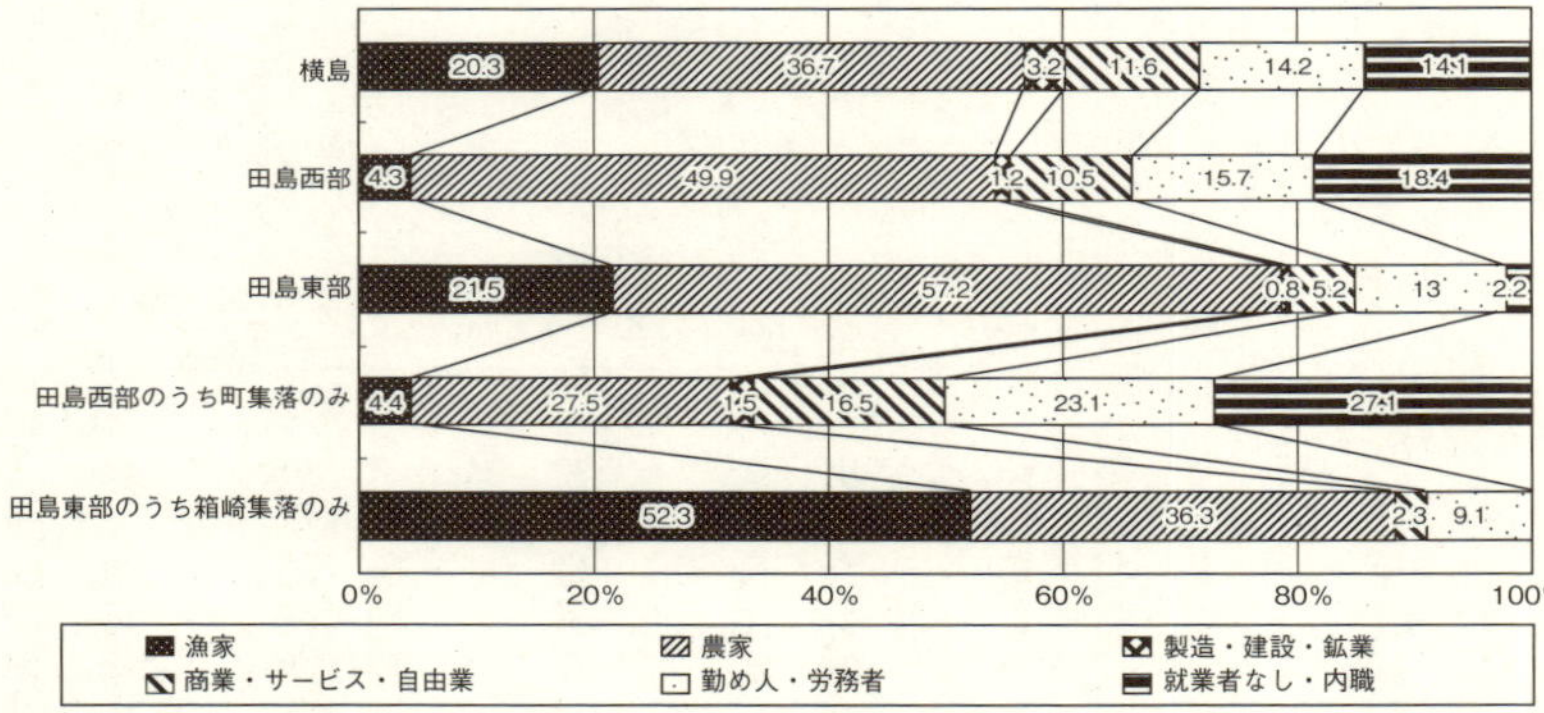

地は島の北東部に集中し、規模の大きい集落が一つある。氏神神社は一つで、横島全体で一つの自然村を形成していた。地域自治会も一つである（下部単位として一一区に分割されている）。横島では一九六〇年頃まで一定数の専業漁業者が操業し、漁業を主とする集落であった。しかし、一九六〇年代に対岸の沼隈町で造船企業のT造船㈱が成長し、横島では多くの人が漁業から造船業へ職業移動した。七〇年代には、漁業者と製造業就業者が混在していた。

以上のように、田島と横島は合併して、内海町という一つの行政単位になったが、田島西部、田島東部、横島は、それぞれ異なる地域特性を有していた。

漁民層分解にみられる集落間のタイムラグについて、一九六〇年と一九七〇年の国勢調査・調査区別集計を用いて確認してお

図表C　内海町における産業大分類別・就業者　（男性）

（実数）

	1950	1955	1960	1965	1970	1975	1980	1985	1990	1995
漁業・水産養殖業	1057	706	557	282	171	144	154	152	132	124
農業	484	433	353	204	131	46	84	72	34	30
製造業	180	132	107	222	255	393	177	203	216	208
建設業	67	65	88	98	271	177	314	206	125	120
その他	312	366	401	368	354	370	360	336	342	359

出典：各年国勢調査。

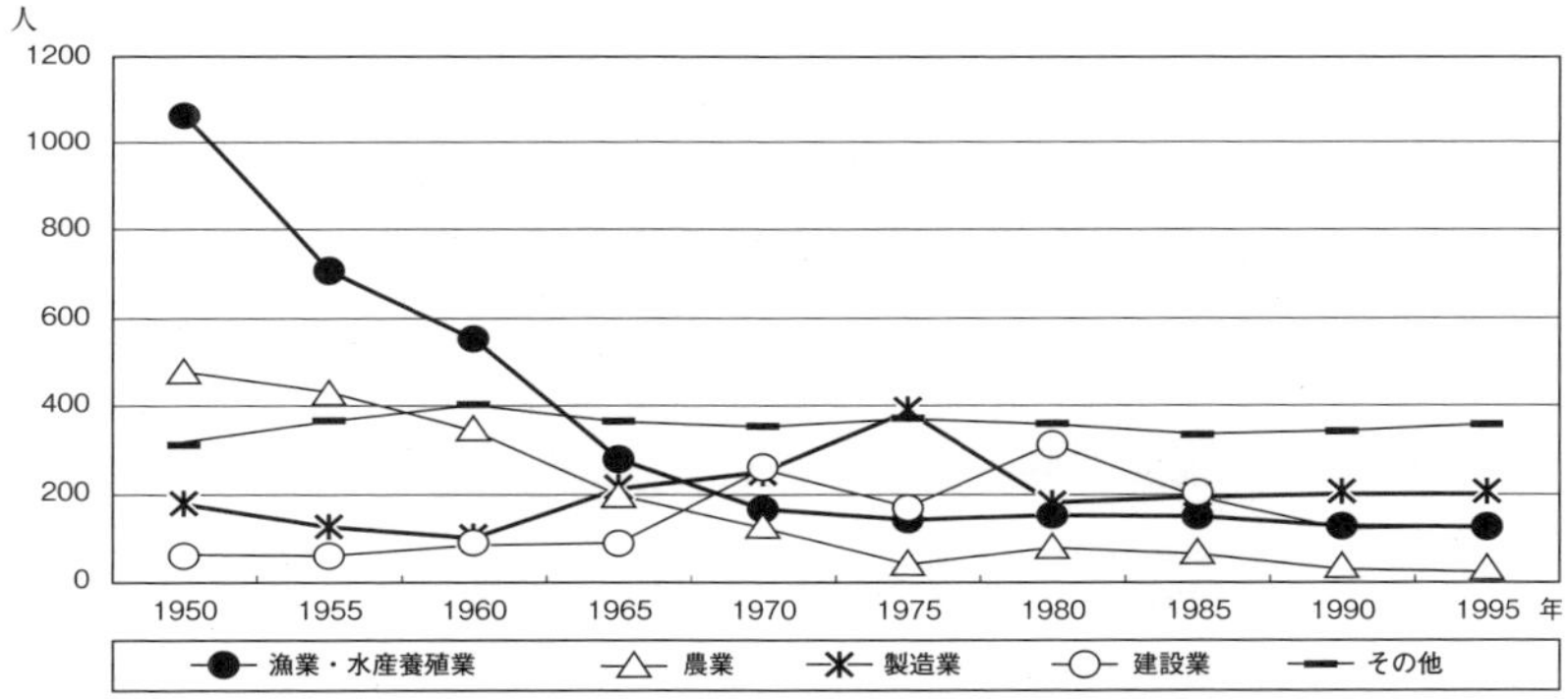

こう（調査区別集計は調査年によって公表されているデータが異なるので、単純な経年比較はできないが、おおよその違いを確認することはできる）[1]。田島西部（町・南・大浦・天満）、田島東部（内浦、箱崎、その他）を分けて集計した。さらに集落間の違いが明確な田島西部の町集落、田島東部の箱崎集落について、比較しやすいように取り出して併記した。

図表Bは一九六〇年の世帯単位の産業別構成である。横島と田島東部には一定数の漁家が存在する。箱崎集落では五〇％を超えている。それに対して、田島西部では少ない。町集落だけ取り出してみても同様である。町集落ではマニラへの移民送出が契機になって、戦前から地元で操業する漁業者の割合は少なかった。漁民層分解は戦前から進行していた（第一章参照）。このように一九六〇年に、田島西部（町集落）、田島東部（箱崎集落）、横島の漁民層分解の程度に差異があったことを確認することができる。

図表D　1970年　内海町における産業大分類別・就業者（男女）

（実数、％）

	漁業・水産養殖業		農業		製造業		建設業		その他	
	実数	%	実数	%	実数	%	実数	%	実数	%
横島	118	12.6	95	10.1	230	24.5	227	24.2	268	28.6
田島西部	15	2.5	121	20.4	145	24.4	80	13.5	233	39.2
田島東部	95	16.4	207	35.7	93	16.0	66	11.4	119	20.5
田島西部のうち町集落のみ	8	2.9	26	9.5	60	21.8	40	14.5	141	51.3
田島東部のうち箱崎集落のみ	64	35.0	60	32.8	12	6.6	30	16.4	17	9.3

出典：1970年国勢調査　調査区別集計一覧。

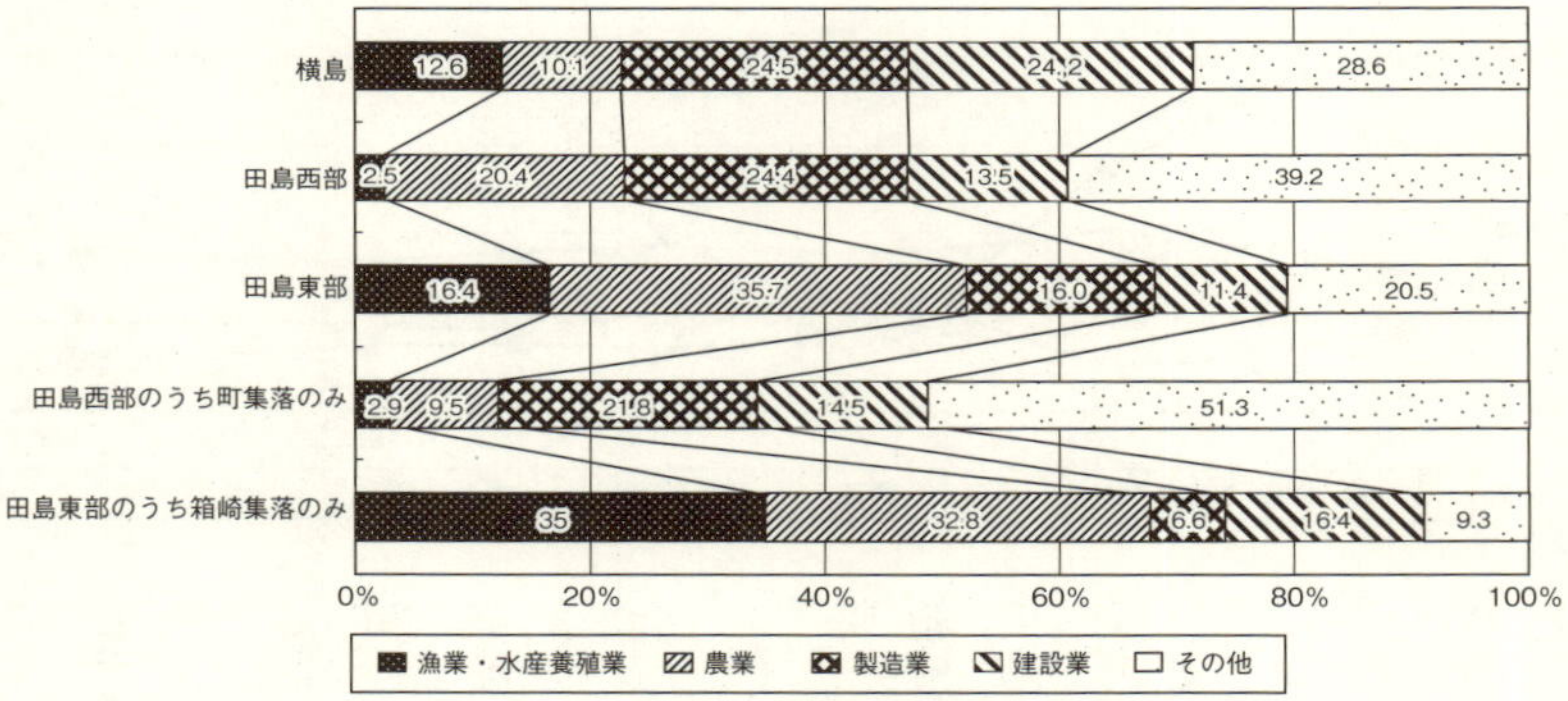

漁業就業者は男性が主である。図表Cは男性について産業大分類別・就業者数の変化を示したものである。内海町で漁業就業者数と製造業就業者数が逆転するのは一九六五～七〇年の間である。

図表Dは一九七〇年の産業大分類別就業者数をみたものである（男女一括集計で、調査区別の男性データだけを取り出すことはできない）。横島では漁業者の割合が減少し、製造業・建設業就業者が増加している。横島で漁民層分解が進行したのは一九六五～一九七〇年の間、つまり高度経済成長期であることがわかる。それに対して、田島の箱崎集落では、一九七〇年でも製造業就業者は少なく、一定数の漁業者が存在している。箱崎集落は高度成長期も漁業者主体の集落という特徴を維持し続けた。

このように瀬戸内海離島の主要産業であっ

た漁業に注目すると、内海町では漁民層分解に、集落間のタイムラグがあったことを確認することができる。日本における第一次産業就業者層の分解の特徴の一つは、戦争で中断した時期を挟みながら、戦前・戦後の二段階で進行したことである［濱島 1960］。内海町における漁民層分解も、まさに集落による違いをみせながら、戦前（町集落）と戦後（横島）の二段階で進行した様相を示している。

タイムラグがあるということは、マクロ社会からもたらされる外部要因の影響によって、一律に変化が生じるわけではないことを示している。集落間にタイムラグがあることは、それぞれの集落に内在する要因を無視できないことを示している。近世から各集落の社会構造には違いがあった。さらに近現代においても、変化の様相は集落によって異なっている。本書では田島西部（町集落）、田島東部（箱崎集落）、横島に焦点をあて、漁民層分解を生じさせた内部要因、さらに内部要因と外部要因の交錯を明らかにし、タイムラグが意味するものについて考えてみたい。

2　第一次産業就業者層の分解

（1）過剰人口問題——漁業経済学的視点

漁民層分解について、先行研究はどのような視点から分析しているのだろうか。漁村における過剰人口を問題にしたのは漁業経済学である。漁業経済学の近藤康男らは一九四〇年代後半に行われた水産開係の三つのセンサス（一九四七年水産業基本調査、一九四八年漁業権調査、一九四九年漁業センサス）に基づいて、一九五〇年前後の漁業の概況と階級構造について次のように述べている［近藤編 1953:97-114］。

漁業における階級構造は大きく漁業資本家群と、漁業労働者群に分けられる。その二極の間に未分化状態の漁家群が存在する。漁業資本家群は、巨大資本会社、中小資本会社、個人船主、網元の四群に分類できる。これら四群は、主たる漁法、経営規模、従業員数が異なっており、それぞれ独自の経営形態で漁業構造上に位置づけられる。たとえば巨大資本会社は一九五〇年代に四社あった（大洋漁業、日魯漁業、日本水産、極洋捕鯨）。遠洋漁業を主とし、数千人の従業員規模であった。漁業資本家群の中核は、小資本経営の個人船主・網元で、経営規模としては六～二〇人程度、漁業労働者として地元漁夫を雇用することが一般的だった。

このような漁業資本家の階層に応じて、漁業労働者の階層も四つに分類される。資本家の四群に対応する順に記すと、近代的漁業労働者、沖合漁業労働者、沿岸漁業労働者（網子）、年雇的漁業労働者である。

一九五〇年前後の漁業の特徴は、資本家群、労働者群のどちらにも分類できない、膨大な零細漁家が存在することだった。図表Eの一九四九年漁業センサスによれば、全経営体数二六九一二二のうち、漁家は二四六七三一で、全体の九一・七％を占めるにもかかわらず、漁獲量は全体の二七・九％にしか達していなかった。漁家は船舶の所有の有無、動力船化の状況によって、三つに分類される。実数と全経営体数に占める割合を併記すると、所有［動力船］層（五六六九四、二一・一％）、所有［非動力船］層（一四二四四一、五二・九％）、無所有層（四七五九六、一七・七％）である。所有［動力船］層は小生産者層の上層を形成する。しかし、所有［非動力船］層と無所有層は漁業だけでは生計を維持できず、実質的には独立自営の漁業者ではなかった。没落しつつある零細漁民層で、兼業によってかろうじて生計を維持している層であった。

漁村における過剰人口の中核は、この所有［非動力船］層と無所有層で、全経営体数の七〇・六％に及んだ。これが戦後の漁民層分解が開始する直前の状況であった。戦前の分解によって、ある程度の規模の漁業資本家群と漁業労働者群が形成されていた。しかし、全体の七割を零細漁民層が占め、漁村に滞留していた。この層が漁業から流出していく過程が戦後の漁民層分解である。全経営体数の九割を占める漁家群を分解させる主要な要因は、生産手段である船舶の有無であった。所有［非動力船］層と無所有層の存在は、独立自営が可能な船舶を七割の漁家が所有せず、没落しつつある零細漁民層となっていることを示している。

図表Fの漁家の兼業状況によれば、独立自営の生産量をあげているのは二七・二％の専業漁家にすぎない。兼業漁家のなかでも、自家漁業を従とし兼業を主とする第二種兼業漁家が漁家全体の四二・七％に及んでいる。兼業の内訳は農林業・鉱工業・商業などである。自営兼業が成立しているわけではなく、図表Fによれば、それらの産業で賃労働に従事して生計をまかなっている場合が多い。このように零細漁民層は実質的には漁業以外の賃労働で生計を維持していた。

零細漁民層が実質的に賃労働化しつつあるのに、なぜ漁村から流失して完全な賃労働者にならないのか、漁村で過剰人口化してしまうのかということが、漁業経済学で問われた点である。近藤らは、第二次大戦による都市工業の破壊、産業基盤の未成熟など、賃労働者を大量に吸収できない状況があることを指摘した上で、さらに零細漁民をとりまく社会関係の非近代性を指摘する。「おれの船に来いや」で雇い入れ期間も明確に決めないまま相互に良しとするような漁業者の慣習が、近代工業の労働者となることを難しくさせているという。時間遵守・規律遵守の労働習慣になじまず、工場労働への適応力がない。零細漁民自身がなじんでいる漁業特有の雇用関係・労働環境を良しとし、非近代的社会関係から脱却できないという［近藤編 1953:97-158］。

漁業者の他産業への流出が本格化する以前という時代的特徴もあり、漁業経済学では過剰人口に着目し、未分化

図表E　1949年 漁業 経営形態別 経営体数と漁獲高

	経営体数	%		実数	%	漁獲高(千貫)	%
漁家	246,731	91.7%	所有［動力船］層	56,694	21.1%	172,910	27.9%
			所有［非動力船］層	142,441	52.9%		
			無所有層	47,596	17.7%		
個人経営	14,213	5.3%				217,835	35.1%
共同経営	7,226	2.7%				103,336	16.8%
会社経営	773	0.3%				120,440	19.5%
漁業会経営	105	0.0%				2,446	0.7%
その他	74	0.0%				871	
合計	269,122	100.0%				617,867	100.0%

出典：［近藤編 1953:99-109］（農林統計資料No.5, 1949年3月1日調査 漁業センサス第1集）。

図表F　1949年 漁家の兼業状況

	実数	%	兼業種別	実数	賃労働せず、自営兼業のみ	賃労働あり(漁業、農林業、鉱工業、商業、交通業、人夫、その他)
専業	67,123	27.2%	－	－	－	－
第一種兼業	74,287	30.1%	農林業	129,887	90,099	39,788
第二種兼業	105,321	42.7%	鉱工業	5,786	2,776	3,010
			商業	4,502	3,387	1,115
			交通業	724	401	323
			その他	7,591	2,706	4,885
			賃労働のみ	31,118	－	－
合計	246,731		合計	179,608		

出典：［近藤編 1953:110］（農林統計資料No.5, 1949年3月1日調査 漁業センサス第1集）。

状態の漁家に分解の兆しがあるにもかかわらず、漁業内部に滞留していることを問題視した。零細漁民を漁業内部に引きとめている要因として挙げたのが、漁業者の非近代性、労働ハビトゥス、生活ハビトゥスである。より一層の零細化、貧困化の要因になっていることを指摘し、漁業という産業内部における構造的な問題としてとらえている。

地域社会学的視点に基づく本書の立場からすると、漁業経済学の視点には、次のような特徴があることを指摘できる。過剰人口、未分化の漁家層、膨大な零細漁民層の存在は事実であったが、それは日本全国を統計的に把握した概況である。本章で内海町の漁民層分解状況には集落間のタイムラグがあることを指摘したように、個別の地域社会をみると、分解の進行は一様ではなく、時間的な差がある。とくに漁業は沖合漁業と沿岸漁業では、漁法が全く異なり、漁業者間の社会関係、集落の社会構造は異なる。船舶の有無は分解を理解する重要な視点であるが、沖合漁業と沿岸漁業では船舶のもつ意味、インパクトが異なる。沖合漁業では性能が優れた船舶が必要とされるため、資本主義化に対応できる者と不可能な者の差が早期に明確になる。無動力船を操って、漁村に滞留人口となる状況は生じにくく、早期に賃労働化の道が模索される。

漁業経済学による過剰人口の指摘を批判的にとらえかえし、本書の分析に役立つ点をあげてみよう。過剰人口については沖合漁業村落と沿岸漁業村落を区別して論じることが必要である。実際の操業状況や漁業慣行をふまえると、独立自営の漁民であっても、漁業は単独で行われるのではなく、集団的に操業される。漁場の利用には慣行が大きな意味をもつ。単独で入漁するよりは、同じ漁法の漁業者が集団的に入漁したほうが慣行を主張しやすい。同一漁法の集団は集落ごとに構成されることが多い。集落を単位とし、船舶、漁法、漁場の状況をふまえながら、どこに行き詰まりが生じて、漁民層分解が生じたのかという視点で本書の分析を進めたい。

漁業経済学では過剰人口、停滞の要因となっている非近代性を、克服すべき課題として否定的にとらえているが、本書ではこれを異なる視角から考えてみたい。「非近代性」の指摘は、一九五〇年代にまだなお漁業者に独特の生活習慣、社会関係が存続していたことを物語る。漁業者にとって慣れない工場労働で厳しく管理され、自尊心を傷つけられながら働くよりは、なじんで熟知した労働環境のほうが居心地が良い。起こりうる事態について予測もたち、安心感がある。漁業経済学の視点から、近藤らは船頭のもとで働く船子が、労働者としての意識が弱いため、搾取されていることを嘆く。低賃金、不安定雇用で長時間労働に従事させられている事実をふまえれば、それは批判されるべきものであったろう。しかし、事務的な手続きを省いて、「おれの船に来いや」で乗船させてくれる柔軟さは、どこかの船で仕事が見つかるだろう、誰かが仕事をくれるだろうという、労働環境に対する漠然とした安心感を与えてくれるものであったと思われる。没落した漁業者が職業移動を経験し、異なる労働環境で働くことには不安がつきまとう。職業移動後に賃金が上昇する見通しが確実であれば困難も厭わないかもしれないが、さほど差がないのであれば、仲間がいる慣れた労働環境のほうが楽である。

非近代的で従来の労働環境から脱却できないという労働経済学の視点には一理あるが、漁業者にとってそれなりの合理的理由があるので、なじんだ労働環境から離れがたいという視点で本書では考えてみたい。仲間がいて、それなりの助け合いのしくみが機能し、明日も何とかなるかもしれないという安心感がある環境のほうが、慣れない工場で気心が知れない人々と働き、病気になったり、町で行き倒れになるよりましであろう。

賃金水準だけが漁業外への流失の誘因になるわけではなく、仲間がいて、相互扶助のしくみやセーフティネットがあり、安心を感じることができる労働環境・生活環境も同じように重要である。そのような側面と結びついているので、労働ハビトゥスや生活ハビトゥスが存続しているのではないかという視点で、本書では集落の社会構造や、職業移動、労働者や家族の生活世界を探っていきたい。

（2）沖合漁業と船舶

本書で分析する内海町の三つの地域、田島西部（町集落）、田島東部（箱崎集落）、横島のうち、町集落と横島は沖合漁業集落、箱崎は沿岸漁業集落である。町集落の漁民層分解は戦前、横島は戦後の高度成長期、そして箱崎は現在も漁業集落である。つまり、二つの沖合漁業集落の漁民層分解が先行した。

沖合漁業集落と漁民層分解の関連を考察する上で、示唆に富むのが社会学の大野盛雄の分析である。大野は山口県の沖家室島、千葉県千倉町を調査対象として、沖合漁業、船舶、漁民層分解の関連について、次のような内容を述べている［大野 1957, 1961］。

日本の漁業の資本主義化は沖合漁業を中心に進行した。沖合漁業の最初の発展の時期は漁船の動力化が始まった一九一〇年代後半～二〇年代である。沖合化に対応して、漁船、漁網、漁具の改良が進み、一九三〇年代後半にかけてさらに生産力が増大した。資本を投入できる小商品生産者上層は沖合進出を試み、一部は産業資本家に成長していった。このように沖合漁業は日本の漁業の中核で、沖合漁業の進展が漁業者の分解を促進させた。山口県の沖家室島では、小商品生産者上層が沖合化に対応して、九州北辺へ出漁するようになった（しもゆき）。漁船を大型化した最上層はさらに台湾へ出漁するようになった。その一方で沖合漁業に対応できない漁業者は沿岸漁業に滞留し、低位の生産にとどまり零細漁民化した［大野 1957］。

ここで大野が述べているのは、漁民層分解の戦前段階の様相である。漁民層分解の端緒は沖合漁業によって開かれ、海外進出につながっていったことが指摘されている。船舶の性能向上に対応できるか否かが分岐点であった。本書の分析の対象である内海町の町集落の場合も、打瀬船という機動力ある船舶を取り入れ、沖合漁業を発展させてマニラ湾へ進出した［武田 2002］。沖家室のパターンに類似し、漁民層分解の戦前段階に該当する。

大野は沖家室の事例について、次のような知見も述べている。「しもゆき」に行く際に、小商品生産者上層は操業のため仕込みをした。いけす業者、漁具商、船大工、食料品の業者に現物を納入してもらい、帰島後に精算した。出漁期間が長いときには、商業者に送金してもらった。つまり、「しもゆき」の仕込みは商業資本に依存しており、船主層は商業資本と対抗しつつも緊密な関係を維持する必要があった。仕込みの資金は漁業者仲間の頼母子講によって集められた。また、出漁先では現地の船宿に漁獲物の販売権が掌握されていた。

ここに述べられているのは、船舶を所有し、大型化への対応力があれば、資本蓄積が進み、上昇移動が可能になるかというと、そう単純ではないということである。船舶の条件がそのまま階層構成に反映されるわけではない。仕込み業者との関係、船宿との関係が、船主の資本蓄積に影響する。つまり、資本の発展は地域社会で取り結ばれた複数の社会関係に制約される。また、資金の調達は同業者との頼母子講に依存していた。地域社会で歴史的に蓄積されてきた相互扶助のしくみが、資本の発展に影響している。

沖家室の事例から、本書の分析に役立つ点をあげてみよう。生産手段としての船舶が漁民層分解を促進する最も基本的な条件である。しかし、資本主義的原理がそのまま貫徹し、分解を促進するわけではない。集落に蓄積された社会関係が、制約条件になっている場合がある。また、資本主義化を始動させる基礎的条件になっていることもある。そのような集落に蓄積された社会関係や相互扶助のしくみと漁民層分解の関連を考察する視点が必要とされている。

大野は戦後の沖合漁業集落と漁民層分解について、千葉県千倉町の二つの集落（千倉・平館）を比較し、次のような知見を述べている。戦後の沖合漁業は戦前と比べるとさらにダイナミックに変化し、階層分解を促進した。二つの集落ではともに一定数の船舶所有者（船主層）が成長した。船主層は二つの階層に区分できる。六〇～一〇トン級の動力漁船を複数所有して、二〇～三〇人を雇用している資本家層が最上位を占める。それに続くのが一〇トン前後の動力漁船を所有し、数人程度雇用している小商品生産者上層である。沖家室島の例と等しく、仕込みと販売の両面で、船主層は船宿と緊密かつ対抗的な関係を結んでいる。船宿の影響力は弱まりつつあり、それに平行して船主層が成長してきた。二つの沖合漁業集落には、それぞれ資本家層・小商品生産者上層がいて、同じような階層構成にみえる。しかし、二つの集落の歴史的形成の過程は異なる。千倉の船主層は地元船が成長したものだが、平館の船主層は外来船が定着して成長したものである。平館の船主層のほうが船宿との関係は自由である。千倉町の沖合漁業の発展を牽引してきたのは平館のほうであった。両集落には一定数の漁業労働者がいて、彼らはどちらの集落の船主層にも雇われる。漁業労働者は漁民会を組織し、船主と歩合金の交渉をすることもある。この漁民会のルーツは、地縁的結合に基づいて古くからあった集落ごとの漁夫団である［大野 1961］。

以上が千倉町の二つの集落を比較した知見である。千倉の事例から、本書の分析に役立つ点をあげてみよう。階層構成は似通っていても、集落ごとに歴史的形成の過程が異なれば、上層漁民と船宿の関係が異なっていることが述べられている。集落ごとの歴史的形成の過程をふまえて、内部の社会関係と階層分解の関連について考察を進める必要がある。漁業は集落ごとに同一漁法の集団を形成する傾向がある。つまり、集落ごとの同業者集団という性格がつよく、相互扶助のしくみが形成されてきた。就業構造の変化にともない、相互扶助のしくみは再編される。階層分解が進行することは、零細化して賃労働者に転じる人々に異なる労働経験を強いる。労働環境が変わることには、不安がともなう。労働環境の変化、階層分解の進行に対応して、相互扶助のしくみがどのように変わってきたかを検討する視点も必要とされている。

以上のように、沖合漁業集落を対象に、漁民層分解の戦前・戦後の両段階の特徴を詳細に検討した大野の知見をふまえるならば、海辺集落にとって船舶の変化がもたらすインパクトは大きい。階層分解を始動させ、社会構造に変容をもたらすものであるゆえ、船舶についての着目は不可欠である。しかし、船舶の状況が階層構成にそのまま反映されているわけではない。集落の内部要因と交錯して、それぞれの集落の特徴を反映した社会構造を形成する。それゆえ各集落の歴史的形成の過程をふまえ、内部要因と外部要因の関連を理解することが必要である。また分解の進行によって、最も厳しい経験を強いられるのは労働者階級である。零細化し、職業移動を余儀なくされる労働者や家族の不安を理解し、相互扶助の再編や、労働ハビトゥスや生活ハビトゥスが存続する意味を考察する視点も必要である。

3　地域社会の変化――階級原理と共同体原理

第一次産業就業者層分解を考察する視点として、分解を促進する要因と、分解に制約をもたらす要因の両面を検討する必要がある。この両要因のバランスが、まさに日本の特徴である二段階の分解の戦前段階と戦後段階を作り出したといえよう。戦前には制約要因となっていたことが、戦後には諸制度の改革とともに制約として機能しなくなったということもあるだろう。

この両要因について、階級原理と共同体原理という切り口から迫ったのが濱島である。濱島の研究は農民層分解であるが、漁民層分解にも示唆的な内容を述べている。濱島らのテーマは、農民層分解の特殊形態としてとらえた賃労働兼業化で、おおよそ次のような内容を述べている［濱島・松浦 1963:1-46］。

外部資本の影響によって生じた農民層分解は、伝統的な共同体原理と近代的な階級原理が複雑微妙に交錯しながら、村落内部の階級・階層関係に変動を生じさせ、村落の構造・秩序に変容をもたらした。賃労働兼業化は、家族労作的な農業経営において、零細な土地所有に過剰な労働力が存在するため顕在化した農工間の労働移動である。農業経営にとって過剰な労働力が、農業以外に雇用機会がないままに、不完全・低位就業を余儀なくされている。しかし、村落には土地所有と血縁関係に基づく、伝統的生活保障体系が存在する。都市の産業パターンにおいて安定した生活保障体系をもたない労働者は家族・村落・土地所有を基軸とする伝統的パターンから離脱しない。資本側の諸条件と、農家経済側の諸条件が二本の柱で、それぞれのパターンの生活保障体系としての統合度、安定度、吸引力によって、農工間の労働移動は賃労働兼業化という形態で表れる。このように賃労働兼業化には階級原理と共同体原理との矛盾・対立・相互浸透が集約的に表れている。

賃労働兼業化を類型化する方法・基準は複数あると述べた上で、濱島は高所得・就業安定型と低所得・就業不安定型の二つに類型化している。高所得・就業安定型は、恒常的賃労働兼業パターンである。農村から近隣市町の就業先に通勤し、周年の賃労働に従事し、近代的賃労働関係に包摂されている。このような通勤兼業型は完全脱農には踏み切らないが、農業離脱傾向がつよい。しかし、労働力の再生産は農家経済（自給農業）とのつながりで行われ、小農的諸関係と賃労働が結合・温存されている。これに対して、低所得・就業不安定型は、季節的・臨時的賃労働兼業パターンである。中層の下（半商品生産農家）の農家は、農作業のため周年で労働力を販売することができず、兼業は季節的・臨時的な労働にならざるを得ない。「年間を通じ、丸がかえで」雇用されない「中途半端な労働力」には、低所得・就業不安定という不利な条件が対応する。低所得・就業不安定であるため、経営と消費水準の向上をはばまれ、兼業労働と農業労働を組み合わせなければ生計が成り立たず、農業離脱はさらに困難になる。季節出稼ぎ型・人夫日雇型の労働に従事し、近代的賃労働関係から排除されている。労働者の生活様式・生活態度は非近代的・保守的性格を保つ。

濱島の兼業類型化で興味深いのは、二つの兼業型と村落構造に密接な関連が存在することを指摘している点である。高所得・就業安定型は、西南型村落、講組型村落、無家格型村落に多くみられる。近畿・中国地方では、農家の経営規模が低落する傾向と、地方工業化が同時的に進行したため、通勤兼業の機会が多いことに由来する。それに対して、低所得・就業不安定型は、東北型村落、同族型村落、家格型村落に多い。比較的規模の大きい農家が農作業へ集中する期間を必要とする一方で、工業賃労働の雇用機会に乏しいことに由来する。このような村落類型と賃労働兼業類型の関連は、農民層分解の特質、つまり東北型村落では近代的な分解が欠如したことによる地主・小作関係の温存、西南型村落では近代的・半近代的分解が進行したことによる地主・小作関係の矮小化に基づくものである。

以上のように農業村落の類型、農民層分解の時期と特質、賃労働兼業の類型を関連させて論じた濱島の見解は、漁業における沖合漁業集落と沿岸漁業集落の違いを想起させる。沖合漁業集落では船舶の性能向上によって、沖合へ漁場を拡大し、戦前段階で資本家と労働者への分解が一定程度進行した。その一方で、沿岸漁業集落では、網元による規模の大きい網の経営が行われ、非近代的関係に基づく網子の雇用が存続した。また、零細な規模の無動力船で操業する過小生産の零細漁民が集積した。戦後になっても非近代的関係や零細経営から脱却する方途が見つからず、過剰人口として漁業に堆積し続けた、と整理できる。

講組型、同族型の村落類型は農業経営に基づく分類で、漁業集落には合致しない面がある。しかし、戦前・戦後の二段階で進行した農民層分解と漁民層分解の共通項を探っていくと、沖合漁業集落と沿岸漁業集落の類型がそれに近い。講組型・無家格型村落と、同族型・家格型村落は、日本国内の分布状況に即して、西南型、東北型というように地域名を冠して称されるようになった。しかし、沖合漁業集落と沿岸漁業集落の分布は、本書の調査地である内海町にも両方が存在したように、一つの行政単位のなかに併存している。

講組型・同族型という型の区別は、「生産のしくみと生活保障体系」のパターンの相違と言い換えることができるだろう。生産のしくみに影響を及ぼすのが階級原理で、生活保障体系に関わるのが共同体原理である。濱島も述べていたように、安定した生活保障体系を望めない場合には労働者は移動しない。つまり、職業移動は制約される。賃金だけが移動の誘因なのではなく、賃金を含めた生活保障体系が考慮される。濱島が言う階級原理と共同体原理の矛盾・相互浸透とは、「生産体系と生活保障体系」の矛盾・連関ということができよう。

本書では調査対象地の特質に即しながら、漁民層分解によって生じる生産体系・生活保障体系の矛盾・連関について考察を深めることにしたい。集落の内部要因つまり集落に蓄積された社会関係や相互扶助のしくみは、この生産体系・生活保障体系に関わるものである。沖合漁業集落と沿岸漁業集落の集落構造の違いや、漁民層分解のタイムラグによって、集落それぞれに生産体系と生活保障体系の連関のありようは異なっている。

4　本書の分析枠組――「産業の時間」と「むらの時間」

本書では、一九四〇年代後半から一九八〇年代後半までの内海町（田島・横島）の変容の過程をモノグラフとして記述する。具体的に取り上げるのは、内海町の町集落（第一章〜第三章）、箱崎集落（第四章）、横島（第六章）の三つの集落である。それぞれの集落の漁民層分解の実態と、変容の過程を記述する。三つの集落の漁法・漁場の相違点を比較することによって、漁民層分解になぜタイムラグが生じたかを明らかにする。町集落における漁民層分解は戦前に始まったものであるが、その詳細についてはマニラへの移民送出として前作［武田 2002］に記述した。一九四〇年代はマニラ移民が戦争によって引き揚げ、母村で生活再建を図った時期に該当する。マニラからもどった人々の戦後の職業移動を追跡することによって、戦前の移民送出が漁民層分解に該当することがより明確になる。

産業資本家が育たなかった内海町において、漁民層分解とは、資本主義化の進展によって、中・下層漁民の賃労働化が進行することであった。先行研究でも言及されていたように、漁業の資本主義化は「船」の性能向上とともに進展した。海辺の集落にとって、生産手段である船舶のもつ意味は大きい。海辺の集落では漁業が行われているだけではない。沖合漁業集落を例にすると、漁船の修理・メンテナンスは日常的に必要で、漁業が行われているところには必ず船大工がいた。船舶に関わる職人層である。棟梁がいて、弟子を育て、造船所が経営された。やがて船舶の動力化、大型化に対応して、高度な技術力が必要になった。零細自営の船大工は、テクノロジーの進展に対応可能な者と不可能な者に分化した。一部は経営規模の拡大に成功し、造船企業経営の資本家に成長した。また、次のようなことも生じた。沖合漁業者は良好な漁場を求めて、遠隔地に出漁した。枝村を形成したり、出漁先の漁業関係者と緊密なネットワークを形成した。人の移動には物資の移動がつきもので、商取引が始まった。交易量が増加して、海上運送業が発達した。このように「船」の発展は、海辺集落に新たな「産業」を生み出してきた。

「船」を生産手段としたのは漁業者だけではない。船舶の発達は造船業、海上運送業の近代化や発展を導き、これらの産業に従事する人々の階層分解を促進した。つまり、漁民層分解とともに船舶関連産業従事者の分解も同時進行した。成長した関連産業に、零細化した人々が賃労働者として参入し、第二次産業就業者への職業移動が進行した。船舶は様々な産業と深く関わっている。「船」はマクロ社会の産業化と連動して、地域社会に変化を引き起こした。

地域の産業を再編し、人々の労働や生活を変化させた。「船」に媒介され、マクロ社会と連動して近代産業が発達し、地域社会が変化してきたプロセス、時間のながれを、本書では「船」が作り出す「産業の時間」とよびたい。「船」が作り出した「産業の時間」にそって、内海町近辺では、対岸の沼隈半島で船舶関連産業が発達した。内海町への影響を明らかにするため、本書では沼隈半島における造船業・海上運送業の発達の過程も記述する（第五章、第七章）。

内海町と周辺地域の戦後の変化を記述する際に、本書では二つの側面を描くことに留意する。一つは、「船」が作り出す「産業の時間」の側面である。資本主義化、階級原理の影響を受けてきた側面であり、集落からみれば外部要因の形成過程である。もう一つは、集落の内部要因と関わる側面で、生活保障体系を再編させてきた「むらの時間」である。先行研究で言及されていたように、船舶の状況が階層構成にそのまま反映されるわけではない。集落には外部要因を受けとめる固有の構造があった。濱島は階級原理と共同体原理と表現したが、集落は異なる二つの原理の拮抗のなかで、固有の社会構造を形成してきた。

固有の社会構造は生活保障の側面と深く関わる。共同の生活を守り、仲間と相互扶助しあう関係が維持される。独特の社会関係を形成し、労働ハビトゥスや生活ハビトゥスとして連綿と存続する。集落の社会生活の根底にあって、存続してきた生活保障的な機能をもつ関係に本書では留意したい。賃労働者となり、異なる労働環境で働くことを余儀なくされたとき、不測の事態や労務災害への不安は大きい。職業移動によって生じる不安を癒し、精神的安寧を得る何らかの方法、つまりセーフティネットが労働者自身にも家族にも必要であった。自然村をベースに生活保障的な機能をもつ関係は、労働ハビトゥスや生活ハビトゥスと一体になって独特の時間のながれで再編される。このような再編に関わる時間のながれを本書では「むらの時間」とよびたい。集落には共同体原理と関わる多様な生活保障のしくみがあった。「むらの時間」にそって、どのような人々が担い手として、生活保障的なしくみの再編に関わってきたのかを本書では考えてみたい。

漁民層の分解を経ながら、戦後の集落は異なる二つの原理の拮抗のなかで、固有の社会構造を形成してきた。高度成長期を経て、内海町は個性的で異なる就業構造の集落を複数内包する構造になっていた。そこに生じたのが一九八〇年代のＬＰＧガス基地建設問題である。内海町全体を揺るがす社会問題になった。産業化の行き着く先に、ＬＰＧガス基地計画が出現した（第八章）。これに対する反対運動が起きた（第九章）。個々の集落で存続してきた生活をベースに、生活保障のしくみとして維持すべきものは何かが問われた。二つの原理の軋轢が、この葛藤に象徴的に表れている。本書ではこれを「産業の時間」と「むらの時間」のコンフリクトとしてとらえ、ＬＰＧガス基地建設問題と反対運動の経過について記述する。集落間にあった漁民層分解のタイムラグの帰結が、「産業の時間」と「むらの時間」のコンフリクトの発生であった。

5　調査方法

本書で用いた調査方法は、集落を対象とした質的調査である。具体的には、聴き取り調査、参与観察、資料収集である。広島県沼隈郡内海町（二〇〇三年から福山市内海町）に、はじめて現地調査に入ったのは一九九三年である。一九九三～九九年の間に五二名の方に聴き取り調査を実施した（内海町居住者四二名、町外居住者一〇名）。その成果は、第一作『マニラへ渡った瀬戸内漁民――移民送出母村の変容――』（御茶の水書房、二〇〇二年）に記した。また、第一作の記述には活用しなかったが、一九九七～九八年に大阪府在住の内海町出身者七名、一九九七～九九年に山口県宇部市在住の内海町出身者四名に聴き取り調査を行った。以上の一九九三～九九年に実施した調査を第一次調査と記す（合計六三名＝内海町居住者四二名、町外居住者二一名）。

その後も二〇〇二～〇六年の間に、調査を継続して実施した。これを第二次調査と記す。第二次調査で新たに聴き取り調査の対象となった方は一二三名（内海町居住者一一一名、町外居住者一二名）である。本書の内容は、第一次調査と第二次調査の両方（合計一八六名＝内海町居住者一五三名、町外居住者三三名）をふまえて記述した。本書は内海町を対象とした第二作である。

当初、第二次調査のテーマは、「マニラ移民経験者と家族の戦後」の職業経歴を調査することであった。第一作で取り上げたマニラ移民の帰国後を追跡し、移民送出がどのような意味をもつ社会現象であったかを考察することが目的であった。対象となる内海町在住のマニラ移民経験者とその家族に聴き取り調査を進めていった結果、戦後に地元漁業への復帰者が皆無である状況（第一章参照）を確認した。「マニラへの移民送出」がまさに町集落における漁民層分解であることをふまえ、「内海町における漁民層分解」に調査の焦点を合わせた。

内海町出身者の戦後における特徴的な就業先として、N社の南氷洋捕鯨事業があった。N社東京本社に所蔵されていた一九四六～七五年の三〇年間にわたる南氷洋捕鯨事業に関する貴重資料を活用し、内海町における南氷洋捕鯨労働者の送出状況を数量的に把握した。その結果、捕鯨労働者は内海町全体に分布しているものの、集落ごとに参加者の継続年数には相違がみられ、特徴があることがわかった。捕鯨労働者にみられる集落ごとの相違の理由を探るため、N社の貴重資料を利用して作成した捕鯨労働者リストをもとに、内海町に在住している捕鯨労働者に、捕鯨事業参加の前後の職業経歴について聴き取り調査を実施した。

田島の箱崎集落および横島の捕鯨労働経験者は、捕鯨に行く前に漁業に就業していた例が多かったので、同時に田島の箱崎集落と横島で、戦後の漁業の変遷について聴き取り調査を進めた。また、内海町外居住者の概況を知るため、内海町出身者が集住している阪神地域で、戦後の職業経歴について聴き取り調査を行った。同郷者団体である大阪内海会の協力を得て、スノーボール・サンプリングで調査を進めた。

以上のように調査を進めて、田島西部（町集落）、田島東部（箱崎集落）、横島の漁民層分解と戦後の職業経歴のデータを収集し、三集落を比較分析した。聴き取り調査によって職業経歴を聞く方法をとったことにより、個人のライフヒストリーと職業移動の関連、地域産業と職業移動の関連が具体的に理解できるようになった。その結果、得られた成果を二点あげることができる。一点めは、多くの人が新たな職業へ参入する際に感じた不安について語ることである。身近に労務災害で負傷したり死亡した肉親・親族がいて、職業移動にともなう傷病はマニュアル・ワークに従事する人々にとってリアリティのあるものだった。不安解消に役だったものとして語られたのは、古くから地元に根づいた慣習的な宗教的行為や、ともに労働する仲間だった。聴き取り調査から得られた示唆をふまえ、集落に根づいた共同体原理の具体的実相や、職業移動にともなう「仲間」集団の編成について、情報を収集することに努めた。

もう一点は、地域産業と職業移動に関して、戦後に沼隈半島で成長したT造船㈱に対する反感を多くの人が語ることであった。田島ではT造船を批判することは日常的なことで、その背景には一九八〇年代に内海町を揺るがしたLPG基地建設問題があった。この地域における地域産業と職業移動を理解するためには、この問題の経過と背景を深く知る必要があると感じられた。LPG基地建設を計画したT造船と下請企業（協力企業）経営者、およびLPG基地反対運動のリーダー層に聴き取り調査を行った。両方の立場の人に会うように努め、当時の経験についてうかがい、資料を収集した。

集落に根づいた共同体原理の具体的実相について、調査を進める際に有益だったのが宮本常一の視点である。宮本の著作が示唆する集落調査の着眼点については、本書末尾の補論に記した。山口県周防大島の生まれであった宮本は、瀬戸内海の離島社会に熟知し、田島・横島を訪れたこともある。農民層分解・漁民層分解が進む村を歩き、戦後の村落社会の変容過程に精通していた。変動の激しい時代であっても、地域社会の生活を成立させている「合理性」について宮本は関心をもち、村落で見かけた「合意・承認のあり方」について、様々な角度から繰り返し記述した。「合意・承認のあり方」は共同体原理と関わる。

宮本は合意形成には、フォーマルな話し合いの場である「村の寄合い」と、インフォーマルな情報交換ルートの両方が必要であると指摘している。インフォーマルな情報交換の担い手として、宮本が着目したのが年齢別集団の高齢者とジェンダー別集団の女性たちである。各集落固有の「合理性」を看取できる時代に、コミュニケーションが行われている物理的空間、活発なコミュニケーションの機会を内包している村落社会のしくみを明らかにしていった。

宮本が言及している瀬戸内海離島集落の特徴は、田島・横島にもよくあてはまり、腑に落ちることが多かった。宮本の著作が示唆している、村落のしくみと女性たちの集まりの関係を探るため、町集落で行われている女性たちの様々な社会的活動を参与観察することにした。そのため、二〇〇四〜〇六年の間、大学の長期休業期間中に、内海町に住宅を借りて長期滞在した。町集落では女性たちによる宗教行事（お大師お接待仲間、御詠歌仲間）が活発で、インフォーマルな情報交換ルートになっていた。そのような宗教行事に関わるスポットが戦後数十年の間に再編されてきたことは、共同体原理の具体的実相の一つであるように思われた。戦前・戦後の階層変動が激しかった時代に、宗教的スポットや宗教的行為に媒介されて、女性たちの仲間関係が再編され、心のよりどころとなって不安解消に役立ち、集落の生活保障のしくみとして機能していたことを理解した。生活保障のしくみとして維持すべきものは何かが問われたＬＰＧ基地建設反対運動と通底するものが看取されるように思った。

以上のような調査をふまえて、各集落の漁民層分解が、生産体系と生活保障体系の再編を促し、タイムラグがさらに各集落の固有性を際だたせることにつながり、「産業の時間」と「むらの時間」のコンフリクトを発生させていったありさまを、モノグラフとして記述した。

［注］

（1）一九六五年国勢調査・調査区別集計は、農林漁業を一括集計しているため、ここでの考察には使えない。

I部　「むらの時間」——人の移動と母村の再編

第一章　マニラ移民経験者と家族の戦後

——町集落における漁民層分解——

●「田島水産」第一田島丸・第二田島丸　進水式（個人所蔵）

本章では、田島西部とくに町集落における漁民層分解と戦後の職業移動に焦点をあてて考察する。本章ではマニラへ渡航し、フィリピンで実労働した経験をもつ人々を「移民経験者」と記す。また、「移民経験者」の家族であるがマニラでの就業経験をもたない人（父または家族とマニラに滞在していたが、学齢期で学業に専念していた人[1]、父または家族がマニラに滞在していたが本人はマニラに渡航せず母村に残っていた人。おもに移民経験者の子ども世代）を移民経験者「家族」と記す。

1　町集落における旧中間層の没落

町集落の明治初期の職業構造について確認しておこう。町集落では、明治初期すでに生業は分散し、職業分化がある程度進行していた［武田 2002:46-52］。一八七二年（明治五）の田島村職業別戸数によれば、町集落は二五六戸である。そのうち農と記されているのが一三二戸、五一・二％である。田島には田んぼがない。農業だけで生計をたてることは難しく、「農」は農業専業者ではあり得ない［河野 1956:98］。町集落は瀬戸内海交通の主要ルートに面し、近世から船着場があった。商業では麻網業・廻船業が行われ、商業・漁業を中心とする町場的性格をもった集落であった。「農」と記されていても、実際には他の生業を主としていたと推測される。「農」以外に挙げられている生業は、「漁、大工、船大工、石工、表具師、生魚渡世、酒造、豆腐製造、揚酒渡世、網売渡世、藍染、質屋、船稼、髪結、神官、医者、日雇」である。「漁」は一一戸であるが、「日雇」に数えられている七九戸（三〇・一％）は、実質的に漁業者であったと推測される。

町集落では近世から漁網である麻網の生産が行われていた。沼隈周辺で麻網問屋があったのは鞆と田島だけである。一八七二年には島内に一一戸の麻網問屋があり、そのうち、一〇戸は町集落に集中していた。問屋は麻網の原料であるあらそを三次盆地から仕入れ、島内で賃加工して網に仕立てた。麻網を梳く作業の主要な担い手は女性だった。このように町集落では、近世に問屋制家内工業である麻網業が確立していた。麻網問屋は島内の耕地面積の所有率も高く、一八九〇年（明治二三）には島内耕地所有面積上位者一五戸のうち、麻網問屋が三分の一を占めていた。明治期前半において、麻網問屋は島の名望家であり、手工業マニュファクチュアを営む旧中間層であった（図表１―１）。

図表1－1　町集落の旧中間層（麻網問屋一覧）

氏名	取扱品
村上三郎助	麻網・材木
河野平左衛門	麻網・船具
中井萬蔵	麻網・質屋
武田要蔵	麻網・質屋
渡辺佐吉	麻網
長野喜三次	麻網・廻船業
武田要助（吉兵衛）	麻網・呉服屋・酒
武田治三郎	麻網・船具・酒・米
兼田治兵衛（帝一）	麻網
渡辺清吉	麻網

出典：［河野 1956］を筆者修正。

町集落の上層を麻網問屋が占め、中下層には漁業・商業で生計を立てる層がいた。町集落の産業発展の鍵を握っていたのは、旧中間層である麻網業者であった。近代に入って社会移動が可能な時代になったが、村落部には身分階層制が根強く残存し、それぞれの階層が享受できる特権・義務・生活機会は固定的であった［川島 1955:405］。生活機会が限られ、ネットワークが限定的な中下層が、一世代でめざましい階層上昇を遂げることは通常は難しい。名望家が保有しているネットワークや情報を活用して、職業移動ルートが開かれ、複数の者がそのルートを経由してパイプを太くし、世代にまたがってゆるやかに階層上昇するというパターンのほうが現実的だった。労働者階級の職業機会にも影響するがゆえに、旧中間層の盛衰は集落にとって重要だった。集落をベースに考えると、旧中間層が問屋制家内工業を近代産業に成長させ、資本家となって労働者階級の就業機会を豊富に準備し、地域発展を牽引していくというシナリオが望ましい。明治期後半に資本制工業が発展し始めた時期に、従前の手工業マニュファクチュアが近代産業に転換できるか否かは、集落の盛衰を左右した。

町集落では、残念ながらこのシナリオは実現しなかった。麻網業は一八九九年（明治三二）に生産量がピークに達したが、その後、綿糸網の登場によって衰退していった。操業が維持できなくなった町集落の麻網問屋は明治三十年代から所有地を次々と手放していった。明治期後半から昭和戦前期にかけて、町集落の旧中間層は没落していったのである。しかし、麻網業を近代産業に転換させるシナリオが不可能でなかったことは鞆の業者が証明している。田島と同じように漁網生産が行われていた鞆では、明治二〇年代に早くも時代に対応して綿網製造工場が二つ作られた。合計七〇台の足踏編網機が導入された。鞆製網合資会社は、一八九七年（明治三〇）の第二回水産博覧会（神戸）で有功二等賞を獲得した。鞆では工場制工業への転換を成功させ、地域産業を興し、労働者の就業機会が用意されていったのである。

綿網業の発達によって、麻網業は衰退した。町集落の麻網問屋の次世代の選択はほぼ次のようであった。島外に出る場合は、蓄積した資源を生かし学歴を獲得して、都市で近代セクターの職業へ移動した。島内にとどまる場合は、名望家としての利点を生かして、郵便局経営、学校の教員、公務員、公職などに就いた［武田 2002:103-131］。

没落しつつある旧中間層であったが、社会的威信は温存され、行動様式や生活機会は中下層とは異なっていた。旧中間層が保有しているネットワークは島外へ広範囲にひろがっており、入手する情報の質や量は、中下層とは異なっていた。旧中間層は産業資本家に上昇できなかったが、保有している関係資源は依然として有用だった。田島では、麻網問屋の一人だった中井萬蔵のネットワークを通して、マニラ湾における漁業が有望であるという情報がキャッチされた。中井の資金援助によって、一九〇四年（明治三七）に漁業移民がマニラへ渡り、次世代の生業の道が開かれていったのである。

2　マニラにおける「中間層」の形成——上層漁民と都市自営業主層

漁業移民はマニラ湾で打瀬網漁を行った。打瀬網漁はもともと江戸末期から明治初期にかけて、町集落に導入され、最盛期には約六〇艘の打瀬船があった［武田 2002:177］。打瀬網漁の特徴は、家族経営に適しているという点にある。打瀬船に二～四人が乗り組み、沖合の海中で網を曳く。操業は沖合漁場で、範囲も広く、多獲可能な漁法であった。父と複数の息子が乗り組む形態に適し、水揚げはすべて自家のものとなった。つまり、打瀬網漁の普及によって、自分の裁量で一家の収入を確保できる独立自営の漁民層が町集落で形成されていったのである。瀬戸内海特有の漁場狭隘という条件により、明治期前半は何度も漁場争いが起きて、安定した漁場を確保するのに苦労した。マニラでの操業はこの問題を解決した。漁業者はマニラ、家族は母村と、生活の場は分離したが、マニラで操業することによって、町集落では単純商品生産を安定して営むことが可能な自営の漁民層が確立していった。

マニラ湾での操業状況をみると、漁船の所有状況によって、町集落出身の漁業者を三つに分けることができる［武田 2002:243-306］。図表1—2に示したように、複数

図表1-2　町集落出身のマニラ渡航者の構成

	漁業	その他
旧中間層	上層漁民…複数の漁船を所有。（家族従業者と操業、かつ漁業労働者を雇用）	建築請負業自営（浦上与一郎）
旧中間層	中層漁民…自家の漁船を所有。（家族従業者と操業）	造船業自営（安上儀一、大原良一）
労働者層	下層漁民…漁業労働者として、他人の船に雇用される。	自営業　被雇用者

出典：［武田 2002:243-356］をもとに作成。

の漁船を所有し、漁業労働者を雇用する上層漁民、自家所有の漁船で家族従業者とともに乗り組む中層漁民、漁業労働者として雇用される下層漁民である。漁獲物を生鮮食品として仲買人に卸し、マニラの市場で売りさばいて、単純商品生産で収入を得ている上層と中層は、日本の社会状況にあてはめて理解すれば、中間層に位置づけられるだろう。この当時、マニラには沖縄出身漁業者もいて、大型の船舶に三〇人程度で乗り込み、マニラ湾外で大規模漁法の追込漁を行っていた。マニラ湾岸に共同冷蔵庫を保有し、独自の販売網を整え、資本制漁業へ成長しつつあった。それと比較すると、田島の漁業集団は個々の自営漁民の集合体であった。

田島出身者のなかには、マニラで漁業以外の職種に就いた人々がいた。建築請負業自営（浦上組―浦上与一郎）、造船業自営（安上造船所―安上儀一、大原造船所―大原良一）である［武田 2002:334-393］。これらの人々はマニラ渡航前に、母村で船大工の棟梁に弟子入りして、船大工の技能を身につけており、職人層に該当する。弟子はひと通りの技能を身につけた後は独立し、棟梁として自営可能な道を模索しなければならない。当時、町集落では漁業者のほぼ全てはマニラに渡航していたので、母村における船大工への需要は大きいものではなかった（後述）。漁業が行われているところでは、関連産業として船舶の修理や造船が必要となる。船大工の弟子が棟梁として自営の可能性があるのは、田島出身の漁業者が集住しているマニラであった。このような理由からマニラへ渡航した職人層の一部は、首尾よく独立自営に到り、造船業自営や建築請負業自営として開業した。建築請負業は船大工が建築需要に応じて、大工の技能を生かして建築大工に転換したパターンである。このように少数ではあるが、職人層の一部は自営業主（棟梁）へ上昇移動し、マニラにおける都市中間層に納まった。

マニラへ渡航することによって、町集落出身者のうち一定数は、上層・中層漁民、都市自営業主層として中間層に移動した。母村では麻網業者が衰退し、従前の中間層は没落しつつあった。しかし、移民送出地ではそれに代わる新興の中間層が登場し、諸資源を蓄積していた。とりわけ経済的資源は母村に還流され、町集落の中心を貫く幅二間の通り両側の宅地・家屋は移民経験者に取得され、移民の勢力を誇示する空間になっていた［武田 2002:357-405］。母村に還流された経済的資源のほかに、蓄積された諸資源として、生業に関わる技能、マニラ湾での操業を可能とする漁場使用の権利、マニラ日本人商業者との関係資源等々をあげることができる。マニラで生業を営む際に有用で、母村には還元不可能な資源も多い。

母村をベースに考えると、一時代前の麻網業者がそうであったように、町集落の発展の鍵を握っていたのは、中間層に上昇した移民集団、とりわけ資源蓄積が顕著だった上層漁民や都市自営業主だった。還流された経済的資源は潤沢で、この層によって母村に産業が興され、就業機会が豊富に用意され、地域発展が模索されるというシナリオも不可能ではなかった。

残念ながらこのシナリオも実現しなかった。マニラで資源蓄積に成功した漁民は、フィリピン滞在期間が長くなる傾向にあった。一般的に上層漁民は五〇歳代に入ってから、次世代に親方の地位を譲り、引退して母村に引き揚げた。もはや産業を興す年齢ではなかった。さらに、このシナリオの実現可能性を低くしたのは、一九四一年（昭和一六）一二月の太平洋戦争の勃発である。翌年一月に日本軍がマニラに入城し、マニラ在住の日本人を取りまく状況は大きく変化した。日本占領下になって、水揚げした漁獲物は日本軍の食料として供出させられた。漁業者たちは、軍属となって、軍政への協力を求められたり、日本軍に現地召集された。漁獲物を販売し、収入を得る道は閉ざされた。マニラで諸資源を蓄積することは不可能な状況になった。軍属・現地召集をまぬがれた人々のなかには、帰国を選択する者も出て、マニラ湾の日本人漁業は衰退していった。

帰国時期を逸した人のなかには、戦争末期にルソン島北部の山中を逃避行し、死んだ者も少なくない。生き残った者は、戦後の引き揚げ船で帰国した。マニラ湾の日本人漁業はこのように推移し、太平洋戦争終結後に再開されることはなかった。戦争によって、マニラに蓄積した諸資源は無効となり、母村に還元可能な資源はさらに縮小した。

3　終戦後の「中間層」――海の共同事業

(1) 潰えた共同水産事業

終戦後まもなく、帰国した上層漁民や自営業者層が共同で事業を興すことを試みたことがある。自分たち自身が生業を得て、自活することが必要だった。一九四六年頃、マニラから引き揚げた移民経験者四名が出資して「田島引揚者更生水産組合」という組織を作った(2)(写真1―1)。この組織は町集落の人々には「田島水産」とよばれた。一般には「水産会社のようなもの」と理解されていた。出資者は長沢義夫、浦上与一郎、花谷留市、岡崎睦五郎である(図表1―3)。

長沢義夫はマニラで漁師の親方を務め、上層漁民に相当する。田島村で最初にマニラに渡航し成功して親方となった長沢藤七の息子で、社会的威信が高い存在であった。浦上与一郎はマニラで建築請負業を自営していた。自営業主層に相当する。マニラでの事業は順調で、マニラ日本人青年団の副団長も務めた。マニラ渡航者の成功のシンボルであった[武田 2002:345-354, 384-392]。のち一九七〇年代には、内海町町議会議長を務めた。花谷留市は、「親分肌」かつ「押し」の強さから一目おかれている存在だった(3)。のちに大阪に移動し、工場を自営するに至る。岡崎睦五郎は

写真1-1　田島引揚者更生水産組合（個人所蔵写真）

後列、左より浦上与一郎、長沢義夫、岡崎睦五郎
前列、左より中井萬蔵、花谷留市

図表1-3 「田島水産」出資者

	氏名	マニラでの就業内容	帰国時期	帰国後のキャリア	備考	キャリア・データの出典
出資者	浦上与一郎	建築請負業自営	終戦後	田島水産（失敗）→自営業（宿泊・飲食業）、町議会議員（のち町議会議長）	マニラ日本人青年団副団長	妻
	長沢義夫	漁業	終戦後	田島水産（失敗）→なにもせず	父・藤七は最初のマニラ移民	息子
	花谷留市	漁業	不明	田島水産（失敗）→自営業（大阪で製造業工場）		親族
	岡崎睦五郎	−	−	−	田島村村長の親族	−
組合長	中井萬蔵	青島水産組合組長	終戦後	田島水産組合長→1947年10月死去。	1904年、最初のマニラ渡航者に資金援助。	孫

出典：筆者作成。

村長の親族である。この四人は、属性的資源（出自、親族ネットワーク）、業績的資源（事業経営等）のいずれの面からみても、集落で高い威信を得ていた層である。麻網業者が没落したのち、台頭してきた中間層のホープであった。トップの組合長に就任したのは中井萬蔵である。出資者の四人が招請した。中井萬蔵は前述したようにもと麻網問屋で、一九〇四年、最初のマニラ渡航者に資金援助をした。町集落の活路を開いた人物で、移民経験者たちから尊敬されていた。戦争中は、青島・天津にいたが、戦後に田島村に引き揚げ、借家住まいをしていた［武田 2002:237-241］。四人はこの中井萬蔵を引っ張りだし、組織のトップにまつり上げたのである。田島水産の事務所は町集落のなかで最も社会的威信が高い空間、つまり幅二間の通りに面した麻網問屋の屋敷跡に置いた。出資者の四人は、自分たちの資源や、かつての名望家の威信や空間など、戦前に蓄積されていた資源のありとあらゆるものを動員して、事業再興に賭けたのである。

出資者たちはまず一〇〇トンの鋼鉄船二隻を発注した。建造場所は田島ではない。発注したのは造船業が発達していた因島の造船所である。一九四七年四月に完成し[4]、華々しい進水式が行われた。この二隻には、第一田島丸、第二田島丸という名がつけられた（写真1―2、1―3）。この船の大きさは、当時の田島村の碇泊施設では着岸できないものであった。計画段階から、母港は田島ではなく、下関が予定されていた。

事業[5]として予定されていたのは、東シナ海を漁場とする底曳トロール漁業である。出港後、漁場で一カ月程度操業する遠洋漁業であった。出資者四人に漁業の経験はあった。しかし、自分たちが船に乗り込むことはなかった。出資者は経営者で、船長以下乗組員を雇用した。船長、機関長、漁労長は長崎県、徳島県出身者だった。漁船の管理職には遠洋漁業に慣れた人材を雇用し、田島出身者はいない。乗組員は各船一四～一五人、合計三〇人程度で、これには町集落出身者を雇用した。このように計画されたのは資本制漁業である。冷凍設備を備えた鋼鉄船を建造・購入し、被雇用者は四〇名弱だった。本格的に投資され、産業資本家への上昇を賭けたプランだったといえるだろう。

この事業は集落の人々に対して、乗組員となる就業機会を提供した。雇用された人々には、マニラに渡航していた漁業者や、その子ども世代が含まれていた。マニラからの引き揚げ者の生活再建という点でも、意義深い事業だったといえる。実際に乗り組んだ経験をもつ神野利文（仮名）は、台湾近辺の東シナ海から、島根県境港沖合の日本海に至るまで、かなり広範囲で漁労に従事した。この事業は漁業労働者として生活を確立する具体的な手段を集落の労働者階級に与えた。一〇〇トンの船舶の偉容は小学生にも印象的で、沖合に停泊していた船舶を見て「とてつもなく大

写真1-2 第一田島丸 進水式（個人所蔵写真）

写真1-3 第二田島丸 進水式（個人所蔵写真）

写真1-4　浦上与一郎が経営した田島ホテル（筆者撮影）

きい船だなあ、田島の人々に見せるために帰ってきたのだなあ、本当に田島の人たちの船なのかなあ」と感じた子どももいた[6]。自営の打瀬船経営と資本制水産業のスケールの違いは子どもにも理解できるものだった。

結果的にこの事業は失敗し、出資者四人が産業資本家となる夢は潰えた。一九四九年ごろに水難事故が起こって、町集落出身の乗組員が死亡した。四年間ほどの操業で、事業は頓挫し「田島水産」は解散した。失敗は関係者にとって痛手であった。これ以降、町集落で水産事業を起こす試みは生まれなかった。中間層が資本家階級に上昇移動し、労働者階級に就業機会を提供するというシナリオは町集落では実現しなかった。マニラで得た豊富な漁業経験や技能を戦後の日本で生かすルートを開くことはできなかった。

事業の失敗によって痛手を被り、資源を喪失した出資者は、零細自営で生計を立てるか、または引退した。浦上与一郎は「せっかく買った屋敷があるのだから、これを生かして田島で暮らす道を探そう」[7]と言って、戦前にマニラの稼得金で購入していた豪壮な邸宅を活用し、宿泊業（田島ホテル）を始めた（写真1―4）。建物は純和風建築であったが、マニラで身につけた洋風のセンスを生かして、妻とともに経営にあたった。島内では類をみない和洋折衷が当たって、宿泊・飲食（宴会仕出し）業は軌道に乗った。経営が安定した後は、妻に実質的経営を任せ、与一郎は議員活動に専念した。一九四六～五〇年に田島村村会議員、一九五一～

七七年に内海町議会議員、一九七〇年代に町議会議長を務め、亡くなるまで公職に在った。名誉職を得て社会的威信を保つ方向で、自己実現を図ったといえよう。

花谷留市は島外へ出て、大阪で製造業の工場を経営した。長沢義夫は引退の年齢に達しており、定職に就くことはなかった。長男は地元の郵便局に勤務した。長沢家はひと時代前の麻網問屋の選択と等しく、地元の公務員になって生計を立てるパターンを選択した。このように出資者たちは、概ね、零細自営業主に落ち着き、旧中間層にとどまったのである。

（2）零細船主と海上運送業

帰国した上層漁民が共同事業に関わった例がもう一つある。福島長一の機帆船所有による石炭運搬業である。福島長一はマニラ日本人漁業者の有力者の一人であった。田島出身漁業者が集住していたマニラのトンド区では、一九一三年（大正二）にトンド日本人漁業組合が結成された。福島長一は一九三一年（昭和六）当時七名いた組合理事の一人であり、マニラ日本人会トンド漁業区の代表でもあった。米比の日本人漁業者排斥の動きは一九三〇年代に激しさを増し、トンド日本人漁業組合の理事はマニラ日本領事館や日本人商業界と連携して、事態に対処した。［武田 2002:269-294］。福島長一は戦前に帰国したが、引退の年齢に該当し、母村で実労働に就くことはなかった。しかし、一九四三年（昭和一八）に南集落の住人から機帆船を買い取り、三人で共同所有した。他二名の共同所有者の詳細は明らかではないが、福島長一が筆頭船主であった。三人で一五四トンの船舶一隻の所有なので、零細船主と言っていいだろう。

この機帆船は進友丸という船名で、主として九州・阪神間で石炭を運搬した。船長として雇用されたのが町集落出身の中村菊太郎である[8]（一八九八年生）。中村菊太郎は父方親族がマニラ移民経験者であった。親族の中で最も早くマニラへ渡航したのは、中村菊太郎の叔父（父の弟）にあたる中村力松である。田島村でマニラへの移民送出が始まって七年後の一九一一年（明治四四）に漁業者として渡航した[9]。菊太郎の父である中村吉助はもともと町集落の船着場の近くで、田島旅館という宿泊業を経営していた自営業主であった。弟が渡航した翌年一九一二年（大正元）に同じく漁業者としてマニラへ渡航した[10]。昭和初期には帰国していたらしく、一九二八年（昭和三）に田島村で死去した。その当時、息子の菊太郎はマニラではなくアメリカに渡航しており、ワシントン州シアトルで宿泊業（ホテル・アトラス）を経営していた[11]。一九四二年（昭和一七）には町集落に戻っていた。進友丸の共同船主の一人が福島長一であり、中村菊太郎が船長だったので、この船舶はマニラ移民関係者によって操業・運航されていたことになる。

町集落出身者で、機帆船の船主や船長になった者は多くない。しかし、マニラへの移民送出以前、町集落で麻網業がさかんだった近世～明治前半期に、町集落には廻船業・商業を営む家が複数あり、九州・瀬戸内海の航路を行き来し、物資の輸送・販売を行っていた［武田 2002:73-82］。そのような視点からみると、町集落には近世から少数ではあるが常に海上運送業・商業に従事する者がいた。マニラ移民関係者が船主・船長になって操業する船が出現したことは、町集落における海上運送業の変遷を示している。福島長一はマニラで上層漁民として蓄積した資源を生かして、零細船主とはいえ、機帆船を共同所有した。また、中村菊太郎は福島長一の所有船を振り出しに、昭和二〇年代に三隻の機帆船船長を経験し、条件のよい船長職へ移動していった。中村菊太郎が乗船した三隻の機帆船操業の状況をたどりながら、海運業の船長職への就業を可能にさせた条件について考察してみよう。

福島長一が購入した進友丸は[12]、一九一七年（大正六）に建造された一五四トンの中古船であった。もともと木造の帆船だったが、一九四一年に対岸の沼隈半島の敷名集落の鉄工所で、エンジンを据え付け、機帆船に改造された。運航に必要な乗組員は六名程度だった。前所有者が南集落在住者だったので、福島長一の所有に移ったときの乗組員は、南集落出身者五名、町集落出身者一名（中村菊太郎）だった。船主が町集落の福島長一に変わった一九四三年以降、乗組員に町集落出身者が増えた（図表1－4）。

一九四三年以前から、石炭運搬の機帆船として操業していたらしい。中村菊太郎が進友丸に採用されたのは一九四二年である。一九四四年（昭和一九）まで甲板員を務めた。一九四四年に日本海員掖済援護会主催の船舶職員養成講習会を受け、海技免状（沿岸乙種二等運転士）の資格を取得して、甲板長になった。一九四六年に船長に昇進した。このときの機関長は町集落に隣接する大浦集落の出身者だった。このように中村菊太郎は機帆船の労働者を振り出しに、海技の資格を取得して徐々に昇進し、福島長一が船主だったときに船長職に到達した。

図表1-4　進友丸乗組員 新規雇い入れ一覧

新規雇い入れ年月	氏名	本籍		職務	給料/月(円)
1941	段上末四郎	田島村	南集落	水夫	70
	日高勝義	長崎県		機関長	90
	佐藤与市	田島村	南集落	油差	45
	渡壁音吉	横島村		水夫	45
	渡壁優	横島村		水夫長	90
	佐藤未逸	田島村	南集落	機関長	90
	渡壁亘	横島村		水夫	20
1942	小園菊幸	佐賀県		油差	45
	佐藤栄	田島村	南集落	操機手	80
	大原義人	田島村	南集落	操機手	70
	中村菊太郎	田島村	町集落	甲板員	80
1943	中村金松	田島村	南集落	操機手	90
	中村作一	田島村	南集落	甲板長	100
	大原克己	田島村	南集落	操機手	75
	安上省三	田島村	南集落	甲板員	40
1944	渡壁語			機関長	150
	佐藤篤雄	広島県	浦崎	機関長	92
	吉田共雄	香川県		機関長	120
	浦上弘之	田島村	町集落	操機手	60
	磯静人	田島村	町集落	操機手	60
	向谷政一	田島村	町集落	甲板員	85
	品川道雄	群馬県		甲板員	52
	金海鎮之	朝鮮		見習い	54
1945	屋敷琢磨	広島県	御調郡	機関員	52
	白石三郎	埼玉県		機関員	54
	段上繁治	田島村	南集落	機関員	60
	白井茂	田島村	町集落	操機長	90
	浦上速三	田島村	町集落	甲板員	65
1946	柿木正一	田島村	大浦集落	機関長	125
	門田貞雄	田島村	町集落	甲板員	200

出典：内海町所蔵資料238「壱号海員名簿　帆船進友丸」より筆者作成。

進友丸は一九四六年三月に石炭輸送船として中国海運局に登録した。航行区域は、大阪湾から、瀬戸内海を経て、壱岐・対馬に至る沿岸域であった。(13) 戦後二年間は西日本石炭輸送株式会

図表1-5　進友丸 重油の受給状況

年	月	日	給油場所			主たる航路
1946	3	1	佐賀県	呼子町	石油配給所	土肥ノ浦～大阪
		14	福岡県	若松市	出光商会若松支店	
		16	広島県	木ノ江町	石油配給所	徳義～尼崎
	4	15	佐賀県	呼子町	石油配給所	
	5	5	福岡県	若松市	出光商会若松支店	
		26	福岡県	若松市	出光商会若松支店	土肥ノ浦～大阪
	7	12	福岡県	若松市	出光商会若松支店	
1947	2	26	広島県	尾道市	尾道配給所	
	3	25	福岡県	若松市	出光商会若松支店	
	4	6	佐賀県	呼子町	石油配給所	徳義～新居浜
	5	16	福岡県	若松市	出光商会若松支店	
			山口県	室津	山口県石油配給会	

出典：内海町所蔵資料245「西日本石炭輸送株式会社燃料受給帖（進友丸）」より筆者作成。

図表1-6　進友丸 主要航路

積み出し港	到着地	途中寄港地	備考
徳義（長崎県北松浦郡）	大阪	呼子、若松、広畑、上ノ関、木ノ江、尾道、田島、下津井	徳義炭鉱
徳義（長崎県北松浦郡）	新居浜		
土肥ノ浦	神戸		神戸日炭240トン
黒汐	尼崎		大志佐炭鉱株式会社
呼子	尼崎		

出典：内海町所蔵資料236「航海日誌（帆船進友丸）」、237「機帆船進友丸 船用航海日誌」より筆者作成。

図表1-7　第一若宮丸 主要航路

積み出し港	到着地	所要日数	途中寄港地	備考
若松	名古屋	20日		コークス運搬
住之江（佐賀県杵島郡）	尼崎	10日	呼子、若松、上ノ関、尾道、田島、下津井	杵島炭鉱
住之江（佐賀県杵島郡）	江田島	6日		杵島炭鉱
住之江（佐賀県杵島郡）	津久見	4日		杵島炭鉱
住之江（佐賀県杵島郡）	飾磨	9日		杵島炭鉱
住之江（佐賀県杵島郡）	新居浜	5日		杵島炭鉱
住之江（佐賀県杵島郡）	大阪	7日		杵島炭鉱
住之江（佐賀県杵島郡）	多度津	12日	呼子・宇部・安下ノ庄、田島	杵島炭鉱
高島（長崎県）	大阪			高島炭鉱
唐津	尼崎		菊間・大鶴・宇部	芳谷炭鉱（三菱鉱業）

出典：内海町所蔵資料246「若宮丸航海日誌」より筆者作成。

社に所属する船舶として、重油を受給していた（図表1―5）。西日本石炭輸送株式会社は、九州・山口炭の阪神への輸送力を増強するため、西日本の機帆船運航の一二社を合併して一九四四年に設立された組織である。進友丸はその所属船として重油の優先配分を受けていたようである。[14]航海日誌によると、九州北辺の炭鉱から大阪・神戸・尼崎に運搬し、途中の中継港に頻繁に寄港した（図表1―6）。田島は進友丸の主要航路の中間点に位置しており、往復には必ず寄港した。町集落の子どもたちは中村菊太郎の船が停泊しているのを見かけ、機帆船から煙があがると、白いご飯を炊いていると羨ましく思った。[15]まだ薪で炊事している時代だったが、機帆船では船内にこぼれた石炭を拾って炊飯に使っていることを子どもたちは知っていた。このように機帆船の運航には、重油の受給資格や海技の資格が必要で、マニラからもどった移民や家族がすぐに参入できるルートではなかった。中村菊太郎の場合、海技の技能を取得したことが決め手で、船長職に到り、さらに条件の良い船長職に移動するルートが開けていった。

中村菊太郎は一九四八年まで進友丸の船長を務めたあと、第一若宮丸という船舶の船長に代わった。[16]五人の共同所有で、中村菊太郎も船主の一人だった。一九四九～五〇年の二年間船主・船長を務め、機関長には町集落出身者を雇用した。共同所有で独立自営とはいえないが、中村菊太郎は船主・船長であり、前職の雇われ船長のときよりは自由裁量の範囲は増したであろう。運搬回数を上げれば、増収につながる可能性もあった。一九四八年頃は機帆船の好況期であった。一九四九年に石炭配給公団が解散して統制が解除され、自由販売方式に切り替わった。石炭輸送の拡大傾向を背景に、中村菊太郎に条件の良い職へ移るチャンスが到来したのかもしれない。

この船は佐賀県の杵島炭鉱から四国・阪神へ石炭を運搬することが多かった（図表1―7）。航海日誌によると、まず九州の若松港に入港して、契約している回漕店からの指示を待った。出荷石炭の指示を受けると、該当の鉱山の積み出し港へ出向いた。どのような回漕店と契約を結ぶかによって、石炭の荷主の経営規模が異なり、運航回数や船

図表1－8　第62天社丸 主要航路

積み出し港	到着地	途中寄港地	備考
唐津	名古屋	呼子、若松、上ノ関、尾道、田島、下津井	旭石炭商会・石炭350トン
相浦（佐世保市）			
黒汐（北松浦郡志佐町）	徳島		
徳義	川崎		中島鉱業㈱
唐津	大阪		山口鉱業石炭358トン
若松	神戸（川崎製鉄）		大正鉱業㈱・360トン
若松	神戸（川崎製鉄）		日本炭鉱KK・360トン

出典：内海町所蔵資料241「公用航海日誌 第62天社丸」、242「略式航海日誌 第62天社丸」より筆者作成。

賃にも影響した。木造機帆船には航海中も頻繁に機関故障が発生し、途中の中継港で修理しながらの航海であった。重量のある貨物を積載した機帆船は天候、潮流に注意を要し、途中の中継港での仮伯もかなり多い。阪神方面への運搬には一〇日程度を要している。機動力がある運航状況とはいえず、船主・船長として苦労が多かったと推測される。

次に中村菊太郎が乗り換えたのが第六二天社丸という機帆船である。田島の対岸の沼隈半島には一九〇〇年代前半にT海運という機帆船業者が成長し、一九三六年（昭和一一）に株式会社化した。戦後さらに所有船を増やし、T造船という併設の造船所を成長させた（第五章参照）。所属船には共通して「天社丸」の船名をつけた。T海運は石炭の自由販売化を契機に、一九四九年に若松に事業所を立ち上げた。若松で積極的に営業を展開し、住友石炭鉱業、三菱鉱業、三井鉱山、日本炭鉱など大手の荷主を開拓した。一九五〇年代前半の機帆船の所有数は、七〇隻前後に達した［常石造船 1983:194-208］。中村菊太郎が第六二天社丸の船長だったのは一九五一～五三年である。T海運の拡大期に、所属船の船長として採用されたと推測される。

第六二天社丸の航海日誌によると、T海運の若松出張所で指示を受け、株式会社化された鉱山から出荷した石炭を搭載した（図表1―8）。石灰石を運搬することもあった。積載量は三六〇トンに達しているので、最初に船長になった進友丸の二倍以上の容積である。第六二天社丸と比較すると、中村菊太郎が最初に船長になった進友丸は小さいものだった。その一五四トン一隻を三人で共同所有していた福島長一は零細船主であった。

中村菊太郎は若宮丸の船主・船長から、T海運の雇われ船長になった。しかし、七〇隻を所有して石炭運搬業を展開している企業の雇われ船長と、共同所有の零細船主の雇われ船長では意味が違う。大手炭鉱を荷主にもち、出荷手配が確実な企業の傘下に入り、規模の大きい船に乗って、運搬回数が増せば、トータルで運ぶ石炭運搬量は異なり、歩合金も増加したであろう。

このように中村菊太郎は機帆船を乗り換えることによって、条件の良い船長職へ移動した。中村菊太郎の職業移動の過程は、瀬戸内海の戦後の石炭運送業の変遷を反映している。零細船主の機帆船経営を淘汰するように、企業化された石炭運搬業が伸長していった。瀬戸内海の機帆船輸送の最盛期は一九五〇年代半ばまでで、五〇年代後半には木造機帆船の減船整理が始まった（第五章参照）。中村菊太郎は妻と子どもがアメリカ市民権をもち、戦後に北米へもどって生活していた。そのため、一九五三年まで第六二天社丸の船長を務めたあと、中村菊太郎は末子をともなって北米へ渡った。

中村菊太郎の上昇移動を可能にさせた条件を整理してみよう。福島長一が船主であったときに、中村菊太郎は船長に昇進し、機帆船の運営能力を磨き、さらに移動ルートが開かれていった。零細船主とはいえ、福島長一が船主となる資金、つまり中間層の経済的資源が必要だった。中村菊太郎は一介の労働者から出発したが、海技免状を取得して船長職に到った。操船能力について公的な技能の資格が必要だった。そして機帆船の拡大期という時期に恵まれた。マニラに蓄積した諸資源を失って母村にもどった移民経験者がこの二つの条件を揃えることは難しかったであろう。町集落で中村菊太郎のような例が少数にとどまったのは、そのような理由によると推測される。

中村菊太郎自身はこの二つの条件により、一九四二〜五二年の一〇余年、石炭運搬業において生業を確保することができた。船長を務めたとき、機関長はいずれも田島出身者であったから、同郷者の職の確保にも若干寄与したといえるだろう。しかし、たとえば沼隈半島で成長したT海運／T造船が一九五〇年代以降も海運業・造船業で成長し、多くの労働者を雇用するようになったことと比較すると、中村菊太郎の船長職における上昇移動は個人的なものにとどまった。渡米によって船長職のキャリアは断絶し、集落の人々の就業機会の拡大につながることはなかった。

4　戦前のマニラ移民送出の意味——地元漁業からの離脱

マニラ湾で操業していた日本人の上層・中層漁民は船舶を所有して単純商品生産を営み、自己の裁量で収入を得る独立自営の漁民であった。自営を可能にした条件は、船舶の所有と安定した漁場の確保であった。沖合漁業に該当し、多獲可能な打瀬網漁は、明治期から瀬戸内海の狭隘な漁場でしばしば漁業紛争を引き起こした。マニラ湾での漁場の確保は、漁業紛争で消耗することなく、打瀬網漁に適した良好な漁場で自営漁民としての生業を確立させた。また、下層漁民である漁業労働者層は自営漁民の打瀬船に雇用されて、生業を確保した。しかし、終戦によるマニラからの引き揚げは、漁場の喪失を意味することになった。

漁場を失い、自営の条件を欠くことになった漁業者は、戦後の日本社会でどのように生活を再建していったのだろうか。図表1—9はインタビュー調査から明らかになった町集落出身「移民経験者」男性の帰国後の就業状況である。図表1—9に掲載した事例すべてに共通する顕著な特徴は、帰国後に地元漁業への復帰者がいないことである。その理由は次のように推測される。

図表1-9　町集落のマニラ移民経験者（男性）の帰国後の最長職

分　類	整理番号	帰国後の最長職	マニラでの就業内容	帰国時期	キャリア・データの出典
海上建設業（沿岸・港湾土木事業）	Y1	浚渫船作業員（北九州戸畑・池畑組）	漁業	戦後	息子
	Y2	浚渫船作業員（北九州戸畑・池畑組）	漁業	1941年	息子
海上運送業（沿岸・港湾貨物運送業）	Y3	機帆船船主（共同所有）	漁業	1943年以前	親族
	Y4	はしけ運送作業員（大阪・渋沢倉庫）	漁業	1940年以前	息子
	Y5	はしけ運送作業員（大阪）	漁業	1933年以前	息子
製造業（阪神等）	Y6	金属製造業作業員（尼崎・大阪チタニウム）	漁業	不明	息子
	Y7	金属製造業作業員（尼崎・大阪チタニウム）	漁業	戦後	親族
	Y8	造船業作業員（岡山県飾磨、姫路）	漁業	戦前	娘
自営業	Y9	宿泊・飲食業（田島）	建築請負業自営	戦後	妻
	Y10	食料品販売業（田島・食料品店）	漁業	1937〜38年	息子
	Y11	内航運輸取次業（田島・回漕店）	漁業	不明	息子
	Y12	船大工（田島）	船大工	不明	息子
	Y13	自営業（福山）	建築大工	不明	甥
	Y14	自営業（大阪で製造業工場）	漁業	不明	親族
その他	Y15	進駐軍通訳→岩国基地勤務	建築大工	戦後	本人
無　職	Y16	なにもせず	漁業	戦前	息子
	Y17	なにもせず	漁業	戦前	娘
	Y18	なにもせず	漁業	戦前	孫
	Y19	なにもせず	漁業	戦後	息子

出典：筆者作成。

町集落からはじめてマニラへ漁業移民が送出されたのは一九〇四年である。時を同じくして、町集落出身者で田島村漁業組合に打瀬網漁の廃業届を出す者が続出した。一九〇四年以降の三年間で四一名に達した（一九一六年までは五九名）。廃業して移民旅券を入手し、マニラに渡航したことを確認できる者がいる［武田 2002:179-199］。マニラへ渡航することは、地元の漁業組合から離脱することを意味した。このようにして田島西部では漁業者が減少した。一方、地元で沿岸漁業を継続した田島東部・箱崎の漁業者たちは田島村漁業組合の運営のイニシアティブを握った。箱崎は地先漁業に特化した漁法で、田島の漁業の中核になった。一九〇二年（明治三五）に制定された漁業法では地先専用漁業権と慣行専用漁業権が設定された。地先・慣行のどちらの漁業権においても、漁業は慣行によって漁場利用の在り方を調整することが多い。町集落から漁業移民がマニラへ送出されている間に、田島では既利用者である箱崎の漁業集団を中心とした漁業慣行が、明治後期から昭和戦前期にかけて形成された。マニラへ渡った漁業者たちのように、いちど地元漁業から離脱してしまうと、地元漁業に復帰することは実質的に難しかったと推測される。

さらに船舶の所有についても次のような状況があった。生産手段である漁船・漁具の所有は操業の基本的な要件である。打瀬網漁法は一隻の打瀬船に二〜四人で乗り組み、家族経営に適している。家族のなかで父親がマニラに渡航してしまい、母村に自家所有の打瀬船がなければ、子ども世代が母村で漁業を行う可能性は低い。昭和戦前期に町集落では打瀬船がほとんど残っていなかった。

町集落では自営を可能にする二つの条件、漁場と船舶の両方が失われていた。移民経験者が戦後に生活再建に直面したとき、地元漁業に再参入する選択肢は実際にはほとんどなかったのだろう。戦後に地元漁業への復帰者がいない状況を鑑みると、戦前の「マニラへの移民送出」は、町集落においては「地元漁業からの離脱」を意味している。つまり戦前の段階で、町集落では地元で漁業を行う漁民層は消滅し、母村では漁民層の分解が進行していたのである。前述のように、マニラでは上層・中層漁民、都市自営業主が成長して、中間層に該当する人々が出現していた。しかし、戦争によって、マニラに蓄積した諸資源は失われた。マニラでも母村でも自営漁民を存立させる二つの条件が失われたことが、終戦時に明確になった。

戦前に母村へ還流させた稼得金で、家屋の取得・建て替えをすませていた場合は不動産資源が残った。戦後も町集落の白壁づくりの堂々たる家並みは有名で、小さな旧城下町の面影を残すと喧伝されるほどだった［武田 2002:359-361］。引退年齢に該当していたマニラ帰りの中間層は、改築された自宅で悠々自適の老後を過ごすことになった。しかし、立派な家並みはかろうじて残った資源で、就労年齢にあったマニラ帰りの人々の生業を存立させる基盤は町集落にはほぼなかったといって過言ではない。

浦上与一郎のように際だった豪邸を所有していれば、それを活用して宿泊・飲食業のような自営業を興すことが可能だった。しかし、多くは一般家屋である。せいぜい間口を活用して、食料品・雑貨販売の零細小売業を営むことに資する程度だった。図表1―9には母村で零細小売業主となった例をみつけることができる。しかし、人口規模が小さい島社会では小売業として存立可能な数は限定されていた。

マニラで単純商品生産を営み、旧中間層にとどまっていた自営漁民は、母村で生業確立の基盤をもたない没落した漁民層として戦後を出発することになった。マニラ湾の操業で身につけた漁業の技能はあった。しかし、箱崎の漁業者に雇用されて漁業労働者となる道を選択した者はいない。近世から集落によって得意とする漁法は異なっていた。漁場争いが頻繁に起き、集落間の対抗意識は強かった。また、マニラでは一九三〇年代に漁船動力化に転換していたが、漁場狭隘な瀬戸内海は終戦時でもまだ漁船の動力化は公式には認められていなかった（第六章参照）。マニラで動力船に慣れた漁業者にとって、風まかせの操船による操業は水揚量が少なくて物足りなかったであろうし、箱崎の漁業集団が得意とする地先・定置網中心の漁業は打瀬網漁に慣れた漁民の関心をひくものではなかったといえよう。

没落した漁民層に残されていた選択肢は賃労働者になる道だった。第一次産業就業者が賃労働者となるプロセスについて、濱島は三つのルートに分類している。濱島が分析したのは山村農業・林業集落の農民層の分解である。農業から離脱して雑業に依存を強めていくルート（農村プロレタリア化）、周辺農村へ流出して農業労働者となるルート（農業プロレタリア化）、工業労働者になるルート（工業プロレタリア化）の三つである［濱島・松浦 1963:211-213］。また、戦後には貧農化→労働者化の直線コースが顕著になったことを指摘している［濱島 1960:40-42］。

マニラ帰りの漁民は、箱崎で雇用される漁業労働者にはならなかった。つまり、町集落では上記二番目に相当する周辺集落へ流出して漁業労働者になるルート（漁業プロレタリア化）は実際には出現しなかった。マニラ移民経験者と家族は、どのようなルートをたどって賃労働者となっていったのだろうか。濱島は日本の賃労働者化にみられる特

図表1-10　マニラ移民経験者の「家族」戦後の職業移動

	分類	整理番号	生年	学歴	マニラ移民経験者	本人・戦前の経験	本人・戦後の職業移動	キャリア・データの出典
男性	捕鯨業事業員（南氷洋捕鯨）	Z1	1920	小学校卒	兄	金属製造業作業員（大阪・メッキ業）→捕鯨労働者（N社）	捕鯨労働者(N社)→水産物販売業従業員(尾道・魚問屋)→造船業作業員(日立造船下請、T造船下請)	本人
		Z2	1925	小学校卒	父	造兵廠養成所工員（奉天）→出征→シベリア抑留	捕鯨労働者(N社)	本人
		Z3	1926	小学校卒	父	学業・入隊	捕鯨労働者(N社)	親族
		Z4	1932	小学校卒	父	学業	家大工→捕鯨労働者(N社)→家大工	本人
		Z5	1932	実業学校	父母	学業	家大工→捕鯨労働者(N社)	本人
		Z6	1933	小学校卒	父	学業→大工（大阪）	捕鯨労働者(N社)→北洋漁業作業員(N社)	本人
		Z7	1931	不明	父	学業	捕鯨労働者(N社)→造園業作業員	親族
	海上建設業（沿岸・港湾土木工事業）	Z8	1921	高小卒	父母	1936年三菱造船職工学校（神戸）→1942年出征	捕鯨労働者(N社)→漁業作業員(田島水産)→浚渫船作業員(北九州戸畑・池畑組)→製造業(日本鋼管)	本人
		Z9	1937	新制中学卒	父母	学業	沿岸旅客・貨物船作業員(備後汽船)→捕鯨労働者(N社)→浚渫船作業員(大阪・大徳工業その他)→浚渫船船長	本人
	海上運送業（沿岸・港湾貨物運送業）	Z10				宿泊業自営（アメリカ）	機帆船作業員→機帆船船長	
		Z11	1930	小学校卒	父	学徒動員	機帆船作業員(住得汽船)→浚渫船作業員→はしけ運送作業員(大阪・新光運輸)→建設業作業員(建設機械操作)	本人
	製造業（阪神等）	Z12	不明	不明	父	学業	金属製造業作業員(大阪・メッキ業)→自営(メッキ業作業所)	親族
		Z13	1937	新制中学卒	父	−	金属製造業作業員(大阪・メッキ業)	兄
		Z14	不明	不明	父	不明	金属製造業(大阪)	姉
		Z15	不明	不明	父母	不明	金属製造業(大阪)	親族
		Z16	不明	不明	父母	不明	金属製造業作業員(尼崎・大阪チタニウム)	親族
		Z17	1933	不明	父母	学業	金属製造業作業員(尼崎・大阪チタニウム)	親族
	自営業	Z18	1932	不明	父母	学業	大工→飲食業自営(大阪)	妻
		Z19	1937	三原工業高校	父母	−	建築業作業員(静岡)→建設業自営(田島)	兄
		Z20	1942	夜間大学卒	父母	−	建築業作業員→建設業自営(田島)	本人
		Z21	不明	不明	父母	不明	進駐軍→飲食業経営	親族
		Z22	不明	不明	父母	不明	印刷業自営(福山)	親族
		Z23	不明	不明	父	学業	建築関連業自営(田島・表具屋)	本人
		Z24	不明	不明	父	不明	新聞販売業(田島)	本人
	その他	Z25	1930	不明	父	学業	電気通信業(中国電力・広島県内・離島ふくむ)	本人
		Z26	1933	実業学校	父母	学業	電気通信業(中国電力・広島県内・離島ふくむ)	本人
		Z27	1931	不明	父母	学業	郵便・通信業(田島・郵便局)	本人
		Z28	不明	不明	父母	不明	繊維会社勤務(尾道)	妹
女性	※参考のため付記	W1	1917	実業学校	父	郵便局→役場	食料品・雑貨販売業自営(田島)	本人
		W2	1928	実業学校	父母	洋裁→尾道鉄工	造船業事務職(田島)	本人
		W3	1927	女学校	父	学業・洋裁	医療業事務職(浜松等)	本人
		W4	1932	新制中学卒	父母	−	家事作業者(奈良)→繊維製造業作業員(愛知県、京都)	本人

出典：筆者作成。

徴の一つとして、縁故関係を通じた入職経路をあげている［濱島 1960:50］。

図表1―10はインタビュー調査から明らかになった移民経験者「家族」の戦後の職業移動である。図表1―9、1―10の両方に基づくと、二世代に共通してみられる主要な入職先は、海上建設業、海上運送業、製造業である。また、子ども世代（図表1―10）の特徴ある入職先として南氷洋捕鯨業をあげることができる。南氷洋捕鯨業は戦後に伸長し、一九四〇～五〇年代に二〇歳代だったコーホート集団を採用したので、マニラ移民経験者に該当者はいない。南氷洋捕鯨業については第二章で詳述する。ここでは、主要な入職先である海上建設業（沿岸・港湾土木工事業）、海上運送業（沿岸・港湾貨物運送業）、製造業（阪神等）について、代表的事例を取り上げ、参入の詳細を明らかにしておこう。

5　海の労働者

図表1―9、1―10にみられる職業は、海上労働と陸上労働の二つに大きく分けることができる。たとえば農民層分解の場合、水上労働への参入は一般的ではない。農民層は水上労働に参入障壁がある。しかし、漁民の場合は「陸に上がる」という言い方があり、海上職と陸上職の両方の選択肢がある。海上・陸上のどちらの賃労働に対しても参入が可能である。漁業から離脱した漁民層が「海」の賃労働に移動するパターン、つまり「海」の労働移動ルートが形成されるプロセスについて、海上建設業（沿岸・港湾土木工事業）と、海上運送業（沿岸・港湾貨物運送業）を基に考察を進めてみよう。

（1）海上建設業

図表1―9、1―10には、浚渫船作業員の経験者が一定数いる。たとえば、神野勝一（仮名）（Y2）と神野利文（仮名）（Z8）は父子であるが、父子ともに北九州の戸畑にあった池畑組という港湾建設・土木業の企業で浚渫船作業員として働いた。神野父子を例に入職の経緯を述べてみよう。[17]

池畑組は一九二三年（大正一二）に大阪の大正区で創業された港湾土木工事請負業で、終戦後には北九州の日本製鉄八幡製鉄所や、姫路の日本製鉄広畑製鉄所の構内の港湾工事などを施工した。終戦直後に戸畑の池畑組で作業員をしていた町集落出身者がいた。戸畑の八幡製鉄所と姫路の広畑製鉄所の間を、港湾工事のため作業船で行き来することがあり、途中で田島に寄港して、マニラ移民経験者をはじめ町集落の男性に池畑組で働くようにたびたび誘った。食料が配給制の時代だったが、池畑組で働く場合には食料持参の必要がなかった。この利点にひかれて、町集落・南集落出身者が二〇人前後、浚渫船作業員として働くようになった。

父親の神野勝一（一八九四年生）はマニラで漁師をしていたが、一九四一年一〇月にマニラからもどった。近隣の人に誘われて、一九四六年から戸畑の池畑組で働くようになり、一九五九年まで浚渫船作業員として勤めた。一九五〇年頃に息子の利文（一九二一年生）に「池畑組へ来ないか」と勧め、それに応じて利文は池畑組に移り、その後二〇年間勤続した。神野父子は池畑組に入職して、安定したブルーカラー職を全うすることになった。

利文は池畑組に落ち着くまで、何回か転職を重ねた。子どもの頃はマニラで父母と暮らしていたが、五歳のとき、学齢期が近くなったので、おじに連れられて田島にもどった。父母きょうだいはマニラに残った。船が田島の砂浜についたとき、祖母が「よく帰ってきたのう」と抱いてくれたことをよく覚えている。田島の高等小学校を卒業し、いとこが神戸の三菱造船所職工学校に通っていたので自分も入校した。一九四二年に招集・出征、一九四六年六月に帰島した。戦後は田島水産の船に一年間乗船、南氷洋捕鯨船に一航海乗船し、池畑組に移った。

神野父子と類似した職業移動を経験をしたのが浦江勘一（仮名）（Y1）・浦江靖（仮名）（Z9）父子である。浦江勘一は父も自分もマニラ移民経験者であった。戦後は田島水産の船に乗船、田島水産の事業が失敗したあと、一九五〇年頃に池畑組に移った。息子の浦江靖（一九三七年生）は南氷洋捕鯨を経験したあと、四一年間浚渫船に乗船した（第二章参照）。

マニラ移民経験者・家族ではないが、村瀬益雄（仮名）（一九二四年生）は招集・出征、戦後に帰島し、食料を持参しなくてよい条件にひかれて池畑組に入職した。南集落の小原将司（仮名）（一九二九年生）は、戦中は呉海軍工廠に動員、戦後は南氷洋捕鯨に一航海行ったあと、一九五〇年代はじめに池畑組に入職し、一二年間浚渫船作業員として働いた。このようにマニラ漁業、田島水産、南氷洋捕鯨、浚渫船など、神野父子、浦江父子と類似した職業移動経験者は散見される。終戦時に一〇代後半〜二〇歳前後に該当した若年男性は、「海」関連の非安定雇用労働の転職を繰り返したのち、池畑組に入職して生業が安定した。

池畑組への入職は、近隣ネットワークによって情報が広まり、一九四〇年代後半〜五〇年代にかけて集団的に入職のパターンを形成した。濱島が述べた縁故による入職・賃労働者化である。これをひと時代前の中井萬蔵によるマニラ移民支援と比較してみよう。中井萬蔵は集落上層部のネットワークを介してマニラ情報を入手し、中下層の渡航を支援した。情報の入手者と就業者は異なる階層であった。戦後の池畑組への入職はそれとは異なって、労働者同士による情報の伝播と支援であった。戦後は瀬戸内海沿岸各地の工業化が進み、海岸部は改造され、港湾整備事業、臨海部埋立事業が増加した。海上建設業には労働需要があり、参入がオープンになっていたと推測される。労働者間の情報交換・就業斡旋が活発化していたのだろう。

浚渫船の作業はどのような特徴を有した労働であるのか確認しておこう。港湾工事、臨海用地の造成、防波堤・岸壁建設などの際に行われ、海上・海底の土木作業である浚渫工事は、複数の作業船を組み合わせたチーム作業である。作業船は、ポンプ式浚渫船（強力なポンプにより水底の土砂を吸い上げる）、クレーン船（移動式クレーンを艤装し、小型軽量物の揚荷を行う）、土運船（浚渫船から排出された土砂を積み込み、廃棄場所まで運搬する）、曳き船（非自航式の作業船の曳航）などから構成される。受注した工事の規模によって作業船数・工事要員は異なるが、通常は五〜六人、多い場合は一〇数人で作業班を構成する。神野利文は戸畑の池畑組に所属し、関門海峡、有明海、奄美大島、屋久島、種子島などの現場で港湾造成作業に従事した。日給月給制で、請負工事が終了するまで、工事期間は現場に停泊した船内で集団生活をする。

このように複数の作業船を組み合わせた浚渫工事の職種はおもに三つである。作業船甲板職（浚渫用機械の操作、クレーンの操作、浚渫作業の補助業務）、作業船機関職（エンジン関係の調整）、作業船電気職（工事用発電機・機器の調整）である。田島から池畑組への入職者が従事したのはおもに土運船の作業員である。これは作業船甲板員という職種に該当する。作業船職で操船を担当する場合は小型船舶操縦士の免許が必要であるが、浚渫作業員については、資格の保有は必須条件ではない。誰でも参入可能なオープンな労働市場である。資格をもっていると有利であることは事実で、利文は入職後にボイラー技師二級（作業船機関職）、クレーン運転士の免許を取得した。

浚渫工事の作業船甲板員の職務内容をふまえると、マニラ帰りの人々がこの職種に参入可能だったのは、「船」や「海上労働」に慣れていたからということができよう。作業船甲板員に海技免状は必須ではないので、「操船」技術そのものが必要とされたわけではない。板子一枚下は海の「船上労働への慣れ」が「海」の労働移動へと導く要因であった。

前述の中村菊太郎の機帆船の船長職の職業移動と比較してみよう。中村菊太郎の例に基づくと、「海」の労働にも昇進ルートがあった。操船技術が上昇移動のための資源で、海技免状で保証されている必要があった。それに対して、浚渫船作業員への参入に資格は不要である。誰でも参入可能であるからこそ、近隣ネットワークによる集団的入職が可能だったといえる。資格が必要であれば、それが参入障壁になる。入職情報を得れば即移動可能という状況にはならない。海上労働の場合、「船」にまつわる技術・資格（運転、機関の操作）の有無が、「海」の専門職と「海」の労働者を分化させ、海上職における二重労働市場を形成する。参入時における技術・資格の有無は、参入後の上昇移動ルートにも影響した。マニラ帰りの人々に浚渫船作業員の職種は開かれ、生業の確保には寄与した。しかし、これは「船上労働への慣れ」が充分条件で、資格不要の参入ルートであり、「海」の二重労働市場の下層部へ位置づけられることであったといえよう。

浚渫作業員の生活にみられる特徴の一つは、工事期間は船内で集団生活をすることである。家族と分離する生活スタイルになる。これは南氷洋捕鯨業にも共通している。海上職では専門職・労働者階級を問わず、一般的にみられる特徴である。浚渫作業員がそのような生活スタイルを良しとしているわけではない。池畑組の浚渫船作業員から陸上職へ転職した村瀬益雄は、転職の理由について「家族から離れなければならなかったし、体が冷えた」からと言う[18]。また、四一年間浚渫船に乗り組んだ浦江靖は、田島にもどることができたのは盆、正月、ゴールデンウイークに三〜四日程度で、地域社会の状況には疎くなり、たまに会う自分の子どもが自分をみると恥ずかしがったと語る[19]。図表1―11は一九八〇〜九〇年代のものであるが、浚渫船作業員の妻の日記で、夫が日常的に不在の状況を理解するのに役立つ。労働者自身も家族も、生産と生活の場が分離する状況に適応することが必要とされる。このような生活スタイ

図表1－11　浚渫船作業員の妻の日記（1987～1995）

年	日記	解説（武田）
1987	4月22日、銚子、ふとん作る。	夫がはじめて浚渫船作業員となり、銚子の工事現場に出かけるので、持参する布団を用意した。
1988	1月1日、家族で行く。	
	4月18日、主人帰る。	夫が金沢の工事現場（原子力発電所工事）から、休暇で自宅に帰る。
	20日、金沢に行く。	夫が金沢の工事現場へもどる。
	4月30日、主人帰る。	夫：工事現場→自宅（椎間板ヘルニアで治療のため、たびたび帰る）
	5月4日、船に行く。	夫：自宅→工事現場
	8月13日、主人帰る。	夫：工事現場→自宅
	17日、金沢に帰る。	夫：自宅→工事現場
	10月22日、主人帰る。	夫：工事現場→自宅
	24日、主人、医者に行く。萩に帰る。	夫：自宅→工事現場
	12月28日、主人帰る。	夫：工事現場→自宅
1989	3月17日、八代より船の免許書き換えで帰る。	夫：工事現場→自宅
	22日、船に行く。	夫：自宅→工事現場
	4月20日、主人帰る。	夫：工事現場→自宅
	24日、浜田へ行く。	夫：自宅→工事現場
	5月3日、主人福山に帰り、夜福山泊まり。	夫：工事現場→自宅
	4日、10:33、浜田に帰る。	夫：自宅→工事現場
	6月3･4･5日、鳥取に行く。	妻：自宅→工事現場
	8月12日、夕方、主人門司から帰る。	夫：工事現場→自宅
	17日、朝、船に行く。	夫：自宅→工事現場
	9月6･7･8日、門司より主人福山に帰る。1万5000円。	夫：工事現場→自宅
	9月30日、10月1･2日、主人も山口に一緒に墓まいりする。	夫：自宅→工事現場。夫妻：自宅→妻の実家
	12月28日に帰る。	夫：工事現場→自宅
1990	1月7日、船に帰る。	夫：自宅→工事現場
	4月28日、主人帰る。	夫：工事現場→自宅
	5月1日、船に帰る。	夫：自宅→工事現場
	6月16･17･18･19日、主人帰る。	夫：工事現場→自宅
	9月30日～10月3日、主人帰る。	夫：工事現場→自宅
	10月20･21･22日、博多に行く。	妻：自宅→工事現場
	22日、山口に２人で行く。	夫妻：工事現場→妻の実家
	23日、主人は船に帰り、	夫：妻の実家→工事現場
	24日、私は家に帰る。	妻：妻の実家→自宅
	11月2～5日、主人帰る。	夫：工事現場→自宅
	11月9～13日、主人帰る。	夫：工事現場→自宅
	12月29日、帰る。	夫：工事現場→自宅
1991	1月6日、船に行く。	夫：自宅→工事現場
	1月21日、主人帰る。	夫：工事現場→自宅
	1月24日、徳山に帰る。	夫：自宅→工事現場
	2月12～14日、主人帰る。	夫：工事現場→自宅
	4月3～7日、主人帰る。	夫：工事現場→自宅
	4月7日、船に帰る。	夫：自宅→工事現場
	4月26～5月7日、主人帰る。	夫：工事現場→自宅
	4月29日、主人と（娘の）美容院にあいさつに行く。	夫妻で娘の就職のあいさつ。
	8月12日～16日、盆、主人。	夫：工事現場→自宅
	12月26日～1月5日、主人、山口に帰る。	夫：工事現場→自宅,自宅→工事現場
1992	（省略）	夫50歳、息子26歳、娘20歳。
1993	（省略）	
1994	（省略）	
1995	1月6日、船に帰る。	夫：自宅→工事現場
	2月3日、主人船をやめて、家に帰る。	夫：退職
	3月7日より、W海運に勤める。	夫：転職

出典：W家所蔵資料より筆者作成。

ルが受け入れられない場合は陸上職へ転換することになる。

マニラ移民送出の時代、町集落では父親不在の生活スタイルが一般的だった。このような生活スタイルを受け入れる規範や習慣が存在した。生産と生活の場が分離する生活構造が形成される要因を漁業の性格から考えてみよう。漁業は魚種によって操業時期が異なり、季節労働的性格がつよくなる。単一魚種・単一漁法では周年営業が難しく、収入が途絶える時期が生じる。それを避けるため、複数の漁法を組み合わせた、いわば多就業形態になる。漁業は「船」で移動して就業場所を確保する。沖合漁業を得意とする集落であれば、遠隔地の漁場へ出かけて、魚群を追いかけ、周年営業に近い操業形態を形成する。季節性、遠隔性、多就業形態は漁業に付随する特徴であり、「漁場」を求めて、「船」で移動することが生み出す基本的特徴である。

生産面における季節性、遠隔性、多就業形態に柔軟に対応できる生活スタイルが漁業者と家族に求められる。可変性、柔軟性を特徴とする生活構造が形成される。そのような生活スタイルを受け入れる規範やハビトゥスがあることが、漁業以外の「船」関連の職種へ移動することへの抵抗を少なくしている。

（2）海上運送業

海上運送業の場合も、生産と生活の場が分離する生活スタイルになる。父子ともに海上運送業を経験している竹田芳男（仮名）（Y4）と竹田茂実（仮名）（Z11）の例を通して、「海」の労働移動の特徴を考察してみよう。

父親の竹田芳男（一八九〇年代生）はマニラ移民経験者である。マニラ渡航前は、商業関係者に雇用されて、朝鮮へ豆・穀物など食料品の仕入れに行ったこともあった。マニラでは船舶を所有する独立自営の漁業者だったのではなく、雇用される漁業労働者だった。マニラで四～五年間漁業に従事して帰国した。戦前は単身で大阪に出て、はしけ乗りを生業とした。貨物船が大阪湾に入り、倉庫に荷揚げする際に、運搬のはしけが必要になる。渋沢倉庫などへのはしけ運送作業を請け負った。日常的に二〜三畳大のはしけのなかで寝起き・食事し、生活した。妻子は田島で生活し、妻は一年に二回（正月、盆）はしけで暮らす夫に会いに行った。戦後も竹田芳男は大阪でそのような労働と生活を続け、七〇歳を過ぎて、一九七〇年代になって田島にもどってきた。

息子の茂実（一九三〇年生）の初職は機帆船作業員だった。沼隈半島の住得《すみとく》汽船という会社に所属する一五〇トンの機帆船で、長崎の高島炭坑から大阪へ石炭を運んだ。四〜五年勤めたとき、船が沈没し脱出するという海難事故があり、機帆船をやめた。次に尾道の港湾土木工事請負業の会社に入り、浚渫船作業員になった。次に大阪へ移り、父と同じようにはしけ運送作業員（新光運輸）になった。大阪湾内で六年間、石炭運搬のはしけ作業に従事した。はしけのなかで生活し、家を借りることはなかった。一九五八年に結婚、知人の紹介で建設会社に正規雇用で採用された。クレーン運転の免許を取り二三年間勤続した。

竹田父子の転職歴が示しているのは、「海」の二重労働市場の下層部における労働者階級の職業移動である。父親の転職歴にはマニラ湾の漁業労働者から、はしけ運送、機帆船、浚渫船など「海」の多様な労働が登場する。すべて「船」に関連し、息子は「船のことであればそんなに変わらない」という。[20] このような転職歴においては、海上建設業の仕事（浚渫船）も、海上運送業（機帆船、はしけ）の仕事もさほど違いはない。「船上労働への慣れ」を共通項とする、資格不要の非安定雇用の労働である。未熟練・半熟練で転職を重ねた。濱島は農業から離脱して雑業に依存を強めていくルートを農村プロレタリア化と記述したが、竹田父子の例は「海の雑業」プロレタリア化ともいうべき労働移動歴である。息子の就業が安定したのは、結婚を契機に陸上職に移動し、資格を取得した後であった。

竹田父子の例を、前述の池畑組への移動例と比較してみよう。池畑組の浚渫船作業員集団の形成は、近隣ネットワークによる集団的入職によるものであった。竹田父子の場合は、個人的な情報収集による転職であった。集落の社会関係やネットワークを利用した移動例ではない。情報の質という点で、有利な転職情報を得るには限界があったといえよう。結婚を契機に、知人のネットワークを活用し、陸上職へ移動が可能になって就業が安定したことは象徴的である。結婚による生活構造の改変が、生産・生活分離の漁業的生活スタイルのハビトゥスから脱却させたといえよう。

（3）海の労働移動ルート

濱島は農民層の分解による賃労働化のプロセスを、農村プロレタリア化、農業プロレタリア化、工業プロレタリア化の三つに分類した。これを参照して、「海」の賃労働化の事例を整理しておこう。第二のルートに相当する周辺漁業集落で雇用される漁業労働者のパターンが出現しなかったことは前述した通りである。

海上建設業（浚渫船作業員）における賃労働化は、近隣ネットワークによる企業労働者への移動であった。資格不要を特徴とする入職ルートで、それは「海」の二重労働市場の下層部に位置づけられる労働者を生み出した。生産・生活分離の生活スタイルを存続させることになった。しかし、企業に雇用されて安定化したので、その後に未熟練・半熟練の状態で雑業層的転職を繰り返した例は少ない。近隣ネットワークによる入職情報は、既就業者による勧誘であるため、情報の質としては優れていたといえよう。建設業労働者は工業労働者とは異なるので、このパターンは建設業プロレタリア化というべきであろう。近隣ネットワークの情報伝達・勧誘の範囲にいたこと、生産・生活分離の生活スタイルを厭わないこと、船上労働に慣れていることが、この移動ルートへ参入する契機になった。

これに対して竹田父子の事例は、「海の雑業」プロレタリア化であった。個人的な情報収集に基づき、未熟練・半熟練のまま、短期間で雑業的転職を繰り返したパターンである。

ここで先取りして述べるならば、第二章で詳述する南氷洋捕鯨労働者も賃労働化のパターンの一つである。巨大資本制企業に雇用されて漁業労働者となったパターンであり、周辺漁業集落で漁業労働者化するパターンとは性格が異なる。資本制漁業プロレタリア化といえるであろう。南氷洋捕鯨労働は、旧中間層の情報ネットワーク、特殊な入職情報、入職前の厳しい選別、船上労働への慣れ、生産・生活分離の生活スタイルの受け入れなど、複合的な条件をクリアして参入できるルートであった（第二章参照）。

以上のように、マニラ移民経験者および家族の、海の労働に関わる職業移動ルートを検討すると、建設業プロレタリア化、海の雑業プロレタリア化、資本制漁業プロレタリア化を見出すことができる。次に陸上職について、工業プロレタリア化のパターンを確認しておこう。

6　製造業労働者

陸上職の工業プロレタリア化について、マニラ移民経験者および家族の職業移動歴にみられる代表的パターンを一つだけ記述しておこう。マニラに渡航しなかった人々を含めれば、田島出身者で明治以降に阪神方面で工業労働者となった、賃労働化のパターンは多様に存在する。それらについて詳細に言及することは、異なる分析枠組が必要となり、本章のテーマの範囲をこえる。本節では図表1―9、図表1―10に複数みられる大阪チタニウム（大阪特殊製鉄所）への入職の背景について述べる。[21] マニラ移民経験者・家族がリクルートの中核的役割を果たした例である。

大阪特殊製鉄所は一九三七年（昭和一二）に創業された金属製造業の企業で、尼崎市に工場があった（一九五二年大阪チタニウム製造株式会社に改名）。大阪特殊製鉄所の船が、愛媛県小大下島の鉱山から尼崎工場まで石灰石を運び、航路途中の田島にしばしば寄港した。それがきっかけで、戦中から大阪特殊製鉄所尼崎工場で工員として働く町集落出身者がいた。終戦直後には田島出身者四～五人が働いていた。その中核人物である村上武雄（仮名）の父と兄はマニラ移民経験者だった。マニラでは船舶を所有する独立自営の漁民で、父と兄も戦後には大阪特殊製鉄所で働くようになった。この一家が町集落の近隣の男性を勧誘し、同社工場で働く田島出身の男性が増加した。一九四〇年代後半には田島出身者三〇人前後が働いており、工場近くには「田島町」があると自分たちで表現するほどだった。

食料の配給切符が必要な時代で、田島出身者は麦や味噌など食料を持参する必要があった。田舎に食料はあったが、運ぶ方法が問題だった。愛媛・尼崎間の石灰石運搬船が田島に寄って、食料を運んでくれるしくみになっており、これが重宝されて、大阪特殊製鉄所の勤務者が増えた。

田島から大阪チタニウムへの入職者の年齢層には幅がある。白川清（仮名）（一九〇九年生）は弟と一緒に就職し、家族は田島に残して独身寮に入居し、定年まで勤続した。門谷健一（仮名）（一九二六年生）は一九四六年に村上家の斡旋で就職し、溶鉱炉などを担当する本工として働いた。村瀬益雄は、九州の池畑組の浚渫船作業員を三年経験したあと、陸上職に代わろうと思い、既勤続者の紹介で一九五五年に大阪特殊製鉄所に入社した。近隣ネットワークを活用した入職は一九五五年頃が最後だった。村瀬益雄も以後定年まで二六年勤め、製造部門だけではなく、工場の施設部でも働いた。

このように大阪チタニウムへの入職も、近隣ネットワークを活用したものである。一九四〇年代後半～五〇年代半ばにかけて集団的に入職するパターンを形成した。労働者同士による情報交換・就職支援であった。大阪チタニウムは安定した就職先で、入社した田島出身者の多くは定年まで勤続した。親子二代にわたる就業者も散見される。大阪チタニウムへの入職例は、典型的な工業プロレタリア化の事例であり、縁故による入職・賃労働化に該当する。

終戦時にマニラでも母村でも自営漁民を存立させる二つの条件、漁場と船舶の両方が失われた。マニラ帰りの漁民や家族は、一九四〇年代後半に賃労働者として参入可能な方途を探さなければならなかった。戦後復興期には企業の成長は本格化しておらず、一九四〇年代後半に田島の周辺地域に、集団で参入できる就業先はなかった。この時期に集団で入職したのは、北九州・戸畑の池畑組や、尼崎の大阪特殊製鉄所など、遠隔地の企業であった。つまり、マニラ帰りの漁民層やその家族は、就業先を求めて、遠隔地に分散するという労働移動・地域移動の特徴をもつようになった。一九五〇～六〇年代の横島の漁民層分解では、沼隈地域で成長した企業に集団で入職し、その企業の地域コントロールの影響をつよく受ける社会構造が形成された（第六章参照）。それと比較すると、町集落の場合は一九四〇～五〇年代に、遠隔地に就業し、特定の企業の影響をつよく受ける社会構造は形成されなかった。

7　自営職人層の変遷

戦後に町集落では自営漁民が消滅したが、すべてが賃労働者になったわけではない。賃労働者と異なる、独特の労働構造、生活構造を保持していたのが地元職人層である。海辺の集落には独特の職人集団として、船大工の伝統があり、家大工もそれと関係する。「棟梁―弟子」という技能伝承のしくみをもち、集落で独自の社会的位置づけを保持している人々であった。零細ではあるが自営可能な職人層で、賃労働者ではない。マニラ移民経験者および家族と、職人集団の関わりについて明らかにしておこう。職人集団の維持は町集落だけで成り立っているのではなく、隣接する南集落、大浦集落との関わりが深い。町集落、南集落、大浦集落を含めた田島西部の状況を記述する。

（1）船大工・家大工の世界と緩衝的機能

図表1―10の浦江俊三（仮名）（Z4）、前川利男（仮名）（Z5）、安上篤夫（仮名）（Z18）は一九三二年（昭和七）生まれで、終戦直後に義務教育を修了した世代に該当する。この三人はいずれも初職として大工業に弟子入りした。田島西部では戦後数年間、大工（家大工・船大工）の世界は、島外から還流した男性労働力や、新卒の労働力を吸収する緩衝的機能を果たした。マニラ移民経験者・家族の大工職（家大工・船大工）への参入ルートと、大工集団の特徴や意義について明らかにしておこう。

マニラへ渡航した田島出身者のなかには、船大工としての経験を生かして、マニラで漁業以外の職種に就いた人々がいた。建築請負業自営の浦上与一郎、造船所経営の安上儀一などである［武田 2002:334-393］。浦上与一郎は高等小学校を卒業後、二〜三年船大工の修行をした後、マニラに渡航した。アメリカ人の建築請負業者に雇われ、建築大工として経験を積み、独立した。当初は田島出身者五〜六人を大工として雇い、日本人漁業者が集住していたトンド区に事務所を構えた。やがてマニラ中心街に事務所を移し、日本人大工を一〇人前後、フィリピン人労働者を五〇〜六〇人雇用し、手広く建築請負業を営み、地方の建築工事も請け負った[22]。

マニラには田島出身者が経営する造船所として、安上儀一の安上造船所と、大原良一の大原造船所があった。安上儀一と大原良一はともに南集落の出身である。母村で船大工の修行をしたのち、マニラへ渡航した。安上造船所は鉄工所を併設し、スクリューやエンジン部品の据え付けも行った［武田 2002:284-290］。田島出身者はこの二軒の造船所を頼りにし、とくに安上造船所は日本人漁業者の造船・修理の中核になっていた。

このように浦上与一郎、安上儀一、大原良一は、母村で船大工としての技術を身につけ、マニラで経験を積み、自営業主に上昇した。彼らのように自営業主には到達しなくても、船大工経験者が渡航した例は他にも散見される。溝口長太郎は妻とともにマニラ・母村間で転入・転出を繰り返し、ある時期は船大工の腕を生かして、マニラで漁獲物用のトロ箱を作っていた［武田 2002:334-337］。図表1―9の向谷末四郎（Y12）も船大工経験者である。

漁業が行われているところでは、関連産業として船舶の修理業や造船業が営まれる。船大工などの職人層の渡航は、漁業者の渡航に付随して生じた。自営業主への上昇移動者がいることは、マニラで関連産業の発達がみられたことを示している。その際に、大工としての技能を応用させて、船大工が家大工（建築大工）に変わった例は散見され、浦上与一郎もそれに該当する。しかし、その逆の家大工から船大工への移行例は聞かない。船大工は特殊な技能を必要とするため、家大工から船大工への転換は難しいからである。

浦上与一郎や安上儀一は中間層といえる社会的位置に上昇し、母村から来た労働者に雇用機会を提供した。浦上与一郎や安上儀一のような建築業・造船業の自営業主層は、母村から渡航してきた職人層を吸収し、マニラでの生活を安定させる役割を果たした。しかし、安上儀一は現地で応召されて一九四五年に亡くなった。浦上与一郎も帰国後は田島水産の事業が失敗して、宿泊・飲食業の自営で生計を立てるようになった。建築業・造船業の自営業主層が帰国後、マニラで行っていたような多数の男性労働者を吸収するような事業を展開することはなかった。マニラで雇用されていた職人層は、帰国後は母村で個別の受注に応じる零細自営の職人（棟梁）にもどった。

マニラへ渡航した複数の船大工経験者が、渡航前に弟子入りしたのは町集落に隣接する南集落の棟梁である。戦前期に、町集落には大工の「棟梁―弟子」集団はなかった。町集落では成年男性の多くがマニラに渡航していたため、成年の棟梁がいなかったことによるものであろう。しかし、隣接する集落には「棟梁―弟子」集団や養成のしくみがあり、戦前期においては田島西部における、マニラ渡航前の若年男性の技術習得ルートの一つになっていた。弟子は棟梁のもとで一定の技術を身につけたのち、独立を考えるようになる。マニラへの渡航は弟子の独立ルートの一つであったといえるだろう。

また、母村における「棟梁―弟子」のしくみの存続は、終戦後にマニラからもどった職人層を吸収する役割を果たした。職人の一部は、帰国後に零細自営の棟梁として、母村の社会構造に納まった。前述したように終戦直後に義務教育を修了した世代には、大工の棟梁に弟子入りした例が散見される。「棟梁」に対して一定の社会的需要があった。規模は大きくないが、「棟梁―弟子」のしくみが存続していたことは、戦後の内海町における男性の労働環境として重要である。大工（職人）の世界は、技能を修得した若年男性労働力を島外へ送り出す培養器の役割や、還流した男性労働力を吸収する緩衝的な機能を果たした。南氷洋捕鯨労働者は大工職を補完的に組み合わせた就業形態を形成した（後述）。

マニラへ船大工を送出する母体となっていた南集落の「棟梁―弟子」集団の戦前の状況は次のようなものであった（図表1―12）。南集落は農業集落であるが、明治期には少数の海上運送業の船主がいた。江戸末期から明治初期に、農業と補完しながら営んだことが始まりと推測される。南集落に一軒あった麻網問屋は石炭運搬船の船主でもあった（一八七二年＝明治五の状況）。また、一八九〇年の田島村土地所有者の第八位は南集落の廻船業者である［武田2002:50-51］。戦前期には機帆船の船主も複数おり、機帆船乗組員になった者も一定数いる。少数とはいえ、有力な海上運送業者や機帆船主・乗組員がいたので、南集落には船大工の棟梁がいた。南集落と町集落の境界域の海岸部に小さな船座（造船所）があり、南集落・町集落の若年男性はここに弟子入りした。後年マニラで造船所を開いた安上儀一も南集落で修行したのち、二二歳で渡航するまで「家の角でガチガチいわせながら小さい伝馬船を作っていた」［武

図表1－12　田島西部の家大工・船大工の系譜（一部仮名）

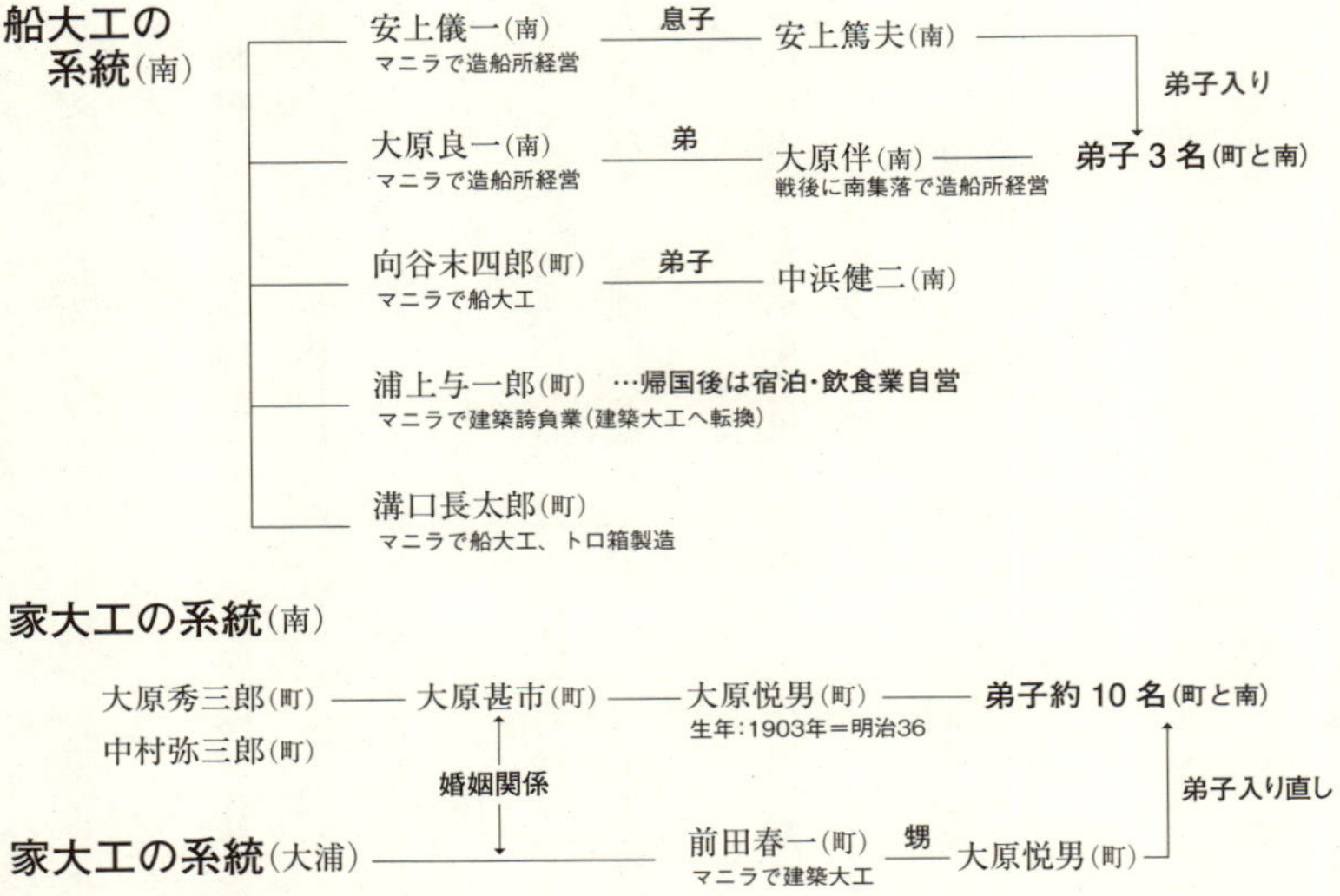

出典：W家所蔵資料より筆者作成。

田 2002:337］。町集落出身の向谷末四郎は、実家が町・南集落の境界付近にあったので、南集落の船大工に弟子入りし、のちにマニラへ渡航した（後述）。

南集落には家大工の系譜もあった。これも江戸末期から明治初期に、農業と補完しながら営んだことが始まりと推測される。大原秀三郎・甚市・悦男（一九〇三年生）という家大工を継承してきた棟梁一家と、中村弥三郎という棟梁の二系統があった(23)。これらの系統から独立した職人が田島西部の大浦集落などにもいた。大浦も町集落に隣接している集落である。南集落の家大工と大浦集落の家大工は姻戚関係にあった。町集落では戦前期にマニラからの還流金によって、家屋の建て替えが頻繁に行われた。戦前期に家大工への需要は大きく、母村に残っていたマニラ移民の家族は、建て替えを両集落の家大工に依頼した［武田 2002:359-368］。島の大工は不可欠の存在で、町集落の空間の変容に深く関わっていた。

このように田島西部では町集落をはさむ二つの農業

集落で、農業と補完しながら、家大工・船大工の「棟梁―弟子」のしくみが形成された。両集落は農業が基本で、かつ町集落の漁業者はマニラに渡航していたため、田島西部では船大工に対する需要は限定されていた。そのため、船大工の修行を終えた者はマニラへ渡航することが一般的だったようである。田島西部で発達したのは、移民の還流金による家屋の建て替え需要が多かった家大工の系統である。

南集落を中心に維持されていた家大工・船大工の世界は、終戦後に島外から引き揚げてきた男性労働力を吸収する緩衝的機能を果たした。労働力の受け皿となり、技能伝授の場となった。前述したように、図表1―10の浦江俊三（Z4）、前川利男（Z5）、安上篤夫（Z18）はいずれも一九三二年生まれで、終戦直後に義務教育を修了し、大工棟梁へ弟子入りした。マニラからもどった移民経験者や、終戦後に大工へ弟子入りした男性のライフヒストリーをたどりながら、「棟梁―弟子」集団への入職ルートと、集団の特徴を明らかにしてみよう。

（2）「棟梁―弟子」集団への入職ルート

図表1―9の前田春一（Y13）は町集落出身で、マニラ移民経験者である。マニラ渡航前に大浦集落の家大工に弟子入りして技能を身につけた。マニラでは建築大工として浦上与一郎の建築請負業で働いた。終戦後、田島にもどって零細自営の家大工の棟梁として再出発した。そこに弟子入りしたのが甥の浦江俊三である（一九三二年生）。浦江俊三からみて、前田春一は母方の叔父にあたる。浦江俊三は父方・母方のいずれも二代にわたるマニラ移民経験者である。父は現地召集され、一九四五年に戦死した。

浦江俊三はマニラで生まれ、幼い頃に母と母村にもどり、母村で育った。義務教育を終えた翌日から、大工の技能をもつマニラ帰りの叔父・前田春一に弟子入りした。親族ネットワークによって大工職に入職したのである。しかし、受注数は少なく、前田春一の家大工としての再出発は成功しなかった。母村を長く離れていたことが理由と推測される。前田春一は福山へ出て商売替えをすることになった。

浦江俊三は、南集落の家大工の大原系統に弟子入りし直した。地元で戦前・戦後にわたって継続的に営業していた「棟梁弟子」集団に参入した。ここに同じく弟子入りしたのが、前川利男である（一九三二年生）。前川利男は浦江俊三のいとこにあたり、同じ年にマニラで生まれた。父方が二代にわたるマニラ移民経験者で、家大工の前田春一は叔父にあたる。父はマニラ渡航前はブリキの職工で、マニラから帰国後は食料品・雑貨の零細小売業で生計を立てた。このように浦江俊三・前川利男の一世代前は、第一次産業就業者ではなく職人層で、帰国後は職人または零細自営業主に納まった。第一次産業に関わる資源を保有していたわけではないので、次世代は技能を身につけ、自活する手段を模索することになった。学卒時が終戦直後にあたり、技能を習得できる社会的しくみが未整備の状況であった。地元における参入可能な技能習得のルートとして開かれていたのが、南集落・家大工の「棟梁―弟子」のしくみであった。大原系統では、戦後数年間に一〇人程度の弟子がいて、「棟梁―弟子」養成のしくみが機能していた。

ちなみに浦江俊三・前川利男は家大工の技能を修得して自立したのち、一九五六年からN社の南氷洋捕鯨労働者として捕鯨船団に乗船した（第二章参照）。大原系統の弟子で南氷洋捕鯨労働者になった者は合計四名いる。結果的に家大工の技能は、新卒者が戦後一〇年間の生計を立てるのに役立った。地元で専業大工は不可欠であるが、需要が大きいわけではないので、少数の専業大工で事足りる。弟子の修行を終え、独立して数年技能を磨いたあと、島外の就業機会を模索するパターンは戦後も続いた。

以上のように、専業の家大工が島で継続的に営業を続けて、「棟梁―弟子」の基本構造を維持した。「棟梁―弟子」のしくみは、第一次産業から離脱していた家の子弟の技能養成に寄与し、島外の就業機会へと導く媒介装置として機能した。また、島外から母村へ還流してきた労働力を一時的に吸収する緩衝的装置としての役割も果たした。

一方、船大工の「棟梁―弟子」の状況は次のようであった。安上篤夫も一九三一年にマニラで生まれた。マニラにあった安上造船所の長男である。父は一九四五年にマニラで死亡した。母村にもどった安上篤夫は、同じくマニラ帰りの船大工である大原良一に弟子入りした。大原良一の弟が戦後に南集落で造船所の経営を始めた。大原良一と三人の弟子は弟の大原造船所に吸収された。大原造船所は事業としては成功せず、安上篤夫はのち大阪へ出た。安上篤夫にとって、船大工の「棟梁―弟子」のしくみは、戦後数年間の生計を立てることに役立ったが、大原良一との「棟梁―弟子」関係はその間の一時的なものにとどまった。[24] 田島西部では船大工の「棟梁―弟子」の基本構造が維持できるほどの需要がなかったのである。これと対照的に、横島ではこの時期はまだ漁業者が多く、造船所が複数あって、活発に営業していた（第六章参照）。南・大浦両集落は農業集落で、町集落には専業漁業者がいなかったことが、戦前と同じく、田島西部での船大工としての存立を難しくしていたのだろう。

マニラ移民経験者で、船大工であった向谷末四郎（町集落出身）の帰国後の状況も同様である。マニラからもどって、向谷末四郎は母村で個別の受注に応じる零細自営の職人（棟梁）になった。新造船の受注数は少なかったが、頼まれて一人だけ弟子をとった。南集落の中浜健二（仮名）（一九二九年生）である。中浜健二は義務教育修了後、島外へ出て、一九四三年に広海軍工廠の養成所に入った。終戦で帰島し、マニラ帰りの向谷末四郎に弟子入りした。向谷末四郎も中浜健二も島外から還流した労働力である。二人は「棟梁―弟子」として母村の社会構造に納まった。中浜健二はマニラ移民経験者・家族には該当しないが、マニラ帰りの棟梁との関係は船大工・家大工集団の変化や、職人の世界を考察する興味深い内容を含む。また後年、中浜健二は南氷洋捕鯨に行き、大工を補完的に組み合わせた多就業形態を形成した。中浜健二の経験を通して、船大工の「棟梁―弟子」の戦後の変化を明らかにしてみよう。[25]

向谷末四郎は「粗い」仕事を好まず、丁寧な仕事ぶりの職人だった。「弟子の間はきちんとした丁寧な仕事をせよ」が口癖だった。中浜健二が棟梁から教わったことは、船大工としての技能、設計にとどまらない。職人生活のコツも伝授された。「職人は休憩を取る必要がある。タバコを喫めないと、休憩をうまく取ることができない」と教えられ、それまでタバコを吸う習慣はなかったが、嗜むようになった。

仕事に空きが出たとき、棟梁は「盆の口説き」「音頭」を教えてくれた。「帳面と書くものを持ってこい。ひとふし、ひとふし、書き取れ」と集落に伝承されてきた「うた」を書き取らせた。向谷末四郎は盆に町集落で「音頭取り」を務める一人だった（「盆の口説き」「音頭取り」については第九章参照）。町集落と南集落は隣接しているため、盆の口説きと音頭は同じ節だった。向谷末四郎から手ほどきを受け、中浜健二は現在でも南集落の「音頭取り」を務め、集落の伝統行事に不可欠の存在になっている。このように職人の世界を通じて、「仕事うた」「むらのうた」が伝承されてきた。後年、中浜健二はこの「帳面」を地元で左官業を営む甥に渡した。男性の場合、「労働」の場面と密接に関連して、集落の文化的資源が伝授されている。「うた」は労働と深く結びつき、職人層によって「むらのうた」が伝承されてきた（第九章参照）。

中浜健二は、向谷末四郎のもとで三〜四年船大工の修行をしたのち、棟梁・弟子そろって南集落の大原造船所に請負として入った。向谷末四郎は個人経営で、受ける注文数が少なくて商売が成り立たなかったからである。大原造船所の営業は長くは続かなかったので、中浜健二はその後、棟梁の紹介で田島や沼隈の造船所に請負で入った。常に「向谷の弟子」として現場に入り、賃金については棟梁が交渉する慣習だった。当時入った現場の一つに、沼隈半島で成長していたT造船㈱がある（第六章参照）。中古の機帆船の修理を担当したが、T造船では右舷と左舷に分けて、沼隈の大工と、島出身の大工に競争させた。社長は駕籠に乗って見回りに来て、駕籠からあれこれと指示を出した。島の大工は船で通勤していたため、帰りの船の時間に制限されて残業ができない。そのため「島の大工」と批判されて不当な差別を受けることがあった。そのようなこともあって、T造船の現場をひきあげた。

以上のようにマニラからもどった船大工は帰島後、少数の弟子の養成には貢献したが、船大工としての生業は田島西部では成立しなかった。のち、中浜健二は家大工の仕事に誘われて、需要に応じて船大工・家大工の両方をこなすようになった。結果的に戦後に大工の修行をした若年男性労働力は、家大工の系統に収斂されていった。

（3）「棟梁―弟子」集団とコンボイ仲間

一九五〇年代までは、南集落の家大工を核として、「棟梁―弟子」関係に基づく地元職人層が再生産されていた。弟子たちは自立したのちコンボイ仲間（convoys）として互助的な関係を維持した。家大工の浦江俊三と、船大工の中浜健二は、一九五〇年ごろには内浦集落の棟梁の仕事を請け負うようになった。農業集落の内浦では葉タバコの生産がさかんだった時期で、乾燥倉の建築依頼が多かった。二人は「俊ちゃん」「健ちゃん」と呼び合う仲で、往復一二㎞の海岸沿いの細道を自転車をならべて朝夕一緒に通った。未舗装で潮がかぶる悪路であった。雨が降ると、海から風と潮が強く吹きつけ、赤土がねばって、自転車がすべった。あるとき、中浜健二はハンドルをとられて自転車ごと倒れ、路肩の石で顔面を三針縫う怪我をした。道路脇の造船所で焚き火をしていた人々がなぜか笑うなか、浦江俊三に助け起こされ、海岸沿いで開業していた医者に駆け込んで、応急措置をしてもらった。

負傷した悔しい場面で、浦江俊三が同伴してくれたことに象徴されているように、中浜健二の仕事上の転機のいくつかには浦江俊三が関わっている。中浜健二が家大工の仕事を請け負うようになったのは、浦江俊三が自力で町集落に自宅を建てたとき、友達として棟上げを手伝い、内浦の棟梁の目に留まったのがきっかけだった。これを契機に家大工の仕事へ誘われ、中浜健二は家大工と船大工の両方の需要に応じる就業形態になった。

次の転機は南氷洋捕鯨事業への応募である。葉タバコの乾燥倉を建てることがさかんだった時期が四～五年続き、一段落ついた一九五五年頃、家大工系統の弟子仲間に南氷洋捕鯨への応募を勧められた。一九四〇年代後半～五〇年代にかけて、田島・横島から同年代が南氷洋捕鯨に行き（第二章参照）、歩合金が良いことは聞いていたので、浦江俊三と中浜健二は一緒に願書を出すことを決心した。その年は補欠だったが、一九五六年に二人ともN社の捕鯨船団の労働者として乗船するようになった。最終的には大原系統の家大工経験者四名と船大工一名の合計五名が捕鯨船団で働くようになった。一九五〇年代半ばに大工の弟子集団は捕鯨労働者へ職業移動したのである。南氷洋航海中に、母船や捕鯨船には修理が必要な箇所が発生する。大工の技能保有者の乗船は必要だった。捕鯨労働と平行して、航海中には大工職もこなした。

浦江俊三は一九五六～六三年まで七航海（足かけ八年）、捕鯨労働者として乗船したのち、田島の専業大工にもどった。中浜健二は一九七五年まで二〇年間乗船した。南氷洋捕鯨は通常一〇月出港、四月帰港の季節的労働で、半年弱は母村にもどる。専業大工として浦江俊三が受注した仕事に、中浜健二は半年加わる態勢になった。一九七五年に捕鯨に行くことをやめたのちは、一緒に家大工の仕事をこなすようになった。

以上のように少数の専業大工が地元で継続営業することによって、緩衝的な労働環境が存続した。弟子仲間の複数が母村と島外の労働現場を往復する労働者となり、補完的に大工職を組み合わせた多就業形態を生業とした。地元の大工の世界の存続は、多就業形態を可能にさせた。

プラースは人生上の選択や行動に影響を与え、ライフコースの方向性に深く関与する重要な人物群を「コンボイ（道づれ）」（convoys）という概念でとらえている［Plath 1980］。中浜健二と浦江俊三は「コンボイ仲間」であり、相互のキャリア形成に関与しあった「人生の同伴者」「重要な他者（significant others）」であるといえるだろう。サポートしあう関係は大工の弟子集団、南氷洋捕鯨の同職集団と重なり合った。戦後に労働・社会環境が変化し、職業移動の流動性が高まり、不測のことも多いなかで、町集落・南集落では、同様の労働環境にある者たちが情報を交換し、多就業形態を形成し、生業をサポートしあうコンボイ仲間を維持した。技能修得者のネットワーク（大工の世界）は、親族ネットワーク、近隣ネットワーク、友人ネットワークと重なり合い、コンボイ仲間を形成していたのである。

集落の文化的資源の維持にコンボイ仲間は関わっている。前述したように、中浜健二は船大工の棟梁から「盆の口説き」「音頭」を伝授された。中浜健二と浦江俊三は大工として一緒の仕事現場に入り、盆が近づくと、どちらからともなく声を出して、節回しを練習した。後年、中浜健二の甥の小磯吉人（仮名）（南集落）が東京からもどって、左官業として一緒の現場に入るようになり、身体を動かしながら三人で声ならしをするようになった（第九章参照）。「むらのうた」は三人の「仕事うた」でもあり、三人で労働することの喜びを味わわせてくれた。この三人はいずれものちに各集落で音頭取りを務めることになった。盆のやぐらの基礎には、日常的な労働と「うた」の結びつきがあった。労働と「うた」の結びつきはコンボイ仲間のなかで深められ、労働歌をともに詠唱することの喜びはコンボイ仲間の結びつきを深めた。「うた」の面で深まった技芸は、集落の人々が大切にする盆の供養の場で発揮されて、人々の集落に対する思いを深めることに寄与する。

「棟梁―弟子」のしくみで養成され、戦後も田島西部に残ったのは、家屋建築に携わる労働者であった。専業に到達した場合でも零細自営である。しかし、零細ではあっても独立自営の建築業者が存在していたことの意味は大きい。田島と比較すると、横島では戦後に沼隈町のＴ造船の管理体制に強く拘束される労働者の一群が生みだされた。一九八〇年代に地域社会を揺さぶったＴ造船のＬＰＧ基地建設計画に対して、田島西部では独立自営の建築業者だった浦江俊三や、小磯吉人が各集落の反対運動を牽引するリーダーになった（第九章参照）。独立自営は、地域社会に影響力を及ぼす企業と距離をおき、独自の行動基準を保ち、それに沿った選択を可能にする基盤になった。「棟梁—弟子」集団から形成されたコンボイ仲間は、緩衝的機能をもつ労働環境を維持し、集落の文化的資源の伝承に関わり、地域社会に関心をもつ層の育成に関与していた。

［注］

（1）［武田 2002:324］に記したように、田島村からの渡航者は、子女が学齢期になると、母村で義務教育をうけさせることが多く、マニラ日本人小学校に通学させていた例は少数である。
（2）中井瑞恵さん所蔵写真による。
（3）段頭信代さん（仮名）への聴き取り調査（二〇〇五年二月二七日）。
（4）中井瑞恵さん所蔵写真による。
（5）田島水産については次の方への聴き取り調査による。西浦幸夫さん（一九九四年八月二三日）、神野利文さん（仮名）（二〇〇四年九月一三日）、段頭信代さん（二〇〇五年二月二七日）、村瀬益雄さん（仮名）（二〇〇五年二月二八日）、白川運二さん（仮名）（二〇〇四年七月四日）、兼江司郎さん（仮名）（二〇〇六年三月八日）。
（6）白川運二さんへの聴き取り調査（二〇〇四年七月四日）。
（7）武藤ミスエさんへの聴き取り調査（一九九八年三月三一日）。
（8）中村菊太郎についての記述は、次の方への聴き取り調査による。白川道江さん（仮名）（二〇〇四年九月一八日）、中田公平さん（仮名）（二〇〇四年九月一八日）、中村スエコさん（二〇〇四年一〇月二日）。
（9）内海町所蔵資料（無番）「馬尼刺行規約書」。
（10）内海町所蔵資料（無番）「定約証書」。

(11) 内海町所蔵資料・手紙（無番）「昭和三年四月一九日土井幾助発信:Mr. K.Nakamura, Hotel Atlas宛」。
(12) 進友丸の記述については次の資料を利用した。内海町所蔵資料236「航海日誌 帆船進友丸」、237「機帆船進友丸 船用航海日誌」、238「壱号海員名簿　帆船進友丸」、239「船用属具目録 機帆船進友丸」、「ディーゼル及発動機船用属具目録」、241「公用航海日誌 第六二天社丸」、242「略式航海日誌 第六二天社丸」、244「進友丸検査手帳・中国海運局尾道支局」、245「西日本石炭輸送株式会社　燃料受給帖（進友丸）」、246「若宮丸航海日誌」。
(13) 内海町所蔵資料244「進友丸検査手帳・中国海運局尾道支局」。
(14) 内海町所蔵資料245「西日本石炭輸送株式会社重油受給手帖」。
(15) 中田公平さんへの聴き取り調査（二〇〇四年九月一八日）。
(16) 内海町所蔵資料246「若宮丸航海日誌」。
(17) 池畑組への入職経路については次の方への聴き取り調査による。神野利文さん（二〇〇四年九月一三日）、村瀬益雄さん（二〇〇五年二月二八日）、浦江靖さん（仮名）（二〇〇四年九月一七日）。
(18) 村瀬益雄さんへの聴き取り調査（二〇〇五年二月二八日）。
(19) 浦江靖さんへの聴き取り調査（二〇〇四年九月一七日）。
(20) 竹田茂実さん（仮名）への聴き取り調査（二〇〇四年九月四日）。
(21) 大阪チタニウムへの入職経路については次の方への聴き取り調査による。西浦幸夫さん（一九九四年八月二三日）、村瀬益雄さん（二〇〇五年二月二八日）、門谷健一さん（仮名）（二〇〇五年六月五日）、白川清司さん（仮名）（二〇〇五年六月五日）。
(22) 武藤操さんへの聴き取り調査（一九九八年三月三一日）。
(23) 小原敏哉さん（仮名）への聴き取り調査（二〇〇六年三月二一日）。
(24) 安上篤夫さん（仮名）への聴き取り調査（一九九八年一一月二三日）。
(25) 中浜健二さん（仮名）への聴き取り調査（二〇〇二年三月一〇日、二〇〇三年三月七日、八月二七日、一一月四日、

二〇〇四年八月二六日、二〇〇六年三月九日、二〇〇九年一二月二二日)。

第二章　南氷洋捕鯨労働者の送出

● 鯨のひげに描かれた第三次南氷洋出漁記念の絵（昭和23年）（個人所蔵）

戦後、田島・横島（内海町）の多くの男性が南氷洋で行われていた捕鯨事業に従事した。戦争直後の一九四六年から一九七五年までの三〇年間に、N社の捕鯨労働者として就業した経験を持つ男性は一七七人に及ぶ。日本の南氷洋捕鯨事業の双璧を成していたN社の捕鯨労働者全体の構成に照らしても、内海町出身者が占める割合は大きく（後述）、内海町は日本における代表的な南氷洋捕鯨労働者送出地の一つである。

三〇年という時間の長さは、おおよそ一世代が労働力として働く期間である。南氷洋捕鯨労働者の送出は、継続した時間の長さという点でも、また一七七人という人数の点においても、地域社会にインパクトを与えた就業ルートの一つであった。

南氷洋捕鯨事業は、国外で操業される大規模な資本制漁業であるため、国際社会の影響をうける。南氷洋捕鯨労働者送出ルートは、国際的動向からみて、またローカルな地域社会からみて、どのように形成されてきたのだろうか。また、地域社会における職業移動、地域社会生活の面からみると、どのような社会的意味を含んでいたのだろうか。本章では、戦前から戦後にわたる南氷洋捕鯨の国際的動向と日本の動向というマクロな視点、内海町というローカルな視点の両面から、南氷洋捕鯨労働者の送出の意味を明らかにしてみよう。

1　日本の捕鯨と国際社会

（1）戦前の日本の捕鯨事業

日本が南氷洋ではじめて捕鯨を行ったのは一九三四年（昭和九）である。大手漁業会社の日本捕鯨㈱が捕鯨業に着手するため、一九三四年六月にヨーロッパでノルウェーの母船アンタークチック号を購入した。日本へ回航する途中、南氷洋を経由し、試験操業を行い、これが第一回めの操業となった。その後、日本に到着したアンタークチック号は改名され、図南丸と名付けられた。日本捕鯨は図南丸を捕鯨母船とし、一九三五年（昭和一〇）に第二回南氷洋捕鯨を実施した（南氷洋捕鯨は一サイクルが一〇月出港、翌年四月帰港となる。漁業会社は、通常これを一航海と数えた。一航海の操業は二年越しとなるため、一九三五／三六年と記すことにする）。

大手漁業会社の林兼も一九三六年（昭和一一）、捕鯨母船を新造し、日新丸と名付け、南氷洋捕鯨に参入した。一九三六年日本捕鯨は、日本水産㈱に合併され、捕鯨事業は日本水産によって継続操業されることになった。日本水産は第二図南丸を新造、林兼も第二日新丸を新造し、一九三七／三八年漁期には四隻の母船が出漁し、日本の捕鯨業の本格的な操業が始まった。一九三八／三九年には、日本水産の第三図南丸と極洋丸が加わり、母船六隻の出漁となった。戦前の操業は一九四〇／四一年を最後に、戦争で中断した。

このように日本が南氷洋捕鯨に本格的に参入したのは一九三〇年代後半である。捕鯨参加国の間では、一九三〇年代後半には早くも国際的な規制が課題となり、一九三七年（昭和一二）には国際捕鯨協定が結ばれた。日本は一九三八年（昭和一三）から国際会議に政府代表を送り始めたが、正式な加盟と協定の批准は行わなかった。

（2）戦後の捕鯨事業の国際的動向

戦後の国際的動向は次のように推移した。一九四四年（昭和一九）にロンドンの国際捕鯨会議で、頭数制限の実施が決定された。捕鯨参加国すべての捕獲頭数を合算し、トータルの捕獲頭数（シロナガスクジラ一頭を1B.W.U.と表し、鯨油生産量を基準に他の鯨種もB.W.U.に換算する方式）が制限されることになった。制限頭数に達するまでは、どの国のどの船団が何頭獲っても自由で、オリンピック方式とよばれた。一九四八年に国際捕鯨条約が発効し、一五カ国が署名した。一年ごとの捕獲頭数枠は、一九四五／四六年から五二／五三年までは一万六〇〇〇頭、五三／五四、五四／五五年は一万五五〇〇頭、五五／五六年は一万五〇〇〇頭、五六／五七年以降は一万四五〇〇頭であった。六二／六三年までは実質一万五〇〇〇頭の状況が続いた。日本が国際捕鯨委員会（IWC）のメンバーになったのは、サンフランシスコ講和条約後の一九五一年である。

一九五九年にはノルウェーとオランダが国際捕鯨条約を脱退した。これによって、六〇年度から二年間、頭数制限が中断された。各国の捕獲数は増加し、乱獲の危険が生じた。六一年の国際捕鯨委員会で、第三者である非捕鯨国の専門家に委嘱して、資源管理態勢が強化され、頭数制限が厳しく実施されることになった。

一九六二年に総枠が復活し、国別割当比率が定まった。六三年以降うちだされた頭数の削減は徹底的であった。そのため、捕鯨から撤退する国の母船を頭数枠つきで購入し、シェアを確保する国もあった。

一九七二年に国連環境会議が開かれ、捕鯨禁止も議題の一つになった。ニクソンの提案による「商業捕鯨の一〇年間禁止」議案が可決された。参加一三〇カ国のうち、賛成五四カ国、反対三カ国（日本含む）であった。国連環境会議と、国際捕鯨委員会は、直接に連動しているわけではない。しかし、アメリカは国際捕鯨委員会に新管理方式（鯨種別の捕獲頭数制限の実施）を提案し、七二年の国際捕鯨委員会でこの案が可決された。これにより、従来のシロナガスクジラ換算方式よりも規制が厳しくなった。

（3）戦後の日本の捕鯨事業

戦後、深刻な食糧危機に直面し、農林省は鯨肉を流通させるため、GHQに小笠原諸島での捕鯨操業を申請した。一九四五年一一月に許可を得て、日本水産と大洋漁業㈱の二社が四五年一二月から翌年三月まで操業した。さらに翌年、農林省はこの二社による南氷洋捕鯨を申請し、一九四六年八月に許可を得た。このように戦後すぐに日本の国際捕鯨は再開された。

一九五三／五四年までは、日本水産と大洋漁業二社による二船団出漁の態勢であった。五四／五五年に、大洋が一船団増加させた。五六／五七年には、日本水産が新母船を投入して一船団を増加させ、極洋捕鯨㈱も一船団を新規参入させた。五七／五八年には大洋がさらに一船団を増加させた。このように日本は次々に新母船を参入させ、六船団態勢となった。その結果、五九／六〇年には捕鯨国のなかで捕獲頭数が一位の捕鯨大国となった。六〇／六一年には極洋捕鯨がさらに一船団増加させて、七船団が出漁した。この船団数は、捕鯨参加国のなかで最も多いものであった。

しかし、六三年に厳しい頭数削減が開始された。このため、日本は海外での基地捕鯨に着手した。基地捕鯨は、母船式捕鯨よりも規模が小さく、南氷洋枠とは別枠であった。イギリスがサウス・ジョージア島の基地捕鯨から撤退することになり、日本の捕鯨四社は、その施設を借りて、操業を始めた。

イギリス、ノルウェーなどかつての捕鯨大国が次々と南氷洋捕鯨から撤退し、日本の捕鯨事業も厳しい局面に立たされることが多くなった。日本の捕鯨三社は三船団出漁を維持するため、減量経営を続けてきたが、主力鯨の頭数削減が続き、抜本的な改編が必要になった。七六年二月に南氷洋捕鯨三社（日本水産、大洋漁業、極洋）と沿岸捕鯨三社（日本、日東、北洋）の捕鯨事業部を統合させ、日本共同捕鯨㈱が設立された。南氷洋捕鯨三社から一五九人の離職者が出た。日本共同捕鯨は六社から一五五七人を引き継ぎ、三船団を編成した。七六年の国際捕鯨委員会で、ナガス鯨の禁漁、さらに厳しい頭数制限が実施され、早くも七七年には一船団編成に縮小し、六〇五人が離職した。

一九七六～七七年の二度の合理化で、合計二〇〇〇人余の大量離職者が発生し、実質的な労働市場としては幕を閉じた。

戦後の日本の南氷洋捕鯨の推移をまとめると、一九四六～七五年の三〇年間が実質的な操業期間であった。終戦直後に労働市場として早い立ち直りをみせた。労働市場としては一九四五～六〇年代初頭に雇用吸収力があった。船団が増加されるたびに、雇用者数が一船団ずつ多くなるという段階的な吸収形態である。船団数が同一の間は、毎回の離職者数程度が補充採用されるだけである。一九六〇年代初頭に船団数のピークがあり、六〇年代前半には頭数制限が厳しくなり始め、六〇年代半ばから減船・縮小期に入った。高度経済成長期が本格化する直前まで、労働力を吸収した市場である。この点が内海町における漁民層分解と関連する。

2　南氷洋捕鯨業と労働市場

(1) 労働市場としての性格

南氷洋捕鯨労働者を吸収した労働市場は、どのような性格を有した労働市場だったのだろうか。ちなみに、長期間にわたる国外出漁・船内生活であるため、男性のみに開かれた労働市場である。近藤康男によれば、南氷洋捕鯨業は漁業経済上、次のように位置づけられる［近藤編 1953:104-105, 111-112, 160-161］。漁業資本家群は巨大資本会社、中小資本会社、個人船主、網元の四群に分けられる。一九五〇年代にあった巨大資本会社は四社で（大洋漁業、日魯漁業、日本水産、極洋捕鯨）、いずれも戦前に経営基盤が築かれた。戦後も南氷洋捕鯨業、北洋サケ・マス漁業を独占的に掌握してきた。この巨大資本に雇用されているのが、捕鯨業、母船式北洋事業、トロール漁業に従事する近代的漁業労働者である。工場制工業的漁業の労働者として位置づけられる。常用雇用者を対象とした労働組合は比較的整備されている。母船式捕鯨は、母船を中心として、高度な専門技術によって分業化された工場のような構成になっている。船団は一般的に母船、冷凍船、捕鯨船、運搬船、油槽船から構成され、千名以上の労働者が分業体制内に位置づけられている。工場として最新技術を装備しているが、クジラの魚群発見、捕獲を左右する砲手の技能など、労働者の熟練度、個人的資質に依存する面も皆無ではない。その点では、熟練者を中心にした技能的結合関係を内包している。

このように南氷洋捕鯨事業は母国を離れた遠隔地の海上で、一定期間内に生産から食品生産まで行う工場としての性格がつよい。一〇月出港、四月帰港の季節的労働で、家庭という再生産の場から切り離され、生産面に労働力が集中的に投入される。乗組員は、一日八時間労働二交替という勤務体系、限定された余暇活動、長期間の同一集団内作業という厳しい労働条件で働き、高い労働効率を要求され続ける。一定期間で業績を達成するため、労働力の回転、時間、燃料等、すべての面にわたって高度に合理化されている職場である。捕獲作業に熟練性が要求されるだけではなく、工場労働としての食品生産部門でも熟練性が要求される。初めて参加した者は、未熟練者である。毎年度、離職者、新規参入者がおり、常に熟練者と未熟練者から構成されている。

以上のように、南氷洋捕鯨業は、労働内容、規則、命令系統が明確に体系づけられた、きわめて合理化が進んだ職場であった。高度経済成長期が本格化する以前の時期に、このような性格の労働市場に内海町の男性が一定数吸収さ

図表2-1　捕鯨船団員の構成（N社）

名称	雇用形態		所属の部	乗船する船の種類	所属の労働組合	備考
事業部員	常用社員		主として捕鯨部	母船、冷凍船	N社労働組合（幹部職員除く）（企業内組合）	
固有船員	常用		船舶部	母船、冷凍船、タンカー	全日本海員組合	捕鯨・北洋の母船・冷凍船の他、タンカー・鉱石運搬船等の海運部門の船舶にも乗船した。
捕鯨船員	常用		捕鯨部	捕鯨船	N社捕鯨船員組合（企業内組合）	南・北の捕鯨、近海の捕鯨事業に参加し、他の船舶に乗船することは原則としてない。
捕鯨事業員	常用		捕鯨部	母船、冷凍船	N社捕鯨労働組合（企業内組合）	母船式事業開始以後は、冬は南氷洋、それ以外のシーズンは近海事業場・北洋母船式捕鯨に従事した。
事業員	臨時	継続	捕鯨部・北洋部	母船、冷凍船	全日本海員組合	近海捕鯨事業には参加せず、南氷洋を主とする母船式捕鯨の生産要員として母船・冷凍船に乗船した。
		一般				

出典：N社資料「捕鯨事業への参画者について」。

れていった。

（2）捕鯨船団員の構成

内海町出身者が雇用されたのは、N社である。この会社の実情に即して、船団および船団員の構成を概述しよう。N社では、本社機構の一つに捕鯨部が設置されていた。

一九五七年の第一一次南氷洋捕鯨船団は、母船一、捕鯨船八、探鯨船一、冷凍船二、運搬船四、油槽船一で構成されている［N社 1957］。一九六五／六六年の第二〇次捕鯨船団は、二船団構成で、一船団につき、母船一、捕鯨船九、探鯨船一、冷凍船二、運搬船三〜五、油槽船一であった［N社 1966］。一船団の構成はほぼ一定している。

一船団内に、事業部員、固有船員、捕鯨船員、捕鯨事業員、事業員という五カテゴリーの乗組員が乗船している（図表2―1）。事業部員はN社捕鯨部の社員で、船団の操業を統括する（船団長、事業課

図表2-2　N社 第20次 南氷洋捕鯨船団員の構成（全数2141名）

船団名	事業部員（常用社員）	固有船員（常用）	捕鯨船員（常用）	捕鯨事業員（常用）	事業員（臨時）
図南丸	30	210	213	54	517
第2図南丸	30	212	219	50	515
油槽船（2船団共有）		91			
合計	60	513	432	104	1032
全体にしめる割合	2.8%	24.0%	20.2%	4.9%	48.2%

出典：［N社 1966］より筆者作成。

長、漁撈主任、作業主任、工場主任、気象課長、総務係）。固有船員は船舶部船員で、母船、冷凍船、油槽船の運航業務を担当する（船長、機関長、通信長、事務長、甲板長、操機長、司厨長、甲板員、機関員、司厨員等）。捕鯨船員は捕鯨部の船舶の運航のみを担当する。捕獲から食品加工までの業務に関わる職には「捕鯨事業員」と「事業員」があった。「捕鯨事業員」はN社捕鯨部に所属する社員（常用雇用者）である（作業員長、組長、伍長）。単に「事業員」と呼称されているのは単年度契約を繰り返す臨時雇用者である（伍長・役付き、川崎船頭、川崎機関士、漁夫、潜水夫、潜水助手、事務助手、医務助手、作業員等）。

第二〇次捕鯨船団（一九六五／六六年）における上記五カテゴリーの構成人数は図表2―2の通りである。二船団から構成されているが、各船団の構成人数割合はほぼ同じである。臨時雇用者である事業員（臨時）が四八・二％と半数近くを占めている。この人々は捕鯨事業員（常用）とともに厳しく労働管理、時間管理され、二交替制の船内工場で半年間集中して勤務した。

内海町出身者の実例をみると、最初はすべて母船・冷凍船の「事業員」（臨時）で採用された。数年経過した後に、少数の者が、母船・冷凍船の「捕鯨事業員」（常用）に抜擢された。図表2―2をみると、母船・冷凍船の捕鯨事業員（常用）数は、事業員（臨時）の約一〇分の一に過ぎず、限定された人数にとどまっている。母船・冷凍船の臨時から常用への上昇ルートは、非常に限定的なものであった。安定雇用

図表2-3　N社　捕鯨労働者3164名　出身地（都道府県別）
（1946～75年の南氷洋捕鯨事業）

	人数	そのうち20人以上輩出している地域
北海道	387	亀田郡　94（うち銭亀沢村　75） 函館市　52 上磯郡　52 茅部郡　38 松前郡　26 爾志郡　24
青森	672	南津軽郡　147 三戸郡　128 八戸市　127 上北郡　79 下北郡　66 青森市　55 東津軽郡　24
秋田	295	男鹿市　277
岩手	91	九戸郡　51
宮城	57	牡鹿郡　38（うち女川町　22）
福島	12	
千葉	38	
東京	11	

	人数	そのうち20人以上輩出している地域
新潟	15	
石川	177	羽咋郡　152
富山	37	
福井	11	
京都	18	
大阪	14	
兵庫	25	
広島	189	広島県沼隈郡内海町　177
山口	132	大津郡　55（うち三隅町　39） 阿武郡阿武町　29
島根	12	
香川	191	三豊郡117（うち豊浜町60） 観音寺市　70
長崎	666	南松浦郡　620 （うち有川町　525、新魚目町　62）
福岡	13	
鹿児島	11	
その他	89	
不明	1	

出典：N社所蔵資料より筆者作成。

である捕鯨事業員（常用）に昇進する機会は実質的には閉ざされていたといえる。事業員（臨時）であっても、実際には二〇数年にわたり勤続した長期就業者もいる。本書では、「捕鯨事業員」（常用）と「事業員」（臨時）を総称して、捕鯨労働者と記す。

（3）捕鯨労働者の出身地

N社が一九四六～七五年の三〇年間に捕鯨労働者として雇用したのは三一六四名であった（図表2―3）。捕鯨労働者の出身地を都道府県別に示したものが図表2―3である。広島県沼隈郡内海町出身者の一七七名は、全体の五・六%を占める。

就業者の多い順に都道府県名をあげると、青森、長崎、北海道、秋田、香川、広島、石川である。単一の市町村からの就業者数で、最も多いのは長崎県有川町で、群を抜いている。その後に、秋田県男鹿市、広島県内海町と続く。一七七名を送出した内海町は、N社における代表的な南氷洋捕鯨労働者送出地の一つである。

捕鯨労働者の出身地について、次のように記した文献がある。「日本水産は長崎、極洋は宮城、大洋漁業は青森、宮城といった、もともと捕鯨と歴史的に関係の深い県から多くの従事者を雇用していた」[日本捕鯨協会編 1980]。きだみのるは、N社の第九次南氷洋捕鯨船団に同乗してルポルタージュを書いた。五島出身の作業長がイルカ捕り・鯨捕りをなつかしく語る様子を描写している。五島出身の砲手が仕事を終えたあと、夕方に船上で村の中学生の慰問文集を読んでいたとき、「私はその本を開いて見た。男女の生徒が遠く南氷洋に来ている人々に拙い慰問の文章を書いている。E砲手はつけ加えた。私の村からは四八人南氷洋に来ているんでしてな。五島の村ですよ。（中略）南氷洋捕鯨業は近海捕鯨の中心地から船員と作業員を集めているわけだ」[きだ 1956:70-71]。

大洋漁業の場合も特定の出身地からの採用が多かった。その背景について、文献には次のように記されている。「捕鯨労働者を「五島と長州勢で固めた日水とは異なり、林兼（大洋漁業）には東北の労働力が導入された。」「青森県の弘前、野辺地、南郷、八戸、秋田県の刈和野、六郷、男鹿、岩手県の二戸などから、そのほか北海道、宮城、長崎、鹿児島などから季節雇用の臨時労働者として、漁期の間、捕鯨母船や冷凍船に乗り込み、厳しい労働に従事していた。」「特に地縁、血縁が強く、まとまって参加したのが、青森、秋田、長崎の三県であった。長崎の有川町は昔から捕鯨と関係が深く、同町から砲手も出ている。青森の南郷、秋田の西仙北（刈和野）などは、海とは関係のない土地柄である。農作業だけでは生活していけないので、戦前から北洋のサケ、マス、ニシン事業に出稼ぎするという風習ができあがっていった。要するに、一九三五年前後からの結びつきであった。南氷洋事業が始まると寒い甲板や冷凍倉庫での作業に耐えることができ、真面目で働きものだということで、次第に北国の人が多くなっていった。たまたま南氷洋の仕事は、冬から春にかけて、ちょうど東北の寒村が仕事ができなくて、雪ごもりをする時期にあたるため、現金収入の多い南氷洋の事業は彼らにとって格好の職場となった。戦後、本事業が再開されると、会社はまず戦前から結びつきのあった地域に事業員を求めた。すると戦前に出漁した人がまだ元気でおり、そうした人が中心になって、その部落から南氷洋に行く人を探してくれた。乗船を希望する若者はいくらでもあり、ふるい落とすのに苦労する程であった。親分の推薦があり、健康であればまず採用した。」［徳山編 1992:47, 71, 265-266］。

このような記述から、捕鯨労働者の出身地が特定の土地に集中する理由を知ることができる。鯨の捕獲に関わる職は技能を要するため、有川など近世から近海捕鯨の伝統がある土地の出身者がリクルートされた。また、南氷洋という寒冷地での作業であるため、東北、北海道出身者、とくに北洋漁業経験者がリクルートされた。南氷洋捕鯨を行っている漁業会社は北洋でも操業していたから、東北・北海道におけるリクルートは容易であったのだろう。戦前からこのようなルートが形成され、戦後はそれを活用することから始まった。

南氷洋捕鯨労働は、高度に管理され、合理化が進んだ職場である。しかし、そこで働く作業員は、村落的なネットワークを媒介してリクルートされてきた者たちであった。厳しい労働環境で働いてくれる熟練者を一定数継続的に確保するには、同郷者集団によるサポートが期待できるような職場環境が必要だったのだろう。南氷洋捕鯨はきわめて合理化が進んだ工場労働という側面と、同郷者集団を基盤にした労働者の集団という村落的な側面がミックスしていた。

3　内海町における南氷洋捕鯨労働者送出ルートの形成

図表2-4　内海町出身 捕鯨労働者 177名

島名	集落名		就業者数		
田島	西部	町	36	73	177
		南	10		
		大浦	6		
		天満	1		
	東部	内浦	7		
		箱崎	10		
		沖	3		
横島			103		
不明			1		

出典：N社所蔵資料より筆者作成。

図表2—4は、内海町出身者の捕鯨労働者の集落別送出数である。田島と横島のほぼ全ての集落から捕鯨事業の就業者がいる。しかし、集落によって就業者数に多寡がある。田島では町集落に多い。N社の事業員応募の窓口が町集落にあった。町集落に窓口がおかれていた経緯は次のようなものである。

（1）麻網問屋の解体と近代社会への適応

町集落と南氷洋捕鯨の関わりは戦前から形成されていた。町集落出身者が戦前のN社の捕鯨母船の船長を務めた。その人物・小間芳男の生家は麻網問屋であった。事業員応募の窓口を務めていたのはその親族である。南氷洋への送出ルートの形成は、麻網問屋の後裔たちの近代社会への適応と無縁ではない。麻網業は明治三〇年代まで町集落の商業の中核であり、麻網問屋が町集落の上層部を形成していた。時代を遡るが、麻網問屋と捕鯨の関わりをたどってみることにしよう。

一八七二年（明治五）の田島村職業別戸数によれば、町集落には一〇軒の麻網問屋があった［武田 2002:50］。そのうち、武田要蔵、要助、治三郎の三軒は親族で、図表2—5のような関係にある。武田要蔵家（東屋）が本家で、要助、治三郎（西みせ）の二つが分家である。麻網業は一八九九（明

図表2-5　捕鯨母船船長を務めた小間芳男の系図

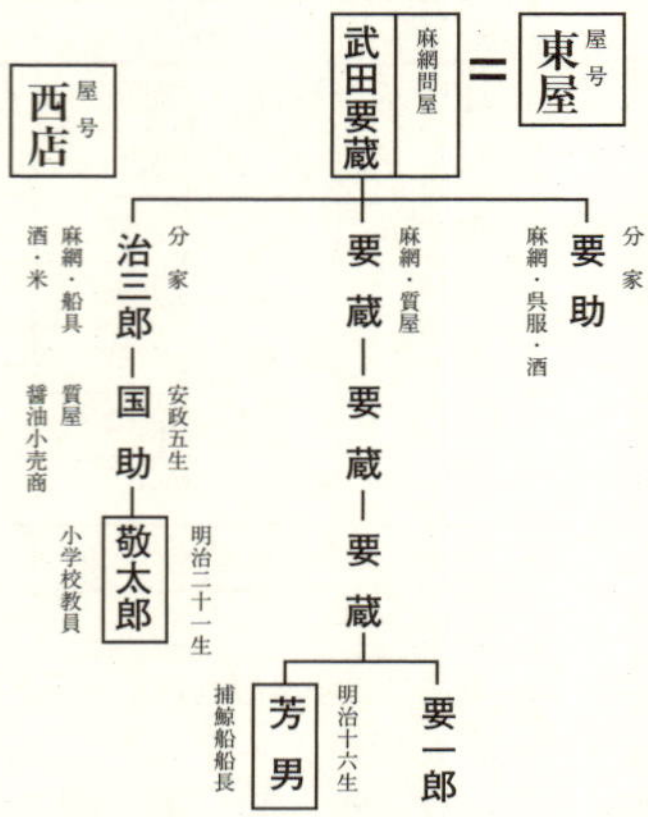

出典：内海町所蔵資料357、光音寺所蔵資料より筆者作成。

治三二）に生産量のピークに達したのち、綿糸網の登場によって衰退していった。操業が維持できなくなった町部落の麻網問屋は明治三〇年代から所有地を次々と手放していった。武田要蔵家は一八九九〜一九一一（明治三二〜四四）に売却した。武田要助家も大半を一九〇〇〜一〇（明治三三〜四三）に売却した［武田 2002:121-125］。明治中期まで地方名望家の位置を占めていた麻網問屋であったが、後裔たちは近代社会に適応するルートを模索しなければならなかった。主要なルートは蓄積した資源を基に、島外で学歴を獲得し、近代社会の立身出世に乗るコースである。一方、島内にとどまる場合は、郵便局経営、学校の教員、公務員、公職に就くなどの方法があった。

　本家の武田要蔵家に生まれた芳男（一八八三年生、のち小間姓）は郷里を出て、学歴を獲得し、船員となった。のち捕鯨母船極洋丸の船長に到った（一九三九／四〇、四〇／四一年）。捕鯨母船船長に到達するまでのライフコースについて、著書に次のように記されている。

　明治一六年一二月一五日生。明治三九年四月廣島商船学校航海科卒業後、東洋汽船会社に入社、南北南米航海に従事、次いで大連汽船会社および勝田汽船会社所属の航洋船に船長として歴乗、第一次欧州戦争中は仏国御用船として欧州方面に活躍。昭和二年より同十年迄九ヶ年間、蟹工船に乗じて北洋カムチャッカ及アラスカ方面に出漁、同十年秋、捕鯨母船図南丸

に乗じて我国最初の南氷洋捕鯨に参加、爾来母船第二図南丸、極洋丸に歴乗し戦前迄五回に亘り南氷洋に出漁、終戦後海上第一線より退き、専ら新聞、雑誌および講演に海事思想普及に専念し、今日に及ぶ。しこうして、昭和十七年南溟捕鯨記一巻を世に出せり。明治三十六年、二十歳より昭和十九年、六十二歳迄四十余年の長きに亘り、海上に終始したる功により昭和十九年七月勤労顕功章を授与さる。［小間 1949］

田島を出て、広島の商船学校で航海技術を学び、汽船会社に入社した。専門性を生かして転社し、N社の捕鯨船団に乗船した。南氷洋捕鯨母船の船長を務めたことは、当時の民間の船団運営の頂点を極めたといえよう。専門的技能を身につけ、エリートの道を歩んだ。南氷洋出漁経験については、著作に次のように記している。

私は、昭和十年には図南丸、十一年にはやはり図南丸、十二年には第二図南丸、十三年は中休みをして、十四年、十五年には極洋丸と、前後五回にわたって、南氷洋の舞台を踏んでいる。［小間 1942］

遠い南氷洋で活躍する捕鯨母船の船長は、世間の関心をひく存在であったらしい。小間芳男は、戦前に内田百閒、宮城道雄、林芙美子と座談会を開き、著名人からいろいろと質問をうけている（『南溟捕鯨記』「鯨の寝ざめ座談会」）［小間 1942:195-248］。このように、小間芳男は航海の専門職として近代社会に適応し、捕鯨母船の船長という到達的職業に達した。

芳男は島外へ出て成功したが、地方名望家後裔の適応パターンに、地元に残留し、広い敷地や蔵を生かし、酒・酢・醤油などの醸造業・小売業がある。武田三家の場合、町集落に残ったのは分家の治三郎家であった。この分家は西み

せという屋号で、質屋兼醬油小売業に転換した。大正年間における家業について、子どもが次のように記している。(1)

我家ハ沼隈郡田島村ノ字西組ニアリ。南向ニシテ日当リ能ク、前ハ村上、後ニハ蔵、長屋アリ。東ハ役場ニ、西ハ入本ニ隣ス。島ノ中央ノ北岸ニアリ。家ハ瓦屋ニテ、小売商ヲナス。我内ニハ、父母ト兄弟妹アリ。弟妹ハ日々学校ニ通フ。兄ハ商売手伝ヲナス。母ハ家業ヲナス。店ニハ陶器米麦豆其ノ他色々アリ。店ニ神様、其ノ隣ノ間ニハ仏間アリ。真言宗ナリ。店、台所、奥座敷、其ノ次ノ間等デ、六畳二階ハ二畳間ナリ。裏ニハ草木四秀、青々トシ、其他植木等アリ。

治三郎家は商家としては零細化し、一八八八年(明治二一)生まれの敬太郎は小学校教員になった。この敬太郎が町集落で捕鯨事業員応募の窓口を務めた。

(2) 戦前の捕鯨労働者送出ルートの形成

敬太郎は小学校校長を務め、次世代の進路選択につよく影響を及ぼす立場にあった。海外雄飛の奨励に熱心で、移植民教育講習会を一九三三年(昭和八)九月一日に大浦尋常小学校で開催したこともある。(2) 捕鯨母船船長になった小間芳男が田島に帰郷したときには、南氷洋へ誘う講演会を勤務先の大浦尋常小学校で開いた。戦前に南氷洋捕鯨に行った川崎勇二(仮名)は小間船長が「(南氷洋に)行く者があったら連れていくぞ」という趣旨のことを講演会で語ったことを記憶している。(3)

戦前のそのような状況を伝える次のような記録が残っている。(4)

田島の小学校に一夜、長澤、中村二老と先生方四人に集まって頂いた座談会の席上、私は武田前校長から、この島が昔五島沖其の他の鯨獲りで名を全国にとどろかした門田又三郎翁の村であり、マニラ移民の先駆者たちは皆、青年時代、七八ぱいのソーガイ（鯨舟）に打ち乗って玄海の荒海と闘ったものであり、更に前の図南《ママ》丸船長で最近極洋丸に変わった小間船長こそこの島の出身で、旧姓は武田。即ち武田先生の分家であり、その縁故から、先づ一人の青年を南氷洋に乗り出させたことから、次の年即ち昨年は忽ち五人の志望者が加はり、第三年めの今年は、もう十五人の新申し込みがあると聞いたとき、この島の底なき伝統の力に驚くと共に、いよいよ縁故移民の伸展性について考えないではをれなかった。

武田敬太郎は座談会で、この地域が「鯨」に縁が深いことを強調している。近世の九州西海捕鯨への出稼ぎ[5]と結びつけて南氷洋捕鯨について語っている。このように小学校校長が親族に捕鯨母船船長がいることを生かして、理想の生きたモデルを島民に示し、南氷洋へ行くことを奨励していた。南氷洋捕鯨労働者の送出ルートは、ローカル・エリートである校長が「媒介者」となって構築していったものである。小間芳男と武田敬太郎はそれぞれ名望家後裔に典型的な島外他出ルート、地元残留ルートを歩んだ。その二人によって南氷洋捕鯨労働者送出ルートが作り出されていった。

（3）戦前の南氷洋捕鯨労働者

戦前の南氷洋捕鯨労働者として、聴き取り調査を通して氏名が確認できるのは五名である。すべて町集落出身者である。帰島したときには鯨の歯を持ち帰り、小学校に寄付した。これは成績優秀児童にごほうびとして与えられた[6]。戦前の捕鯨労働者のほとんどは死去したが、一名に聴き取り調査を行うことができた。戦前・戦後の両方の捕鯨事業に参加した経験をもつ。この捕鯨労働者の戦前・戦後のライフコースを概観し、捕鯨参加経験の意味を考察する。

川崎勇二（仮名）は、一九二〇年（大正九）生まれ、町集落出身者である（図表2―6）。父は漁師で、川崎勇二は次男だった。当初は父と長男が船に乗り組み、漁を行っていたが、長男は一九三〇年代にマニラへ渡航してしまった。次男の川崎勇二は義務教育修了後、田島を離れ、大阪の金属加工業に入職した。大東メッキという工場の非熟練労働者であった。将来的に独立できる可能性が少ないことを知り、一年後に帰島、父の船に乗り組んだ。家父長に従う状況は厳しかった。小間船長の講演を聞き、父に無断で捕鯨事業に応募し、一九三九／四〇年の捕鯨に行ってしまった。

川崎家は持ち家を所有していなかったが、捕鯨は歩合金がよく、一回の捕鯨で家を購入することができた。父も捕鯨労働の収入の良さを認め、周囲に捕鯨参加を勧めるようになった。翌年、三男の弟（川崎政三―仮名）も一緒に捕鯨に行った。田島からの参加者は三名いた。もう一名は自分よりかなり年齢が上で、一緒の仕事場に入ったことはない。川崎勇二は戦前に南氷洋捕鯨に二航海行った。

戦後、N社の捕鯨事業が再開され、三男の川崎政三は一九四六／四七年から参加した（一九六四／六五年まで一七回参加）。川崎勇二は一九四七／四八年から参加し、連続一三回行った。母船で鯨の肝臓切断を担当した。南氷洋から戻り、地元にいる夏の間はアイスキャンデー売りや、尾道の魚問屋で働いた。血圧が上昇したので、一九六〇年に船から下り、因島や沼隈半島の造船企業の下請で働いた。以上のように、川崎勇二は戦前二回、戦後一三回南氷洋に行った。捕鯨業、造船業下請に入職し、地元漁業に復帰することはなかった。つまり、捕鯨への参加は地元漁業から離脱することを意味することになった。

（4）戦後の捕鯨労働者送出ルート

武田敬太郎の住居は、町部落の上層の邸宅が建ち並ぶ幅二間の大通りにあった。一九四六年に再開されたN社の南氷洋捕鯨事業への参加者の書類受付所になっており、南氷洋行きを希望する者はここに履歴書を提出に行った。採用面接のため、田島に来たN社の担当者は武田敬太郎家に宿泊した。戦後数年間はここで採用面接が行われたが、一九五〇年代以降は田島小学校を会場にして、身体検査と面接が行われた。南氷洋という冬の海の労働に耐えうる身体的頑強さと、生活面で厳しく管理される船内生活への適合性などが採用可否の基準であった。戦後の事業員採用は、履歴書提出、担当者による試験という方法を導入して、公開性を高めた採用方法が採られるようになった。南氷洋捕鯨の収入がいいことを聞いて、田島西部の青年たちだけでなく、田島東部や横島の青年たちも履歴書を提出に来るようになった。

図表2-6　川崎勇二兄弟（仮名）のライフコース

	川崎勇二	川崎政三
1920	1920年（大正9）生	
1921		
1922		1922年（大正11）生
1923		
1924		
1925		
1926		
1927		
1928		
1929		
1930		
1931		
1932		
1933	大阪・大東メッキ	
1934	父と打瀬漁	
1935		
1936		
1937		
1938		
1939	戦前捕鯨出漁初回	
1940		戦前捕鯨出漁初回
1941		
1942		
1943		
1944	出征	
1945	広島で被爆	
1946		戦後捕鯨出漁初回
1947	戦後捕鯨出漁初回	
1948		
1949		
1950		
1951		
1952		
1953		
1954		
1955		
1956		
1957		
1958		
1959		
1960	船員保険で3年療養（尾道の矢野商店）	
1961		
1962		
1963	因島日立造船下請（岡松組）	
1964		
1965		
1966		
1967		
1968	T造船下請	
1969		
1970		
1971		
1972		
1973		
1974		
1975		
1976		
1977	退職	
1978		
1979		
1980	省略	省略

出典：川崎勇二さんへの聴き取り調査を基に筆者作成。

図表2-7　捕鯨労働者リクルート経路

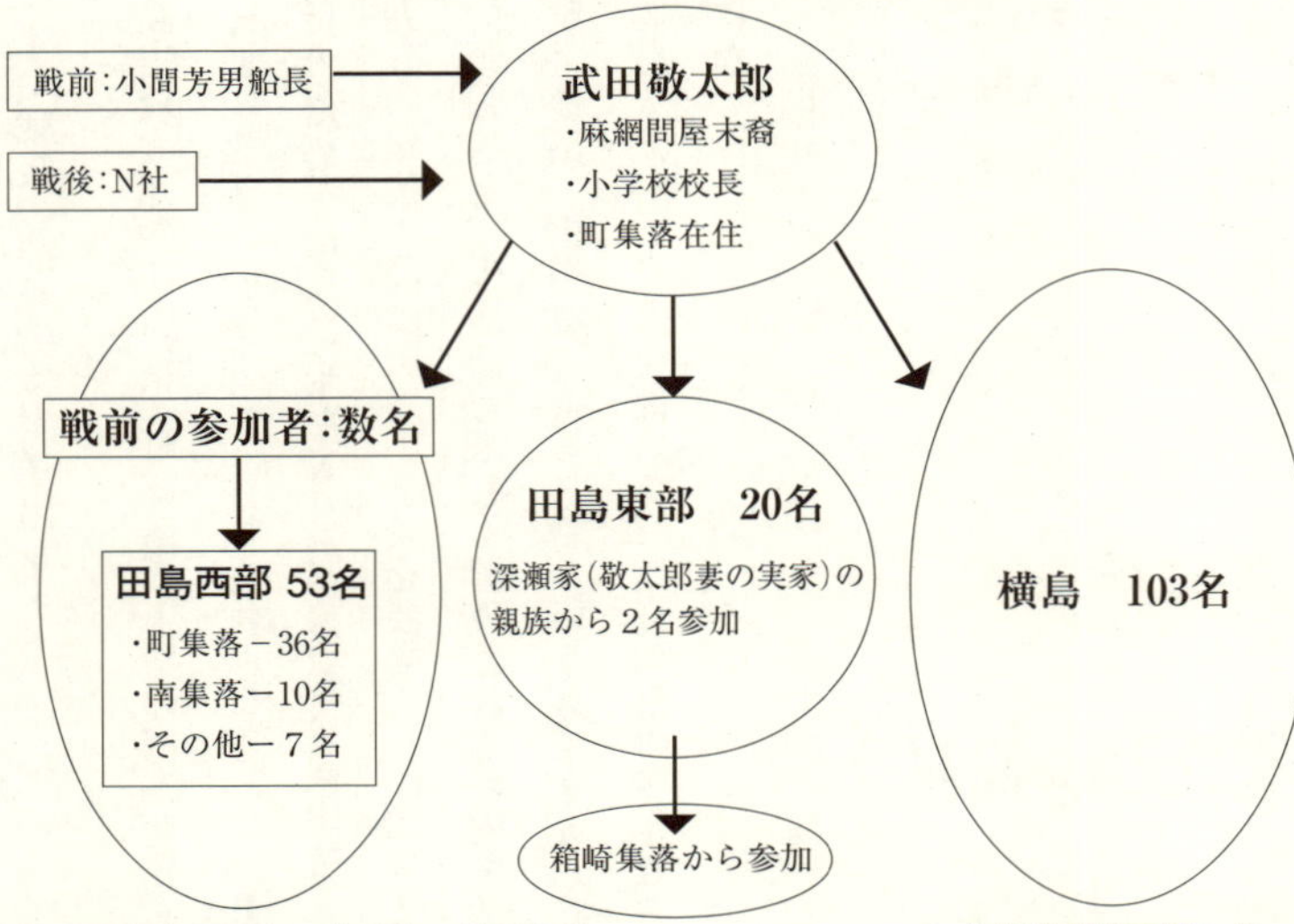

出典：聴き取り調査に基づき、筆者作成。　　※出身集落不明1名

田島東部には二〇名の捕鯨参加者がいるが、田島東部では次のように参加者が増えていった。敬太郎の妻は、田島東部の沖部落の深瀬家（仮名）の出身であった。妻の弟の深瀬正（仮名）と分家の深瀬剛（仮名）は一九四七年から南氷洋捕鯨に行った（図表2―7）。深瀬剛は親族から事業員募集のことを聞いた。母と一緒に履歴書をもって頼みに行き、スムーズに乗船が決まった。[7] 深瀬正は一九四七年から連続二五年間、深瀬剛は連続二八年間南氷洋へ行った長期就業者である。捕鯨参加者は四月に帰港し、一〇月までの半年間は郷里で他の仕事に就いた。深瀬正は五～九月の間はアイスキャンデーをちりんちりんと売り歩いた。知人に会えば南氷洋捕鯨のことが話題になる。そんな折に「行くといいのに」と捕鯨に行くことを勧められ、応募した人もいる。[8] 深瀬剛は友人ネットワークが豊富な人物で、小学校の同窓生や近隣の友人に「わしと一緒に行こうや。半年行ってもうけたら、半年遊んで暮らしても、ええぞ。」と捕鯨情報を広めた。

このように田島東部での参加ルートの形成にも武田敬太郎の姻戚ネットワークが関与している。深瀬家親族の若者二名によって端緒が切り開かれたのちは、友人ネットワークを介して、捕鯨情報が伝播され、参加者が増えていった。田島東部の場合も、武田敬太郎とその親族が「媒介者」となって、送出ルートが作り出されていった。

武田敬太郎がリクルートや選抜に深く関わっていたのは、N社が一船団の時代つまり一九五五年頃までの時期であった（敬太郎は一九五八年に七八歳で死亡）。希望者が多くなって不合格者が出るようになると、採用に「恣意」がはたらいていているという反感も出るようになった。「武田敬太郎先生のえこひいき」「武田先生が採用していると、いい人材が入らない」と噂されることもあった。(9)

N社は一九五六年に第二図南丸を母船として、もう一船団増やした。この頃には捕鯨参加者が増え、事業員（臨時）の加入組織である拓洋クラブの下部組織が内海町でも組織されていた（後述）。応募書類の受付や、採用試験の準備は武田敬太郎ではなく、拓洋クラブが行うようになった。つまり、戦後に南氷洋捕鯨が再開し、約一〇年間は武田敬太郎という集落上層部の後裔がリクルートを行っていたが、その間に参加者集団が成熟し、リクルートの母体はそちらへ移った。

4　南氷洋捕鯨労働者の属性――二つの層の存在

一九四六〜七五年の三〇年間に、N社の捕鯨労働者として雇用された内海町出身者は一七七名である。就業者はどのような属性の人々から構成されていたのだろうか。

図表2―4は、集落別送出数である。第一の特徴は田島と横島のほぼ全ての集落から捕鯨参加者が出ていることで

ある。これは戦後の労働移動の特徴の一つである。なぜなら戦前には、集落によって島外の出稼先は異なることが多かった。たとえば田島の町集落の漁業者はマニラへ渡航し、横島の漁業者は山口県宇部に出漁した（第六章参照）。島外の就業先の情報は親族ネットワーク・近隣ネットワークを介して伝達され、出稼先でも緊密なネットワークでサポートしあうことが多かった。戦後にほぼ全ての集落から捕鯨参加者が出ていることは、親族ネットワーク・近隣ネットワークとは異なる情報の伝達経路があり、機会が開放されていたことを意味する。試験によって公開性を高めた選考方法が行われていたことは前述した通りである。

図表2―8は、内海町からの各年の参加者数である。一九四七〜五三年と一九五七〜六三年に二つの山があり、M字型をなしている。前半の山、つまり一九五〇年前後は、四〇人前後の参加者数で一定している。M字型の後半のピークは、六一年の一一三名である。N社は一九五六／五七年に船団を増やして、二船団態勢とした。六一年は日本の各社を合計した船団数が最も多かった時期に該当する。M字型後半の山はこのような日本の船団拡大と軌を一にしている。六〇年代初頭の参加者には横島が多い。

図表2―9の各年別新規参入者数とあわせてみよう。図表2―8よりもさらに明確に二つの山があることがわかる。前半の山は一九四七〜四八年である。一九四九〜五一年には新規参入者はいない。一九四〇年代後半の参入者が継続就業していたことがわかる。一九五七〜六三年の後半の山の新規参入者の主力は横島出身者である。一九五〇年代後半には、新規参入者も就業者も、横島出身者がかなりの割合を占めている。

以上のように、M字型の一九四七〜五三年と一九五七〜六三年の二つの山には質的相違がある。一九五〇年代後半に、横島では漁民層分解が進行し、漁業から南氷洋捕鯨に多数の労働力移動が生じた（第六章参照）。高度経済成長期の直前における、労働力の移動の受け皿が南氷洋捕鯨業であった。

新規参入者の属性を図表2―10でさらに詳しくみてみよう。新規参入時の平均年齢は一九～二四歳である。捕鯨労働者の学歴は義務教育修了段階が大多数である。内海町出身者の場合は、何らかの職業を経験した後に参入する労働市場であった。M字型前半の一九四六～四八年代の平均新規参入年齢は二三～二四歳で高めである。帰還兵、勤労動員から帰島した若年者など島の余剰労働力を捕鯨業が吸収したのであろう。図表2―11の一九四六～四八年参入者の平均継続年数は田島西部・東部は一六～一七年、横島は約九年である。平均一〇年以上におよぶ長期の勤続年数である。一九四六～四八年に参入した労働者像として、戦時中は出征または徴用で島を離れ、戦争によって職業キャリアの中断を経験したが、戦後に高収入が期待できる職種として事業員に応募し、そのまま捕鯨業に長く従事したライフコースがうかぶ（後述）。

図表2―10によれば、M字型後半の一九五七～六三年の新規参入者の年齢は一九～二二歳である。図表2―11の一九五五年以降の新規参入者の平均継続年数は、田島も横島も五・六～五・九年で、就業期間は短くなっている。一九六一年頃は就業者が多い一方で、継続年数は短くなった。つまり、労働力の回転は速かった。一九五七～六三年に入職した労働者像として、一〇代末～二〇代前半は捕鯨業に従事していたが、二〇代後半に高度成長期が始まったので、他の産業に転出したというライフコースがうかぶ（後述）。この人々にとって、捕鯨業は高収入に惹かれて二〇代前半に一時的に就業した職種という意味になる。

平均継続年数を集落別にみると（図表2―12）、田島西部がいちばん長く、田島東部、横島と続く。募集の拠点があった町集落出身者の平均継続年数が最も長い。町集落出身者は早期から捕鯨業に参入し、長期就業の傾向があった。M字型後半の主力は横島出身者であったが、継続年数は短く、労働力の回転が速い傾向があった。

出生コーホート別の就業者をみると（図表2―13）、一九一九（大正八）から一九五一年までの約三〇年の出生年

図表2-8　内海町出身 各年捕鯨労働者数

年	就業者数	田島西部	田島東部	横島
1946（S21）	2	2	0	0
1947（S22）	26	9	3	14
1948（S23）	40	16	4	20
1949（S24）	40	14	4	22
1950（S25）	38	15	4	19
1951（S26）	39	15	4	20
1952（S27）	43	18	5	20
1953（S28）	31	16	3	12
1954（S29）	21	14	3	4
1955（S30）	26	17	3	6
1956（S31）	41	23	7	11
1957（S32）	59	25	11	23
1958（S33）	75	28	10	37
1959（S34）	86	31	14	41
1960（S35）	103	32	14	57
1961（S36）	113	30	13	70
1962（S37）	93	28	9	56
1963（S38）	76	21	9	46
1964（S39）	59	18	5	36
1965（S40）	46	15	4	27
1966（S41）	37	12	4	21
1967（S42）	31	10	4	17
1968（S43）	27	10	4	13
1969（S44）	24	9	3	12
1970（S45）	20	8	3	9
1971（S46）	20	9	3	8
1972（S47）	17	7	2	8
1973（S48）	17	6	2	9
1974（S49）	17	7	2	8
1975（S50）	14	5	1	8

出典：N社所蔵資料より筆者作成。

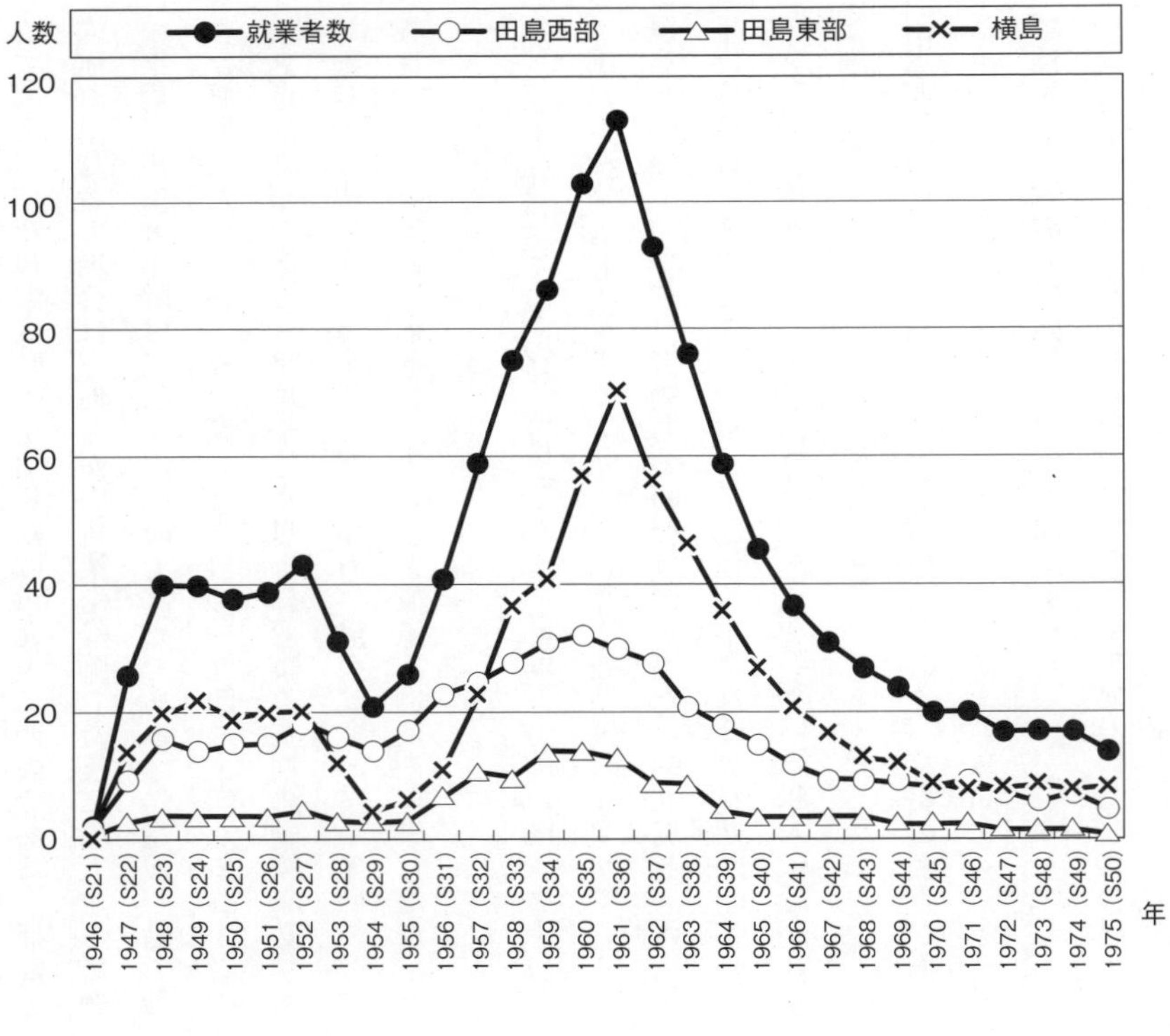

図表2-9　各年別　新規参入者数

年	新規参入者数	田島西部	田島東部	横島
1946（S21）	2	2	0	0
1947（S22）	24	7	3	14
1948（S23）	14	7	1	4
1949（S24）	0	0	0	0
1950（S25）	0	0	0	0
1951（S26）	0	0	0	0
1952（S27）	6	3	1	2
1953（S28）	3	2	0	1
1954（S29）	1	1	0	0
1955（S30）	5	4	0	1
1956（S31）	15	6	4	5
1957（S32）	22	2	5	15
1958（S33）	18	3	0	15
1959（S34）	12	3	4	5
1960（S35）	21	1	1	19
1961（S36）	23	3	0	20
1962（S37）	4	1	0	3
1963（S38）	3	1	0	2
1964（S39）	2	1	0	1
1965（S40）	0	0	0	0
1966（S41）	0	0	0	0
1967（S42）	0	0	0	0
1968（S43）	0	0	0	0
1969（S44）	1	1	0	0
1970（S45）	0	0	0	0
1971（S46）	1	1	0	0

出典：N社所蔵資料より筆者作成。

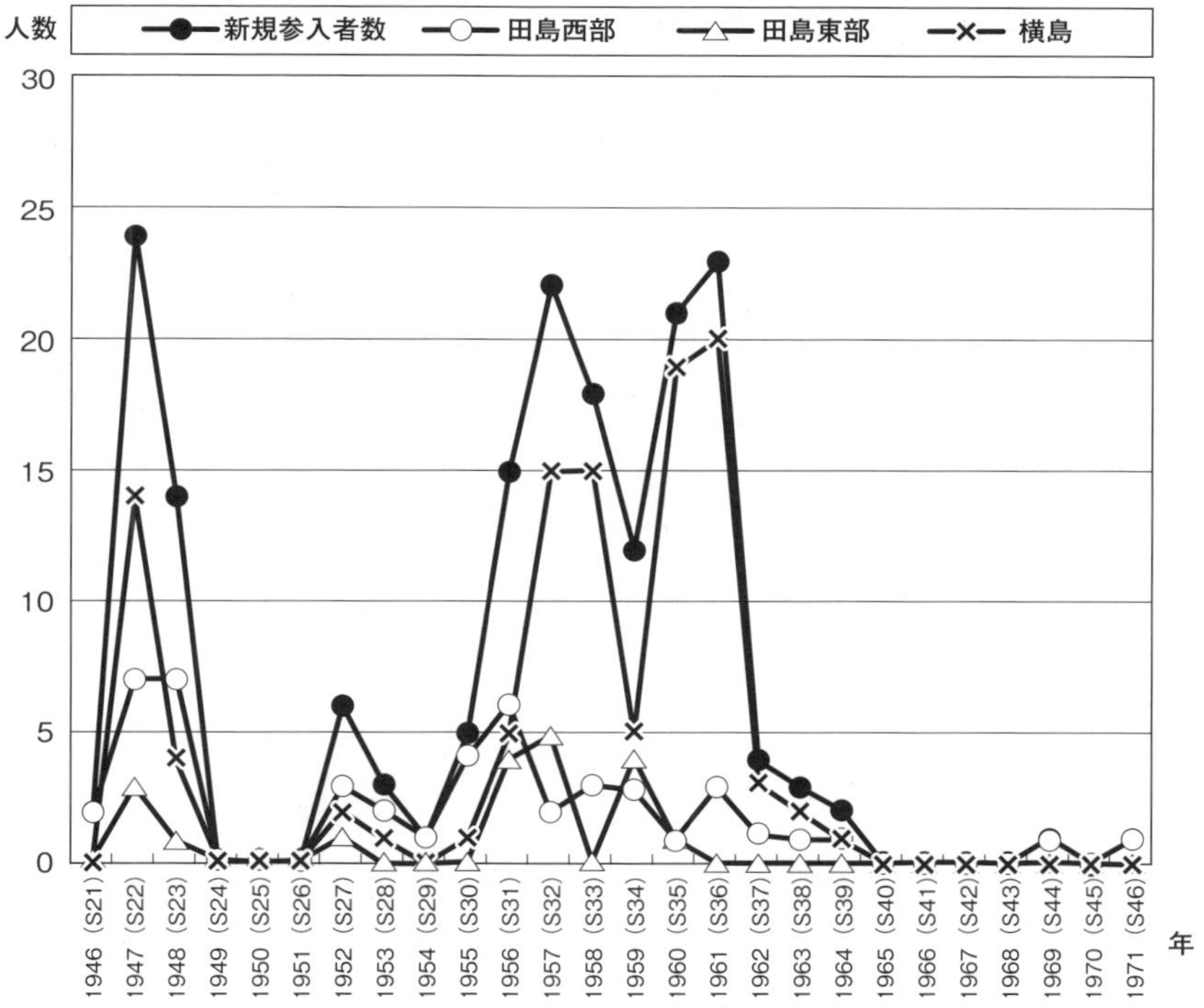

図表2-10　新規参入時の平均年齢、平均継続年数

年	新規参入者	平均年齢	平均継続年数
1946（S21）	2	23.5	18.5
1947（S22）	24	22.5	12.5
1948（S23）	14	24.4	12.5
1949（S24）	0		
1950（S25）	0		
1951（S26）	0		
1952（S27）	6	22	2.7
1953（S28）	3	22.3	9.6
1954（S29）	1	19	1
1955（S30）	5	22.2	7.2
1956（S31）	15	23.7	10.3
1957（S32）	22	22.8	7.1
1958（S33）	18	20.1	8.1
1959（S34）	12	21.2	5.2
1960（S35）	21	21.7	3.4
1961（S36）	23	21.8	2.7
1962（S37）	4	19.3	4.5
1963（S38）	3	19.3	3
1964（S39）	2	24.5	1.5
1965（S40）	0		
1966（S41）	0		
1967（S42）	0		
1968（S43）	0		
1969（S44）	1	20	1
1970（S45）	0		
1971（S46）	1	20	1

出典：N社所蔵資料より筆者作成。

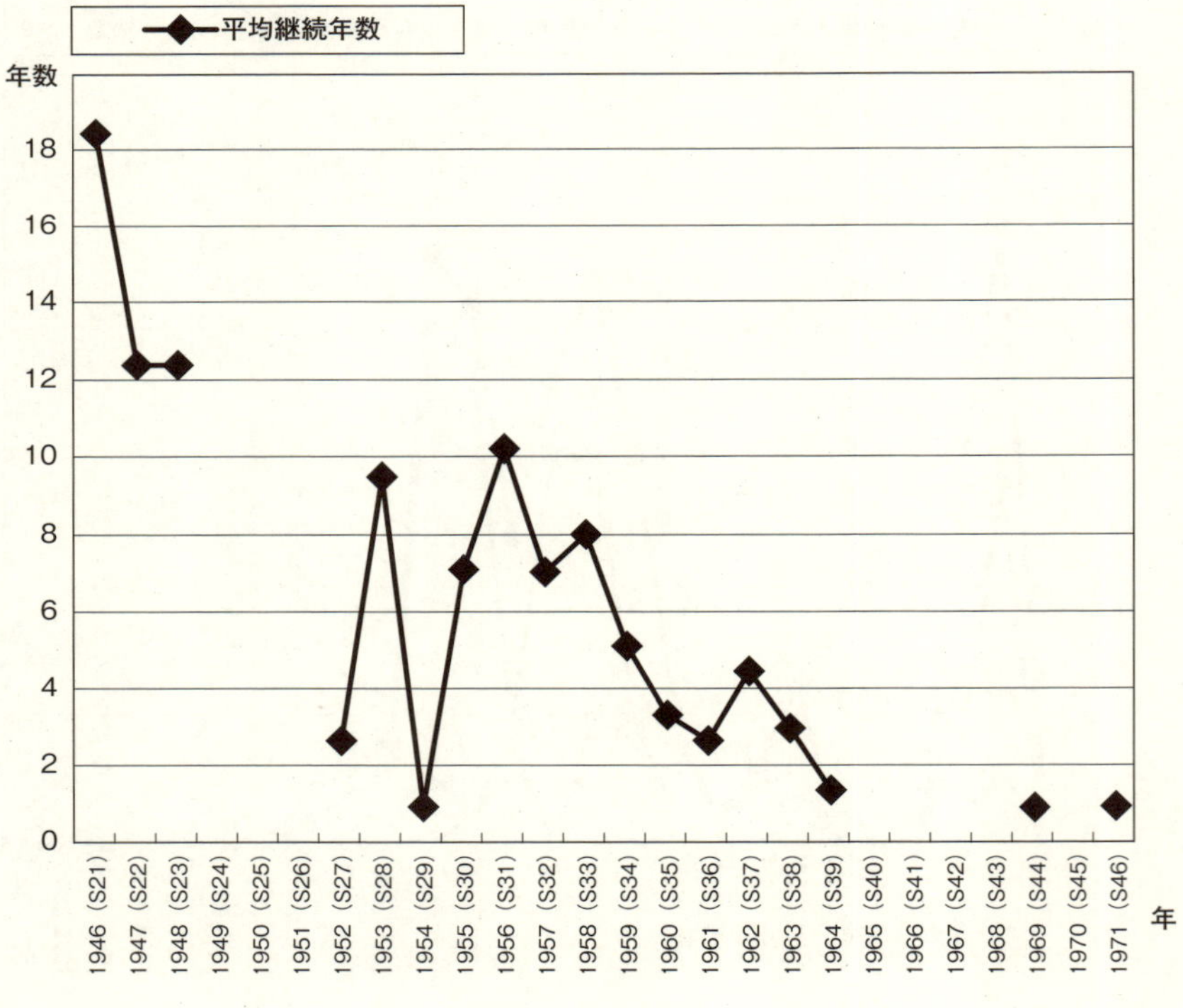

図表2-11　平均継続年数の相違

	1946～48年新規参加者　継続年数	1955年以降 新規参入者　継続年数
田島西部	16.5	5.8
田島東部	17	5.9
横島	8.95	5.6

出典：N社所蔵資料より筆者作成。

図表2-12　集落別　平均継続年数

<table>
<tr><th>島名</th><th colspan="2">集落名</th><th colspan="4">平均継続年数</th></tr>
<tr><td rowspan="7">田島</td><td rowspan="4">西部</td><td>町</td><td>9</td><td rowspan="2">8.9</td><td rowspan="4">8.9</td><td rowspan="7">8.6</td></tr>
<tr><td>南</td><td>8.8</td></tr>
<tr><td>大浦</td><td>6.8</td><td rowspan="2">8.6</td></tr>
<tr><td>天満</td><td>19</td></tr>
<tr><td rowspan="3">東部</td><td>内浦</td><td>7.4</td><td rowspan="3">7.9</td><td rowspan="3">7.9</td></tr>
<tr><td>箱崎</td><td>7.4</td></tr>
<tr><td>沖</td><td>10.3</td></tr>
<tr><td colspan="3">横島</td><td></td><td>6.3</td><td colspan="2"></td></tr>
</table>

出典：N社所蔵資料より筆者作成。

図表2-13　出生コーホート別　就業者数

出生年	就業者数	田島東部	田島西部	横島	平均継続年数
1919（T8）	2		1	1	20.5
1920（T9）	3	2	0	1	9
1921（T10）	2	1	0	1	5
1922（T11）	3	3	0	0	16
1923（T12）	4	1	1	2	12.8
1924（T13	2	1	0	1	12.5
1925（T14）	4	4	0	0	21.3
1926（T15）	7	3	0	4	12.4
1927（S2）	1	0	0	1	1
1928（S3）	13	3	3	7	10
1929（S4）	7	2	0	5	10.9
1930（S5）	2	0	1	1	4
1931（S6）	6	3	1	2	7.7
1932（S7）	8	6	2	0	8.8
1933（S8）	5	3	1	1	10.2
1934（S9）	10	3	1	6	6
1935（S10）	10	2	0	8	5.2
1936（S11）	12	3	4	5	3.3
1937（S12）	16	2	2	12	6.9
1938（S13）	17	1	1	15	5.4
1939（S14）	10	2	0	7	6.2
1940（S15）	10	2	1	7	3.2
1941（S16）	11	1	0	10	3.7
1942（S17）	3	0	1	2	2.7
1943（S18）	2	1	0	1	5
1944（S19）	3	2	0	1	3.7
1945（S20）	2	0	0	2	1.5
1949（S24）	1	1	0	0	1
1951（S26）	1	1	0	0	1

出典：N社所蔵資料より筆者作成。

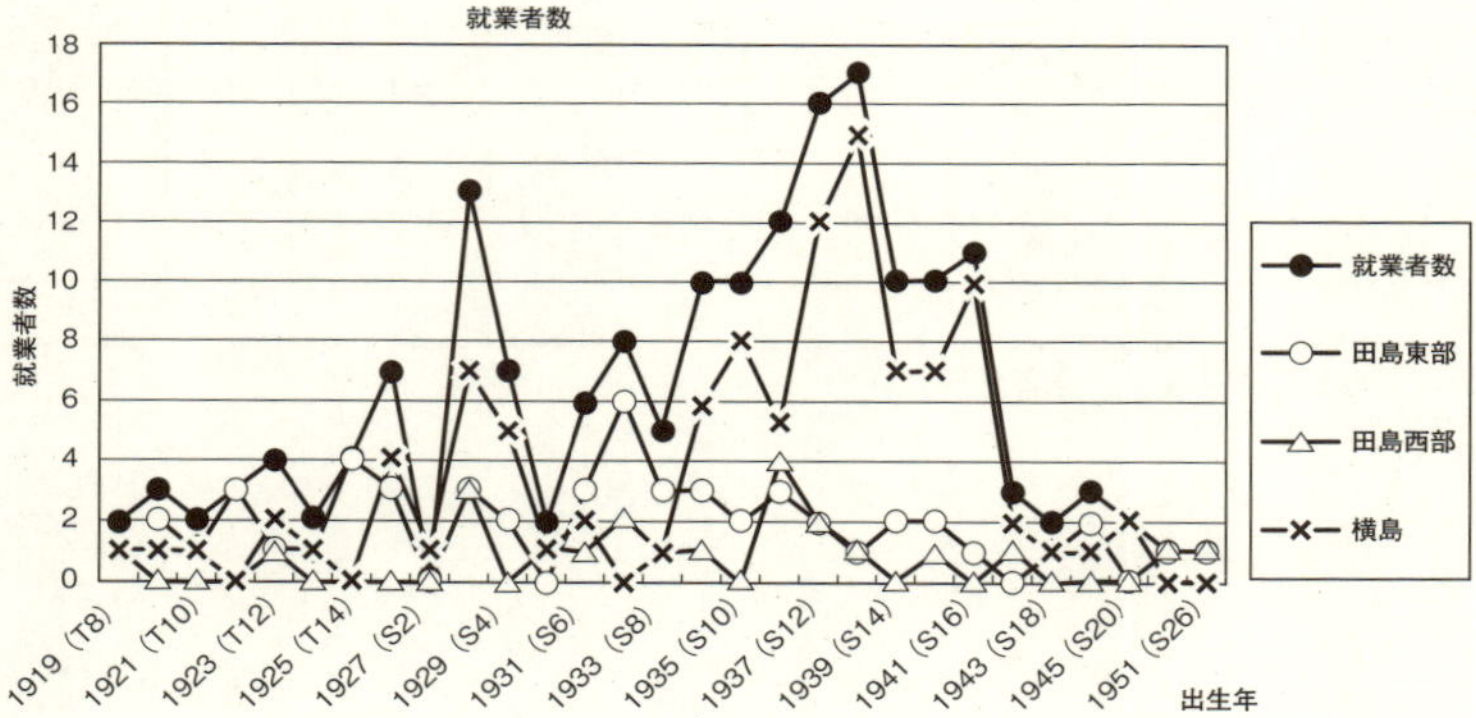

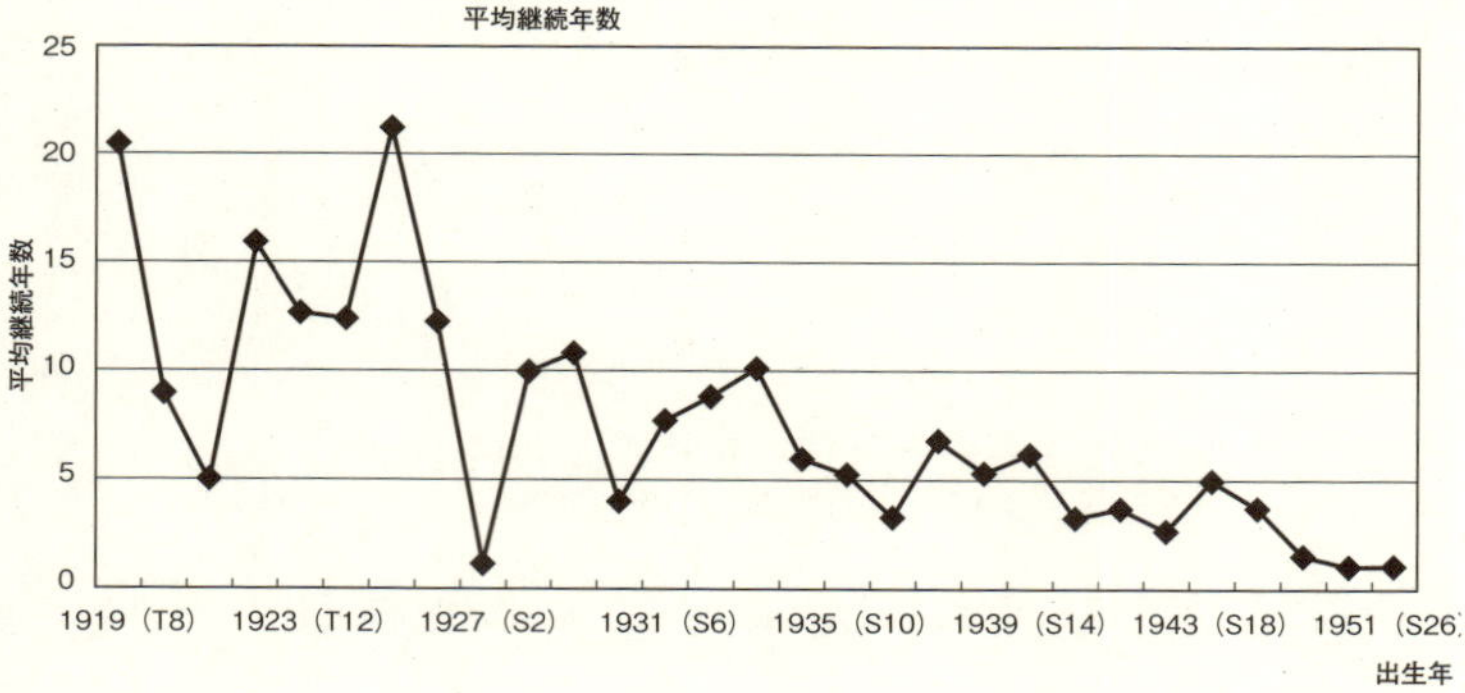

の幅の人々が労働力として吸収されている。これは、日本の戦後の南氷洋捕鯨業の歴史、三〇年余にわたる実質的な操業期間と一致する。内海町の南氷洋捕鯨事業員送出は、まさに戦後の捕鯨の歴史を反映している。

一九三三年までの出生者は、長く就業する傾向がみられる。それに対して、一九三四年以降の出生者の平均継続年数は短い。一九三四～四一年の出生者の参加が多い。これは一九五〇年代前半に二〇歳代であったコーホート集団で、主力は横島出身者である。

以上のように、一七七名の内海町出身の捕鯨労働者の属性をみると、M字型前半と後半では、出身集落、新規参入年齢、継続年数に質的相違があった。捕鯨労働者一七七名は大きく二つの層から成り立っていたといえる。これは田島西部と横島の漁民層分解にみられる相違の反映と考えられる。田島西部では、戦前に地元漁業からの離脱が進行し、一九四〇年代後半～五〇年代前半に若年労働力を吸収したのが南氷洋捕鯨業であった。一方、横島では、一九四〇年代後半に若年労働力は漁業に吸収された（第六章参照）。一九五〇年代に入ると、漁業に代わって南氷洋捕鯨事業が若年労働力を吸収するようになった。集落間における漁民層分解のタイムラグは、捕鯨事業への参入時期の違いを生みだし、質的に異なる二つの層を形成した。田島西部では長期就業者の集団が形成され、同類結合が強くなり、捕鯨労働へのコミットメントを高めたと推測される。内海町出身者のうち、捕鯨事業員（常用）は九名、事業員（臨時）は一六八名である。図表２―14は捕鯨事業員（常用）九名の属性である。そのうち七名はM字型前半（一九四七～五三年）の入職者である。また、田島西部出身者が七名いる。早い時期の入職者が上昇移動に有利で、安定した労働環境にあったことが長期就業につながったと推測される。

図表2-14　N社捕鯨事業員（常用）の属性

	氏名（仮名）	出身集落	生年	初回参加年	参加継続年数
1	土田正之	町	1922	1948	28
2	宮浦順三	町	1925	1948	28
3	門谷孝夫	町	1926	1947	27
4	川谷孝三	町	1925	1947	10
5	村瀬留五郎	町	1928	1946	19
6	瀬川節夫	南	1932	1953	23
7	前川利男	町	1932	1956	20
8	村瀬竹夫	横島	1920	1948	9
9	村瀬角男	横島	1935	1955	2

出典：本人または親族への聴き取り調査より筆者作成。

5　捕鯨労働と職業移動

N社所蔵資料を活用して、一七七名の捕鯨労働者の属性を考察したが、上記の特徴に即して、一七七名の構成を次の四つのカテゴリーに分けることができる(図表2―15)。

A.　田島出身者、M字型前半（一九四七―五三年）入職者、一九三三年までの出生・・・事例1、事例2

B.　田島出身者、M字型後半（一九五七―六三年）入職者、一九三四年以降の出生・・・事例3

C.　横島出身者、M字型前半（一九四七―五三年）入職者、一九三三年までの出生・・・事例4

D.　横島出身者、M字型後半（一九五七―六三年）入職者、一九三四年以降の出生・・・事例5

それぞれのカテゴリーに該当する具体的な事例を記述し、捕鯨業への就業がどのような意味をもつ労働であったのか考察する。

図表2-15　内海町出身　捕鯨労働者の4つのカテゴリー

	M字型前半(1947-53年）の入職 1933年までの出生			M字型後半(1957-63年）の入職 1934年以降の出生		
田島	A	事例1	生年：1925	B	事例3	生年：1937
			捕鯨入職時期：1948			捕鯨入職時期：1958
			捕鯨入職年齢：23			捕鯨入職年齢：21
			捕鯨航海数：30			捕鯨航海数：4
		事例2	生年：1932			
			捕鯨入職時期：1953			
			捕鯨入職年齢：21			
			捕鯨航海数：21			
横島	C	事例4	生年：1922	D	事例5	生年：1934
			捕鯨入職時期：1948			捕鯨入職時期：1957
			捕鯨入職年齢：26			捕鯨入職年齢：23
			捕鯨航海数：28			捕鯨航海数：10

出典：筆者作成。

〈事例[10]1　田島出身者、M字型前半（一九四七－五三年）入職者、一九三三年までの出生〉

宮浦順三（仮名）（図表1—10、Z2）は、一九二五年（大正一四）生まれ、町集落の出身である。一九四八～七八年まで、三〇航海捕鯨に行った（N社二八航海、日本共同捕鯨二航海）。事業員（臨時）を経て、捕鯨事業員（常用）に採用された。父（図表1—9、Y16）はマニラでの漁業経験者である。帰国後は引退の年齢に達しており、定職に就くことはなかった。

宮浦順三は町集落で育ち、尋常小学校卒業後、満州義勇軍の募集に応じて、一九四一年（昭和一六）に奉天へ渡った。三男坊で、「いらん子であるし、ええ飛び出しちゃえ」ということで、新天地を求めたのである。茨城県の訓練所で二週間の心身鍛練を受け、宮城の前で分列行進をして、日本を出発した。一五歳で奉天造兵所の養成所へ入って働き始めた。徴兵検査が一歳早く繰り上がり、一九四五年八月一日に航空隊へ入隊、七日にソ連と交戦、一五日間軍隊に入っただけで、その後シベリアに三年間抑留された。帰国の途に着いたとき、三〇円持っていた。羊羹を買いたいと思ったが、貨幣の価値がわからなかった。

一九四八年七月に田島にもどり、数カ月間家で休息した。小学校時代の友達が「捕鯨へ行かんか」と言う。「どうするんか」と聞いたら、「南氷洋に行って、鯨の肉をひっぱがしさえすりゃいいんよ」と言う。「そんな単純なんか」「単純なんよ」ということで、様子はよくわからんが、いちど行ってみようかということで応募した。一九四八年に初めて捕鯨に行き、船酔いと厳しい労働を経験して、「もう二度と来ない」と思った。帰国船が名古屋へ入港したとき、迎えに来ていた母に、百円紙幣でもらった二万円を渡した。うれしかったし、つらかった。胸を張って、母に二万円を渡したときの感激は忘れ難い。母はすぐ財布に入れ、胴巻きに巻いて島へ帰った。このときの感激が原動力になり、三〇航海行くことになった。

事業員（臨時）として七〜八年働いたのち、捕鯨事業員（常用）に採用された。配属は一貫して冷凍の担当である。解体された鯨肉を型に詰めて、凍結、酸化防止の処理をする。南氷洋から帰ると、北洋またはN社の陸上の事業場（女川、串本、五島列島、仙崎、釧路、網走等）に配属された。北洋漁業でも冷凍専門で、サケ・マスの冷凍加工を担当した。

南氷洋へ行く船舶のメンテナンスは因島の日立造船所のドックで行われていた。南氷洋出航前に、内海町出身者は捕鯨事業員（常用）も事業員（臨時）も因島に動員され、出航の準備作業に当たった。常用の宮浦順三が田島で休息するのは、年に一〜二カ月程度だった。一九七六年にN社の捕鯨部が他二社と統合され、日本共同捕鯨が新設された。二航海乗船したが、労働環境が変わったので、捕鯨に行くのをやめた。その後、内海町の水産加工会社で働いた。

以上のように、宮浦順三の父はマニラ漁業移民だったが、マニラから帰国後、地元漁業に復帰することはなかった。宮浦順三は義務教育修了後、満州義勇軍に応募して島を離れた。シベリアから帰還後、そのまま捕鯨業に入職して三〇航海を経験した。主要なキャリアは捕鯨事業員という結果になった。シベリア抑留から帰国直後で、他に選択肢のないまま、捕鯨業に参入したパターンである。熟練化して、常用に採用され、労働環境が安定し、長期就業となった。宮浦順三にとって、捕鯨業は選択肢が少ない戦争直後の、貴重な就業機会であったと言えよう。戦争により、二〇歳代前半でキャリア中断を経験した男性にとって、就業の選択肢は多かったわけではない。年齢的にも結婚して家族を形成する時期と重なる。生計手段を確保することが最優先という状況であったといえる。

〈事例2　田島出身者、M字型前半（一九四七―五三年）入職者、一九三三年までの出生〉[11]

瀬川節夫（仮名）は一九三二年（昭和七）生まれ、南集落の出身である。一九五三〜七五年まで、二一航海捕鯨に行き、事業員（臨時）を経て、捕鯨事業員（常用）に採用された。

瀬川節夫は尾道の旧制の商業学校に通い、新制に切り替わるとき、四年修了でやめた。尾道の親族宅の隣がパン屋で、一年間見習いをして田島にもどり、自宅でパン製造を始めた。ちなみに瀬川家は新しいものを取り入れるのが早く、集落でいちばん早くテレビを購入した家である。パン焼き窯は左官屋にレンガで作ってもらった。コッペパン、味付けパン程度の製造だったが、食料品店に卸すなど、それなりに利益はあった。麦と交換したこともある。しかし、尾道のパンが島にも入荷するようになり、技術力がない自分のパンは太刀打ちできず、他の生計手段を考える必要が生じた。父が捕鯨の募集のことを聞きつけ、「行ってみるか」と勧めたので応募した。

一九五三年から捕鯨に行くようになり、冷凍船のグレーズに配属された。鯨肉を型に入れて急速冷凍させ、その後に鯨肉製品を保護するため氷の膜をつける係をグレーズという。北洋漁業への参加も要請され、アリューシャン列島近海でカレイ底曳漁に行ったときに、常用に採用された。常用の事業員は陸上の事業場でも勤務する。釧路の事業場で勤務しているときにボイラーの免許をとった。捕鯨母船では鯨を釜の中で炊き、骨粉と分離させて鯨油を製造する。

免許取得後、母船の鯨油製造ボイラー担当になった。

捕鯨事業員（常用）と事業員（臨時）は雇用条件、労働条件が異なるため、所属する組合が異なる。捕鯨事業員（常用）は、N社捕鯨労働組合に所属した。瀬川節夫は、一九七三〜七四年に組合書記長を務めた。組合専従者は二名（執行委員長、書記長）で、瀬川はこの期間は専従として東京本社内にあった組合事務所に出勤した。組合専従だった一九七三〜七四年は、N社が捕鯨事業からの撤退を模索していた時期に該当する。日本共同捕鯨に移籍したのち、四六歳で退職した。その後、一〇年弱、内海町の水産加工会社で働いた。捕鯨労働者の家族会が全国的に組織されていたが、瀬川の父は内海町の家族会の世話人を務めていた。

瀬川節夫のように、事業員（臨時）から捕鯨事業員（常用）に上昇移動した場合、資格取得の機会が与えられ、専門性を深めた職種に配属された。専門性を生かした安定就業は事業員（臨時）の例にはみられない恵まれた条件である。事例1の宮浦順三、事例2の瀬川節夫はいずれも捕鯨事業員（常用）に採用されたのち、N社の社員として周年で勤務する労働形態になった。事業員（臨時）のように捕鯨に行かない半年間の空白期間が生じない。そのため多就業形態にはならない。地元との労働面における関係性は弱くなった。捕鯨に行くのをやめたとき、捕鯨業・遠洋漁業で熟練化していたので、転職の選択肢は多くなかった。二人ともなじみの水産加工業で働く選択をしている。

〈事例3[12]　田島出身者、M字型後半（一九五七—六三年）入職者、一九三四年以降の出生〉

浦江靖（仮名）（図表1—10、Z9）は一九三七年マニラ生まれ、町集落出身者である。祖父も父（図表1—9、Y1）もマニラでの漁業経験者である。浦江靖は三〜四歳の頃に母・妹と一緒に帰国した。父はマニラに残って軍属となった。父はマニラから帰国後、一時田島水産の沖合漁船に乗り組んだ。一九四六年から北九州・戸畑の池畑組で浚渫船作業員として働き、一九五八年に六〇歳で死去した。

靖は義務教育修了後、地元で備後汽船の乗組員見習いになり、鞆・田島・尾道間を往復する定期運航船の甲板作業に従事した。友人の間で捕鯨に行く話題が出て、応募することになった。一九五八年から六航海捕鯨に行った。中学校の同級生で、捕鯨に行った者は多くない。最初の三年は母船の第二図南丸に乗船した。裁割に配属され、小包丁を担当した。後半の三年は厳島丸に乗船し、加工用の切り分け作業に従事した。

捕鯨に行かない半年間は、大阪の海上建設業の浚渫船に乗り組んだ。そのうち捕鯨期間だけ、浚渫作業から抜けるような態勢になった。そのようなこともあって、捕鯨を六航海経験したのち、捕鯨に行くのはやめて、浚渫船作業員に転職した。その後四一年間浚渫船で働き、浚渫船の船長になった。

以上のように、浦江靖の父はマニラ漁業移民だったが、マニラから帰国後、地元漁業に復帰することはなく、海上建設業の作業員になった。靖は義務教育修了後、地元にあった定期運航船乗組員に就業したが、捕鯨業の歩合金にひかれ、捕鯨業へ代わった。最終的には浚渫作業船で熟練化し、安定した就業を維持した。捕鯨業への就業は、浚渫作業で安定した職を得るまでの過渡的な労働という意味をもつものになっている。

〈事例4[13]　横島出身者、M字型前半（一九四七—五三年）入職者、一九三三年までの出生〉

村瀬宏（仮名）は一九二五年生まれ、横島出身である。父は横島で雇われの漁師だった。他人の打瀬船に乗り組む漁業労働者で、船を所有していない。病弱だったので宇部へ行くことはなかった。兄は門司ではしけ運送業の作業員をしていた。

村瀬宏は一九三八年に尋常小学校を卒業後、横島の散髪屋で下働きとして働き始めた。水道が整備されていない時代で、水道栓から水を五〇杯運んだり、営業タオルの洗濯などをやった。戦争中は岡山の人絹工場に徴用され、アルカリ溶剤で手の指紋がなくなるような工場で働いた。

戦後、横島に戻り、他人の打瀬船の雇われ漁業労働者になった。借金を返す必要があって、父に「捕鯨に行ってくれるかのう」と言われ、一九四七年から捕鯨に行くようになった。家族と水杯を交わして、捕鯨に行った。その後、一九四七〜六九年の二二年間、南氷洋捕鯨業に従事した。冷凍船の裁割に配属され、大包丁を担当した。捕鯨に行かない半年間には、尾道の造船所等で働いた。一九六五年頃から北洋漁業へも行くようになった。

一九六九年に捕鯨に行くのをやめ、横島のT造船下請企業で働くようになった。造船作業のため、足場を組む会社で、経営者は妻方の遠縁にあたる。二〇人前後で一緒に作業をし、定年まで働いた。

以上のように、村瀬宏の家族史は下層漁民の世代間労働移動を示している。父は雇われ漁業者で、船は所有していない。そのため、子どもたちは必ずしも漁業に就業せず、はしけ運送業や散髪業に分散した。村瀬宏が捕鯨に行ったのは、家族の負債を返済するためである。家族責任を果たす要請があり、収入が期待できる職場に移った。最終的には造船業下請企業に落ち着いた。南氷洋捕鯨業への就業は、高度成長期に製造業が成長し、第二次産業における労働市場が成立するまでの、一時的な就業先という意味をもつものになった。

〈事例5[14]　横島出身者、M字型後半（一九五七―六三年）入職者、一九三四年以降の出生〉

村瀬誠三（仮名）は一九三四年生まれ、横島出身である。祖父は横島の漁師であった。打瀬船ではなく、手漕船の操業だった。父は一九一〇年生まれで、転々と職業をかえた。一九四〇年代には満州にいたが、戦前に帰国した。その後は雇われの漁業労働者となり、船を所有することはなかった。戦後にT造船下請企業の臨時工、大阪ではしけ運送業作業員として働いた。

村瀬誠三は六人兄弟姉妹の長男で、中学校は中途で通学することをやめて、一九四八年ごろに宇部に行って漁師になった（宇部の漁業については第六章参照）。雇い入れの人がいて、「乗ってくれ」「おう、乗ろう」で、半年ごとに契約して、乗り組む船を決めた。他人の所有船のほうが、割り切って働くことができた。雇われの漁業労働者がもらう賃金は水揚げの六分の一である。横島より宇部のほうが水揚げが多かった。宇部の最初の二年間は打瀬船で、その後、動力船に変わった。父と弟たちも宇部に来たが、同じ船に乗り組むことはなく、それぞれ別の船で漁業労働者として働いた。

宇部で一〇年弱働いたあと、捕鯨業に代わった。一緒に漁師をしていた人たちから、捕鯨の噂を聞いたことがきっかけである。なんとか少しでも収入を多くしたいという思いが強く、捕鯨に応募した。一九五七年から一〇年間、捕鯨に行った。冷凍船の裁割に配属され、鯨肉ブロックの解体を担当した。捕鯨に行かない半年間は、横島のT造船下請企業で臨時工として働いた。漁師は漁船の扱いに慣れており、修理は難しくない。半年間の臨時雇いで、鋼船の修繕について経験を積んだ。一九六一年には南氷洋から帰ってきてすぐ北洋に行くようになり、横島にもどっている間に他の職種に就業する余裕はなくなった。一九六六／六七年の航海を最後に、捕鯨に行くのをやめた。一九六三年生まれの子どもがなつかず、「この人は誰」と言って、一緒に寝ることも嫌がるような状況を改める必要を感じたからである。

福山市にできた日本鋼管の第一号高炉が一九六六年に操業を開始、下請企業が臨時工を募集した。それを期に仕事を代えた。沼隈町に事務所をおく第四次下請に該当する「組」で、日給単位で作業を請け負う。作業員は沼隈町から「組」の車で送りこまれた。車代、運転代をピンハネされた。圧延・冷延で臨時工として働き、熟練工になることはなかった。このように一九六七年以降、造船業・製造業の「組」で働くようになった。

以上のように村瀬家の家族史も、下層漁民の世代間労働移動歴を示している。横島は沖合漁業を専門とする集落であるが、祖父は独立自営が可能な沖合漁業用の船舶を所有することなく、手漕船で沿岸漁業を営んでいた零細漁民である。そのため、父も漁業、製造業、はしけ運送業で労働者として転職を重ね、不安定な就業状態を継続した。村瀬誠三自身も漁業、捕鯨業、製造業の労働者として転職を重ねた。その時々の状況に応じて、収入の良い職種に転職した。沼隈地域で製造業が本格的に成長する以前には、捕鯨業は収入が魅力的な職種の一つであった。しかし、一九六〇年後半には福山・沼隈地域で、日本鋼管、T造船などの製造業が成長して、下請企業が増加した。下請企業群が形成され、本格的に労働者を吸収する労働市場が成立した。捕鯨労働は生産・生活分離の生活スタイルを強いるので、労働者や家族にとっては負担に感じられる。通勤可能な製造業の労働市場が労働者を吸収していった。

以上の五つの例を通して、南氷洋捕鯨労働の特徴として、次のような点を指摘することができる。高度経済成長期前は、歩合金がつく南氷洋捕鯨業の賃金制度は、集中して稼ぐことができる、良い条件の職種と解釈され、若年労働力を吸収した。歩合金は捕鯨事業員（常用）と事業員（臨時）との間にさほど違いはなかったため、雇用形態は事業員（臨時）であっても、多くの若年労働力を引きつけることができた。季節的就業の側面がつよい労働であったが、賃金の誘因によって、一定数の長期就業者集団が形成され、半年間の就業、生産・生活分離の生活スタイルが戦後に定着していった。

半年間の季節的就業であるため、四～九月は地元で就業先を探す多就業形態となった。個人的ネットワークを活用して、造船業、海上建設業、水産加工業、建築業などに臨時的に就業する形態が定着した。当初は捕鯨業の補完的就業であった製造業が、高度経済成長期に賃金水準が上昇し、労働市場として成長した。そのため、捕鯨業から離脱し

図表2-16　捕鯨労働者を対象とした加持祈祷者数（光音寺）

南氷洋捕鯨出漁年		加持祈祷者数	乗船別内訳						
1949	昭和24	58	橋立丸15名	多度津丸24名	摂津丸19名				
1950	昭和25	55	橋立丸16名	多度津丸20名	摂津丸19名				
1951	昭和26	48	橋立丸13名	多度津丸18名	摂津丸17名				
1952	昭和27	44							
1953	昭和28	25	図南丸11名	宮島丸8名	海幸丸6名				
1954	昭和29	記載なし							
1955	昭和30	24	図南丸9名	宮島丸9名	厳島丸6名				
1956	昭和31	42	図南丸10名	松島丸10名	鹿島丸8名	宮島丸7名	厳島丸6名	海幸丸1名	
1957	昭和32	62	第一図南丸12	第二図南丸12	宮島丸14名	鹿島丸11名	厳島丸9名	海幸丸2名	笠置丸2名
1958	昭和33	70							
1959	昭和34	記載なし							
1960	昭和35	103	第一図南丸22	第二図南丸17	鹿島丸13名	野島丸17名	宮島丸17	厳島丸8名	玉栄丸9名

出典：光音寺所蔵資料「昭和24年以降　御加持受者名簿」より筆者作成。

て、補完的職業を本務とするような労働移動が生じた。捕鯨業は生産・生活分離の生活スタイルを強いるものであったため、生活面と賃金面を比較考量して、捕鯨業への残留、または離脱が選択されていった。

6　捕鯨労働とセーフティネット

南氷洋捕鯨は日本を離れた極寒の地で、厳しく管理された労働生活を半年間送る。捕鯨業における仲間集団の形成、相互扶助的関係について、田島西部に焦点をあてて考察する。

町集落で捕鯨労働を斡旋していた武田敬太郎は、捕鯨船団が出漁中の一月または二月に、毎年のように町集落の光音寺で出漁者全員（横島出身者を含む）の加持祈祷を一週間行った。留守家族の不安を和らげようとしてのことであろう。溝田家（仮名）では、現実に一九五〇年に、長男が捕鯨母船での作業中、重ねた冷凍肉が崩れて背中に当たり即死した。二六歳の事故死であった[15]。また、一九五二／五三年には、第七次出漁中に冷凍船の摂津丸が沈没する事故が起きた。死者は出なかったが、田島・横島出身者も、摂津丸に乗務しており、複数の人が沈没事故を経験した[16]。

南氷洋で不測の事態は現実に起こりうるものであった。

光音寺には一九四九年以降の加持祈祷の記録である「御加持受者名簿」が保存されており、年度ごとに田島・横島の捕鯨労働者全員の所属船と氏名が記してある（図表2―16）。これによれば、一九五八年に武田敬太郎が死去したあとは、一九六〇年に一度加持祈祷が申し込まれているだけである。寺院での加持祈祷は初期のリクルーターであった武田敬太郎の意向がつよく反映されたものであったと推測される。加持祈祷のような神頼みが行われていた背景については、次のようなことが考えられる。

南氷洋捕鯨は、戦後に本格化した新しいタイプの労働であった。すでに慣れた労働であれば、どのような場面で事故や労働災害が生じるのか、知識もあり勘も働く。経験や対処方法が蓄積されている。労働者が相互に注意を促すしくみや、労災の認定など、様々なセーフティネットが社会的に構築されている。しかし、社会が変動し、戦後は職業構造が大きく変わり、新たな職種に就いた人も多い。新しい労働にどのようなリスクが生じるか未知である。傷害の不安、解雇の不安など、労働者本人も家族も不安を感じる。職業にともなう不安を軽減する一つの方法が加持祈祷だったといえよう。

新しい労働に対する不安を軽減し、セーフティネットを構築しようとする動きは、捕鯨労働者集団が関わる諸々の場面でみることができる。一九五五年度までの一船団の時代（昭和二〇年代の出漁者）には、出漁前に光音寺で御祓いをしてもらい、そのあとに田島ホテルで「出船」という名の宴会を催して、相互に励まし合った。四月に無事に帰島したときは「入船」の宴会を開いて、ねぎらいあった。「出船」「入船」は捕鯨労働者の仲間意識の醸成や、留守家族の精神的安寧に寄与した。寺院や旅館などの社会的施設を活用し、インフォーマルではあるが一種の社会的行事のようなものとなっていた。

しかし、武田敬太郎が死去したのちは、出発前の「御祓い」を機会に集まることもなくなった。それはN社で一船団が増加し、参加者数が増えた時期に該当する。「出船」「入船」もなくなった。[17] 捕鯨事業員（常用）は、四月に南氷洋からもどって若干の休暇のあと、近海の捕鯨事業場へ出立した。帰島時期が一致しなくなり、捕鯨参加者が同一の日に集まることは難しくなった。

船団および参加者数が増加した一九五六年以降、参加者集団はそれまでとは異なる機能を備えた集団に変化していった。核になったのは捕鯨事業員（常用）と、長期就業の事業員（臨時）である。たとえば、一九五六年に入職し、二七年間南氷洋に行った長期就業者の中浜健二（仮名）は次のような経験をした。中浜健二が最初に受験したのは一九五五年である。船団数・参加者数が増加する前で、補欠になり、乗船には至らなかった。この年、試験の受付窓口になり、船員手帳の手配など応募者のマネージメントをしていたのは武田敬太郎だった。中浜健二は翌一九五六年に再受験して採用された。この年、応募者のマネージメントは「拓洋クラブ」が行っていた。一九五〇年代にN社では捕鯨労働者の組織化が進んだ。事業員（臨時）は全日本海員組合に所属した。拓洋クラブは全日本海員組合に属するN社事業員（臨時）の組織である。専従職員を配置し、N社と労働条件を交渉した。事業員（臨時）を多く輩出している地域ごとにブロックに分け、代表委員を選出した。地元でのマネージメントは、事業員（臨時）の組織である「拓洋クラブ」に移行し、ベテランの事業員（臨時）が採用業務に関わるしくみに変わっていた。

一九五六年に採用された中浜健二は、乗船前に地元の「拓洋クラブ」の会合に招集された。会長選挙が初めて行われ、中浜健二も投票を促された。「今までみなさんは（一緒に）やってきとるんじゃが、私はいま採用になって、まだ一回も（南氷洋に）出ておらへんのにな、（誰が適当か）人間がわからんのんじゃが。人間がわからんもんが投票せい言うのはおかしいんじゃないか」と質問した。しかし、「横島・田島の人間なんじゃけ、ええ思う人に投票せい」

と言われ、投票した。このように船団が増加した一九五六年以降、参加者集団の自律的運営に任される部分が拡大した。

町集落出身者で、事業員（臨時）として一九四七～七四年まで長期就業した中田栗一（仮名）はN社の拓洋クラブの専従委員を長く務めた。その間は東京本社の社屋内にある拓洋クラブの事務所に出勤した。中田栗一は一九二六年（昭和元）生まれで、父は田島で最初のマニラ漁業移民四人のうちの一人である。中田栗一はマニラ移民経験者家族に該当する。捕鯨船団では医務室助手を務めていた。長期就業者であり、労働問題に詳しい中田栗一は内海町出身の捕鯨労働者から信頼をよせられる存在だった。

たとえば、町集落出身の溝田淳（仮名）は、中田栗一に次のような相談をしたことがある。溝田淳は一九三三年生まれ、一九五五年に事業員（臨時）に採用され、一一年間南氷洋へ行った。一九六六年にN社が一船団減らすことになり、地元で休養しているときに、「是非、北洋に切り替わってくれ」という北洋部への移籍を促す電話が入った。南氷洋に比べ、北洋は賃金、航海日当、歩合金が劣る。逆に、航海所要時間は南氷洋が一カ月に対し、北洋は一週間程度である。一長一短で決め難い。溝田淳は、拓洋クラブ専従で本社にいた中田栗一に電話をかけ、「兄貴、どがんしたらいいかい?」と聞いた。「会社に相談してみる」と請け負ってくれた。労働条件の面で心配無用で、移籍の是非は全く自由意思によることが判明した。

結論を出すまで、三日かかった。親族に相談したところ、尾道の民間信仰を紹介され、「拝む人」に占ってもらうように勧められた。南氷洋が下り坂になるというお告げがあり、北洋への転籍を決心した。北洋部へ移籍して、結果的に南氷洋捕鯨事業よりも長く就業することができた。このエピソードは、労働にまつわる未知の出来事に対して判断を下すことが難しいことを示している。解雇、傷病などリスクへの対応、生活保障、セーフティネットが必要とされていた。この例は制度的セーフティネットと、精神的セーフティネットの両方が必要であることを示している。労働団体や労働者の組織など、労働問題の専門機関が対処する制度的セーフティネットと、精神的安寧を得るセーフティネットである。溝田家は精神的安寧を得る方法として、親族から紹介された民間信仰に頼った。

以上のように内海町は、N社における主要な捕鯨労働者の送出地であった。制度的セーフティネットとなる労働団体・労働組織の役員を務めた人材も出現した。南氷洋捕鯨事業は国際政治の影響を受けることが多く、将来性については不安定な要因を含む労働環境であった。制度的セーフティネットに知識をもつ捕鯨事業員（常用）と長期継続の事業員（臨時）が中核となり、捕鯨事業参加者や家族の相談に応じ、生活保障面をサポートしていたのである。

［注］

（1）内海町所蔵資料357、武田富之祐「綴方帳」。
（2）内海町所蔵資料357、武田敬太郎講話資料。
（3）川崎勇二さん（仮名）への聴き取り調査（二〇〇四年九月五日）。
（4）「漁業移民村行脚記―広島県沼隈郡田島村・横島村・百島村―」『海を越えて』、一九三九年八月号―40～43ページ、筆者不詳。
（5）近世の九州西海捕鯨への出稼ぎについては［武田 2002:73-85］参照。
（6）中浜健二さん（仮名）への聴き取り調査（二〇〇四年九月一〇日）。
（7）深瀬剛さん（仮名）への聴き取り調査（二〇〇三年三月八日）。
（8）兼江求さん（仮名）への聴き取り調査（二〇〇四年九月一八日）。
（9）中浜健二さんへの聴き取り調査（二〇〇三年八月二七日）。
（10）宮浦順三さん（仮名）への聴き取り調査（一九九八年一〇月二五日）。

(11)瀬川節夫さんへの聴き取り調査（二〇〇三年八月二七日）。
(12)浦江靖さん（仮名）への聴き取り調査（二〇〇四年九月一七日）。
(13)村瀬弘さん（仮名）への聴き取り調査（二〇〇四年九月一三日）。
(14)村瀬誠三さん（仮名）への聴き取り調査（二〇〇四年九月五日）。
(15)溝田淳さん（仮名）への聴き取り調査（二〇〇三年八月二九日）。
(16)次の方への聴き取り調査による。深瀬剛さん（二〇〇三年三月八日）、鈴山光さん（仮名）（二〇〇三年八月二八日）。
(17)中浜健二さん・瀬川節夫さん（仮名）への聴き取り調査（二〇〇三年八月二七日）。

第三章　社会構造の再編とセーフティネット

――町集落の女性と生活――

● 町集落のお大師お接待仲間（筆者撮影）

1　女性と社会的空間

町集落では、マニラ帰りの移民が地元漁業へ復帰することはなく、戦後に職業構造が大きく変化した。労働形態の変化にともなって、生活保障のしくみも再編された。第一章、第二章では、男性を中心に、職業移動にともなうコンボイ集団の形成、コンボイ仲間による相互扶助的関係、制度的なセーフティネット構築への関与について言及した。本章では女性に焦点をあて、戦後の町集落における生活保障体系の再編と女性との関わりについて考察する。

村落のしくみと女性との関係について、示唆的なのが宮本常一の視点である（補論参照）。宮本は共同体における合意形成には、フォーマルなルートとインフォーマルなルートの両方が必要であると指摘している。宮本は村落におけるフォーマルな話し合いの場である「寄合い」について詳述している［宮本 1971:7-14, 26-27, 1972:205-206, 1976:108, 1981:13］。町集落においても地域自治会は男性中心に運営されてきた。

宮本はインフォーマルな情報交換ルートも重視した。寄合いで、調整点を見つけ、合意を形成するためには、その場で公開されることはない情報を村びとたちが共有していることが必要というのが宮本の発想であった。フォーマルな場では公開されない情報が、各集団ごとのインフォーマルな話合いの場で活発に交換され、共有化されている。西日本の村落社会では、インフォーマルな情報交換の機会がきわめて多く、主たる担い手が女性たちであることを次のように述べている。

「講組の発達した村々で、一軒の家の者が会合に出ていく回数、これには酒盛りなども含めるのであるが、一年に六、七〇回をこえるものが少なくない。時間にして三〇〇時間ないし四〇〇時間に達している。一カ月に六回、五日に一回の割合で会合に出ていることになる。こうしてお互はお互の気心を知りつくしていくのである。」[宮本1976:109]。

「女だけの寄りあいもまた行われることがある。これは村こぞって行うというようなことは少なく、たいてい有志の集まりである。そしてそれも村の慣行自治に関するものではなく、親睦か信仰または労務作業を主としたものであり、そのうち茶飲みという集まりはきわめて頻繁にくりかえされてきたのが瀬戸内海地方では一般に見られたところである。お茶に漬物程度のごく粗末な食物で、ごく狭い範囲の女が集まってほんの一、二時間おしゃべりして別れるのである。（中略）その間に村のいろいろな情報交換が行われる。そしてそれで十分それぞれの家の性格をのみこむこともできるのである。こういう集まりを茶飲みという」[宮本1971:34-35]。

「女が田畑にあまり出ないところでは女のつきあいが大きい。それは村の公的なものではなく、親類や隣近所のつきあいである。そういう風景は本分家関係の密接なところには見られない。本分家よりも姻戚関係の密接な地帯である。子供の出産、その成長にともなう諸儀礼、いろいろの講ごと、食物調整のたすけあいなど、女たちが五人ないし一〇人くらいで集まりあう機会は瀬戸内海地方ならば、一年のうちに数十回にのぼると見られる。そういうことの行われる村はまた家が多く密集しているところで、集まりやすいのである。噂もつたわりやすく、お互いの好意が通じやすくもある。そういうところでは女同士の交際は重要な意味をもって来る。そしてそれにさく時間も多くなる。しかも女の交際は手軽で、飲食も茶飲みと言ってお茶に少々のお茶うけが出る程度ですむことが多かった」[宮本 1973a:101]。

このような会合の場所として、宗教的空間が重要な機能を果たしていることも指摘されている。西日本には、地阿弥陀・地蔵・観音などがまつられている講堂とよばれる建物が多く、「こうした一定した形のお堂でなくても、寮とか庵とかいわれる程度のお堂ならば、西日本各部落のほとんどにあったのではないかと思われる。（中略）このお堂が寄りあいの場所にあてられているのは、もともと宗教的な結衆から寄りあいが発達したものではないかと思わせる」[宮本1971:32-33]。宗教的空間が純粋な宗教的機能で活用されるだけでなく、女性たちが数多く、細かく重ねる情報伝達・口承の場として、村落社会の統合・維持に不可欠であることが述べられている。

町集落においても、宗教的空間を活用した女性たちの活動が活発で、集落内にある複数のお堂が利用されてきた。戦後数十年の間に女性たちの自発的意志・行為が投入され、新築・改築が繰り返されてきた。多くの人に活用されるコミュニケーションの空間であった。

本章では、共同体原理の具体的表れと考えられるこのような空間を手がかりに、それらの空間の維持に関わってきた女性たちの宗教的活動の意味について考察する。具体的に取り上げるのは、「お大師お接待仲間」と「御詠歌仲間」である。活動の実情に即すると、日常的に連綿と続いてきた行為の意味を探るのに、最も適した調査方法は参与観察である。参与観察に基づくため、本章では現代の状況についても言及する。戦後数十年の間に共同の空間が再編されてきた過程を現代まで記述したほうが、独特の時間秩序で再編されてきた生活保障のしくみの存在を、より明確に示すことができると考えたからである。

2 「お大師お接待」仲間

（1）参加世帯と構成

弘法大師信仰がある土地では、弘法大師の入寂日が三月「二十一日」であるのに基づき、「二十一日」に念仏を唱える集会を開いたり、参拝者を「お接待」することがひろく行われている。町集落では年に二回、旧暦の三月・七月二十一日に、女性たちによる「お接待」行事が行われている。

田島では江戸末期の一八四七年（弘化四）に、村役人会議の発議に基づき、田島新四国霊場八十八カ所が設置された。これは四国八十八カ所になぞらえて、島内を時計回りに、八十八体の石仏を設置したものである（図表3―1）。ちなみに、町集落には真言宗寺院が四つある。奥之坊、常楽院、光音寺、医王寺である。いずれも中世の開基と伝えられ、人口に比して真言宗寺院が多いことは町集落の特徴の一つである。田島では町集落以外に真言宗の集落はない。その故であろうか、約三〇体は町集落に設置され、須屋や堂が設けられている。町集落では、いくつかの石仏にそれを「お世話をする」グループがあり、入寂日に石仏の前で「お接待」が行われる。それが「お接待仲間」である。

二〇〇四年秋の「お接待」は九月五日に行われた。「お接待」が行われていた札所は、町集落一〇カ所、南集落一カ所の合計一一カ所であった。「お接待する側」は合計四十八人であった。「お接待する側」は早朝五時半ごろから準備を始める。参拝に来た人に「お接待」の引き出物とする菓子・果物・食品を石仏の前にならべ、参拝者を待つ。そ

図表3-1　田島の新八十八カ所霊場（1847年＝弘化４年設置）

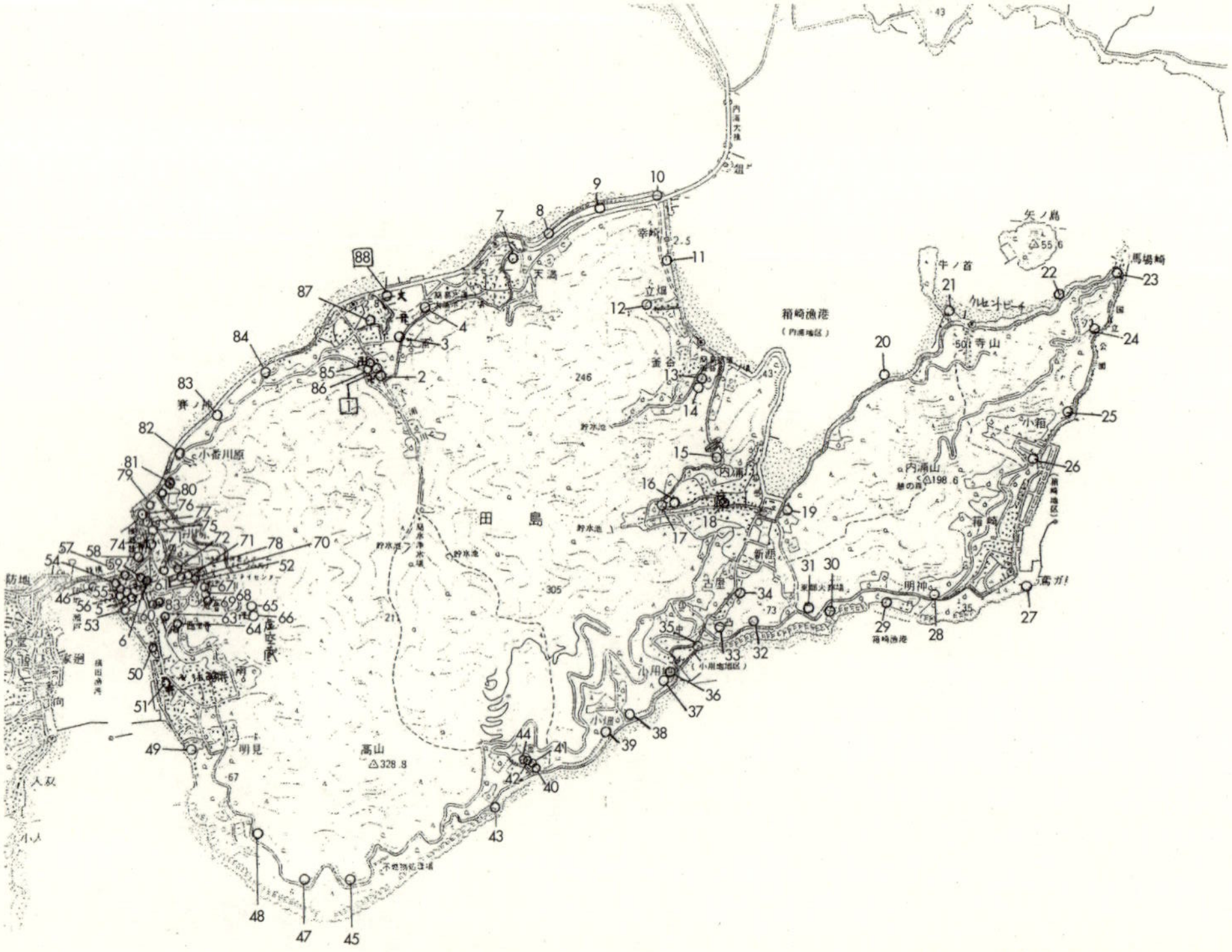

出典：内海町所蔵資料「新八十八カ所霊場地図」。

れぞれの札所では「お接待仲間」がお金を出し合い、引き出物を準備する。五五番札所の「お接待仲間」は五〇〇円ずつ出した。多いところでは九〇人分、おおよそ五〇～六〇人分を用意した。午前六時頃から、子供を中心に参拝者がやって来る。お菓子を集めるのが子どもたちの楽しみである。祖母が孫を連れてまわる姿も多く見かける。祖母と「お接待仲間」は年齢が近いので、活発なコミュニケーションが交わされる。用意した引き出物がなくなると、その日の「お接待」は終わる。「お接待」を終えたあと、「お接待仲間」は小一時間ほどかけて念仏・御詠歌を唱える。

図表3―2は、参加が確認できた町集落九カ所（A～J）、南集落一カ所（K）の「お接待仲間」である。また、各札所の「お接待仲間」の家を図示したのが図表3―3である。

（2）「お接待仲間」

「お接待仲間」はおおむね三～七世帯程度で構成されている。女性の参加が一般的である。おおむね夫または妻が町集落出身者である。例外はB9、F4、G2の三世帯に過ぎない。妻側の立場からみて、姑または自分の「母親がやっていた」、「親譲りなので、ほっとくわけにいかない」「信心する気持ちは、みな親から子に伝わっているから」自分も参加するようになったという。町集落出身者の女性であれば、「親が拝むのを見て、見習いで拝み始めた。親たちは当番でお煮しめを炊いたり、お豆さんを炊いたり、持ち寄っていた。拝んだあとお茶を飲んで帰った」という類の集合的記憶を共有している。「戦争中には接待をもらった記憶がない」ので中断していたようだが、「終戦後に、わりと早く復活した。お世話をする人がいて、つなぎ（寄付）をした」というように、参加者にとっては「お接待」することは積極的な意味をもち、自発性が投入される社会的活動であった。

あっちこっちで競争じゃったな、お大師さんは。みんな接待があるん。みんなちょっとずつ寄付して。むかしは豆を炊きおうたんかな。いまはみな菓子でな。うちらの子が小さいときは、煎餅でも二枚ずつの気前のいいお接待だった。[1]

お接待をする側も、される側も、双方が町集落の居住者である。時代によって、豆であったり菓子であったりするが、引き出物を媒介に、活発なコミュニケーションが重ねられる。引き出物とコミュニケーションが一体になって「楽し

図表3-2 町集落の「お接待仲間」参加者

2004年9月5日調査：48世帯

グループ番号	88ヶ所番数	整理番号	夫方 出身集落	妻方 出身集落
A	74番甲山寺	A1	町	百島
B	58番仙遊寺	B1	町	横島
		B2	町	横島
		B3	町	尾道
		B4	町	内浦(田島)
		B5	町	千年
		B6	大浦(田島)	町
		B7	福山	町
		B8	町	敷名
		B9	横島	
C	57番栄福寺 ※お大師堂	C1	町	
		C2	町	町
		C3	町	
D	46番浄瑠璃寺	D1	町	
		D2	町	
		D3	町	
		D4	町	
		D5	町	町
		D6	町	天満(田島)
		D7	町	鞆
E	59番国分寺 6番安楽寺	E1	町	南(田島)
		E2	山口	町
		E3	町	尾道
		E4	町	町
		E5	町	町
		E6	福山	町
		E7	町	箱崎(田島)
F	56番泰山寺 5番地蔵寺 ※念仏堂	F1	町	町
		F2	町	町
		F3	町	南(田島)
		F4	横島	南(田島)
G	55番南光坊	G1	町	町
		G2	横島	千年
		G3	町	南(田島)
		G4	町	内浦(田島)
		G5	島外	町
H	60番横峰寺	H1	町	番川原(田島)
		H2	沼隈	町
		H3		町
		H4	町	
		H5	町	町
I	52番太山寺 78番郷照寺 ※掘出観音堂	I1		
		I2		
J	50番繁多寺	J1	釜谷	町
		J2	町	町
K	49番浄土寺	K1	横島	南(田島)
		K2	横島	南(田島)
		K3	南(田島)	沼隈半島

出典：筆者作成。

図表3-3　町集落「お接待仲間」参加者の分布

※Ｋグループは南集落のため省略。
出典：筆者作成。

み」を作り出していた。このような非日常の祝祭的時空間が、一年に二回、早朝のごく短い時間に、町集落に出現する。小さな空間が複数、数珠つなぎになって、集落に精彩を与える。男性が仕切る村社の祭礼とは異なる祝祭の時空間が女性によって演出され、維持されてきた。

女性中心に継承されてきた状況については、次のように語られる。

「ここでなさっている方たちはいつも同じなんですか。」「親の代から引き続きです。おばあちゃん（お姑さん）らが、ずっとしてたのを引き継いで（ます）。」「紙屋さん（お接待仲間の中心人物）が、あんたのところのおばあちゃん（お姑さん）も入っとんたんじゃけ、ぜひ入ってちょうだい、と言われて（自分もお接待仲間に入った）。」

「それも昔から、姑さんらがしようたんじゃけ。年よりがしたあとをみなひいちょる（引き継いでいる）。しゅうとめさんが、もう出ていかれんと言うて、かまどを引き継いでから（自分もお接待仲間に入った）[2]。」

町集落出身の女性が、結婚して集落内で移動した場合は、婚家のお接待仲間や、転居先に近いお接待仲間に加入した（Ｃ２、Ｅ５、Ｊ１、Ｊ２）。町集落には、島外で生活した経験をもつ帰島者が一定数居住している。帰島後に参加するようになった人も多い（Ｂ７、Ｃ３、Ｆ１、Ｆ３、Ｇ１、Ｇ４、Ｈ１、Ｈ４）。

Ｂ７―結婚前に、台湾、北海道で居住経験あり。

Ｃ３―夫が電気工事関係に就業。一九七〇年代末～八〇年代に一〇年ぐらい中国地方で居住。

Ｆ１―夫が神戸製鋼尼崎製鉄所で工場勤務。大阪府に二〇年間居住。定年後に帰島。

F3—夫が北九州など海上建設業に就業。定年後に帰島。
G1—結婚後、京阪神に居住、帰島。
G4—結婚後、京阪神に居住。定年後に帰島。
H1—結婚後、京阪神に居住、帰島。
H4—神戸市・尼崎市近辺で建設・設備関係の自営業。廃業にして帰島。

これらの事例から、長期間の不在者であっても、夫か妻が町集落出身者であれば、帰島後にお接待仲間に参加するルートが開けている。お接待仲間を媒介に、帰島者を組み込んで、社会関係が再構築される。長期間、島から離れていた場合、気心が知れた人の数は限られる。「お接待」が「負担」に感じられる場合は、負担軽減の対応がとられている（念仏・御詠歌を唱えるだけにする、開始時間を遅らせる）。このように町集落出身者世帯、女性中心に維持されてきたが、少数の例外はある。C1は男性で、家族は大阪府に居住し、本人は年間の半分以上は郷里にもどっている。母親がお接待仲間の中核であった。母親の死後、お接待仲間が二人になってしまう状況を案じて、自分がお接待仲間に加わるようになった。

町集落では戦後に空き家が出るようになった。横島出身者が家を購入して転居してくるようになった。基本的に横島からの転居世帯は、お接待仲間にはリクルートされない。

「（団地のような）みんなよそから来ているところはいいのよ。ここみたいに混ざっているのはいけんのよ。代々住んでいるとか、親戚ばっかりじゃろ。だからよそから入ったら（引っ越してきたら）、入りようがないんよ。（お接待仲間にも）入れ

んのよ、他から来てるもんには。（一九五六年にここに転居してきたが）うちら入りなさいと声をかけられたことないよ。みんな代々で（ここに住んでいて）私らみたいにちょこっと来たんとちがうからね。誘われたことはない。よそのもんじゃと言われる。」「一九七〇年に家を購入して、横島から転居してきたとき母も一緒に来たが、母はその仲間に入ってなかったと思います。横島から来た人というのはお接待仲間には入ってない。」

「おたくも感づいていると思うが、横島とは気性がちがうわな。同じ島でもね。むこう（横島）は漁師町でね。こっち（田島）は出稼ぎで。お接待仲間には入ってない。いまだに横島という感覚（をもたれている）[3]。」

このように横島からの転居者は少数の例外を除いて参加していない。自然村のメンバーが基本である。例外はＢ９、Ｆ４、Ｇ２の三世帯である。Ｂ９は、かつて田島・横島と尾道間で旅客・荷物を運送する運搬船を経営し、のちタクシー会社経営に転換した。交通面で島民生活と深く関わってきたことが、参加の道を開いたのかもしれない。

Ｆ４の参加の経緯は次のようである。Ｆ４はもともと南集落の出身で、夫が身体障害者であった。結婚後、横島に居住、二五年間に五軒の借家を転々とした。息子が小学校六年生のとき「お母さん、うちには家はないなあ」と言ったのを機に、死にものぐるいで働き、町集落に家を購入した。土建業の「ドカチン」とよばれる仕事で、六〇代半ばまで働いた。自分から頼んでお接待仲間に入れてもらった。同じ職場で、「ドカチン」の仕事を一緒に組んできたのがＧ２である。結婚して横島に居住していた。横島から田島への転居はＦ４の斡旋である。このように、Ｆ４の積極的な姿勢がお接待仲間への参加ルートを開拓した。六〇代前半まで建設現場で働いてきた女性労働者どうしが緊密なネットワークを形成し、職場、家屋、宗教の情報を交換し、精神的・物質的にサポートしあってきた。心労や不安を抱えて生きる社会的弱者が、お接待仲間を通じてコミュニケーションの機会を増やすことには大きな意味がある。Ｇ

の札所は、かつてお世話していたお接待仲間は、高齢化、転居、家屋取り壊しなどで消滅した。お世話されなくなった石仏が路傍に放置されて、気にかかるので、他のお接待仲間に参加していなかった女性たちが、ここでお接待を始めた。G2を受け入れたのは、近年に形成されたお接待仲間だった。お接待仲間は消滅したり、新しく再編成されている。

A1は男性で、一世帯で石仏を「お世話」している。放置されていた石仏を自分の家の前に移し、「お世話」を始めた。ガンが早期発見され治癒した。「お世話」をした「おかげ」であるとA1は解釈している。つまり、ライフヒストリー上の大きなイベントと石仏を関連させ、今後の人生の安全上に欠かせないものとして「お世話」を続けている。精神的安寧を得ており、セーフティネットという感覚に近い。

D1も男性で、ライフヒストリー上のイベントとお大師信仰を関連づけている。Dの仏像は自宅門前に祀られている。祖母が海から拾いあげたものであった。

おばあさんが（自宅前の海に）**流れてきたお大師さんをひろうたんよ。それから祀りだしてな。お大師さんは大事にしなきゃいけんいうんで。近所の者がよいしょよいしょで**（お接待仲間を作り）、**ようけおったんで。接待もした。当番決めておいてな、簡単な事をしてな。**(4)

宗教的行為のモデルも祖母であった。

うちらは、おばあさんが（お接待を）**しよる。**（お接待のあとに祖母が一時間ほど拝んでいた。孫の）**うちらもついて拝む**

んよ。おかげをもらおう思うて拝むんよ。

人生上で最も大きな出来事は火事であった。副業として経営していた映画館が一九六〇年に火事で焼失した。海辺は風が強く、延焼の危険性が高い。このときは全く風がなく、延焼や怪我人が出なかった。

ものはとりようでな。（火事を出したらな、空気の対流が生じて、ふつうは）風が吹くもんよ。必ず、吹くんよ。それが風が吹かなかった。吹かんこにな（吹かないで）（けむりが）ずっと上にあがった。これが吹いたらな、（町集落は家が密集しているので延焼して、田島には）おられなくなる。不幸中の幸いよ。うちの家を燃やしてくれ。他の家は燃やしてくれるな、と拝んだ。

お大師を「お世話」する最大の理由は、延焼を出さなかったからである。

お大師さんもこさえて。おかげがなんぼかあるんじゃろ。火事のときな、風が吹かなんだあ（吹かなかった）いうことが第一条件じゃけな。ふつうは絶対風が吹くんじゃけな。それがうちだけ（が燃えて）で、済んだいうことは、ちょっといやあ、お大師さんのおかげじゃ思うんよな。それじゃけ、（お大師さんを）大事にしなきゃいけん思う。うちら旅行に行く時でも、必ず手をあわせて行く。ひとつも風が吹かないで、お大師さんをありがたい思わなきゃしょうがないわな。年に二へん（お接待で）拝む。当番決めてな。

Ｄ１の兄弟姉妹を中心にお接待仲間が構成されている。Ｄ２とＤ３は弟の妻で、Ｄ４が妹である。最も肝心なときにおかげを得たと感じた体験が、「セーフティネットの感覚」をリアリティあるものにしている。

このようにＡ１、Ｄ１はともに男性の事例である。それぞれにエピファニーとなる個人的体験があり、お接待に参加する動機づけとなっている。

お接待仲間は、札所を核にして形成されている近隣ネットワークである。地域自治会の下部組織である班とは異なるタイプのグループである。また、町集落にはかつてお大師講が複数あったが、お大師講とも異なっている。

「お大師講いうのはまた違ってな、信心ようする人がしよったんじゃけど。お接待はな、近所の人が集まってな。一〇人ばあでな（一〇人くらいでね）、なんぼかお金をつないで（出し合って）。」「お大師講いうものは、個人個人で自分が入りたい者が入って、つとめおったいうことでね。」「お大師さんの接待があるときに、入っとる仲間よって（お金を）出して集める。年二へんでしょ。千円で集めてね。」「お大師講は月の当番じゃけ。その人かたでするわけ。自分かたも賽銭だけ納める。ごはんじゃなんじゃは宿（当番）の人がみなする。次から次、一カ月一カ月あるから、毎月のお大師さんは。[5]」

お大師講には、集落内で家が離れている者どうしも入っていた。結婚して他集落へ転居した者も入っていた。お大師講とお接待仲間は、集金回数も異なっていた。町集落では、お大師講は次のように行われていた。

「親の時分（高度経済成長期前）にさかんだったなあ。南の人も二人ぐらい入っておったなあ。」「あっちのほうの人がこっち入っていたり、こっちのほうの人があっち入っていたりした。」「一五～一六人くらいおったかなあ。ものすごくさかんだったなあ。月に一回あった。集まって拝んで、当家の家が簡単なごちそうをして、そこでよばれる。」「忙しいほど（忙しすぎるくらいに）、おかあさん（お姑さん）参っていたな」「よう昔は集まりおうたみたいな。たくわんでお茶飲みましょう言うて。よう集まりおうたんやね。いまはテレビがあるしなんやてな、みな、忙しいけどな。むかしは楽しみがなかったけな。畑しかなかったものな。信心は信心で、それが楽しみだったんじゃけな。ようお出かけしてたな。それが楽しみでよかったんじゃろうな。」(6)

町集落には、他の地域と同様のお大師講もあった。それに加えて、八十八カ所の札所を「お世話する」お接待仲間という近隣ネットワークが形成された。それぞれのお接待仲間に誰が属しているかは明確である。お接待仲間になることに、出入りの規則があるわけではない。しかし、出入り勝手というわけではなく、活動の継続性は求められている。「お接待」は旧暦で行われ、お接待の開催日は「口コミ」で伝えられる。旧暦に注意がはらわれ、女性たちの時間秩序に組み込まれている。このルートからはずれている人は、お接待がいつ行われるのか知らない。早朝、短時間の行事であるため、行事をやっていること自体を知らない住民もいる。

このように、お接待行事やお接待仲間は、近隣ネットワーク、つきあい、短時間の祝祭時空間の創出、精神的セーフティネット、不安吸収作用など多元的・多面的な機能を担ってきた。A、D、G、Jなど半数近い札所で、御本尊の入れ替え、仏像の移動、お接待仲間の消滅、再編などが生じた。柔軟に改変されつつ、町集落固有の生活保障のしくみの一つとして機能してきたといえるだろう。

写真3-1

1959年 お大師堂の新築記念写真（個人所蔵）

3　宗教的空間の形成——三つのお堂

町集落にある札所のうち、C、F、Iには堂宇があり、会合ができる場所になっている。これらの堂宇は、女性たちの自発的行為によって、寄付金が集められ、新築・改築が繰り返されてきた。このような女性たちの行為の意味について探る。

（1）お大師堂

五七番札所（C）は「お大師堂」とよばれている。海に面した地域自治会（町組）の共有地に、以前は恵比寿の祠があったが、一九五九年にお大師堂が新築された。この土地に隣接して回漕店を営んでいた母娘（C1の祖母・母）がお大師堂の建設を発案した。母娘は五七番の石仏のお接待仲間の中核で、一九五九年当時は一三世帯でお接待仲間が構成されていた。C2は、一九五〇年代に近くに引っ越してきて、熱心な母娘に誘われてお接待仲間に入った。お大師堂新築のため、建材の伐り出しに、お接待仲間で母娘所有の山林に入ったこともある。[7] 新築のため、つなぎを行い（寄付を集める）、町集落の八九世帯から寄付を集めた。一坪の堂宇が新築された。落成記念に仲間一同で記念写真をとった（写真3―1）。寄付者名を記した扁額には、女性名が多く並んでいる。この建築物が女性たちに近しいものであることが読みとれる。

この「お大師堂」が改修されたのは二〇〇五年のことである。話が現在に跳んでしまうが、お堂と地域との関わりについて理解が深まるので記しておこう。二〇〇四年九月に台風による暴風雨で波をかぶり、築四〇年以上のお大師堂の壁板が傷んだ。お接待仲間は三人に減っていたが、改修のためのつなぎが行われた。前述したようにＣ１は男性で、母親の死後、仲間が二人になってしまうことを案じて、お接待仲間に加わっていた。「お大師堂が我々の時代になくなってはいけない」という思いは三人に共通していた。Ｃ１が「古くなって傷んだので、直そうか」と提案した。三人ともつなぎをするのは、初めての経験である。Ｃ１が大口の寄付の依頼と工事を担当した。二人の高齢女性が「つなぎ」を担当することになった。二〇〇五年七月、女性二人は各戸を回った。人様にお金を出してくださいとお願いするのは初めてで、容易なことではなかった。「こんにちはー」と入っていって、趣旨を説明した。全戸には行かない。出してもらえそうな家、信心が篤い家を回った。一日に四〜五軒、多くて一〇軒であった。このようなお堂は町集落には他に二カ所しかない。おつとめできる時にしておこうという気持ちで回った。一人ではできない仕事だった。[8]このようにして二〇〇五年のつなぎで、町集落の八三世帯から合計二七万円強の寄付が集まり、改修は無事完了した。

二人の女性は、暑い夏に高齢をおして根気がいる仕事を実行した。最大限の自発性と体力・能力が投入された。二人によって示された自発的な行為に協力と賛意が示された。自発的行為と協力の連鎖がつなぎを成立させた。高齢者二名が各戸をまわることは集落でも印象的な出来事で、人々の記憶に刻みつけられた。このような活動を支持する基盤がいまもなおこの地域にあることを集落の人々も知ることになった。町集落にある他の二つのお堂も同様に、女性たちの自発的意志と情熱が投入され、維持されてきたものである。

（2）念仏堂

五六番札所（F）は「念仏堂」とよばれ、現在はコンクリート建築になっている。この札所にも姑・嫁（F1）の二代にわたる、熱心な世話役がいる。姑は念仏堂の隣に住んでいた。[9] 一九四一年（昭和一六）頃は四名程度のお接待仲間であった。北向きの古いお堂があった。

（姑は）念仏堂に一生懸命だったんです。心安い人で四～五人よって、お念仏申してもらってね。お茶を飲んでね。それが楽しみ。その合間にはちょっと菜園ものを作ってね。だから（姑は）この念仏堂の大将でしたな。はよ言えば世話方みたいにね。

F1の夫は、手術のとき夢枕に念仏堂の本尊が立って、お告げを受けた経験を大切にし、妻に昔の念仏堂の様子などを語ることがよくあった。つまり、念仏堂と密接に関連したエピファニーとなる体験をもっている。二世代にわたって、念仏堂と密接に関連した生活スタイルが形成された。

お大師さんが一年に二へんありますでしょ。今年はうちが当番ですわ。別に何もせんでもお茶菓子とお茶を出せばいいけどね、やっぱり（当番が）一年に一ぺんだと思っちゃ、何かちょっとね、豆ごはん炊いたりしてね、お接待すればするぐらいで。それも一つの楽しみ方ですね。

コンクリートに建て替えたのは、一九七八年である。お接待仲間三人が「すみません、念仏堂がぼろになったので、建て替えよう思います」と言って、つなぎに回った。「この部落の人はみな信心深いから。はい言うてな。二つ返事だったよ。」町集落の八六世帯から、五二万円弱が集まった。

二世代にわたる気心が知れたお接待仲間と、お茶飲みやお接待をするコミュニケーションの延長上で、お堂が古くなったから建て替えよう、集落の人に「つなぎ」をお願いしようという行為へスムーズに発展していった。実際に目標を達成するすることができ、物理的空間がリニューアルされた。集落の多くの世帯が協力したことを示す寄付の扁額が堂内に掲げられた。このようにして、「つなぎ」は集落の経験として蓄積されている。宗教的空間の維持は、合意が得やすく、資源投入の連鎖が生じる。宗教的行為を媒介にした、共同体原理の具現化といえるだろう。

（3）掘出し観音堂

五二番札所（Ⅰ）は「掘出し観音堂」とよばれている。次のような由来記がある。

【掘出し観音の由来】

昔、この村には信心深いおじいさんが住んでいました。ある夜、夢の中に観音様のかたちをした大きな石が現れ、「私は海の底に沈んでいる。誰か私を陸に上げてくれないだろうか」と言われたのです。おじいさんは潮が干るたび、浜に出ては観音様を探し回りました。ある日のこと、いつものように浜に出てみると、沖の渚に一尺五寸ほどの仏の座像に似た石が半分砂に埋もれたまま、美しい後光を放っているのを見つけました。おじいさんはこれこそ夢で見た仏さまに違いないと、掘り出して浜辺の畑に運び上げて、毎日毎日お参りしていました。やがてこの観音さまがすこしずつ大きくなっているという噂が広がり、村人たちはこれこそ生きた観音さまだと、お堂を建ててお参りしたと伝えられています。[10]

伝説の真偽はともかくとして、お堂建設にまつわる伝説があることは、お堂の維持のため、諸資源を吸収しやすい条件になっている。

堂内には、再建寄付として、一九二八年（昭和三）の扁額が掲げられている。それによれば、お接待仲間は一〇世帯、寄付したのは三一世帯である。「再建」と記されているので、それ以前にもお堂はあったらしい。寄付金以外に、幕、敷物、ろうそく、箪笥など様々な物品が女性名で寄付されている。堂内で使用される物品を、お接待仲間が寄付したものであろう。この空間を主に利用するのが女性たちであり、お堂が女性の世界に近しいものであることがうかがえる。

堂内には二〇〇〇年に修繕がなされたことを示す扁額も掲げられている。世話人は一二世帯、寄付金を出したのは集落外・島外も含め、一二一世帯である。記名の内容を詳細にみると、差別されがちな人々の名前が含まれている。お堂が集落の社会的弱者にも縁の深いものであったことがわかる。この宗教的空間はフォーマルな組織では受けとめることができない人々、疎外されがちな人々を包容する機能を果たしていた。トータルとしての共同体の維持に関わり、集落社会の存続に欠かせない空間であることがわかる。

（4）協力の連鎖

町集落にある八十八カ所石仏の札所は二層の構造になっていると考えられる。三つの物理的空間を備えたお堂と、それ以外の札所（須屋）という構造である。三つのお堂は、女性たちによる「つなぎ」が行われた結果、建築・改修が繰り返され、集落に存在し続けている。それぞれのお堂のお接待仲間には、熱心な世話役がいた。お堂と家族史は不即不離のものになっている。この人々は近隣ネットワークの核でもあった。このような人々によって、自発性が発揮され、協力の連鎖が生じて、宗教的空間が維持されてきた。町集落では、三つの宗教的空間をめぐって、数十年の間、交互に「つなぎ」が繰り返された。「つなぎ」の要請があれば、それは「過去にもそういうことがあった」と思い出される。過去に出資した記録はそれぞれの堂内に扁額として掲げられている。「つなぎ」を依頼すれば、協力の連鎖が生じる社会的に認知されたインフォーマルなしくみになっている。

4 「御詠歌」仲間――「拝み組」

(1) 御詠歌と町集落の法事

お接待仲間のしくみとともに、町集落の女性に特徴的な活動の一つであり、インフォーマルな情報伝達のしくみを活性化させる役割を果たしてきたのが、「御詠歌仲間」つまり「拝み組」である。町集落の奥之坊、常楽院、光音寺の三つの寺院を核に、戦後に順次三つの「拝み組」が形成された。生成の経過を記述し、この活動の社会的意味について考察する。

宮本常一は、葬式のときの女性のつきあいの世界について、次のように述べている。

「弔講は戸主つまり男が中心だったが、女は観音講とか尼講とかいうものをつくって、女同士で助けあうようになっていた。

日本では女がないがしろにされたとよくいわれるが、付合いに関しては女も女の世界を持っていたのであって、ただ男とは付き合う世界がちがっていたにすぎない。たとえば葬式のとき通夜に当たるのはもとは女が中心であった。女が集まってきて百万遍の数珠を廻して念仏を唱える。死人の出た家族は死骸のそばでじっとしていればいい。」［宮本 1973b:159］

真言宗の集落である町集落では、通夜だけではなく、法事の席でも女性たちが御詠歌を唱える機会がきわめて多かった。通夜や法事の席に、御詠歌は欠かせないものであった。

Ｂ５の舅は、一九九〇年に八七歳で亡くなった。通夜で僧侶が引き上げたあとも、姑とつきあいがある御詠歌仲間三〇名ほどが御詠歌を唱えて、「盛大に」死者を弔った。その後の七日ごとに行われる法要では、午前中は僧侶が読経し、午後は平服の女性三〇人程度が御詠歌をあげに来た。その度に食事と千円程度の引き出物を用意した。喪主のほうから御詠歌に来てくれるように依頼するのである。七日ごとに午前・午後の二部構成の法事があって忙しい。無我夢中で、泣いている暇がない。落ち込む時間もないうちに、四十九日が過ぎていく[11]。

真言宗は七日ごとに、親戚、近所が集まって祈る。真言宗は「拝んで拝んで、拝み倒す」と言われるほど、法事がさかんで、三回忌までは忙しい。正式の法事は午前中に行われ、僧侶と男性が出席する。昼食のふるまいがある。午後三時頃から御詠歌の「第二部」が始まる。「奥さん連中」が集まり念仏を唱える。親戚や近隣の交際している人に「拝みに来てください」と直接にまたは電話で、あらかじめ声をかけておく。二五人程度が集まる。これにもお膳を出す。だから法事は忙しい[12]。

島外から婚入した女性は次のように感じた。一九六〇年に結婚して、翌年に舅が亡くなった。実家は沼隈町で、真言宗だったが、ここほど忙しくはなかった。舅の法事を経験して、忙しいところだなと思った。土砂加持といって、僧侶が三人来て、別々に祈祷の段を作る。道具が足りないので、お寺から借りて来なければならない。なにがなんだか、わからない。行事で大変、と思った。(13)

このように町集落の法事は、独特の展開をした。法事では午前・午後、男女に分かれて、二度接待が行われた。女性が集まる午後の部に、誰を呼ぶか、誰が来てくれるかは、大事な社交事であった。御詠歌は、女性にとって近所づきあいの媒介手段であった。御詠歌ができないよりは、できたほうがいい。頻繁な法事の互酬は、女性たちの御詠歌習得への強い動機づけとなった。御詠歌は、唱え方や節回しに違いがある。御詠歌を唱える場合、節回しがそろう、なじみの仲間で行うのがやりやすい。いつも似たような顔ぶれで御詠歌をあげる仲間は「拝み組」とよばれた。

二部構成の法事が、昔からあったわけではない。奥之坊では、戦争中に住職が出征した。読経のない法事は寂しいという住職夫人の発案で、御詠歌が唱えられるようになった。戦後に僧侶の読経が復活したが、御詠歌の部は存続し、二部構成の法事が慣行となった。その時々の状況に即して、法事のやりかたも再編されていった。その結果、「ここの近所はおおかた真言宗なので、近所づきあい、社交のためには(御詠歌を)やったほうがいい。」「婚家先は真宗だが、生れは真言なので、自分はいまでも真言が出てくる。習っていた方がいい。実家の母は全部覚えていた。」というように、女性にとって御詠歌はつきあいのために身につけておくほうが望ましいものになっていった。

(2) 三つの寺院と「拝み組」の形成

①奥之坊と御詠歌第一世代

町集落で最初に登場したのは、奥之坊の老母を中核にした御詠歌仲間であった。その集まりが始まったときの様子を記述してみよう。

Ｆ１（一九二四年生）は、夫が神戸製鋼尼崎製鉄所に勤めていたので、二〇年間島外に居住していた。夫が定年退職し、一九八〇年前後に帰島した。医王寺が無住の寺院になっていたため、奥之坊の老母が昼間に医王寺をお守りしていた。帰島したＦ１は、医王寺の近くに住んでいたので、老母と親しくなった。毎日、朝ごはんを食べ終わると、医王寺にあがっていく。お昼のサイレンがなると下りてくる。医王寺に行かない日はなかった。Ｆ１が行くようになって、Ｆ１の姉をはじめ四〜五人が毎日必ず行くようになった。「きょうは遅くなったわー」などと言いながら現れ、境内の草をちょろちょろ二〜三本抜いたあと、医王寺の本堂にあがって、茶飲み話をする。老母は、お寺の人なので、人のうわさ話はしない。それがいい。お寺の人だから、話題が豊富で、話が尽きなかった。茶飲み話をして、一服したあと、毎日のように御詠歌を教えてくれるようになった。老母が御詠歌を唱えに町集落の檀家に行くとき、Ｆ１もついて行くようになった。そのうち、先達のやり方を教えてくれた。老母に「Ｆ１が拝まなきゃ、拝まれへん。」（自分も拝めない）と言われるまで上達した。[14] このようにして御詠歌仲間が形成された。法事には、仲間で御詠歌をあげに行った。[15] Ｆ４は横島から町集落に転居し（もともと南集落出身）、奥之坊に御詠歌を習いに行くようになった一人である。Ｆ４によれば、奥之坊の老母から、口伝えで習った御詠歌は金剛流である。その後、町に登場した二つの御詠歌仲間はいわば「新節《しんぶし》」で、奥之坊の老母にならったのとは節が違う。[16]

奥之坊の老母は、戦時中に、住職の出征で読経がない法事は寂しいと、御詠歌を唱えて弔うことを発案した人物である。老母を中心に、自然発生的に御詠歌仲間が形成されたことについて、次のように解釈できる。Ｆ１は、二〇年間島外に居住していた。気心を知り、暗黙知がはたらくような、インフォーマルな情報を得るネットワークからは離脱している状態であった。帰島後、どのように集落内の社会関係に復帰していくかは、大きな課題であった。奥之坊の老母との関係を構築することによって、自分の居場所を見つけ、社会的位置づけを定めていった。そのときに有効な媒介手段となったのが御詠歌であった。前述したように、お接待仲間のしくみは、島外から戻った町集落出身者を地域社会へ回収する効果的なルートとなっていた。御詠歌はお接待仲間のように、宗教的スポットや、年間の時間秩序が整っているわけではいない。しかし、F1は口伝で老母から御詠歌を習い、老母とともに御詠歌をあげに各戸を訪問するようになった。F1は、台湾で育ち、戦前は中国で生活していた期間もある。戦後に大阪で生活し、帰島したF1は、「拝み組」の活動を通じて、集落の各戸を訪れる機会が増えた。儀式や会食の場をともにし、インフォーマルな情報流通・情報交換の場に参入していった。

町集落は、戦前から島外他出者が多かった地域である。村落だからといって、帰島者の受け入れ・適応が、自然に行われるわけではない。帰島した時期の人間関係や、社会的なしくみに即して適応のルートが模索される。町集落は法事が盛んな社会的環境だったから、「拝み組」を通じて復帰するルートが開けたのであろう。奥之坊の老母に口伝で習った人々は、後に形成された御詠歌のグループを「新節」と表現している。御詠歌は声に出して唱えるため、グループの特徴が耳で聞いて明らかである。古い、新しいを比較するような発言があることは、この地域の御詠歌の世界が重層的に構成されていることを示している。

②常楽院と御詠歌第二世代

次に登場したのは、常楽院の御詠歌仲間である。一九七〇年代半ば、尾道の西国寺持善院の住職が一年間ほど常楽院に教えに来た。このとき、常楽院の住職夫人が「習いに来ん（来ませんか）」と声をかけて誘った。四〇代を中心に、三〇代～五〇代の七～八人が金剛流の御詠歌を習い始めた。口伝ではなく、譜面を用い、録音テープで復習した。仲間の中心であった浦江寿子（仮名）は当時四〇代であったが、姑さんから、「わしはカネ（御詠歌の鉦）うたんけ。入って入って。入っとき（私は御詠歌のことはしないから、あなたがやってちょうだい）」と言われて始めた。朗唱の宿題も出るし、いきなり指名されて復唱させられるので、カラオケをやるよりも、熱心にやった。台所へカセットテープをもちこんで、食事のしたくをしながら練習したほどだった。前世代は口伝で御詠歌を唱えていた。譜面で習うと、耳で聞き覚えていたのとは違った。忙しくて大変になるほど、熱心に習いに行った。(17)

奥之坊の「拝み組」には田島流の拝みのクセがあった。金剛流は「新節」と言われた。常楽院で金剛流が始まった頃、奥之坊の「拝み組」には「勢力」があった。金剛流の仲間は、御詠歌を唱えるとき、自分たちの節を出さないように遠慮していた。いまは年輩者も減って、新節も出せるようになった。

このように常楽院のグループが形成されるきっかけは、お寺の住職夫人からの勧誘があったからである。奥之坊の「拝み組」より若い四〇代が中核だった。習得方法も学習道具も異なっていた。若い世代が習い始めたのは、姑から勧められた者もいるが、基本的には円滑な近所づきあいのため、必要性を感じていたからである。中核の四〇代は姑と交替して、近隣ネットワーク維持の実質的な責任を負う年代である。人生の一時期、女性たちは夕食のしたくをしながら、復習に励むほど、この社会的・文化的行為の習得に熱中した。女性たちの活動をそのような方向に誘導する文化的蓄積が町集落にあった。

いずれの「拝み組」も、住職の老母や妻など寺院関係者が、集団形成の契機を提供している。年齢集団が異なり、グループ間の遠慮、競争、交替などが生じている。発声するので、相違点がわかりやすい。双方のメンバーは競合について意識的になりやすい環境にあった。競合は活動を活性化させる。宗教的活動を通して、集落の女性たちの行動は同一方向に収斂されていった。

③光音寺と御詠歌第三世代

話が現在に跳んでしまうが、御詠歌の第三番目のグループのことを記しておこう。光音寺を核に一九九九年に御詠歌を習うグループが発足した。檀家の女性が御詠歌を習いたいと、住職に相談したことから始まり、親族ネットワーク、近隣ネットワークを介して集まった五〇代~八〇代の一一人が生口島から教えに来る僧侶に習い始めた。譜面、カセットテープを用いた練習である。

参加の動機づけについて、考察してみよう。[18] G2は実家も婚家も真宗で、御詠歌の唱え方を知らなかった。しかし、法事によばれることがあり、真言を唱えることができたほうがいいと感じていた。B5は足腰が弱ってきた姑に代わって、御詠歌をあげに行く機会が増えたことが動機である。島外から嫁いできたので、基礎から習いたいと思っていたが、いままでは口調を合わせていただけだった。通夜の読経のあと、一時間半ほど御詠歌が続くことについて、死者を悼み、皆でしんみりお経をあげてしのぶ雰囲気はいいものだと思っていた。

以上のように、御詠歌を習い始めた動機は、円滑な近所づきあいのためである。集落全体が真言宗なので、近所づきあいと宗教的行為は深く関わっている。御詠歌は近隣ネットワークの網の目のなかで交換される資源の一つであり、練習して能力を高めておいたほうが安心である。感情移入もしやすく、つきあい行為の達成度も高くなる。女性が近隣ネットワークの維持に責任をもつ年代に達したとき、御詠歌習得の動機づけは強まったようである。

5　生活保障体系の再編

町集落では、お接待仲間は三つのお堂、御詠歌仲間は三つの寺院というように、各々三つずつの物理的空間をよりどころにして、戦後に再編されてきた。両者は真言宗という共通の宗教的枠組をもっている。集落内に多く安置された石仏、法事の二部構成（午前・午後、男女別）など、町集落固有の社会的資源や慣習をよりどころとしながら、独特の発展の経過をたどってきた。戦時中、住職の出征による不在で、葬祭儀礼における御詠歌の比重、女性の役割分担の比重が高まった。女性たちは御詠歌を交換しあい、死者を悼む感情を表現した。

町集落には三つの真言宗寺院が集積し、偶然ではあるが順繰りに、御詠歌の持続に貢献した。地域社会固有の資源に、自発的意思による活動や資源が投入され、宗教的空間、インフォーマルな情報伝達の場が多層的に構成されてきた（図表3―4）。

宗教的空間の生成・再生は、集落における生活保障のしくみの再編成でもあった。高齢女性や社会的弱者など、フォーマルな地域社会の組織では活躍の場が少ない者の自発性を吸収するしくみになっていた。宗教

図表3-4　宗教的活動の多層的構成
（空間的展開と歴史的・時間的蓄積）

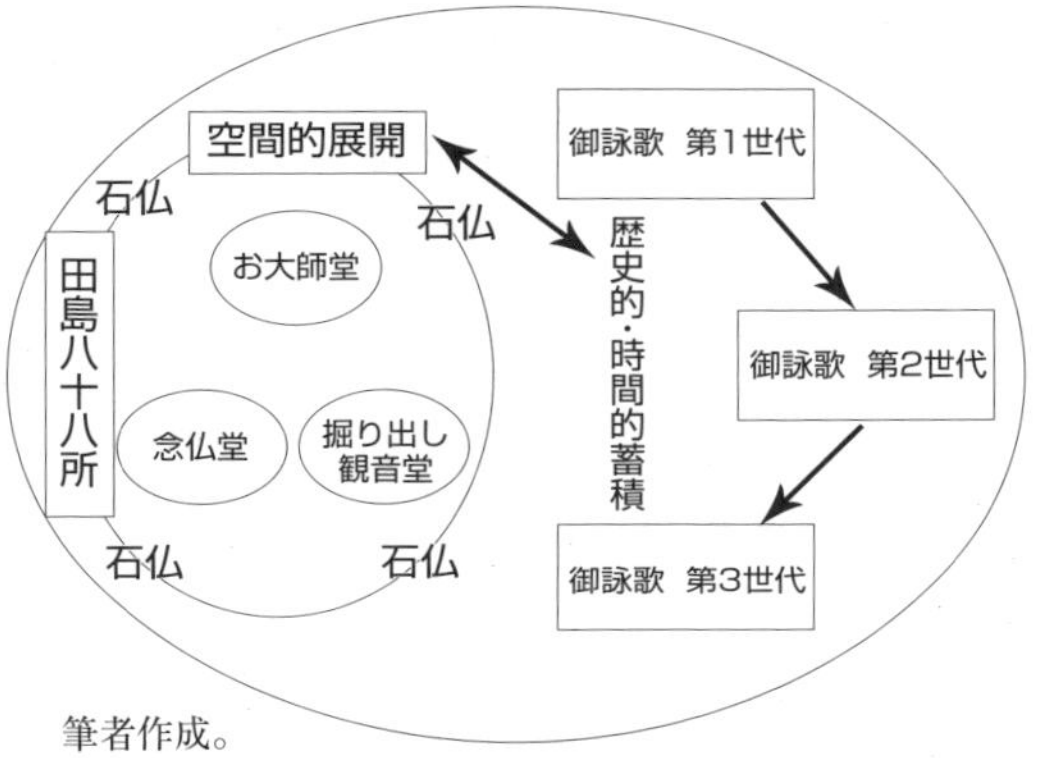

筆者作成。

的表現を用いるほうが社会的弱者の自発性を吸収しやすい。社会構造の周辺におかれた者を排除するのではなく、フォーマルな組織とは別立てのしくみに組み込む方法になっていた。社会的弱者の自発的行為や諸要求を柔軟に吸収するしくみが地域社会には必要で、この集落ではお接待仲間や御詠歌仲間がそのような生活保障的機能を果たしていた。

お大師信仰を通して、お接待仲間、御詠歌仲間、つなぎの要請など、インフォーマルな情報交換の機会が多様かつ豊富に集落内に作り出されていた。宗教的空間の生成・再編成の過程は、フォーマルな組織運営による地域社会の統合とは異なる、多様な人々の存在と思いを受容するしくみが地域社会にあったことを示している。

［注］

（1）白川道江さん（仮名）・長岡芳子さん（仮名）への聴き取り調査（二〇〇六年三月一四日）。
（2）次の方への聴き取り調査による。三上佳子さん（仮名）（二〇〇六年三月八日）、福田とみ子さん（仮名）（二〇〇六年三月一八日）。
（3）次の方への聴き取り調査による。渡戸充・昌子さん（仮名）（二〇〇六年三月二〇日）、中田政江さん（仮名）（二〇〇五年七月二二日）、中川一枝さん（仮名）（二〇〇六年三月一一日）。
（4）渡戸広さんへの聴き取り調査（二〇〇六年三月一二日）。
（5）次の方への聴き取り調査による。三上佳子さん（二〇〇六年三月八日）、白川道江さん・長岡芳子さん（二〇〇六年三月一四日）。
（6）白川道江さん・長岡芳子さんへの聴き取り調査（二〇〇六年三月一四日）。
（7）佐川和子（仮名）さんへの聴き取り調査（二〇〇六年三月一八日）。
（8）佐川和子さん・福田とみ子さんへの聴き取り調査（二〇〇六年三月一八日）。

(9) 小山静江さん（仮名）への聴き取り調査（二〇〇六年三月一八日）。
(10)「広報うつみ」一九九四年一月号より抜粋。
(11) 中田清子さん（仮名）への聴き取り調査（二〇〇六年三月一七日）。
(12) 白川道江さんへの聴き取り調査（二〇〇六年三月一四日）。
(13) 長岡芳子さんへの聴き取り調査（二〇〇六年三月一四日）。
(14) 小山静江さんへの聴き取り調査（二〇〇六年三月一八日）。
(15) 中田清子さんへの聴き取り調査（二〇〇四年八月二四日）。
(16) 村瀬キミコさん（仮名）への聴き取り調査（二〇〇四年九月三日。）
(17) 次の方への聴き取り調査による。浦江寿子さん（仮名）（二〇〇六年三月一〇日）、白川道江さん・長岡芳子さん（二〇〇六年三月一四日）。
(18) 次の方への聴き取り調査による。中田清子さん（二〇〇四年八月二四日）、渡戸ナツ子（仮名）（二〇〇六年三月一七日）。

第四章　漁業者集団の存続

――箱崎集落における漁業の変遷――

● 田島沿岸（筆者撮影）

1　町集落と箱崎集落のタイムラグ

箱崎集落（以下「箱崎」と略記）は田島のなかでも、漁業者の占める割合が高く維持されてきた集落である。序章でも述べたように、一九六〇年の世帯単位産業別構成の漁家数は、箱崎では五〇％を超えていた（序章の図表B）。一九七〇年の漁業就業者の割合も高い（序章の図表D、男女合計の就業者数に占める割合は三五％、男性だけの割合はさらに高いと推定される）。高度成長期以降、時代の趨勢を反映して漁業専業者の実数は減少したが、漁業者主体の集落という特徴は継続し、漁業集落としてのアイデンティティは維持された。内海町のなかでは、漁民層分解が遅く緩やかな集落である。

漁業者の集団が存続し続けたことは、漁業経営を通して、この集落の人々が海の環境に敏感であったことを意味する。対岸の沼隈半島では、戦後に造船企業のT造船㈱が成長し、海面の不法埋立、造船用の塗料による海水の汚染等などが発生するようになった。環境破壊・汚染を発生させる企業の行動を抑止する手段として、法的に実効性があるのは漁業権である。田島で漁業権を実際に行使していたのは箱崎の漁業者集団であった。一九八〇年代に入って、横島にLPG基地問題が生じたとき、海の環境への影響をめぐって、箱崎の漁業者集団が賛否いずれを選択するかは重要であった（第九章参照）。漁民層分解が遅く、一定数の漁業者が存在して凝集力・結束力を維持していたことは、地域社会にコンフリクトが生じたとき、キャスティング・ボードを握る存在として、地域社会の行方に影響を与えた。本章では、箱崎で漁業者集団としてのアイデンティティがどのように維持されてきたかを明らかにする。

箱崎の地理的位置を確認しておこう（序章の図表A）。田島では、他の集落は島の北側つまり沼隈半島側に面している。箱崎だけが島の南側つまり燧灘側に面している。中世・近世の瀬戸内海における「海の道」のメインルートは、燧灘ではなく波のおだやかな沼隈半島側の水道であった。つまり、箱崎は地理的に、田島の他の集落とやや隔絶した感の位置にある。このことは、横島にＬＰＧ基地問題が生じたとき、ＬＰＧ基地の立地予定地と最も離れていた箱崎が、他の集落と同様の危機感を共有できるか否かという問題にも関わっていた（第九章参照）。

他の集落は「海の道」のメイン・ルートを往来する人や物資と関わりながら形成された。それに対して、箱崎だけが燧灘に面した立地であるのは、近世末に内浦の枝村として、漁業を目的に開発された集落であることによる。燧灘は広島県東部の代表的な漁場である。鰯が回遊し、寄りつく浜に枝村の箱崎が形成されたのである。田島西部の町集落、東部の内浦集落が室町時代に起源をもつ集落であるのに比べて、箱崎は歴史の浅い集落である。近世から明治期前半にかけて、田島村の政治的、経済的実権は町集落上層が握っていた。水夫浦として沖乗りの操船技術をもち、打瀬網漁など沖合漁法に長じていた町集落と比較すると、箱崎は近世末に登場した新興の漁業集落であった［武田 2002:179-180］。ちなみに、一九二一年（大正一〇）の箱崎の戸数は五七戸である（図表4―1）。

箱崎は近世末から現在に至るまで、定置網など地先の沿岸漁法を得意にしてきた集落である。一八四二年（天保一三）に箱崎で初めて地曳網が試みられたと伝えられており、漁業の起源も沿岸漁法にまつわるものである。沖合漁業の町集落とは異なる性格の漁業集落であった。そのような位置づ

図表4-1　1921年　田島東部の戸数

	集落名	戸数	合計
内浦組	内浦	143	
	箱崎	57	250
	釜谷	32	
	寺山	18	
沖組	大畑	10	
	小畑	9	49
	小用地	14	
	新涯	16	

※田島西部は、514戸。
出典：［兼田 1923:15］。

けにあった箱崎が、漁業面における存在感を増すきっかけになったのが、一九〇二年（明治三五）、漁業法施行による漁業組合設立である。一九〇二年の漁業法では地先専用漁業権の管理運営は漁業組合が担うことが明示された。全国に漁業組合が結成される契機となり、田島村でも一九〇三年（明治三六）に田島村漁業組合が創立された。組合の所在地には箱崎が選ばれ、初代理事には箱崎の兼田久蔵が就任した。

この当時、地先漁業権に関わる海域で操業していたのが箱崎の漁業者で、これが箱崎中心に組合が結成された理由と推定される。沖合漁業中心の町集落は、一九〇四年（明治三七）以降はフィリピンのマニラへ漁業移民を送出し、マニラ湾での打瀬網漁に特化していった。その一方で、箱崎は定置網など沿岸漁法のレパートリーを増やし、田島を代表する漁業集落として成長していった［武田 2002:177-199］。

町集落のマニラへの移民送出は、結果的には地元漁業からの離脱を意味し、漁民層分解の開始を意味している（第一章参照）。これと正反対に、箱崎は同じ時期に漁業のイニシアティブを握って、漁業者集団の凝集力・結束力が増した。漁民層分解という視点からみると、一九〇三年の漁業組合設立は、それぞれの集落の針路を分けるターニング・ポイントであった。漁業組合のような機能組織が設立されて、異なる社会集団の相違が顕在化した。イニシアティブの所在や、集団間の優勢・劣勢が明確になり、各集団の特性を活かす方向が選択されていった。

2　漁労と加工

明治期後半から現在までの箱崎の漁業の変遷をとらえると、一九六七年を境に二分することができる。箱崎で最後まで鰯巾着網を経営していた網元が一九六六年に巾着網を廃止した。一九六七年は箱崎の漁業の転換点で、のり養殖の区画漁業権が設定され、複数の漁業者がのり養殖事業を始めた(1)。

長いスパンになるが、明治期後半から一九六六年までの箱崎の漁業について概述しておこう。この期間に漁法の変遷はあったが、漁獲の対象（魚種）にはさほど変化はなかった。主要な魚種は鯛、鰯、エビである。鯛を獲る漁法が、縛網、つぼ網である。鰯を獲る漁法が、地曳網、船曳網、巾着網である。エビを獲る漁法が、手繰網、エビ漕ぎ（無動力）、機械船底曳網である。以上の漁法には、大人数で操業する大規模漁法と、家族員など少人数で操業可能な個人経営の網の両方が含まれている。大規模漁法（大網）に該当するのが、鯛の縛網、鰯の地曳網、船曳網、巾着網である。鯛縛網は近世に内浦で行われていた記録があるが、箱崎には鯛縛網の網元はいなかったので、本章の考察からは除く。

漁法は、労働組織の構成人数を決定し、労働集団の性格を規定する。とくに大規模漁法は漁業集落の社会構造に影響を与える。箱崎で行われていた大規模漁法の鰯網から考察を始めよう。大正年間を通して田島の漁獲量の第一位は鰯、第二位は鯛であった［河野 1956:117-120］。漁獲量の点からみても、鰯網は箱崎の漁業者集団の維持に密接な関わりをもった漁法であった。

大規模漁法は、網元が経営者として頂点に立ち、網子（かじこ）として複数の漁業者が雇用される。大規模漁法の漁期は限定されているので、網子はこれ以外の期間は、個人経営者として他の漁法を自営するか、または漁業労働者として雇用される。つまり漁業者の就業形態は一般的に、大網と個人経営網の組み合わせとなる。

鰯の大規模漁法を操業の古い順からならべると、地曳網、船曳網、巾着網である。箱崎で、一八四二年の地曳網の記録があることは前述した通りである。一八八六年（明治一九）に、箱崎の漁業者一二名が田島周辺の沿岸一〇カ所で、鰯地曳網の届けを出している［河野 1956:117-120］。明治期前半は地曳網が主であった。二隻の親船に各二〇～三〇名の網子が乗り込み、大きな網を左右から引き廻して、魚群を陸地部に寄せ、網を曳きあげた。第二次大戦後に地曳網は行われなくなった。

一九〇九年（明治四二）には、専用漁業権として鰯船曳網が許可されている［河野 1956:116］。海上で網を引き揚げるので、魚群を追いかけることが可能な漁法である。地曳網より機動力が増し、漁獲量が増えた。二隻の親船（各二〇～三〇名の網子が乗り組む）以外に、漁獲した鰯を陸地に運搬する小型運搬船が一〇隻程度必要であった（各隻二名程度）。つまり、鰯船曳網は合計七〇名前後の操業であった。鰯の漁獲量は、大正年間に徐々に増加したが、それはおもに鰯船曳網によるものだった。田島では一九五二年までは船曳網経営者がいた［河野 1956:117］。しかし、五八年には船曳網経営者はいないので（図表4―5）、一九五〇年代半ばに船曳網は行われなくなったようである。

鰯巾着網は、戦後に地曳網と入れ替わって登場した漁法である。操業に必要な親船と運搬船の数は船曳網と変わらない。しかし、網の構造が改良されて、機動性が増した。大網は漁期が限定され、労働集約的な漁法であるため、豊凶の差が激しく、経営は安定しない。豊凶のリスクを分散するために、機動性を増した巾着網が導入されるようになった。箱崎では戦後に巾着網を経営している家が三軒あった。しかし、一九五〇年代にそのうち二軒が廃業し、最後の一軒が廃業したのが一九六六年のことである。

以上のように、箱崎では鰯網の大網は、一八四二年から一九六六年まで続いた。一二〇年余にわたって、鰯の大網が箱崎の漁業の根幹であった。これらの期間を通して、網元は大体三軒程度であった。一九六六年まで巾着網を操業した兼江秀人（仮名）の家では、鰯網の経営は三代に及んだ。鰯網経営に着手したのは明治生れの祖父である。二代目の父の代に鰯網は最盛期をむかえた（一九三〇～四〇年代）。三代めの兼江秀人（一九三三年生）は父から「山見」

の訓練を受けた。「山見」は網元自身が務め、沖船頭を網元の親族が務めた。「山見」役は陸上の小高い丘から海を眺めて魚群を発見し、海上の船に指示を出す。「山見」役は船を使って、四～五カ所の沿岸の山をすばやく移動する。出来る限り早く山に駆け上って魚群を発見する。魚群は小高い丘からみると、雲のかげのようにみえる。二本の白い旗を振って、沖の親船にいる船頭に指示を出す。熟練には一〇年ほどかかった。一九五〇年代後半から魚群探知機を使用するようになった。[2] それまでは「山見」が頼りだったのである。

箱崎で最後の巾着網経営者であった兼江秀人の家の経営状況ついて、一九六二年に次のように記録されている。[3]

イワシ巾着網漁業――イワシ巾着網一統、漁船は一六トン動力船二隻、漁業者七〇人、親船二〇～二五人、小船（運搬）二人乗り一〇隻小計二〇人、加工製造二二人。一斗舛一杯袋入八〇〇匁イリコ単価を基本で値立てをする。問屋は尾道、笠岡で、日々の市場相場で決まる。夏イリコの漁期は八月初旬～九月末、秋イリコ一一～一二月末、利益は歩合制で、食費・燃料代を引き、親方（船、漁具）と漁夫が折半。親方が労災保険をかける。年により豊凶が極端に異なり、漁探を使わねば操業できない。漁場は、伊吹島南東から香川県・広島県漁場。六〇馬力で、二～二・五時間遠方。運搬船二・五～三・五トンに五〇杯程度積み、帰ってからイリコにたく。漁夫（浜子）は六〇日程度働き、豊漁年は七万円、不漁年は三万円程度。

ここにも記されているように、漁獲した鰯はイリコに製造加工された。大正年間にすでに品質の良さで知られ、「田島イリコ」は県下の名産品の一つであった［沼隈郡役所 1923:319］。

内海町田島は、全国屈指の「イリコ」の名産地として高く評価され、毎年九月より一一月迄の秋晴れの日に漁獲乾燥された。

「田島イリコ」は体型S字状、体色は銀色に輝き、あたかも潮流にひるがえる活魚のようで「田島イリコ」の外観的魅力のひとつである。乾燥魚とは思えない柔かさは伝統的な乾燥技術と天然の乾燥場に恵まれているためである。味は又格別で「田島イリコ」は二度味が出ると消費者から喜ばれた。［福山農業改良普及所 1975:84］

鰯が水揚げされると、網元は契約しているイリコ加工業者に、鰯をケンチ桝（鰯が一斗入る桶）で計り卸した。加工業者は「いりや」（煮納屋、いりなや）とよばれ、巾着網からも、船曳網からも鰯を仕入れた。［福山農業改良普及所 1975:83-84］。加工業者は箱崎に最も多く、一九五六年には一五軒の「いりや」があった［河野 1956:118］「いりや」が多く並んでいたのが、箱崎の「明神浜」とよばれる浜だった。浜の松林のなかには「明神社」とよばれる小さな社があった。氏子は箱崎の在住戸である。枝村として箱崎が形成されて以降、箱崎の漁業者たちはイリコ製造で最もにぎわうこの浜に、鎮守の社をまもり、結集点としてきた。五月の漁祭で出御するのは酒樽神輿である（酒樽を神輿のように飾り立てたもの）。通常の神輿ではなく、酒樽で代用していることは、この社の歴史が新しいことを意味している。枝村であったこの集落の位置づけが神輿にも反映されている。

しかし、明神社には明治期に建てられたと言い伝えられる舞殿があった［内海町史編纂委員会 2003:444-446］。大正期の漁祭では神楽舞でにぎわい、集落の人々に憩いと結集の機会を提供していた様子が、次のように記述されている。

此の神社の鎮座地は、昔より鰯網漁業本場ともいふべき最も有数なる漁労場にして、此の神も亦漁神様といひて、漁業者に最も関係深き神社なれば、毎年多くは漁業者の主宰にて、神官を聘し、神楽舞を招き、神前にて盛んに御神楽を舞ふて祭典

を終る例なり。当日は同社に関係部落の者は行厨を調へ、一瓢を携へ老幼男女と云はず、殆んど此の神社に詣でて、或は翠緑滴る松樹の下に、或は濶然たる浜頭にて宴を張るの慣例なり。［兼田 1923:33］

漁祭が行われるのは、春の鯛網の時期である。神楽舞の太鼓の音を聞いて、鯛が集まると人々は言い伝えていた(4)。イリコの品質は鰯のゆで方と、乾燥の仕方が決め手であった。明神浜は南に向いて、日当たりがよく、浜一面に小さな丸石が広がっている。ゆで揚げたイワシの乾燥に適し、夏から秋にかけて天然の干し場となった。一九三七年（昭和一二）には「恩洋来銀波」と刻まれた注連柱が建立され、豊漁が祈願されている。このように明神社には、明治期から昭和戦前期にかけて、箱崎で鰯網とイリコ製造が成長していく過程が反映されている。明神社は、鰯網を主たる生業として、漁労と加工の両面が活発に営まれている箱崎の結集点であった。ちなみに、箱崎に漁港が作られたのは一九三五年（昭和一〇）のことである。箱崎の人々は待望の港の完成を仮装行列で祝い、内浦まで練り歩いた。

鰯を釜で煎り、むしろにならべて干すという、イリコの製造加工に従事するのは女性であった。箱崎では漁労は男性労働、加工は女性労働として分担されていたのである。鰯船曳網の漁期は一〇～一二月、巾着網は八～一一月で、この時期には男性も女性も同じ漁法・製法に従事し、ともに豊漁を願った。集団として凝集力が高まる時期であったといえよう。集落内に女性の就業の場となる加工の工程があったことは重要である。大網の存続は、男性労働と女性労働を連結させ、漁労と加工の両面から収入の道を確保させた。このような密接な協力関係を必要とする大網が一九五〇年代には三件操業され、箱崎の漁業者集団の存続に寄与していた。

零細漁民に資本力がない時代は、網元が大網を経営して、漁労・加工全般にわたる労働の機会が提供され、集落の人々の生活が成り立つ構造になっていた。しかし、大網は多大な資本金を必要とし、かつ漁期が限定され、周年操業ではない。そのため、大網と漁期が重ならない個人経営の漁法が併用される構造が形成されていった。それが鯛のつぼ網である。つぼ網は定置網漁の一種で、一九〇三年に広島県佐伯郡玖波の漁業者が漁法を伝えた。明治末期から大正期にかけて急速に浸透した。大正年間はつぼ網の最盛期で、田島周辺には七七カ所の網代があった。鯛は単価が高いので収益は大きく、箱崎の漁獲金額の一位を占めた［河野 1956:120］。一般的に大網経営では網元が頂点に立つが、箱崎では個人経営可能な定置網が明治末期に浸透して、網元の一元的支配の構造にはならなかった。箱崎の特徴は大網と個人経営網の併用が存続したことである。

3　漁民層分解の兆し

大網と個人経営網の組み合わせが、明治期後半から一九六六年までの箱崎の漁業の基本的形態であった。鰯と鯛が主要な魚種だったが、大正期以降は鯛の漁獲量は増えず、現状維持のままだった。そのため、エビの漁獲量の割合が増え、エビ漁が主要な漁法の一つとして重要性を増した。このような一九五〇〜六〇年代の漁業の状況を統計等で確認しておこう。

図表4―2は、戦後の田島漁業協同組合員の推移である。一九六〇年以降、組合員の減少が著しいが、一九七〇年代半ばに減少傾向は止まり、百名程度の漁業者が操業を続けている。田島漁協の組合員は、全集落をカバーしているので、箱崎の漁業組合員を取り出してみたのが図表4―3である。箱崎の正・准組合員の合計は八七名で、全体の三七・六％に当たる。箱崎を含む田島東部の漁業者は一六八名で、全体の七〇％強に達している。戦後の田島におけ

図表4-2　田島漁業協同組合員数の推移

年	組合員数
1949	190
1955	225
1960	238
1965	163
1970	154
1975	87
1980	104
1985	110
1990	102
1995	100
2000	91

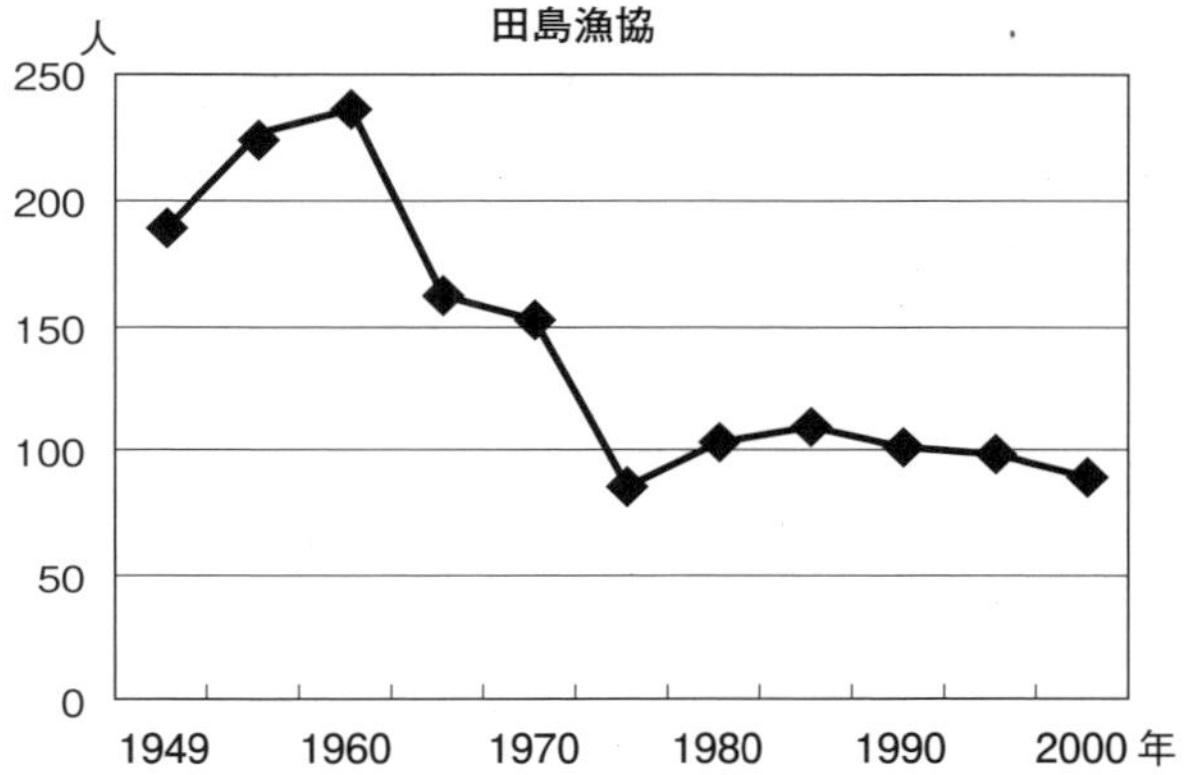

出典：田島漁協資料より筆者作成。

図表4-3　1958年　田島漁業協同組合員の構成

	集落名		正組合員		准組合員	小計	合計
	大字	小字	経営者	従業者			
田島東部	内浦	箱崎	50	28	9	87	87
		内浦	12	9	3	24	81
		寺山	15	5	1	21	
		釜谷	2	3	4	9	
	沖		19	5	3	27	
田島西部			34	14	15	63	63
合計							231

出典：広島県立文書館所蔵資料S1-94-53「昭和32～36年 組合経営調査」より筆者作成。

る漁業者の主体は東部で、箱崎の漁業者はその核であったことが確認できる。

図表４―４は、一九五二年の田島漁協の操業状況である。鰯の大網が複数経営されている一方で、鯛つぼ網など個人経営の漁法も活発である。図表４―５の一九五八年における箱崎の操業状況も同じ傾向を示している。一九五〇年代には大網と個人経営網が併存していたことを確認できる。

図表４―５に基づくと、一九五八年には大網の巾着網経営者が箱崎には二名いる。経営者の八六％は定置網のつぼ網を操業しており、大網と個人経営網は、鰯巾着網と鯛つぼ網の組み合わせであった。図表４―６の箱崎の年間漁業暦は、大網と個人経営の網の組み合わせ状況を示している。漁業内容が多角的であることが確認できる。

図表4-4　1952年　田島漁協　操業状況

主要な漁獲対象	漁法	経営規模	操業件数
鰯	船曳網	大規模経営	4
	巾着網	大規模経営	3
鯛	縛網	大規模経営	1
	つぼ網（定置）	個人経営	60
わち・このしろ	建網（定置）	個人経営	27
	刺網	個人経営	58
えび	機船底曳網	個人経営	98
	漕網（無動力）	個人経営	14
その他	繰網		6
	撒き餌		22
	一本釣		12
	いか玉		8
	たこつぼ漁		2
	かき・あさり		7

出典：［河野　1956:117］。

昭和期に入って、エビ漁の比重が増加した。当初はエビ手繰網、エビ手漕網など無動力船による操業だった。一九三〇年代半ばから動力船によるエビ漁の漁業者が増加し、戦後は機械船底曳網によるエビ漁に移行した。図表４―７にはその状況が反映され、一九六〇年の機械船底曳網の操業は六七件に達している。水揚げされたエビは、尾道か鞆の業者が買い取り、干しエビに加工された。エビを原料として卸すより加工したほうが、最終的な収益はあがる。しかし、箱崎にはエビ加工用の施設・基盤はなかった。そのため、一九六〇年に田島漁協はエビ加工施設の設置を広

図表4-5　1958年　箱崎在住の漁協正組合員が従事している主要漁法

	経営者	従業者
定置つぼ網・巾着網	2	8
定置つぼ網・漕網	30	16
定置つぼ網・刺網	11	0
刺網・巾着	1	0
漕網	2	0
刺網	2	0
定置つぼ網	2	1
巾着	0	2
漕網・刺網	0	1
合計	50	28

出典：広島県立文書館所蔵資料S1-94-53「昭和32～36年 組合経営調査」より筆者作成。

図表4-6　1955年　箱崎 年間漁業暦

魚種	漁法	経営規模	月											
			1	2	3	4	5	6	7	8	9	10	11	12
鰯	船曳網	大規模経営										■	■	■
	巾着網	大規模経営								■	■	■	■	
鯛	つぼ網(定置)	個人経営				■	■					■	■	
このしろ	建網（定置）	個人経営	■	■	■							■	■	■
わち	刺網	個人経営							■	■				
えび	機船底曳網	個人経営									■	■	■	■
	漕網(無動力)	個人経営							■	■				

出典：［河野　1956:120］。

図表4-7　1960年 許可漁業・届出漁業（田島漁協）

漁業の種類		1960年
小型機船底曳網漁業		67
届出漁業	延縄	11
	一本釣	26
許可漁業	中型まき網	1
	まき網	2
	刺網	44
	流網	1
	たこ壺	2
	いか玉	2
	まきえ釣	19
	えびこぎ網	2

出典：広島県立文書館所蔵資料S1-91-701「昭和36年 沿岸漁業構造改善復命書」許可漁業・届出漁業組合別集計より筆者作成。

島県に次のように申請した。(5)

【共同加工施設設置事業交付申請書〈昭和三五〉――広島県知事宛　田島漁業協同組合】

本組合は約七〇統の小型底曳網漁業を主体とした比較的大型漁業形態の純漁労漁村で、年間約六〇〇トンの漁獲があり、このうち赤エビは一日平均一トン以上の漁獲がある。市場は尾道市、福山市、および地元仲買人に限定されるため、価格は不安定で、漁獲物の流通改善が必要。赤エビ煮干加工の共同施設を設置したい。

一九六〇年当時は漁業の構造改革が進行していた時期である（第六章参照）。箱崎の漁業者はイリコ製造から転換し、エビ加工の可能性を模索していたのである。

一九六〇年代は漁業の転換期であった。図表4―8は漁協組合員のうち八三世帯について、一九六一年の操業状態を示したものである。五二世帯は家族のなかに複数の漁協正組合員がおり、経営者と漁業労働者から構成されている。

図表4-8　1961年 田島・漁業就業世帯の構成（83世帯）

	経営者	従業者1		従業者2	
	年齢	続柄	年齢	続柄	年齢
漁業自営者	69				
	68	養子	39		
	67	長男	40		
	67	長男	38		
	66	長男	40		
	65	四男	18		
	65				
	64	長男	41		
	64	長男	39		
	64	長男	38		
	64	長男	35		
	64	長男	30		
	63	長男	43	孫	16
	63	妻	36		
	63	長女	23		
	63				
	62	長男	33		
	60	長男	37		
	60	長男	34	次男	22
	59	長男	42		
	59	長男	35		
	59	長男	34		
	58	妻	57		
	58	妻	45		
	58	長男	35	長男・妻	31
	58	長男	34		
	58	長男	20		
	57	長男	36		
	57	長男	16		
	56	弟	36		
	56	長男	31		
	56	長男	28		
	56	次男	26	次男・妻	26
	56				
	55	長男	32		
	55				
	53	次男	24	三男	20
	52				
	50	妻	44		
	50	長男	30	次男	25
	50				

	経営者	従業者1		従業者2	
	年齢	続柄	年齢	続柄	年齢
漁業自営者	50				
	50				
	49	妻	44	弟	22
	49				
	49				
	47	妻	39	次男	15
	47	子	23		
	47	妹	19		
	47				
	47				
	46	妻	42		
	46	長男	18		
	45	妻	41		
	45	長男	24		
	45	孫	21		
	45				
	44				
	43	妻	38		
	43				
	42				
	41	妻	36	次女	20
	39	長男	18		
	38				
	37	弟	28		
	37				
	35	弟	28		
	35				
	34	弟	31		
	34				
	33				
	33				
	32	弟	21		
	32				
	30	妻	27		
	28				
	24	弟	20		
	21				
被雇用漁業労働者	43				
	40				
	36				
	24				
	21				

出典：広島県立文書館所蔵資料S1-92-382「昭和36～37年 沿岸漁業構造改善計画樹立」より筆者作成。

そのうち三六世帯には男性組合員が二人以上いる。ちなみに横島では、漁民層分解は一九六〇年代に若年の漁業労働者から始まった（第六章参照）。箱崎においても図表4―8に記載されている漁業労働者がそのまま漁業に就業し続けたわけではない。

いちど漁業から離脱し、再び漁業に復帰した例を紹介しよう。(6) 兼江司郎（仮名）は一九二五年（大正一四）に八人きょうだいの末子として箱崎の漁師の家に生まれ、高小卒業後すぐに満州義勇軍に加わった。一九四六年に箱崎に引き揚げてきて、長兄の定置網漁の船に乗り込んだ。巾着網の季節には大網で網子として働いた。兼江司郎は漁業労働者として再出発したのである。しかし、一九六〇年代半ばに定置網漁の漁獲は減少し、長兄はそのまま漁業を続けたが、兼江司郎は友人に誘われて陸にあがり、田島の造船所で働き始めた。木造船のはしけを製造している小規模な造船所で三年働いた。やがて造船所は閉鎖し、友人とともに因島の日立造船の孫請企業に移り、鉄工関係の作業に三年間従事した。次に因島に近い生口島・瀬戸田の造船下請企業で、艤装担当の大工として二年間住み込みで働いた。深夜まで続く突貫工事で、体調を崩して慢性肝炎となり、田島へ戻ってきた。ちょうど箱崎でのり養殖事業が始まった時期に当たる。兼江司郎ものり養殖を始め、現在まで続けている。

このように兼江司郎は六〇年代に八年ほど漁業から離れ、因島周辺の造船下請企業を渡り歩いた経験をもつ。長兄が漁業を存続したことは、独立自営の漁船を保有している経営者は漁業にとどまったことを示している。しかし、兼江司郎のように漁業労働者（従業者）だった場合は、個人経営網の定置網漁の漁獲が減少した段階で、漁業から離脱した。木造船製造から鋼船製造へと、拡大しつつあった造船業労働市場に参入した。しかし、のり養殖事業が独立自営を可能にし、漁業から離脱した箱崎出身者を再び漁業に回収するルートになったのである。

4 漁業者集団の存続――のり養殖事業

一九六七年は箱崎の漁業の転換点である。一九六〇年代に入ると、鰯巾着網や定置網の漁獲が減少し始めた。漁協を中心に、漁業で独立自営を維持できる道が模索され始めた。進行していた漁民層分解をくいとめたのは、のり養殖事業である。一九六七年にのり養殖のため、区画漁業権が申請・設定され（漁業権者は田島漁協）、複数の漁業者がのり養殖に着手した(7)。巾着網の網元も一九六六年を最後に大網を廃止し、一九六七年からのり養殖に転換した。

田島に戻ってきた兼江司郎も一九六七年にのり養殖を始めた一人である。沼隈半島沿岸部の水呑集落に満州義勇軍時代の友人がいて、水呑漁協ではのり養殖が行われていた。「海があるのに、海苔をやらない手はない」と友人に勧められたことが転換のきっかけだった。友人に養殖方法を指導してもらった。同時期に大網からのり養殖に転換した兼江秀人も水呑に二～三カ月泊まりこんで、養殖方法を教えてもらった。周辺にのり養殖事業で先行している漁協があり、友人ネットワークを活用して技術が伝達され、転換が実現していったのである。

箱崎では当初二～三人でグループを作って共同経営で始める形態が一般的であった。のり加工には、すき機・乾燥機など設備投資が必要で、のり養殖用の漁船購入を含めると設備一式に一五〇〇～二〇〇〇万円を要した。機械化して大量生産する時代になっており、のり養殖への転換には資本力が必要であった。これがグループ経営を選択させた理由である。四角に成形するため、簾にのりを張りつける機械もあり、一日に五千～六千枚を製造することが可能だった。機械メーカーが証書も書かずに、機械を設置していった。一九六〇～七〇年代前半は、のりに対する需要が大きく、順調に収益があがった。高度成長期で、食品の消費が拡大した時期だった。一枚の単価は一四～一五円で、一シーズンの操業で、機械メーカーに借金を返済することができた。のり養殖技術が向上し、収益もあがるようになると、グループ経営の必要性は低下し、一九七〇年代に個人経営に移行していった。独立自営の漁業者の存立が可能になった。

のり養殖の利点は、イリコ製造と同じように、集落内で漁労と加工が連結することである。海上労働に男性が三～四名、のり製造・加工に女性三～四名が従事する。のり養殖一業者につき、合計六～九名程度の労働力を必要とする。兼江司郎の家では、長男が海上の生育・採取の責任者となり、男性三人を雇用している。加工部門は長男の妻が責任者となり、家族員二名のほか、女性二名を雇用している。雇用者はいずれも箱崎集落の居住者である。のり養殖一業者につき、三～四世帯が生活できると言われている。

一九五一年生まれの長男は工業高校を卒業して、福山市の機械メーカーに一〇余年勤めた。一九八一年に会社を退職し、のり養殖に加わった。工作機械に知識があるので、手作業で行っていた工程に機械を導入した。生産の最盛期には、自動乾燥マシーンを二四時間連続で稼働させる。配電関係に詳しい長男がいるので、機械に不具合が生じてもすぐに修理することができ、生産効率が上がるようになった。他ののり養殖業者の機械が故障すると、夜中でも長男に電話がかかってくる。このように次世代の経営者の再生産も実現している。

のり養殖・加工の機械化が進み、生産が軌道にのり、一業者が複数の世帯の家計をまかなえる程度に、経営は安定するようになった。いちど漁業から離脱した者を漁業に回収できる有効な手段に成長したのである。七〇年代にのり養殖事業者は増え、四百万～六百万枚も出荷できるほど、島の主要産業に成長した。図表4－9は一九八〇年代前半におけるのり養殖区画漁業権の設定である。箱崎の沿岸だけでなく、田島の周囲に区画漁業権が張りめぐらされてい

図表4-9　1983年　のり養殖 区画漁業権（田島漁協）

漁業権者	漁場の位置	漁業の種類		漁業の時期	免許番号
田島漁協	番川原・大浦	第１種	のり	10.1～翌3.31	区・第906
田島漁協	天満	第１種	のり	10.1～翌3.31	区・第907
田島漁協	天満	第１種	のり	10.1～翌3.31	区・第908
田島漁協	幸崎	第１種	のり	10.1～翌3.31	区・第909
田島漁協	内浦	第１種	のり	10.1～翌3.31	区・第910
田島漁協	田島の矢の島北側	第１種	のり	10.1～翌2月末	区・第911
田島漁協	田島の小箱	第１種	のり	9.20～翌3.31	区・第912
田島漁協	田島・南側	第１種	のり	9.20～翌3.31	区・第913

出典：広島県立文書館所蔵資料「区画漁業権一覧簿（海面）」より筆者作成。

る。のり養殖は柵数が限定されている。区画漁業権の設定箇所を増やすことによって、全体の柵数を増加させ、のり養殖への参入を導いてきたのである。柵を立てる場所によって、品質に違いが生じるので、柵の位置はくじ引きで割り当てる。二〇〇五年に箱崎ではのり養殖は一一業者あり、三〇～四〇世帯の生計が成り立つ構造が維持されている。のり養殖の成功によって、箱崎ではのり養殖と定置網漁業を組み合わせた漁業暦が一般的になった。三～六月に定置網漁を行い、九～三月にのり養殖を行う。収入源も増え、効率的に一年が過ごせるようになった。

箱崎の漁業の変化をまとめておこう。一九五〇年代までは、鰯網とイリコ製造が箱崎の漁業の基本形だったが、一九六〇年代後半に漁業の構造はドラスティックに変化し、のり養殖と定置網漁の組み合わせに移行していった。イリコ製造で維持されていた漁労と加工の連結は、のり養殖でも継続した。箱崎ではのり養殖と定置網漁で自営漁業を維持する漁業者集団が存続したのである。

のり養殖、定置網は沿岸漁法である。近世以来、箱崎は沿岸漁業集落で、その特徴は現代まで維持されている。沿岸部の海の環境は、生業に影響を与える。海水が汚れると、のりの種付けの時期が遅れ、生産量が減少する。生育も悪化し、品質が低下し、損害が発生する。箱崎の漁業者がのり養殖に転じた一九六〇年代後半は、対岸の沼隈半島で、T造船㈱が中堅造船企業として成長した時期に当たる。T造船は不法埋立を繰り返し、船底塗料で海水を汚染した（第七章参照）。T造船の造船工場から重油が流失し、のりが全滅し、補償問題に発展したこともあった。

一九八〇年代前半に、T造船が横島のLPG基地問題を引き起こした時期は、箱崎でのり養殖と定置網を組み合わせた態勢がようやく安定した頃であった。箱崎の漁業者集団にとって、海中の環境維持はゆるがせにできぬ問題であった（第九章参照）。

5　労働と文化――アイデンティティの維持

町集落と箱崎集落にみられた漁民層分解のタイムラグは、漁業にまつわる文化や慣習の側面においても、集落間の相違を生み出した。箱崎で長期間にわたって操業された鰯の大網は集団行動を必要とした。文化的行動にも影響を与え、結束力の存続に寄与した。

大網の労働を通して、継承されてきた文化の一つが、労働にまつわる「うた」である。「箱崎大漁節」という労働歌がうたい継がれてきた。兼江司郎は「箱崎大漁節(8)」の名手の一人で、テレビに出演したこともある。「ためたサーヨーエ／ハァ／だしたのうだしたのう／ためたがこのあみゃためた／ハァヨイサヨイサ／けさもためたがコリャまたためた／ヨイトナ／ハァこいつもエホエホヨイヤマカセガセ／ウラヨホイ／ヤレコリャ」という節回しが七番まで続く。魚が網に入って大漁になったことを表現し、はやし言葉は巾着網の和船で櫓をこぐときのかけ声である。数通りの歌詞がある。燧灘に入り合う漁業者たちの間でうたい継がれてきたもので、愛媛県の方言が入ったバージョンもある。田島は燧灘に面しているが、沿岸は燧灘より水深が浅い。そのため水温がぬるく、産卵に適し、魚が集まりやすい。魚群を追いかけてきた他県の船団が、水を補給するため、箱崎に入港することがしばしばあった。他県の船団に対しても、大漁のときは酒を出して振る舞い、うたも交じりやすい環境になった。

箱崎では、このうたは口承で歌い継がれてきた。兼江司郎がこのうたを覚えたのは、金比羅参りの往復の船のなかである。鰯巾着網の網元は、漁期が終わると、金比羅参りの船を仕立て、網子たちを連れていった。鰯網の労をねぎらったのであろう。そのような折に、目をかけている網子に、このうたのコツを教えた。宴会のときにも唱和する機会を作った。実際に巾着網を曳きながら、このうたを朗唱したこともある。鰯網に縁の深いうたで、漁の最中や漁を終えた慰安の席で、このうたによって他の人と心を通い合わせた。

漁業者たちが集まった宴会の席で、次のようにうたわれることもあった。いつとはなしに誰かが大漁節をうたい出す。息の継ぎ目で、他の者が上手に節を回して取って、うたい手が替わってしまう。このように次から次へとうたい手が取り替わっていく間に、自然にキーが高くなり、うたい継ぐことが難しくなり、自然に止む。また、ひとしきり話に花が咲く。すると、いつとはなしにまた大漁節がはじまる。宴会の席で、話が長くなってくどくなる。すると誰かが「これをさかなに〜」と節を回し、また大漁節が始まる。言い争いやけんかが起こりそうになったときにも、すかさず「これをさかなに〜」と誰かが合いの手を入れ、大漁節を始める。すると、けんかも止むのであった。口承のうたが社会関係の潤滑油の役割を果たしてきた。兼江司郎は一九四六年、二一歳のときに巾着網の船に乗り込み、身近なうたとして大漁節に親しんできた。

労働集団によって受け継がれてきたものは「うた」だけではない。様々な先達の知恵が伝承されてきた。たとえば、休漁の日は、イリコ業者の「いりや」が並ぶ明神浜の松林にすわって、年長の青年たちが網の繕い方を年少者に教えた。箱崎には、戦前の青年団活動で使用した「青年クラブ」とよばれる小さな集会所があった。昼間の漁を終えたあと、夜に「青年クラブ」の前の空き地に集まって、網の梳き方を教えることもあった。

このように箱崎では、地域社会と労働が一体化していた。労働に関わる技術や文化が、労働に縁の深い場で、地域の年長者から若年者に伝承された。労働をともにする仲間を通して、集落の人々の経験が「知恵」として受け継がれてきた。このような集落に蓄積されてきた「知恵」がもつ社会的意味については、鳥越の次のような指摘が参考になるだろう。

鳥越は、人々の経験は「日常的知識」に昇華されて蓄積されているという。「日常的知識」には三種類あって、「個人の体験知」、生活組織（ムラなど）内での「生活常識」、生活組織外で形成される「通俗道徳」である。人々は三種類いずれかの知識を活用して、選択や意思決定を行っている［鳥越 1989:14-29］。箱崎の集落の「知恵」の伝承は、生活組織内での「生活常識」に該当するだろう。

さらに鳥越がいうところの「日常的知識」（個人の体験知・生活常識・通俗道徳）は、ポランニーがいうところの暗黙知に相当すると考えられる。ポランニーは、知識について暗黙知と形式知[9]の二タイプがあることを指摘した。暗黙知は、行動、経験、理想、価値観、情念に深く根ざしており、主観に基づく洞察、直観、勘などがこのカテゴリーに含まれる。暗黙知は、定式化・体系化された習得方法があるわけでなく、体験を積み重ねたり、生活の場面を共有することによって習得・伝達される点に特徴がある［Polanyi 1966］。

箱崎では親族ネットワーク、近隣ネットワークが重なり合い、多くの世帯が鰯網に関わって生活していた。地域集団は同業者集団であり、労働と生活の場を等しくする緊密なネットワークが形成されていた。「箱崎大漁節」や「網の繕い」は、労働集団を通して、集落に蓄積されていた生活常識や暗黙知が伝達されていたことを表している。

ここで注目したいことは、このような生活常識・暗黙知の伝達に、青年の集団が深く関与していたことである。箱崎では、そのような役割を果たしていた青年集団を、近代以降に登場した官制のしくみに準拠して、青年クラブ、青年会、青年団とその時期の名称に即して呼び慣わしていた。いずれの名称が適当かについては留保しておこう。実体として、箱崎では戦後においても、青年集団の役割が大きく、集落の生活常識や暗黙知の伝達、社会的機能の維持に不可欠の存在になっていた。

たとえば、盆踊りを仕切るのは青年集団の役割であった。箱崎は、沿岸部の狭い平地に集落が形成されたため、住居が密集して、盆踊り用のやぐらを組む空間がなかった。社会的資源が不足していたのである。枝村として形成され、集落の歴史が浅いことがこのような点にも反映されている。そのため、盆踊りは「原型」のまま維持された。盤コ（将棋盤）と太鼓を持参して、新盆の家に行き、その家の角で踊るのである。盤コの上に太鼓をおいて、その周りを踊り巡る。一晩に一軒ずつ新盆の家を訪れ、順繰りに供養の踊りを捧げた。新盆の家は青年たちに砂糖水をふるまった。ちなみに、箱崎でやぐらを組むようになったのは一九五〇年代半ばである。港の拡張、埋立造成で空き地ができて、そこで盆踊りを行うようになった。

宮本常一は村の盆踊りについて、次のように述べている。「何もかも取り去ってみれば、やはり村人を動かしているものは神と祭とである。たとえば村の祭りには、人びとがただ集まっているだけでも何となく楽しいのである。盆踊りなど、実につまらないと思われるものが多いけれど、人びとはそこにいて、そこに醸し出される一つの気分に酔っている。村の学校で映画会を催しても、この気分は生まれてこない。共通な生活感情の上に立つ慣習はなかなか根強いものである」［宮本 1973a:157］。盆踊りのような集落の行事は共通感情を醸成し、「村の精神」の存続を実感させる機会であった。このような共通感情が暗黙知や生活常識の伝達に深い関わりをもっていたことは言うまでもないだろう。

箱崎では「いりや」が並ぶ明神浜に社があって、五月の鯛網の時期に漁師の祭りを催し、太鼓の音を聞いて、魚が集まると言い伝えていたことは前述した通りである。箱崎は枝村として出発し、祭礼についても盆踊りについても漁業と密接な関わりをもちながら、村の慣習が形成された。そのような文化的資源・社会的資源の維持に青年集団が深く関与していた。

兼江司郎は一九四〇年代後半に、推薦されて青年会の箱崎支部長を務めた。当時は青年クラブまたは青年会と呼び慣わしていた。箱崎支部という呼称も使われていたが、青年の集まりは集落ごとに独立して行われていた。終戦後数年間は、田島全体をカバーする連合的な組織は存在していなかった。戦前の青年団活動で使った集会所が各集落に残っていて、活動の拠点となった。戦前の青年団と同じように、義務教育を修了すると、青年会に属するという意識が戦後も持続していた。箱崎では鰯の大網経営が続いていたこともあって、青年層の人数が多く、青年会の活動が非常に活発だった。どのような方向に活動を展開するか議論が交わされた。

このような箱崎の青年たちの活動は、数年後にはより広域の青年活動と結びつくことになった。戦後の民主化にともない、社会教育が重視されたのは全国的な傾向で、一九四九年に社会教育法が整備された。これに先立ち、一九四七年に田島では青年団が復活した。(10) もともと田島を含む沼隈地域は明治以来、青年の活動が活発な土地柄だった。沼隈は青年団運動の創始者・山本滝之助の出身地で、薫陶を受けた小学校教員等が大正期に先憂会という民間の教化団体を組織し、活発に運動した。箱崎に青年クラブの集会所が残っていたのは、そのような歴史的蓄積に拠るものである。

一九四七年に田島に青年団が復活したとき、田島西部の町集落では、青年の活動はさほど活発ではなかった。町集落ではマニラへの移民送出により、漁民層分解が進行し、青年層の他出が早くから始まっていたからである。

田島東部では、五つの集落（内浦、箱崎、寺山、沖、釜谷）を連合する組織が作られた。中心的な役割を果たしたのが箱崎出身の兼江紀男（仮名）である。兼江紀男は一九三一年（昭和六）生まれで漁業三代目である。一九八〇年代に横島でＬＰＧ基地問題が生じたとき、箱崎の漁業者に影響を与えたリーダーの一人であった（第九章参照）。

兼江紀男は他の集落に声をかけて東部連合会を組織し、一九五〇年代には東部連合会の団長を数年務めた。団員は一五〇人程に達し、活動には活気があった。内浦小学校に集まることが多く、兼江紀男は毎晩のように内浦小学校へ行った。校長の他、若い教員たちが議論の相手になった。食パン、バター、酒、ウイスキーなどを口にしながら、青年たちは、社会問題、政治問題、思想問題、などを夜中まで議論した。校長が青年たちのアドバイザーのような役割を果たし、助言した。演劇や音楽活動も活発で、一九四八年のお盆には、内浦小学校で素人演芸会を開催し、地域の人に慰安の機会を提供した。

兼江紀男が青年団活動を通して、先達から教えられた処世訓に、「人の言い出には餅をつけ」がある。これは人が言ってきたことには踊れ、推薦されたときには、いやいや言わずにやりなさいという意味である。「人の言い出には餅をつけ」は「生活常識」の一つと言えるだろう。兼江紀男はこの教訓をよく我が身に引き受けて生きてきた人である。若い頃には青年団団長を務めた。子どもが中学生のとき、中学校のＰＴＡ会長として、校歌作成に奔走したこともある。その後、広島県海区漁業調整委員など公職を歴任し、町議会議員になった。ことわざの意味を深く理解し、社会的な責任を果たす人生を歩んだ。ことわざのような文化的表現で「知恵」が伝達され、集落の活動層が再生産されてきた。

箱崎集落は町集落に比べて、漁民層分解が遅かった。鰯の大網が不調になった時期に、折よくのり養殖事業へ転換し、一貫して沿岸漁法の集落の特徴を維持し続けた。一定数の青年層が漁業にとどまり、ことわざやうたなど身近な文化的表現を通して、知恵・知識が伝達されてきた。労働の場を通して、技術も伝承されてきた。戦後も沿岸漁業の特徴がつよく反映された社会構造を維持し、漁業者集団としての結束やアイデンティティを維持してきたのである。

[注]

（1）兼江秀人さん（仮名）への聴き取り調査（二〇〇四年九月一一日）。

（2）兼江秀人さんへの聴き取り調査（二〇〇四年九月一一日）。

（3）広島県文書館所蔵資料S1-92-382「沿岸漁業構造改善計画樹立」、田島漁業協同組合、一九六二年。

（4）兼江司郎さん（仮名）への聴き取り調査（二〇〇六年三月八日）。

（5）広島県立文書館所蔵資料S1-91-67「昭和三四～三五年 沿岸漁業振興対策基本計画書」。

（6）兼江司郎さんへの聴き取り調査（二〇〇六年三月八日）。

（7）のり養殖業の変遷については、次の方への聴き取り調査による。兼江秀人さん（二〇〇四年九月一一日）、兼江紀男さん（二〇〇五年七月二一日）、兼江司郎さん（二〇〇六年三月八日）。

（8）以下、箱崎大漁節についての記述は兼江司郎さんへの聴き取り調査（二〇〇六年三月八日）による。

（9）形式知は、伝達方法が定式化された明示的な知識である。形式知は、言葉や数字で表すことができ、明示化された手続き、普遍的原則などにしたがって他人への伝達や共有が容易である［野中・竹内 1996:8-9］。

（10）［内海町史編纂委員会 2003:399-401］。

Ⅱ部

「産業の時間」——海の世界と産業の再編

第五章　瀬戸内海における海運の変化

――「船」と産業――

●奉納された被曳船（ひかれぶね）の絵馬（常石八幡神社所蔵）

1　内航――エネルギー輸送経路としての瀬戸内海

(1)「海の道」の再編成

近現代社会は、海の活用のしかたが大きく変わった時代である。瀬戸内海は阪神と九州を結ぶ大動脈で、沿岸部には工業地域がならぶようになった。第一次産業から第二次産業へと産業構造が変化し、とくに第二次大戦後、「海の道」の再編成が急速に進んだ。「海の世界」の変化にともない、「海の労働」も変化した。瀬戸内海島嶼部、沿岸部の人々の職業移動は、「海の世界」「海の道」の再編成に大きく影響された。

「海の道」は、陸上のある拠点から、他の拠点へと、何かを「運ぶ」回路である。陸上の拠点で何が作られているのか、そこに何を運ぶことが必要とされているのか。昭和期における「海の道」の再編成は、「陸上の拠点」の再編成と一体で進んだ。

昭和期の瀬戸内「海の道」の再編成を理解する鍵の一つは、「エネルギー輸送」という視点である。一九五〇年代まで、瀬戸内海は、北九州から阪神へ石炭を輸送する国内のエネルギー輸送の大動脈であった。石炭を運搬する内航の機帆船が活躍した。しかし、高度経済成長期にエネルギー利用は石炭から石油に転換された。それに先立つ一九五五年、政府は瀬戸内海など各地にあった旧日本軍燃料廠跡地を、石油化学工業コンビナート用地に転換する主旨の閣議了解を発表した。石油化学工業を特化して育成することを目的とした政策の始まりである。これによって、瀬戸内では徳山、岩国にコンビナートが建設され、石油化学工業への転換が進んだ。

石油利用の比重が高まるとともに、石炭輸送経路としての内航の重要性は低下した。しかし、その一方で石油を原料とする関連工業、そのための工業用地が瀬戸内各地に設置され、日本有数の工業地域に変化していった。瀬戸内の労働力は第二次産業に吸収される趨勢が強まった。海運業の変化と、製造業の成長は密接に関連し、職業移動に影響を与えた。

海運業は船を使う。船の修繕や新造が必要で、造船業と関連が深い。調査地周辺は、近世から木造船製造のさかんな地域であった。近代になって、船の所有の有無や、動力化、鋼鉄船化、大型化に対応できるか否かによって、海運業者や造船業者は分化した。「船」という具体的なモノを媒介にして、階層分化が進展した。「船」は産業化を牽引する経営者層を生み出した。内海町（田島・横島）の対岸、本土の沼隈半島ではT造船㈱が成長した。海運業と造船業の二本立ての企業で、高度経済成長期に島嶼部・沿岸部の労働力を吸収した。造船業界の中堅企業に成長し、内海町の地域社会に影響を与える存在となった。

「海の世界」「海の道」が再編成されていく過程で、T造船は本書の周辺地域に強い影響力をもつ企業に成長していった。このような関心から、本章では海運業を切り口として、瀬戸内「海の道」が再編成されていく過程を明らかにする。内海町で、世代間の職業移動について聴き取りを行うと、機帆船の乗組員など海上運送業の経験者が一定数存在する。また、高度経済成長期にはT造船に雇用される労働者が増加した。T造船の成長によって、内海町でも第一次産業から第二次産業への職業移動が促進された。T造船は外部から移入された工場ではない。海運業から地場の造船業へ成長し、地域社会変容の重要なアクターになった。長期のタイムスパンで、産業構造と地域社会の関連を考察できる事例である。内海町出身者の職業移動や地域社会の変化を理解するため、T造船を切り口に、沼隈半島沿岸部・

島嶼部の海運業や造船業の変化に焦点をあて、「海の道」再編成の過程を明らかにすることにしよう。

先に、T造船の成長の概略を述べておこう。創業者は一九〇三年（明治三六）に帆船を購入し、海上運送業の自営業を始めた（T海運）。海運業は、所有船をメンテナンスすることが必要になる。それを発展させて、一九一七年（大正六）には造船所を併設し、木造船の修理を手がけるようになった。戦後は九州―阪神間の石炭運搬で利益を上げた。一九五〇年代、瀬戸内海の海運業が木造船から鋼鉄船に変わる時期に、二代目経営者は海運業と造船業の二本立て経営体制を整備した（T海運／T造船）。一九六〇年代以降は大型鋼鉄船の新造・修理を手がけ、造船業界の中堅企業に成長した。沼隈半島沿岸部・島嶼部の集落から労働力を吸収し、周辺部の町村に影響力をもつようになった。また二代目経営者は、本社がある沼隈町の町長を務め、地元の経済・政治の両面に大きな影響力を及ぼした。T造船は内閣総理大臣を務めた自民党・宮沢喜一の有力な支援企業の一つであった（宮沢喜一の首相在位期間は一九九一年十一月～九三年八月）。

（2）帆船による塩田への石炭輸送

T造船の出発点は内航の海運業であった。創業者の神原勝太郎は一八八四年（明治一七）沼隈半島の千年村常石集落に生まれた。生家は農家の分家で、所有耕地が少なかったため、父は行商など零細小売業で生計を立てていた。船を所有して海運業を試みたこともあったが、悪天候で船を失い、海運業に返り咲くことはできなかった。勝太郎は一〇代前半までは父の零細小売業を手伝っていたが、一〇代半ばで、同じ集落出身者の船の乗組員となり、一九歳で沖乗り船頭となった［神原汽船 1962:27-36］。

勝太郎が船の乗組員というライフコースを選択したのは、集落の伝統的な労働ハビトゥスに導かれたものと考えら

図表5-1　沼隈半島集落名

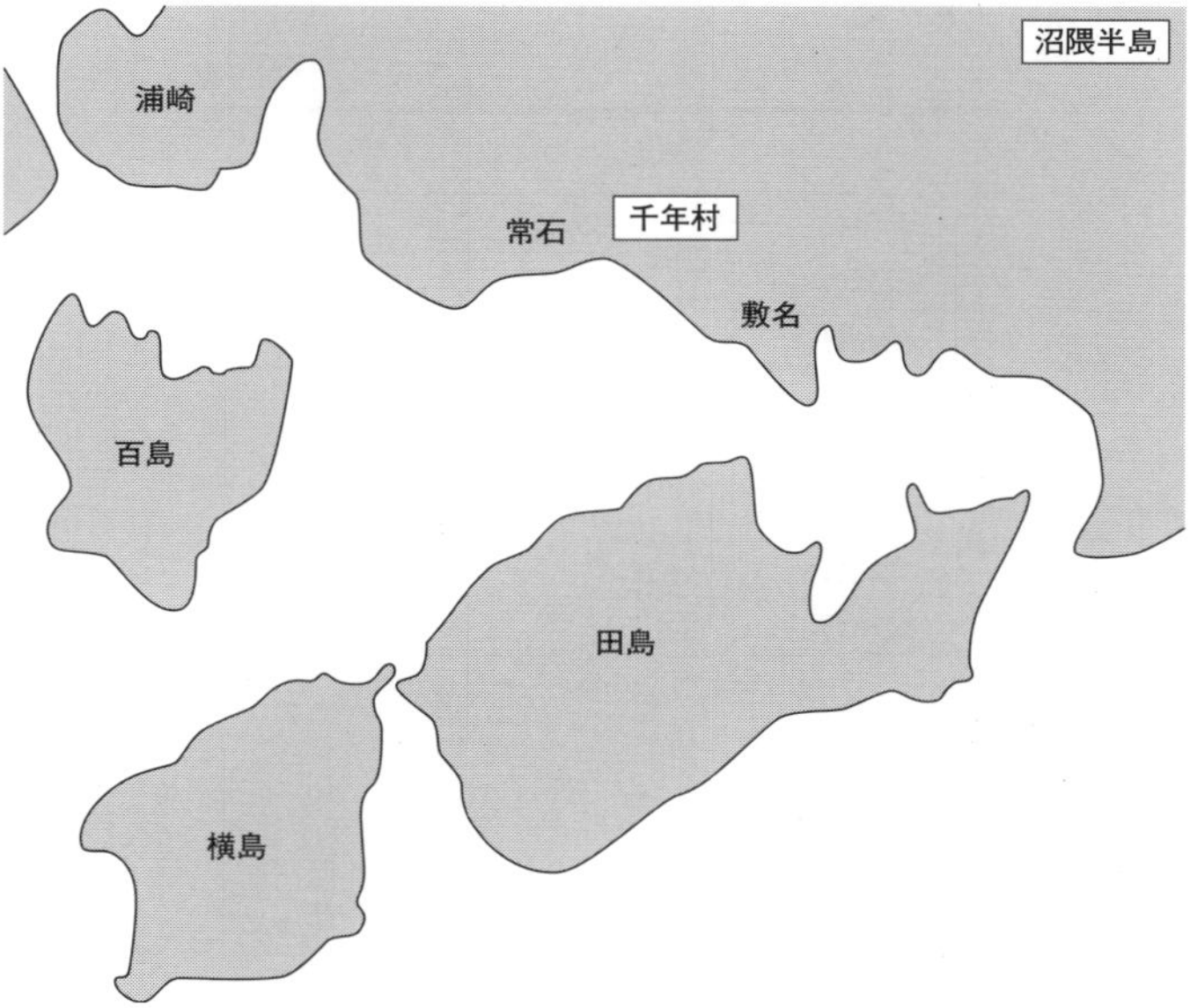

図表5-2　沼隈沿岸部・島嶼部　所有船数

（1921年）

	発動汽船	西洋型帆船	小船
千年村	2	56	77
田島村	1	2	192
横島村	2	2	208
百島村		1	78
浦崎村		118	151
藤江村		11	41
金江村		2	1
柳津村		2	7

出典：［沼隈郡役所 1923:224-225］より筆者作成。

図表5-3　沼隈沿岸部・島嶼部
交通業および水産業に従事している戸数

（1921年）

	交通業従事の戸数	水産業従事の戸数
千年村	155	41
田島村	10	68
横島村	2	199
百島村	6	43
浦崎村	122	28
藤江村	32	2
金江村	7	0
柳津村	18	0

出典：［沼隈郡役所 1923:233］より筆者作成。

れる。千年村の常石集落と敷名集落は沼隈半島の海岸部に位置し（図表5―1）、近世から海上運送に従事する者が多く、海運業の盛んな土地柄であった。常石集落も敷名集落も背後には山が迫り、平坦な耕地が少ない。海に活路を求めることが一般化していたのであろう。一九二三年（大正一二）に発刊された『沼隈郡誌』によると、千年村は沼隈半島沿岸部および島嶼部の集落のなかでも帆船の所有数が多い（図表5―2、帆船は海運用船舶、小船は漁業用船舶であったと推察される）。交通業従事者も多い（図表5―3）。「常石には石炭廻送業者多く」と記されているので［沼隈郡役所 1923:231］、その大部分は海運業者で、とくに石炭の搬送に従事していたと推測される。

敷名には、明治後半・大正期に帆船を所有し、石炭運搬業を営んでいた家が二四軒あった。そのうちの一軒に保存されている一八七八年（明治一一）の「新造日記之覚帳」によると、新造の船は五五〇石積（八二・五トン）で、七人が乗り組み、長崎県北松浦郡の江迎炭鉱で石炭を買積し、香川県坂出の塩田や、兵庫県赤穂の製塩所へ運送した［沼隈町文化財協会 1989:20-21］。

このように常石と敷名には、近世から近代にかけて、瀬戸内海を航行し、石炭運搬業を営む家が一定数あった。石炭は瀬戸内の製塩業で使用されるもので、木造帆船による風待ち、汐待ちの航海であった。木造帆船の修理・新造の需要があったのだろう、江戸末期に常石と敷名で造船業が始まった。一八六五年（慶応元）に、倉橋島音戸で修行した職人が帰郷し、常石に造船所を開いたのである。これに続いて、一八七二年（明治五）に、音戸から船職人が常石に来住し、造船所を開いた。その後、海運業者が造船業に転換した例もあり、常石には三軒、敷名には四軒、合計七軒の造船所があった［沼隈町文化財協会 1989:20-21］。

このように近世から近代にかけて、「海の道」は九州の炭田から瀬戸内の塩田へ、木造帆船によって石炭を運ぶ回路であった。海運業がさかんな集落では、近世末に造船業も始まった。造船技術は、造船がさかんな瀬戸内西部から伝播してきたものであった。

常石集落の多くの若者と同様に、沖乗り船頭となった神原勝太郎は、一九〇三年に二〇歳で丙種運転士の免許を取得した。土佐で中古の炭船を購入し、石炭輸送船に改造した。船主・船頭となり、海運業の自営業主となった（T海運）。一年後に二隻め、さらに二年後に三隻めの中古船を購入した。常石集落には造船所があり、中古船入手の情報、購入の便がよかったのだろう。しかし、木造帆船は悪天候に脆弱で、まもなく所有船一隻が嵐に遭い沈没してしまった。T海運は一九〇三～三五年の三二年間が個人経営の時代にあたるが、この間の沈没・座礁・損壊数は一五隻におよぶ［神原汽船 1962:37-64］。

木造帆船の場合、船舶の遭難事故は頻繁に起こるもので、つねにリスクを抱えながらの操業であった。損失が出れば、負債処理のため親族にも迷惑が及ぶ。海運業者は船講を作って備えていたが、損害が発生したときの補償・補填としては不充分だった。リスク低減のため、一九一〇年、勝太郎は集落の同業者を集めて、常石船舶相互救済会を結成した。発起者六人が千株分を出資し、常石では三七隻が加入した［神原汽船 1962:65-72］。この事例からわかることは、集落をベースとした互助組織つまりセーフティネットがあって、海運業者の集団が育成され、近代海運業・造船業の集落という特徴が形成されていったことである。同業者が多く集積している同類結合が、セーフティネットの形成を可能にし、海運業や造船業の興隆につながっていた。

(3) 機帆船による九州・阪神間の石炭輸送——動力化と海運業者の分化

木造帆船を数隻所有し、零細海運業者であった神原勝太郎が事業を拡大させたのは第一次世界大戦中のことである。日本は物資供給国となり、外航汽船の海運各社(日本郵船、大阪商船、東洋汽船など)が急成長した。その影響で内航の木造船運送も好況を呈し、九州・大阪間の貨物運賃はトン当たり二〇銭であったのが、一九一七年には六円に跳ね上がった[神原汽船 1962:83]。資本を投入し、船舶数を増やせば利益が出る活況であった。第一次世界大戦期は、日本で重工業が急速に成長した時期である。都市部では製造業の生産体制が整備され、工場数も工業人口も増加した。阪神で工業地域が形成され拡大した。それにともなって、九州から輸送される石炭量は増加し、瀬戸内海は工業用の石炭輸送ルートに変化していった。

神原勝太郎は、活況に乗じて、所有船数を増やし、一九一七年には新造船三隻、中古船一隻の船主となった。同じ年に併設の造船所を本格的に稼働させ、新造船一隻を進水させた[神原汽船 1962:82-85]。T海運の事業を拡大させた第一歩は、第一次大戦中の好況である。勝太郎だけではなく、この時期集落全体の帆船数は増え、常石、敷名の両集落で海運用の帆船が百隻程度あった[沼隈町教育委員会 1970:30]。

T海運の積荷の大半は石炭で、おもに九州の若松港で船積みした。若松港には六〇数社の回漕問屋があり、荷主と海運業者を仲介し、手数料をとった。炭坑から運送されてくる貨車には、どこの問屋の扱いの荷であるかわかるように「赤単」という板札が差してあった。貨車は問屋ごとに決められている船積み用の漏斗（ホッパー）の上まで移動し、下で待つ機帆船の荷台に石炭を落とし込んだ。回漕問屋は荷主からのオーダーをとり、適切な船主を選択して、船積みの指示を与えた。特定荷主の特定航路への就航を優先的に割り当てる優先指名などの斡旋方法があった［千須和 2002:48-54］。この時期、T海運が取引した若松の回漕問屋（石炭問屋）は三軒で、いずれも常石出身者であった。そのうちの二軒は住友鉱山との関係が深く、T海運の搬送量の約九割は住友の炭鉱から出炭されたもので、大阪の住友金属工業の工場などへ運んだ。大阪から九州にもどるときも、荷積みは常石出身の回漕業者に仲介してもらった［神原汽船 1962:122］。荷主の斡旋から、積み出し、搬送に至るまで常石出身者が連携し、T海運の事業は同郷者ネットワークによって成り立っていたのである。佐賀県杵島炭鉱もT海運の荷主の一つで、佐賀県住之江港から搬送した。

一九一〇年代、瀬戸内海における石炭輸送の主力は、風力・潮力に頼る帆船であった。西風が吹く冬季には港に避難しつつ航海する。天候によっては、九州・阪神間の一航海に二〇日かかることもあった［神原汽船 1962:88］。非効率を改善し、大量輸送を実現するため登場したのが、三～四隻のエンジン・ボート（曳きボート）を帆船に付け、目的地へ曳航する方法である。やがて、石炭をはしけに積み、はしけをつないだ船団を仕立て、先頭を曳きボートで曳航する運搬方法（被曳船《ひかれぶね》）が登場した。帆船より安定した航海になるので、利用する荷主が増加した。T海運も一九二七年（昭和二）にはこの運搬方法（曳船業）を始めた［神原汽船 1962:88］。

一九三〇年代には、大型の木造帆船にエンジンを取り付け、効率よく確実に運送できる機帆船が登場した。T海運も一九三一年（昭和六）に機帆船の改造に着手した。エンジンは大崎上島の木江の鉄工所で調達し、自前の併設の造船所で次々に機帆船に改造した。T海運は機帆船への転換時期が早く、機帆船業と曳船業の両立で、事業を拡大させた［神原汽船 1962:87-90］。

このように一九三〇年代は動力船化に対応できるか否かで、木造帆船所有者層に分化が生じた時期である。たとえば敷名集落で焼玉エンジンをつけた機帆船が登場したのは一九三三年（昭和八）である。これを機に機帆船に転換した業者が九軒、タグボートに曳航させる曳船業に転換した業者が六軒で、これらの方法に転換できなかった業者は廃業した［沼隈町文化財協会 1989:20-21］。同様に常石集落では、帆船所有者の互助組織だった常石船舶相互救済会は、帆船船主が減少したため解散した。曳船業は運航速度が遅く、若松・阪神間を年間六〇回往復する程度だった。機帆船であれば月四～五回の航行が可能だった。そのため、機帆船へ転換する業者のほうが多かった［沼隈町教育委員会 1970:30-31］

機帆船業への転換に成功したT海運は、一九三六年（昭和一一）に個人経営から株式会社へ経営形態をかえた。機帆船七隻、被曳船一一隻を所有し、資本金三〇万円であったが、三回増資して資本金一四〇万円の企業になった。神原勝太郎は零細小売業から海運業の自営業主へ、さらに機帆船経営を成功させて、産業資本家へと上昇移動したのである。田島の町集落では、旧中間層が産業資本家に成長するシナリオは実現しなかった。しかし、対岸の沼隈半島では神原勝太郎がこのシナリオを実現していったのである。

第二次大戦中は、海運業界では汽船が徴用され、船舶が不足した。燃料も統制の対象となり、不足しがちで、小回りがきく木造船の需要が増えた。機帆船の製造数は増加し、神原勝太郎は造船所のほうも一九四二年（昭和一七）に株式会社化した［神原汽船 1962:101-110］。

大手の海運会社は、戦時で汽船が徴用されたため、機帆船主体の運送業務へ切り替えを図った。海運の戦時統制は、大手各社が中小の機帆船業者を系列化することによって進められた。T海運は三井船舶から買収のオッファーを受け、一九四三年（昭和一八）に二二〇万円で会社を三井船舶に譲渡した。同じ一九四三年に、機帆船業は統制の対象となり、常石と敷名の機帆船所有者は西日本石炭輸送株式会社の傘下に入り、管理されることになった［沼隈町教育委員会 1970:30-31］。造船業も同様で、T造船と敷名造船の二つの造船所に整理統合され、中学生が学徒動員された［沼隈町文化財協会 1988a:22-25］。

（4）石炭輸送ルートの最盛期——内航運輸の復興

終戦後、国鉄の貨物輸送は進駐軍物資と生活必需物資を運べる程度の輸送能力しかなく、石炭など一般物資の輸送は機帆船に頼らざるを得ない状況であった。傾斜生産方式による石炭生産重視の政策によって、一九四七年には出炭量が増加し、機帆船には燃料が重点的に配油された。機帆船の運賃は公定価格で高めに設定されていたため、一九四八年に機帆船業界は好況を呈した。しかし、一九四九年に公定価格の統制が解除され、燃料の重点的割り当ては中止となり、海運不況となった。当時、常石集落、敷名集落には繋留されたままの機帆船が四〇数隻もならんでいるありさまだった［沼隈町教育委員会 1970:30-31］。

内航運輸が本格的に回復の兆しを見せ始めたのは、一九五〇年以降である。朝鮮戦争による特需で、産業復興が本格化し、エネルギー源である石炭の増産が図られた。海運需要は増加し、機帆船運送の稼働率は上昇した［広島県輸送海運組合 1994］。

一九五〇年代前半の瀬戸内海の機帆船の概況は次のようであった。一九五一年に全国の機帆船の船舶数は二万一千余隻で、そのうちの八〇％は瀬戸内海で就航していた。瀬戸内海の貨物輸送の主力は汽船ではなく、依然として機帆船であった［日本銀行広島支店 1951］。機帆船のシェアが大きかった理由は、日本の港湾整備が遅れており、機帆船程度の船舶しか入港できないところが多かったためである。九州・山口炭の積み出し港八四のうち六九港は機帆船でなければ搬出できなかった［千須和 2002:388］。

一九五一年に中国海運局管内で稼働している在籍船数の四八・九％を広島県籍船が占め、広島県は全国一の機帆船県であった（図表5―4）。機帆船で運送する貨物には、工業原料（石炭・鉄鋼、非鉄金属、砂利、セメント等）と一般物資（穀類、野菜・果物・繊維類）があった。石炭・コークス産出量の六〇～七〇％は機帆船による搬送であった。一九四八年時点では、広島県の一船主当たりの保有船数は一・一八で、機帆船業者の多くは所有船一隻のみの「一杯船主」であった。大半は船主兼船長で、家族が乗組員であった。稼動船舶の九七％は、企業化されていない、零細自営の個人船主であった。燃料の高騰、運賃協定など、連帯して対処すべき問題もあり、広島県の機帆船の主要寄港地には機帆船組合が作られていた（呉、能美、安芸津、木江、三原、因島、尾道、鞆）。一九五一年には中国機帆船組合連合会（一三組合所属）や、全国組織である全国中国機帆船組合総連合会が結成された［日本銀行広島支店 1951］。

以上のように戦後の機帆船輸送の最盛期は一九五〇年代前半であった。一九五二年には木船を対象とした「木船運送法」が制定された。木船運送業者を登録制にし、標準運賃等の制度を定めたもので、零細自営が多い木船海運業者の経営の安定を図ることが目的であった。「一杯船主」が各港で船積みする際には、荷主との間を仲介する回漕問屋を利用することが一般的だったので、標準回漕料なども定められた。九州炭の主要船積港であった若松では次のような光景がみられることもあった。

（三木友輔日本内航海運組合総連合会会長　談）回漕問屋というのがありまして、一杯船主さんが、たとえば若松へ行きますと、そこに寄って「何か荷物ないか」というと、「おう、石炭。大阪へあるぞ。持って行け」と荷物をもらってくる。それを大阪へ運んでくる。荷揚げした後、船長さん、船頭さんが大阪の回漕問屋へ行きまして「おれは九州へ帰りたいんだが、何か荷物ないか」「じゃ、ドラム缶があるよ。持っていきな」、そういうやり方をやったんです。このやり方はずっと長く続きました。［エコノミスト編集部 1984a:248］

このように一九五〇年代前半の瀬戸内「海の道」は、機帆船によって九州から阪神工業地域へ石炭を輸送する大動脈で、戦後日本の産業復興を担う主要ルートの一つであった。

戦後のT海運／T造船の復興プロセスは次のようであった。戦前に三井船舶に会社を譲渡し、一九四五年時点で神原勝太郎が所有していた船舶は被曳船六隻であった。戦後の経営のイニシアティブは、一代目に替わって二代目経営者の神原秀夫に移った。併設の造船所で新造船の建造に着手し、一九四六年には早くも新造船七隻を整えた。素早い立ち直りで船舶数を増やし、一九四八年の機帆船の好況時に戦後の事業拡大の基盤を築いた。九州の若松港に出張所をおいていたが、一九四九年に石炭配給公団が解散し、統制が解除され、自由販売に切り替わった。それを機に、若松事業所を立ち上げ、本格的に石炭運搬事業に乗り出した。所有船数を増やし、若松に集中していた鉱山会社支店、石炭商社、回漕問屋に積極的に営業を展開し、荷主を開拓した。旧三大財閥系鉱山の石炭輸送にも食い込み、この時期の主要な荷主は、住友石炭鉱業、三菱鉱業、三井鉱山、日本炭鉱等であった。一九五〇年代前半の機帆船の所有数は、T海運と子会社を含めると七〇隻前後に達していた［常石造船 1983:194-208］。

図表5-4　中国海運局管内の機帆船数（稼働在籍船）

広島県	1228
山口県	510
岡山県	621
島根県	129
鳥取県	24
合計	2512

出典：［日本銀行広島支店 1951:554］より筆者作成。

（5）鋼船化・大型化と海運業者の分化

「海の道」が石炭輸送路として本格的に稼働していくのと軌を一にして、一九五〇年代後半に搬送手段は機帆船から鉄鋼船へ切り替わっていった。一九六〇年代にはさらに小型鋼船から大型鋼船による大量輸送へと進展していった。鋼船化、大型化に対応できるか否かで、機帆船業者は分化していった。

一九五〇年代後半に、木造機帆船から鋼船への転換が急速に進んだのは次のような理由による。従来使用されてきた木造船は一九四〇年代の建造が多く、一九五〇年代後半に老朽化の時期をむかえた。同じ頃、輸送ロットが増加し、大量輸送に対応可能な船舶が必要とされるようになった。造船技術が向上し、鋼船に改造するための溶接が容易にできるようになった。そのため、一九五〇年代に海岸にレールを敷いて、溶接で小型鋼船に改造することが広まった。これは俗に「砂浜造船」とよばれ、手がかかる木船製造よりも簡単だった。溶接技術の普及が、老朽化した木船から小型鋼船への転換を促進させた［エコノミスト編集部 1984a:248］。

T海運／T造船が最初に鋼船を購入したのは、一九四八年のことである。鋼船は船型が大きく常石港には入港できないため、因島で修理し、若松・阪神間の石炭輸送に使用した。一九五〇年代前半の海運事業の中心を機帆船運送におきつつ、中古鋼船を一〇数隻購入して、T造船で改造を試み、鋼船の改造技術を蓄積した。本格的に鋼船に切り替えていったのは一九五四年以降で、この年に八六三トンの鋼船を購入し、それ以降二千トン級の大型鋼船を次々に導入し、大型化に対応していった。併設の造船所では、一九五七年に初めて鋼船の建造を手がけ、造船所についても、木船製造から鋼船製造への転換を成功させた。敷名集落では、機帆船業者のうち、鋼船に切り換えた家は九軒あった。このうちの一軒がT造船に新造の鋼船を発注し、これを仕上げたのがT造船の鋼船製造の嚆矢であった。機帆船業者が集積しているという地域社会の特徴が、T造船に鋼船化の初期の顧客を供給した。

機帆船と鋼船の分化の状況を確認しておこう。中国海運局の管内では、一九六〇年の木船運送事業の登録数は五一三六であった。そのうち運航業が四九二五で、これが木造機帆船業者に該当する。その九六%にあたる四七二八業者は所有船一隻のいわゆる一杯船主であった。貨物の集荷を回漕業者に依存しているため、過当競争、運賃の切り下げが生じていた。一方、一九六一年の小型鋼船の登録数は、貨物船の自営運航が二二業者五四隻、貨物船の委託運航が一一〇業者一一六隻、油槽船の自営運航が一二業者一三隻、油槽船の委託運航が二五業者三一隻であった。旭海運、日本通運、徳山運輸など大手の業者もあったが、大半は木造機帆船業者が転換したもので、資本金五〇〇万円未満の零細個人経営であった［中国海運局 1961］。

鋼船業者の増加に即して、従来の「木船運送法」は、一九六二年に機帆船船主と五〇〇トン以下の小型鋼船船主を統合して扱う「小型船海運業法」に改正された。さらに一九六四年には小型と大型の鋼船を区別せず内航として扱う「内航海運業法」に改正された。これらは内航二法とよばれ、輸送量の増大、船舶の大型化に対応したものである。船主は荷主と直接契約するのではなく、運送業の資格をとって、オペレーター経由で荷受けすることになった［広島県輸送海運組合 1994］。運送行為（船主）と運送引受（オペレーター）を明確に区分し、運送責任を負う者が運送引受者となった。内航二法はオペレーター優先を明示することになった。一九六〇年代前半に海運業界は、オペレーター業務を行える海運業者、大型船舶の所有者が優位にたち、中小・零細業者は、転廃業か大手の系列に入る選択を迫られることになった。

T海運は、内航オペレーター兼内航オーナーに該当する［千須和 2002:385-386］。造船業の鋼船化を進めることによって、周辺の中小・零細業者を海運業に系列化していった。造船業と海運業の両方を活用して、中小・零細業者を系列化していくプロセスは次のようなものであった。

2　造船業・海運業と地域社会の支配

(1)　造船業による中小・零細海運業者の系列化

海運業で事業の基礎を築いたT海運は、一九五〇年代後半から本格的に鋼船製造の造船事業に参入していった。造船がさかんで、造船技術の蓄積が厚い瀬戸内海域で、一九五〇年代後半の造船業への参入は、後発組に該当する。しかし、T造船はわずか一〇数年で急成長し、造船業界の中堅企業と評価されるまでに達した。その急成長の過程は、高度経済成長期に沼隈半島沿岸部、島嶼部の労働力を吸収し、周辺地域につよい影響力をもつようになるプロセスであった。

そもそもT造船は一九一七年にT海運に併設された木造船修理作業場として設置されたのが始まりである。バラックの建て屋と砂浜にコロを並べた船台が一つあるだけの簡便な設備であった。修繕船が入ると、つないだロープを数人がかりでロクロでまわして浜に引き揚げた。戦時中に機帆船の需要が高まった時期には、自社および他事業者の機帆船の製造を多く手がけた。戦後も木造機帆船の修理・新造を業務とし、一九五〇年代初頭には二〇数人の木造船の船大工が働いていた。木造船と鋼船では、用語も道具もすべて異なる。経営者の神原秀夫にとっても、船大工にとっても、鋼船の製造は全く未知の分野であった［常石造船 1983:219-223］。

一九四八年にT造船が初めて鋼船を購入したとき、修理・改造を依頼したのは因島のS造船所であった。この造船所には因島日立造船から定年退職した工員が雇用されており、技術力が高いという定評があった。鋼船製造への転換を実現する第一歩は、自社の鋼船の改造を依頼して、自社の船大工が発注先の造船工場へ出かけ、鋼船技術を学ばせてもらうことであった。造船技術は因島から伝播したのである。

次に手がけたのは、自社で鋼船の改造を試みることであった。二〇数人の船大工はいずれも木船専門で、鋼船の技術者に転換させることが必要だった。一九五〇年に鋼鉄製の小型タグボート四隻を買い、自社で改造を試みた。船大工たちは、のこぎりをガス切断機に持ち変え、釘・金づちの代わりにリベット・溶接機を用いて、英語表記の造船用語を学習しながら実体験を積んだ。スチームエンジンを外して、焼き玉エンジンを取り付け、船内を石炭が積めるように改造した［常石造船 1983:220-223］。その後もT海運は中古鋼船の購入を続け、一九五五年までに買った鋼船は一四隻に及ぶ。鋼船を改造することによって船大工たちを鋼船の技術者にすることをめざし、中古鋼船の改造は最もよい教材であった。一九五二年には造船所に鉄工所を付設し、造機部門を準備した［常石造船 1983:237］。

このようにT海運／T造船は、一九五五年まで中古鋼船の改造で所有船舶を増やしてきた。これは、海運業の面では機帆船を鋼船に切り替えていくことを意味した。また、造船面では中古鋼船を素材に、自社の工員に鋼船技術を修得させることを意味した。T海運／T造船が、中古ではなく新造の鋼船を発注したのは一九五五年である。当時、自社ではまだ大型鋼船を造る技術力はないため、三原市幸崎の幸陽ドックに新造鋼船を発注し、自社の工員に現場に入らせて、造船技術を習得させた［常石造船 1983:172-176］。

このような過程を経て、鋼船技術の習得に対応したT造船が、鋼船製造に着手したのは一九五七年である。造船業の伝統がある因島や尾道に近く、周辺には大手から中小まで多くの造船所が存在する沼隈地域で、後発組で鋼船技術力が未知数のT造船が発注先を確保することは容易ではない。T造船が発注先としてねらいをつけたのは、地元の沼隈沿岸部の機帆船船主層であった。

これに先立つ一九五五年、沼隈郡千年村と山南村が合併して沼隈町となったとき、神原秀夫は立候補して町長となった。病気で一九五七年に辞職したが、この間は町長として、政治・経済の両面にわたって強い影響力をもち、パラグアイへの移民送出事業などを敢行した。辞職後、病床に見舞いに来る沼隈郡の小型船主たちに、鋼船製造を売り込んだ。鋼船を建造すれば、それをT海運にチャーターに出すことも可能で、若松に回航すれば積荷の斡旋をする等の条件もつけた［常石造船 1983:339-343］。積荷の斡旋があることは利点で、船主が新造を決断する強い誘因となる。翌一九五八年には一一隻の新造船を受注し、二億七千万弱の利益をあげた。

このようにT海運／T造船は、チャーター、荷回しなどに有利な条件をつけて、周辺の零細船主を自社の海運業のしくみに取りこんでいった。海運業における優位な立場を活用し、造船業の基盤を固めた。海運業をベースに産業資本として成長したT海運は、さらに海運業と造船業の二本立ての産業資本に発展していった。

一九五九年から鋼船にシフトした業務が本格稼働した。この年、T造船の現場で働く労働者数は、下請けの従業員を含めると二〇〇人を超えていた。工場長および設計、造船の中核は木船の船大工から転換した者であった。当時、沼隈海域には小型鋼船用の修理ドックを備えた造船所はなかった。一九五九年に修理ドックを開設したところ、需要は大きく、翌年に修理した鋼船は七四隻に達した。二年間に五本の修理ドックを整え、六二年の修理数は二八七隻に達した。その一方で新造船の受注は海運不況の影響もあって落ち込み、一九五〇年一〇隻、六一年九隻、六二年七隻、六三年五隻であった。一九六〇年代前半のT造船の売上の六割以上は修理部門によるものだった［常石造船 1983:349-353］。T造船の造船業は、新造船受注ではなく、鋼船の修理によって軌道に乗った。一九六〇年代前半までのT造船の企業としての性格は、地元の沼隈海域の小型船主をメインの顧客とし、内航用の小型鋼船の修理を中心とする地元密着型というものであったといえよう。

（2）「エネルギー輸送経路」の転換期

一九六〇年代前半は、「エネルギー輸送経路としての瀬戸内海」の転換期であった。高度経済成長が本格化し、エネルギー源として石油利用の比重が高まりつつあった。産炭地では、一九六〇年に三井三池争議が起こり、石炭合理化をめぐる労使の対立が激しく、出炭環境もこれまでとは異なる様相を呈し始めた。

海運業界をめぐるこのような変化を見込んで、T海運は「石炭後」の方向を模索し始めた。内航海運では市場に限界があるため、新たな外航ルートと搬送貨物の可能性を探り、韓国（セメント、肥料）、フィリピン（木材）、ソ連（木材）との貨物航路を開拓した［常石造船 1983:393-402］。これらの航路は、高度経済成長によって、産業や生活などあらゆる側面で内需が拡大しつつある日本に原材料を運び込むルートであり、日本からは輸出産品を送り出すルートであった。

高度経済成長期の輸出入量の増大は、外航用船舶の需要を拡大した。一九六四年にT造船は、輸出用の木材専用船の建造を手がけたのを皮切りに、輸出用船舶の受注の比重を高めるようになった［常石造船 1983:408］。造船業界では、一九六五年以降一九七三年のオイル・ショックまで、輸出船建造ブームによる好況期が続いた。この時期にT造船は内航専門の小型船主を顧客とする地元密着型の造船業という側面と、輸出用の大型船舶を企業から受注する外航対応も可能な造船企業という側面を兼ね備えていった。高度経済成長期に多角的な造船企業として成長し、沼隈地域の労働力を吸収するようになった。高度成長期、沼隈沿岸部には、T海運／T造船のように雇用吸収力のある中堅以上のメーカーは他に存在しなかった。沼隈沿岸部・島嶼部における製造業への労働力移動はT海運／T造船に集中するようになった。また、造船企業は総合組立工業で多くの下請を必要とする。T造船は、沼隈地域の零細下請を協力企業として公認するというコントロール方法で、周辺の地域社会に影響力をもつ存在になっていった（第七章参照）。

高度成長期を通して、T海運／T造船の拡大路線は継続し、一九六五年には一万一千総トンの船台と、七五〇〇総トンの修理ドック建設を運輸省に申請した。中堅の造船所として生き残るためには、船舶の大型化に対応し、一万トン級の船を建造可能にするというプランであった。運輸省は技術的能力を審査し、許可の可否を決定していた。この申請に対して、一万総トン以上の造船能力はまだ備わっていないと判断し、大手の三井造船㈱との提携を条件にした。T造船は一九六七年に修理ドックを拡張して、独力で一万トン超のＮＫ（日本海事協会）検査合格の高速ライナー貨物船を完成させた。これを機に、造船業界で中堅メーカーとして認められるようになった［常石造船 1983:408-410］。

T海運／T造船の拡大傾向に関して、周辺地域社会に影響を与えた超大型ドック計画について述べておこう。一九六〇年代に京阪神を中心に大手造船各社が一五～三〇万トンの超大型ドックを設置するようになっていた。瀬戸内海域に修理用超大型ドックがない状況を鑑みて、T造船は二〇万トンドック建設計画を運輸省に申請し、一九六八年に完工させた［常石造船 1983:414-433］。

当時日本では、原子力船が政治問題となっていた。一九六七年には、日本初の原子力船「むつ」の母港を青森県むつ市とする政府決定が下され、反対運動が起きていた。一九六八年にはアメリカの原子力空母エンタープライズの佐世保入港をめぐって大規模な反対闘争が展開されていた。T海運／T造船の経営者神原秀夫は「長い目でみて原子力の平和利用はぜひ必要だ。将来の原子力船時代に備える必要もある」「むつ市が断るなら、こちらでひきうけようではないか」［常石造船 1983:440-442］という考えを表明し、次のような計画を立てた。沼隈半島の沖合に加島（御調郡向東町）という面積四〇ヘクタール、八世帯三五人の島があった。ここを「むつ」の停泊港とし、完成した二〇万トンドックを「むつ」の修理基地にしようという計画である。一九六九年には社内に原子力船委員会を発足させた。「むつ」誘致計画が発表されると、尾道市の漁民が反対の海上デモを行い、県政でも論争が起きた。T造船は日本原子力産業会議の原子力船懇談会会長の進藤孝二（商船三井会長）を招いて講演会を行った。進藤は神原秀夫と懇意の間柄で、一九四〇年代に両者が若松港で石炭船の運航業務を行っていた頃からのつきあいである上に、両者の息子・娘を結婚させて姻戚関係にあった。T造船は加島住民を茨城県東海村に案内し、土地買収の価格交渉に入る段階まで計画を進捗させた［常石造船 1983:440-442］。

最終的には、むつ市を母港とする国の方針が変わらなかったため、「むつ」誘致計画は実現しなかった。しかし、この事例には「エネルギー輸送経路」としての瀬戸内海の変化が顕著にあらわれている。高度経済成長期に、日本のエネルギー利用の重点は石炭から石油へと変わり、石炭輸送経路としての比重は低下した。しかし、瀬戸内沿岸部には工業地帯が連なるようになった。製造業の発展によって、日本のエネルギー需要は増大し、外航ルートによって工業地帯へ搬入される石油等のエネルギー量は増加の一途をたどった。エネルギー利用と、燃料をどこから搬送するかというエネルギー輸送問題は切り離すことができない。エネルギー政策に海運業界は深く関わっている。原子力利用は国のエネルギー政策の根幹であった。原子力船「むつ」の誘致活動を、海運業・造船業を営む一企業が積極的に展開した事実には、エネルギー政策と海運業という「海の道」再編に関与する政治と産業界の構造が端的にあらわれている。

エネルギー利用に関わる産業用地をめぐって、T海運／T造船が内海町を揺るがしたＬＰＧ基地建設問題が石油ショック後に起きた（第八章・第九章参照）。ここでは参考として、二〇〇四年時点でのT海運／T造船の企業規模等を述べておこう。オイルショック、造船不況を経て、経営を多角化し（造船、海運、レジャー開発、環境・食品、文化事業）、二〇〇四年時点のT企業グループの関連企業は三二社、海外企業六社、資本金二〇億円、売上高二千億円となっている。T造船単独では、資本金一億八千万円、従業員七五〇人、下請企業（協力企業）は六四社である。下請企業は最大時には一〇二社あった。転廃業があるので、二〇〇四年までに協力企業として認定されたのは、のべ一四二社である。

（3）造船企業の拡大路線と政治ルート

T海運／T造船の事業の進捗には政治家が密接に関与している。自民党総裁、内閣総理大臣を務めた宮沢喜一である。その政治活動は国のエネルギー政策と深い関わりがあった。備後地方、従来の衆議院広島三区が選挙地盤で、経営者の神原家と宮沢家は創業者以来二代にわたって親密な関係を維持してきた。両者が相互にバックアップした軌跡をたどってみよう。

宮沢喜一の父・裕は沼隈郡金江村出身で、沼隈郡千年村出身の創業者神原勝太郎とは同郷にあたる。裕は大学卒業後、一時は内務省官僚となったが、山下汽船㈱に転職し、政友会代議士・小川平吉（田中義一内閣鉄道大臣）の婿となり、一九二八年（昭和三）第一六回総選挙に地元広島三区から立憲政友会で立候補し、衆議院議員となった。勝太郎は、初回の選挙以来、熱心な支援者であった。選挙費用を工面するため、自分の塩田二反を抵当に入れて二万円を調達しようとしたこともある［神原汽船 1962:291-293］。後年発刊された神原勝太郎の伝記の序文は宮沢裕が記したもので、「故神原勝太郎翁と余との交友は五十年を超えるものであった。（中略）齢四十に達する頃より漸く相共に社会的地位も固まり、その後太平洋戦争の終わる頃までのほぼ二十年間が、翁と余の交友の爛熟期であり、過ぎし苦難の日を相共に語る機会も多かった」と述べている［神原汽船 1962:290-291］。戦前、宮沢裕は鉄道政務次官等を務めたが、戦後は公職追放となり、代議士に返り咲くことはなかった。

一九三六年に勝太郎はT海運を株式会社にした。宮沢裕も株主六九名のうちの一人として名を列ねている。また、勝太郎は事業地を広げるため、沼隈地域沿岸の埋立に熱心であった。終戦で村長が交代したのを機に、新たな埋立事業を計画し、宮沢裕の仲介を経て、農林次官と交渉した。国費県営代行事業として実施されることになり、県営千年干拓事業後援会が結成され、造成地は後援会に払い下げられた［神原汽船 1962:118-120, 183-184］。

このように宮沢裕は沼隈地域沿岸部という出自や姻戚関係を反映して、運輸関係に縁が深い政治家であった。T海運／T造船が戦前に企業として基盤を固め、沼隈地域で優位な存在になっていく過程で、宮沢裕と相互にバックアップしあったのである。

宮沢一家が東京から帰省した際には、家族同士のつきあいもあった。喜一はその頃の思い出を「夏休みに千年村に行くと、毎日のように秀さん（二代目経営者――武田注）と遊んだもんだ。子供のころの三つ違いといえば、大変なもので、随分大きい感じだった。秀さんは、あの辺のガキ大将だった。どこかのスイカ畑に入っていって、スイカをとって食べたこともある。よく自転車に乗ってあの辺を走り回った」と語っている［常石造船 1983:66］。創業者勝太郎が一九六一年に死去した際には、宮沢喜一が葬儀委員長を務めた。二代目経営者は、少年の頃から喜一少年と面識があり、二代通じての家族ぐるみのつきあいであることを事あるごとに誇示していた。

戦後は二代目同士のつきあいとなった。大蔵省へ入省した宮沢喜一は、一九四九年第三次吉田内閣で池田勇人が大蔵大臣に就任したとき、大臣秘書官になった。一九五二年の衆議院選挙広島三区で父・裕が落選したので、一九五三年国政選挙では参議院議員に立候補し、広島県で二位当選した。二代目の神原秀夫は機帆船を売って、選挙資金を準備するほどの熱心な支援者であった［常石造船 1983:256-261］。宮沢喜一は参議院二回当選のあと、一九六七年から衆議院に切り替え、広島三区からの出馬となった。初回選挙以降、T海運／T造船は宮沢喜一の熱心な支援企業の一つで、選挙の時期には、T造船社員が、勤務時間内に選挙運動員として活発な集票活動を展開することは地元の人にとっては見慣れた光景であった。宮沢喜一の弟・弘は自治省勤務ののち、一九七三〜八一年には広島県知事となり、その後、参議院に転出した。

このようにT海運／T造船は宮沢一族と密接な関係を保ち、県政・国政レベルの政治につながるルートを保有していた。一九六八年に二〇万トンドックを竣工した際には、宮沢喜一も竣工式にかけつけた。また、一九六九年に原子力船「むつ」誘致計画を立案した際には、宮沢喜一にも相談した［常石造船 1983:256-261,433］。一九七七年に二代目経営者神原秀夫が死去した際には、宮沢喜一が葬儀委員長を務め、弔辞を読み、死後刊行された伝記には序を記した［常石造船 1983:13-16, 541-542］。

（4）瀬戸内海と石油基地——政治家・宮沢喜一の関与

ここで一九五八年に宮沢喜一が関与した、瀬戸内海離島の石油基地問題について、述べておこう。国のエネルギー政策の転換が、地域社会で具体的にどのような問題として表れ、政治家がどのように関与したのかを知ることができる。宮沢喜一の参議院議員二期目の時期に当たる。後年のことになるが、この石油基地の利用をめぐって、一九八〇年代にT造船は、内海町を揺るがす社会問題を引き起こした。

石油基地化の舞台となったのは、内海町の横島である。横島では居住地が島の北東部に集中し、南東部には人家がなかった。大浜とよばれていたその海岸が、一九四一年（昭和一六）に陸軍航空燃料廠になった。

大浜地区一帯が予告（事前通告）なしで、一日にして軍用地になった。（中略）私は昭和一五年の五月頃だったと思うが、産業組合の職員で仕事をしていたが、なんかの用事で通りかかった時、何か役場内が騒がしい気配がしたので窓からのぞいて見ると参謀肩章を附けた軍人三名が大きな横島地図を拡げて何か話をしていた。間もなく軍人が帰ったので役場の人にその内容を聞いて驚いた。（中略）軍用地として買収するから、そのように承知されたいということであった。（中略）こうして横島の大浜地区は一日軍用地と化し、一一基の石油タンク群が林立する「陸軍航空燃料廠」が出現したのであった。(1)

住民にとっては青天の霹靂であったが、小規模ながら石油タンク一一基がならぶ陸軍省貯油基地になった。瀬戸内海域には、このような軍関係の燃料廠が点在していた。徳山、岩国には大規模な施設があり、その他に小規模な施設が複数あった。戦後、これらの旧軍燃料廠は賠償指定設備として、大蔵省管財局の所管となった。

朝鮮戦争が起きると、米軍は軍用燃料の供給のため、これら旧軍燃料廠の接収を進めた。徳山の第三海軍燃料廠跡地は米軍の燃料ドラム缶集積所として利用された［大西・他 1989］。一九五三年の朝鮮戦争・休戦協定締結の直後に、横島の燃料廠跡地も在日米軍に接収された。石油基地として使用され、米軍横島油槽所・大浜貯油基地として、米軍に占用された。

このような米軍に接収された旧軍燃料廠は全国各地に複数あった。瀬戸内海域では徳山、岩国、横島、呉市吉浦など、また近畿地方では四日市がこれに該当する。これらの燃料廠跡地は一九五八年頃に米軍から返還されることになったが、返還後の跡地利用・払い下げは、当時の石油政策と絡んで、「戦後最大の利権」と言われるほどの重要な政治問題になった［小野 1971:110］。横島の場合も同様で、跡地利用の行方に関与したのが宮沢喜一である。

先に、国の石油政策と旧軍燃料廠跡地の払い下げ問題の関連を述べておこう。一九五〇年代前半の朝鮮戦争特需により、一定の経済復興を達成した日本では、一九五〇年代半ばから、重要産業の一つとして石油化学工業の育成が推進されるようになった。国内の電源開発は水力発電から火力発電主体へと変わり、石炭から石油へ比重を移しつつあった。しかし、石油化学工業においては、日本の製造技術は遅れ、石油化学製品は輸入に依存している状態であった。戦後に中東で大油田が次々と発見され、コストが比較的安い石油を入手することが可能になった。エチレン系製品を国産できるように石油産業を育成することは急務であった。このような状況を背景に、国の主導により石油への燃料転換、石油化学コンビナートの建設が進められた。

一九五五年七月の通産省省議決定「石油化学工業の育成対策」に育成の具体策が示されている。石油化学第一期計画は供給価格を引き下げ、供給体制を確立することが目標であった。事業環境を整備するため、「国有地の払い下げ」つまり「旧軍燃料廠跡地の払い下げ」が計画された。大規模な跡地は、敷地面積、残存施設の転用の点でメリットが大きく、大型船舶の利用に適した港湾設備を備えていた。戦後に資金が不足していた企業にとっては、目前に迫っている石油時代のシェア拡大を実現するための利点を兼ね備えた工場建設用地であった。そのため、石油化学分野への進出をねらう企業は、旧軍燃料廠跡地の獲得をめざして、しのぎを削った[渡辺 1966]。

一九五五年に政府は「旧軍燃料廠（四日市、徳山、岩国）の活用について」という閣議了解を発表し、跡地払い下げの方針を示した。旧財閥系企業は共同投資による新たな石油化学専業会社を設立して申請した。石油化学第一期計画として認可されたのは、岩国（三井石油化学工業）、四日市（三菱油化）、新居浜（住友化学工業）、川崎（日本石油化学工業）の四つのコンビナート（エチレン分解センター）で生産される一三社一四工場のエチレン製造計画であった。第一期計画で認可された対象は旧財閥系企業が多かった。石油化学工場を建設する場合、二つの方法があった。

一つは、一社単独で総合石油化学事業を行う方法、もう一つは数社が事業を分担し、相互協力してコンビナートを運営する方式である。岩国（三井石油化学工業）と新居浜（住友化学工業）は単独運営、四日市（三菱油化）と川崎（日本石油化学工業）は複数資本による運営であった。一九五三年に三井石油化学工業によって、岩国コンビナートで国産のエチレンの製造が開始された。一九五九年に四日市で操業を開始した三菱油化・昭和石油・シェル石油のグループは、一九六〇年代に四日市公害を引き起こしていった［小野 1971］。

山口県には岩国（三井石油化学コンビナート）の他に、徳山の第三海軍燃料廠跡地があった。この跡地利用は一九六〇年に提示された石油化学第二期計画で決定され、出光興産による出光石油化学コンビナートが建設された。第二期では、新たに丸善石油化学など石油系の石油化学専業会社が四社設立された。また、三菱化成工業による水島コンビナートの設立も許可された（石油化学工業協会資料[2]）。

以上のように、通産省主導の石油化学第一期計画、第二期計画により、日本の石油化学工業は本格的に始動した。図表5―5に示したように、一九五〇年代末～六〇年代半ばに稼働を始めた石油コンビナートは瀬戸内海域に多い。瀬戸内海域は、この時期に外航によって石油が搬入され、石油コンビナートを基幹とした工業化が急速に進展する「エネルギー転換」の渦中にあった。転換が実現される過程で、「旧軍燃料廠跡地払い下げ」「石油」「エネルギー政策」は密接に関連した重要な政治的課題だったのである。

内海町・横島の大浜貯油基地は、一九五八年に米軍から返還されることになった。大浜は石油タンク一一基の小規模な「旧軍燃料廠跡地」であるが、返還後の利用の在り方は、大規模な燃料廠跡地の場合と同様に、国の政策に左右された。石油連盟には一八社が加入し、需給を安定させるため、一九五八年当時は一日当たりの原油処理量が二四～二五万バーレルに取り決められていた。しかし、各社のタンカー保有数は過剰傾向にあったため、原油備蓄量が増加

図表5-5　エチレンコンビナート稼働開始時期

（1958～1965）

稼働開始時期	コンビナート所在地	企業名	備考
1958	岩国・大竹（山口県）	三井石油化学工業	石油化学第1期計画
1958	新居浜（愛媛県）	住友化学工業	石油化学第1期計画
1959	川崎（神奈川県）	日本石油化学工業	石油化学第1期計画
1959	四日市（三重県）	三菱油化	石油化学第1期計画
1962	川崎（神奈川県）	東燃石油化学	石油化学第2期計画
1963	四日市（三重県）	大協和石油化学	石油化学第2期計画
1964	千葉（千葉県）	丸善石油化学	石油化学第2期計画
1964	水島（岡山県）	三菱化成	石油化学第2期計画
1964	徳山・南陽（山口県）	出光石油化学	石油化学第2期計画

出典：石油化学工業協会資料（http://www.jpca.or.jp/4stat/03histry/history.htm）

し、備蓄施設が不足した。そこで石油連盟加入の一八社は「旧軍燃料廠跡地」の国有遊休タンクを活用する方針を決めた。広島県下ですぐに利用可能な遊休タンクとして、横島の大浜貯油基地と呉市吉浦の貯油基地をピックアップし、大蔵省に貸与を申請した。(3) 米軍からの返還後の利用を目途し、同時期に防衛庁もこの二つの貯油基地の払い下げを申請した。石油連盟に貸与されるか、防衛庁に払い下げられるのか、大蔵省の決定に関与したのが宮沢喜一であった。

地元の内海町の行政・議会が望んだのは、石油連盟に貸与され平和的に利用される方向であった。その方向に進むように、内海町町長および町議会は県や大蔵省、参議院議員の宮沢喜一に陳情を繰り返した。宮沢喜一は大浜の貯油基地が石油連盟に貸与となる方向に誘導し、そのいきさつを内海町長に次のように手紙で連絡している。少々長いが、エネルギー政策に絡む利権問題に関与した政治家の動向をうかがうことができる貴重な資料なので、全文を引用することにしよう。

【昭和三十三年十月二十四日　参議院議員　宮澤喜一から、内海町町長・渡辺虎一、町議会議長中尾八平宛】　封書(4)（傍線―武田）

謹啓、秋冷の砌りとなりましたが皆様には御清栄大慶至極に存じ上げ

**図表5-6　宮沢喜一の秘書から、内海町長宛の封書（昭和33年11月4日発信）。
大蔵省と石油連盟の協議の状況を記している。
（岡崎甚蔵家所蔵資料）**

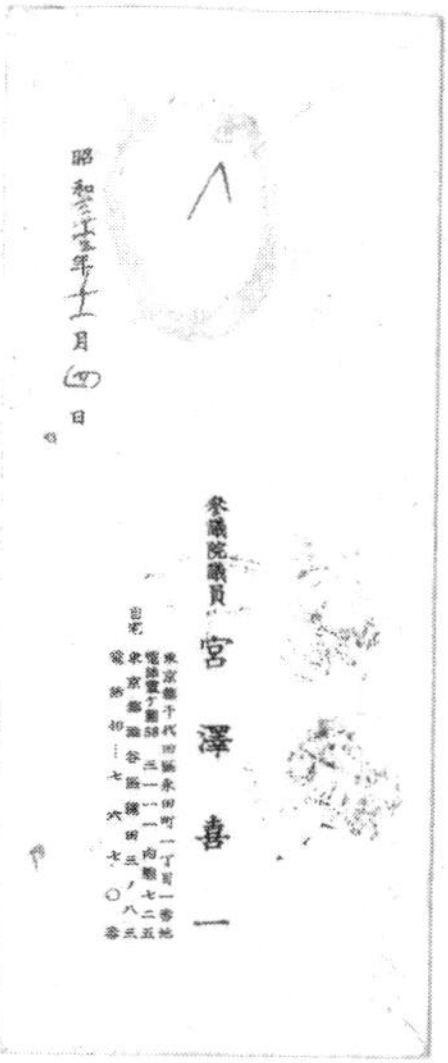

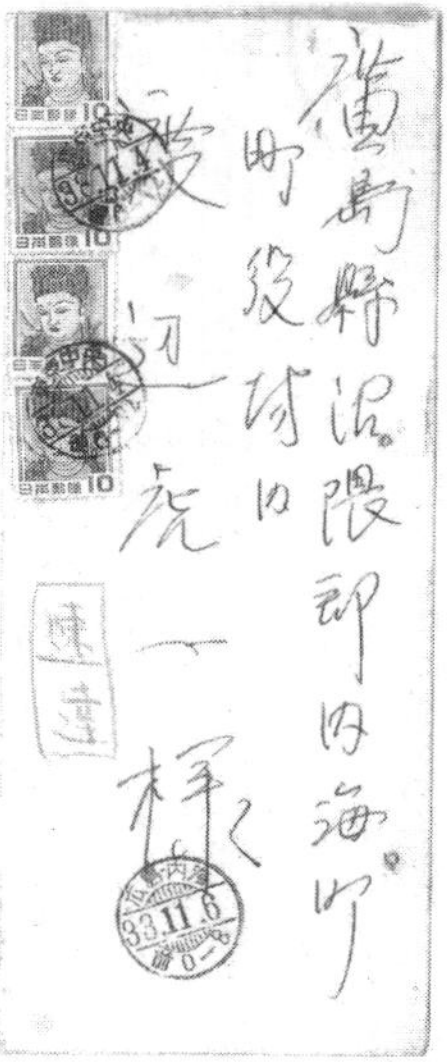

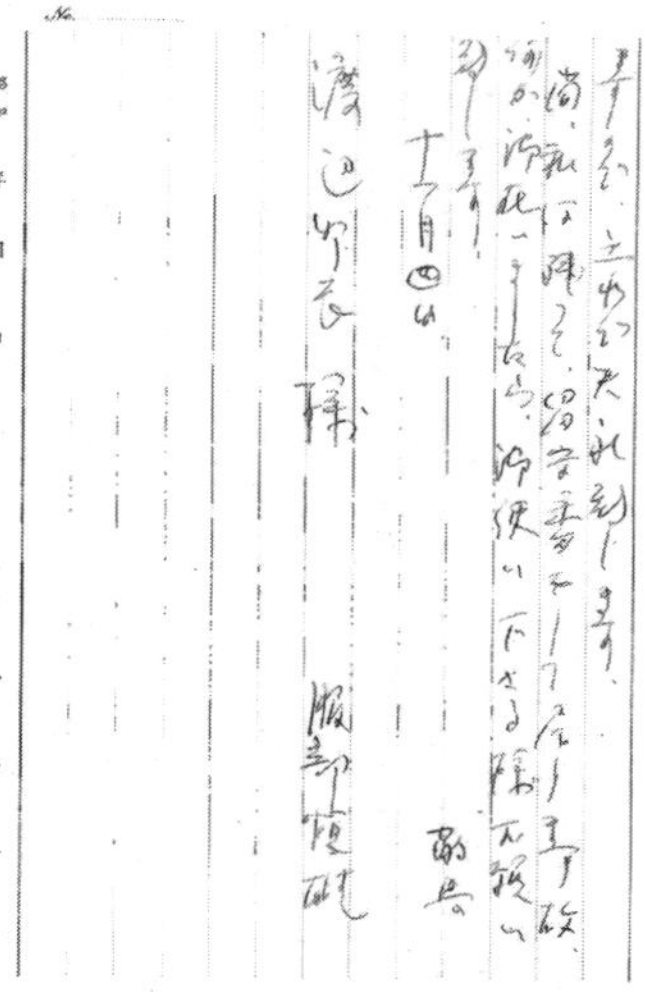

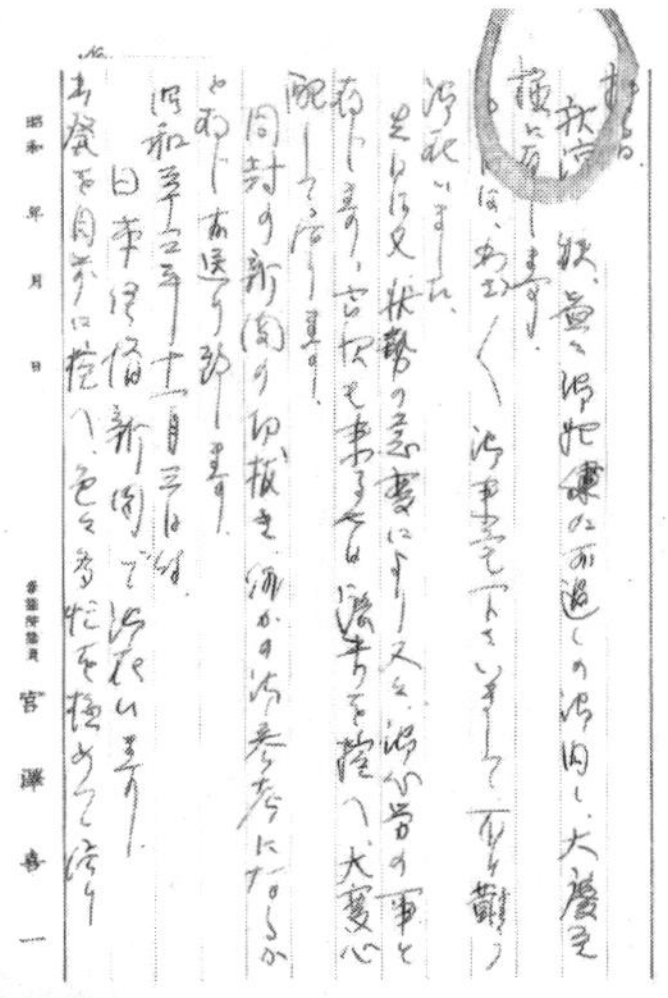

ます。偖て私この二三日呉市に参り、市当局議会吉浦地区代表者等と折入りて懇談なし今日九時帰京致しました。その結果私たちはほぼ予期致しました効果をあげましたので、永いこと皆様方が心配して来られました、横島のタンクの件につき公けに御報告できる事態になったと存じます。

頼みますと昨年私が現地に参上致し御話を承り、その後も町及び議会の方々と御連絡しつつ、この可能な限り取組みましてから既に相当の日時が経過致しました。私と致しましては内海町の窮状を考える時、タンクは是非共、民間に使用させるべきであり、万一町民各位に納得のゆかぬ条件で防衛庁の接収するような不幸な事態が持ち上がれば、僭越ながら先頭に立って内海町民各位と共、如何なる手段を講じても抵抗しようと考え、合法的範囲でどこまで行けるかについて研究致しましたことは或は御承知のことかと存じます。内心そのような決心を秘めながら出来ればあたかも何事も無かったかの如く円滑な結論を出すには如何にすべきかについて過去数ヶ月自問焦慮して参りました。

万一の活路が横島に一つでもあれば少しは簡単でありましたでしょうが、吉浦と同じケースがあったために、かなり複雑な配慮と戦術をも必要としたことは事実であります。八月二一日過ぎ避暑地の軽井沢に佐藤大蔵大臣を単身でお訪ねし、大蔵省管財局長立会のもとに、原則論として此の種の施設は民間に払い下げる可きだという決意をしてもらいました。条件は当時極秘で渡辺町長まで書面で連絡いたして置きました。九月に入って吉浦地区の代表者、呉市長、議長、県会議員諸氏が相次いで上京し、政治力を頼んで池田大蔵大臣、水野運輸大臣、高崎通産大臣等を動かし運動を展開し始めました。そしてこれら呉の代表者達も結果としては従来の経過に鑑みて主として私を頼って来られるに至りました。

九月十日にわたって私は主として大蔵省管財局長と時として防衛庁、石油連盟等を交えて十数回お話を致して参りましたが、問題の一番難しかった点は石油連盟所属の各石油業者にとっては防衛庁が非常に有力な得意先であるため、石油連盟としても防衛庁と表立って事を構えるのを極端に恐れた点であります。十月十日頃（米軍が日本に対して大浜基地を返還した日）になって、ようやく横島―民間、吉浦―防衛庁という結論へ持って来たわけですが、吉浦の人々にとっては誠に断腸の思いがしたことでございました。ここで一つ申し上げて置きたいのは、私がこの事態を内海町の方にとって有利に解決する方途として、最初から最後まで極力表立った動きを抑え隠忍自重して隠密且、暗々裡に事態を有利に推移させることが得策だと考えたことであります。若し吉浦と内海町が鳴もの入りでお互いに東京を騒がしたということになれば、呉市をバックに吉浦側の関係閣僚が多いことでもあるし、且つドチラも引けぬ立場となって事態の解決は殆ど不可能になるであろうと予測したからであります。幸いにして町民殊に町議会議員各位がこの私の気持ちを諒とせられ、はやる気持ちを今日まで極力抑えて平穏を続けてくださったことが結果としてはやはり、よかったと私は信じております。

吉浦の人々に対して私は同情を禁じ得ません。地元を代表して町民大会を指導した人々、市長、市議会議長等の立場を幾らかでも軽くするため、私は呉市訪問を決意し、二十一日町民大会に於いて事情を披露して事の経過を説明いたしました。幸いにして、私の誠意が通じてか呉市の人々もほぼ納得の線に傾きつつあります。唯、吉浦地区の人々にとっても重大問題で、急に明日からカラットした顔になれるものでもございませず、何とか後の収拾も考へてやらねばならぬと存じますので、内海町の方々に関してはこの際勝者の襟度をもって事態の冷却いたすまで、しばらく従来の平穏の態度を持続して頂きたく存じます。漁業補償の問題も十分承知しておりますが、永いことではございませんからもう暫く御静観ください。池田国務大臣が来月、米国シアトルで開かれる、コロンボ会議に出席のため私も是非にといわれて、主席全権代理として十一月七日頃出発、約二十日留守をいたしますが、帰りましてから皆々様拝眉致したく存じています。帰郷のため遅くなりますが以上御報告申し上げます。この事態について満を持して放たず、よく隠忍自重して私をお助け下さいました町民各位殊に町議会の諸賢に対し、心より感謝致し、はるかに敬意を表する次第であります。二十四日 宮澤喜一　拝具このように大浜海岸の燃料廠跡地利用をめぐる政治的駆け引きに宮沢喜一は関与し、「かなり複雑な配慮と戦術」を駆使した。結果的には、横島・大浜が石油連盟へ貸与されることになり、呉市吉浦が防衛庁へ払い下げられることになった。石油連盟と大蔵省が貸与条件の協議を行ったところ、貸与料金が高すぎるということで石油連盟が申請を取り下げようとする動きがあった。(5) 宮沢喜一の秘書は、この情勢をすぐに内海町長に連絡している（図表5―6）。

【昭和三十三年十一月四日　宮澤喜一秘書の服部恒雄から、内海町町長・渡辺虎一宛　封書(6)】

秋涼の候、益々御壮健にお過ごしの御由し、大慶至極に存じます。先日はわざわざ御来宅下さいまして有り難う御在ました。先日は又状勢の急変により、又又御心労の事と存じます。宮沢も来る七日渡米を控へ、大変心配しております。同封の新聞の切り抜き、何かの御参考になるかと存じお送り致します。昭和三十三年十一月三日付、日本経済新聞で御在ます。出発を目前に控へ、色々多忙を極めて居りますので、これで失礼致します。尚、私は残って、留守番をして居ります故、何か御在ましたら、御使い下さる様、御願い致します。敬具。十一月四日、服部恒雄、渡辺町長様

最終的には石油連盟が一年期限つきで使用し、その後に民間に売却されることになった。土地・施設を購入したのが丸善石油で、一九六〇年以降一五年間丸善石油の貯油基地として使用された。

このように一九五八年に宮沢喜一は、小規模な「旧軍燃料廠跡地」の大浜の土地・利用問題に深く関与していた。大浜の利用方法は国の産業・エネルギー政策と密接に関連していたのである。ここで少々先のことを述べておくならば、石油ショックの後、丸善石油は一九七五年にこの貯油基地を閉鎖し、売却した。購入したのがT造船で、LPG基地建設計画を立て、内海町をゆるがす政治・社会問題を引き起こした（第八章参照）。横島の「旧軍燃料廠跡地」

の変化にもあらわれているように、一九四〇年代後半から五〇年代にかけて、瀬戸内海は石炭中心の「エネルギー輸送経路」から、石油コンビナート中心の「エネルギーの備蓄・生産加工」工業地域へと変貌をとげつつあった。

（5）全国総合開発計画と宮沢喜一

宮沢喜一の瀬戸内海沿岸地域の工業開発への関与は、のちにT造船が内海町でLPG基地問題を引き起こしたことと深く関連している。宮沢喜一が国の政策を活用して、沼隈町に本拠をおくT造船をどのようにバックアップしていたのか、その基本的な手法をここで述べておこう。

宮沢喜一は一九六〇年代～七〇年代を通じて、経済企画庁長官を七回、通商産業大臣を一回務めた[7]。高度成長期を通して、国の経済・産業の開発計画のプランニングと実施に関わってきた。一九六二年七月に発足した第二次池田内閣第二次改造では、経済企画庁長官であった。一〇月に「全国総合開発計画」の草案が閣議了解され、地域間の格差を是正するための拠点として、一五の新産業都市が制定された。宮沢喜一はこのときの担当大臣である。

（宮澤喜一談）ちょうどいま池田さんのことをお尋ねですので、その時にありましたのは全国総合開発計画です。このコンセプトは最近までありましたが、それに従って、新産業都市の指定ということが行われた。ご記憶かもしれません。これが私の仕事でした。これは、全国総合開発計画の中のいわゆる拠点となる地域を新産業都市として指定して、それにふさわしい公共投資を行おうという物の考え方です。この、いわゆる国土開発の神様は、終始、下川辺淳君です。その頃、私が大臣のときに、かれは課長でついてきてくれたかな、それぐらいですが、その頃から下川辺君でした。ですから彼は神様になってみたり、悪者にされてみたり、そのときどきでいろいろな目に遭いますが、揺るがざる権威でございますね。［御厨・中

村 2005・223-224]（傍線:武田）

第二次池田内閣第二次改造が七月に発足した直後から、「全国総合開発計画」の新産業都市指定をめぐって、猛烈な陳情合戦が繰り広げられた。最終的には四四都市が計画案を提出し、選定の実務を担当したのが八月から経済企画庁総合開発局調査官に補された下川辺である。

（下川辺淳談）（新産業都市）候補地四四カ所がものすごい調査費を使って調査して、計画書をつくってきた。さっき言ったみたいに、新聞が水島と大分がモデルだと、書いてしまったものだから、鉄と油のコンビナート計画にしないと指定してもらえないという噂になって、全国数十箇所のコンビナート計画が、陳情書とともにどっと出てきたわけです。そのころ、ある先進国の大使館から問い合わせがあって、日本はコンビナートを二〇も三〇もつくると報道されているが、本当であるのかと。当時は世界各国ともコンビナートをどう建設するかが、共通の関心でしたから、それを日本では計画が三〇いくつも出ていると聞いたら、誰でもびっくり仰天ですよ。（中略）（新産業都市の数について）七つか、八つの地域でおさまらないか、という宮澤さんのお話があって、では、一〇くらいでいかがでしょうか、と申し上げた。（中略）秋田の場合は、青森の八戸とどちらにするのか問題になり、宮澤さんに調査せよと言われて、両地域を調査して、八戸だと申し上げ、宮澤さんがそうしようといって秋田を落としてしまった。［エコノミスト編集部 1984b:102-116］

このとき、複数の自民党幹部から、出身選挙区を新産業都市に含めることを要請する働きかけがあった。佐藤栄作、岸信介は山口県、池田勇人、宮沢喜一は広島県出身である。

（下川辺淳談）鹿島も当時、開発計画が緒についていたから、当然、新産都市でやりたいということで、赤城宗徳さん―自民党の総務会長をしていらして―から「鹿島を新産都市にしてくれるのだろうね」と問い合わせがあった。ちょうどいい機会だ、と思ったので、そうはできないので、赤城さんが先頭になって陳情を中止して欲しい、と一晩かけてお話して、わかったと了解して下さった。そうしておいてから宮沢さんにもお願いして、総務会長が率先して遠慮されたのだから、とお歴々のところを歩いていただいて、池田さんも、じゃそうしようということになった。［エコノミスト編集部 1984b:102-116］

しかし、最終的には新産業都市の選定からもれた地域をすくいあげるため、議員立法で一九六四年に工業整備特別地域整備促進法が制定され、六地域が工業整備特別地域に指定された。

（下川辺淳談）（議員立法による工業整備特別地域の指定は、行政サイドとしては）当時は残念至極という感じでした。ただ、何らかの形で指定せざるをえない状態だったのでしょうね。（中略）太平洋ベルト地帯からの巻き返しがあって、これが工業整備特別地域整備法として出てきた。この法案については政府側は、いちおう新産都市的考え方にたっているわけだから、反対の立場であったので議員立法として出てきて、国会から命ぜられて、僕たちはそれを受け取らざるを得ないことになった。
［エコノミスト編集部 1984b:102-116］

このような経緯で指定された六つの工業整備特別地域には、前述の赤城総務会長が打診した「鹿島地区」、佐藤・岸の出身地である「周南地区」、宮沢の出身選挙区の「備後地区」が含まれていた。「備後地区」では具体的に二二市町村が指定を受けた。そのなかにT造船の本拠地である沼隈町が含まれていた。前述したように、T造船二代目社長は、一九五五～五七年に立候補して沼隈町長を務めた。沼隈町は政治・経済両面でT造船によってコントロールされている自治体であった。議員立法で追加された「工業整備特別地域」指定は、自民党政治家の政治的圧力が生み出したもので、「新産業都市」と同様の効果をもたらそうとしたものである。

このようにT海運／T造船は、宮沢が担当大臣として関わった「全国総合開発計画」の「工業整備特別地域」指定の恩恵を受けてきた企業である。T海運／T造船経営者の神原家は零細自営の機帆船経営から、海上運送業・造船業の二本立ての産業資本家へ成長した。政治家・宮沢喜一は、その成長のプロセスに深く関与していた。国の経済政策・開発政策は、このような企業の成長をバック・アップする効果を果たした。

［注］

（1）岡崎甚蔵、一九八九、「島のこぼれ話」29、『迷悟風信』42（横島・西音寺発行）。
（2）石油化学工業協会、HP掲載資料［http://www.jpca.or.jp/pdf-50year/index.htm］。
（3）日本経済新聞、一九五八年一一月三日記事。
（4）岡崎甚蔵、一九九四、「島のこぼれ話」43『迷悟風信』63に引用、紹介されている。
（5）日本経済新聞、一九五八年一一月三日記事。
（6）岡崎甚蔵家所蔵資料。
（7）経済企画庁長官は、一九六二年第二次池田内閣第二次改造、一九六三年第二次池田内閣第三次改造、一九六三年第三次池田内閣、一九六六年第一次佐藤内閣、一九六七年第二次佐藤内閣、一九六七年第二次佐藤内閣第一次改造、一九七七年福田内閣改造、通商産業大臣は一九七〇年第三次佐藤内閣。また、内閣総理大臣在位期間は一九九一年一一月～

一九九三年八月。

第六章　海の労働の変容

――横島における漁民層分解――

● 横島青年団が寄付した「平和塔」（筆者撮影）

1　戦前の漁業と社会構造

（1）近世から明治期

横島村は近世から漁業を主とする集落であった。田島村は福山藩の水夫浦であったが［武田 2002:42-44］、横島村は水夫浦ではない。水夫浦は藩主に魚介を供出する義務を負う一方、操業可能な漁場の範囲が広く、特権が認められていた。水夫浦ではない村がそのような漁場で網をおろすときには水夫浦に挨拶に出向き、入漁料を納めた。近世の文書には、田島村と横島村がしばしば漁場争いをしたことが記されている。一八一二年（文化九）には、両島の間の漁場をめぐって二年間続いた紛争が決着した。調停内容を記した内済証文には横島村と田島村（町組）の双方の惣代が署名している［武田 2002:88-90］。このときの紛争では横島村が本来納めるべき入漁料が免除された。両村の惣代の話し合いで、田島村（町組）が妥協したことを示している。江戸後期には、田島村とほぼ対等に交渉を行えるまで、横島村は漁業の実力をつけていた。中世・近世の文書に記されている横島村漁民の漁法は、一五九四年（文禄三）の壺網漁、元禄年間（一六八八～一七〇三）の鯛網漁、鰯網漁である。(1)壺網漁と鰯網漁は沿岸漁法、鯛網漁は沖合漁法であった。

明治期にも、これらの漁法は引き続いて行われた。図表6—1は、村社である横島八幡神社に残る漁業関係者が寄

図表6-1　横島八幡神社に現存する漁業者が寄進した石造物

石造物	奉納年	寄進者	備考
石鳥居	1826	中尾要蔵、渡辺喜助	鯛縛網業者
注連柱	1890	鯛・鰆・本網営業者 清水弥三治	
		鯒（こち）立営業者世話人（23名連記）	
境内玉垣	1909	明石 魚問屋 菅徳	
		兵庫南浜　魚問屋 大種	
		兵庫南浜奥 魚問屋 山秀	

出典：［内海町教育委員会 1997］［福山農業改良普及所 1975:71-81］より筆者作成。

進した石造物である。ここに名を連ねているのは網元である［福山農業改良普及所、1975:71-81］。網元が経営していたのは、鯛縛網、鰯船曳網、鰯地曳網の大網であった。近世から明治初期までは、大網に網子として雇われた。漁場は燧灘、備後灘などの沖合で、横島の属島・当木島付近は、「当木の州落し」とよばれ、鯛の漁場として有名であった。五月初旬に操業を開始し、漁期は一カ月ほどしかなかった。多大な資本を必要とするが、漁期が短く、豊凶の差が激しいため、次第に別の漁法に移行した［福山農業改良普及所、1975:71-81］。昭和二〇年代半ばを最後に横島では鯛縛網は行われなくなった。

（2）打瀬網漁の導入と漁民層分解

中下層の漁民が分化していく契機となったのが、打瀬網漁の導入である。水夫浦であった田島の町集落に打瀬網漁が伝播したのは、江戸末期から明治初期である［武田 2002:135-165］。ほぼ同時期に横島でも打瀬網漁を取り入れたと推測される。打瀬網漁は一隻に二～四人が乗り組み、家族経営に適していた。沖合の海中で網を曳き、多獲可能で、独立自営の漁民層を増加させた。図表6―2は明治二〇年代後半～三〇年代前半に燧灘に出漁していた沼隈半島沿岸部・島嶼部の打瀬船数である［武田 2002:140-142］。横島は、明治半ばには、田島とともに広島県で有数の打瀬網漁の根拠地であった。燧灘に面し、広い海面は打瀬網漁に適し

図表6-2　燧灘に出漁した広島県の打瀬船数（沼隈半島沿岸部・島嶼部）

年	横島村	田島村	百島村	千年村	浦崎村	鞆町	走島村
明治26	148	79	43	27	32	79	52
27	152	60	48	20	26	78	52
28	148	52	44	18	27	67	48
29	149	52	43	19	26	55	48
30	59	67	42	14	16	110	43
31	152	62	43	14	21	100	39
32	150	60	40	15	20	100	40
33	100	50	48	15	25	100	50
34	100	50	48	15	25	100	50
35	72	60	20	19	–	89	80

出典：［広島県水産試験場 1903:81-83］より筆者作成。

た漁場だった。

打瀬網漁の導入によって、横島の中下層漁民は、沖合漁業の打瀬網業に従事する者と、沿岸漁業の「こったて漁」に従事する者に分化した。「こったて漁」は沿岸で行われる零細漁業で、三～四尋程度の小舟を一人で操る漁法である。昭和初期にも依然として一〇数隻の「こったて漁」の小舟があった［福山農業改良普及所 1975:71-81］。

明治半ば以降、横島で主流になったのは、打瀬網漁である。風力・潮力で操船する打瀬船は、効率の良い多獲可能な船型に改造されていった。明治初期に導入された打瀬船は、角帆で、三～四丈掛けのものであった。小型で、「広島県型」とよばれた。一九一六年（大正五）頃、風上に向かって操船可能なスイシ帆が登場して、漁獲高が増した。打瀬網漁の根拠地の一つだった愛知県伊勢湾でさらに改良が進み、大型の「愛知県型」打瀬船が登場した。一三丈掛けの大型船も作られるようになった。横島の船大工は製造方法を学ぶため、伊勢湾へ行った。一九二〇年（大正九）に船大工二名が県に漁業振興策補助金を申請した。それ以降、横島では多獲可能な「愛知県型」が急増した。

一九二一年（大正一〇）頃、横島小学校の訓導と教員が作詞作曲し、子どもたちが学校で習ったという次のような歌がある。

図表6-3　1921年横島村職業別戸数

職業	戸数
農業	37
水産業	199
工業	24
商業	34
交通業	2
公務自由業	9
その他	260
合計	565

出典：［沼隈郡役所 1923:224］より筆者作成。

打瀬船の唄／打瀬船は帆を揚げガラガラと／吾が横島の港出て／大海原に乗り出せば／舳先に高し波しぶき／夜もろくろく寝もやらず／神や仏にすがりつく／学校の窓から沖見れば／嗚呼　嬉しやうちの船

打瀬漁が横島の代表的な漁法になっていたことが伝わってくる。

一九二一年当時の横島村職業別戸数は図表6―3の通りである。漁業に従事する世帯が圧倒的に多い。男性が漁業を行い、女性が補完的に畑地で野菜等を育てるという社会構造で、在籍船数は二〇八隻だった［沼隈郡役所 1923:224, 231］。

大正末期における横島の漁業者の構造は次のように整理できる。上層部は大網を経営する網元層である。沖合で鯛縛網、または沿岸で鰯網を経営し、漁期には多数の網子を雇用した。中層に位置するのは、打瀬船を所有する自営の漁業者である。家族経営が一般的で、船方（従業者）は男性の家族員であった。下層は船を所有せず、打瀬船の船方または大網の網子として雇われる漁業労働者である。近世までは、上層と中下層の境界は明確であったが、中下層内部は未分化であった。分化の契機となったのは、打瀬網漁の導入で、明治期に入って、打瀬船の所有の有無

図表6-4　横島 木造船大工の系譜

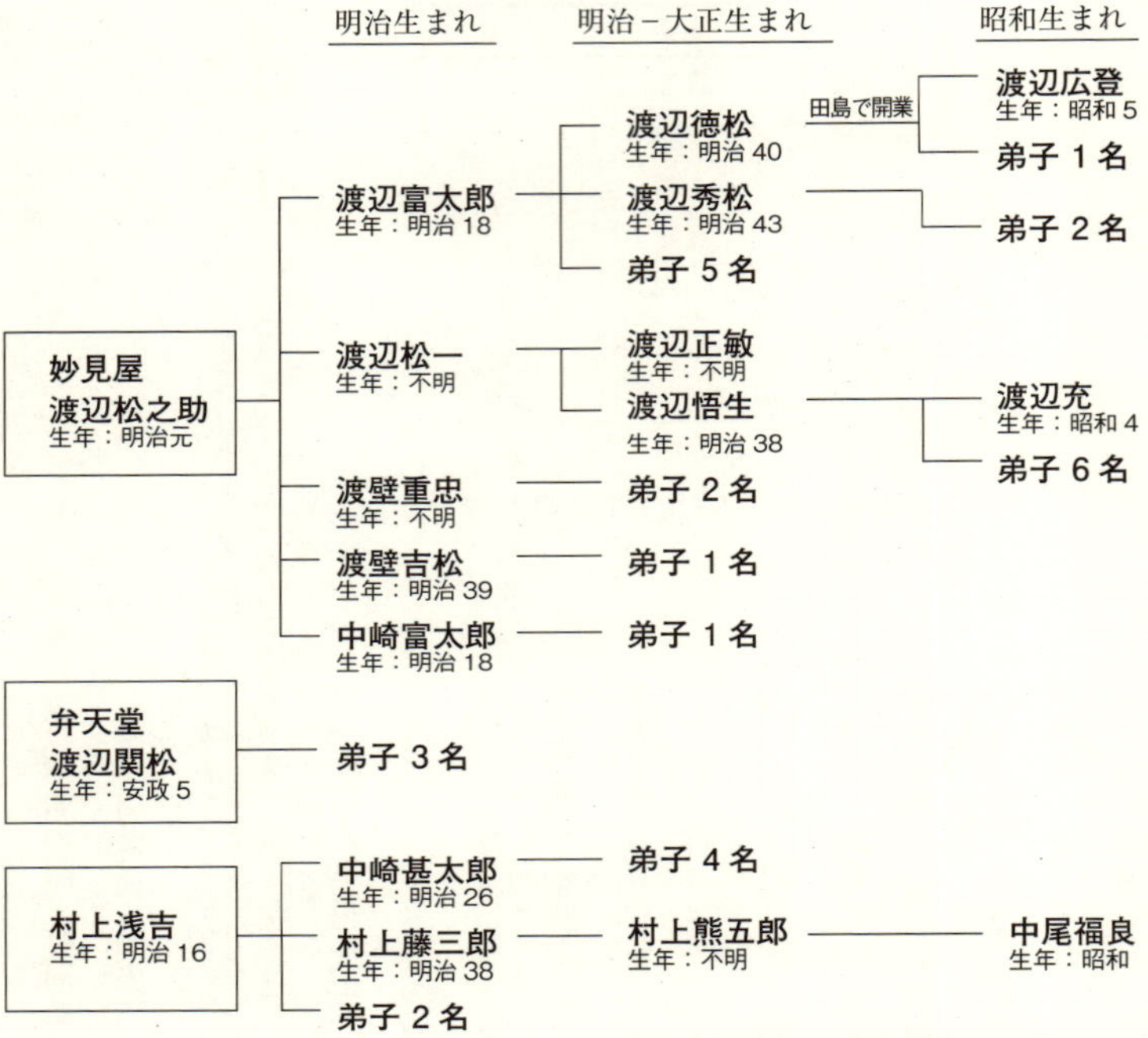

出典：中尾福良氏所蔵資料より筆者作成。

によって中層と下層に漁業者が分化していった。「広島県型」から「愛知県型」へと船の進化に適応できる者が中層の自営漁業者として確立されていった。

大正期後半の「愛知県型」への転換は急速で、木造船の需要が急増した。この変化は木造船の船大工の自立を可能にした。愛知県型打瀬船の増加は、造船や修繕の需要を生み出し、造船所が相次いで開設された。図表6―4は横島における木造船船大工の系譜である。船大工の棟梁・弟子の関係が形成され、主に三つの流れがあった。

（3）沖合漁場の拡大――周防灘（宇部沖）への出漁

打瀬網漁は多獲可能であるため、定置網漁業者との間に漁業紛争を引き起こした。一九二六年五月の鯛網の時期に、横島の打瀬網漁業者たちは、鞆の浦と走島の定置の壷網を切断した。鞆町の「浜新」という業者は十数張の壷網に損害を被り、告訴した。福山裁判所から検事一名と判事二名が横島に来て、漁民を一人ずつ取り調べた。その結果、横島の漁業者の敗訴となり、一人当たり二〇円の罰金を支払うことで和解した。和解成立に至るまで六年余を要し、敗訴した関係者は一二六名、賠償金は総額九七〇二円に達した。(2)この紛争は横島の漁業にとって、大きな出来事であった。一九三一年（昭和六）に漁業組合役員一四名連記による「紛議和解記念碑」が建立された。(3)

紛争が頻発したのは、能率的かつ多獲可能な漁法であるため、漁場がさらに狭隘化したことによる。打瀬網漁業者は、明治半ば以降、他の漁場を積極的に探索するようになった。打瀬網漁業者が多かった広島県は、打瀬網漁に適した新漁場の情報収集に熱心であった。このような情報収集が生かされて、一九〇四年に田島の打瀬網漁業者はマニラ湾へ出漁した［武田 2002］。

同じ時期に、横島の打瀬網漁業者は瀬戸内海西部の周防灘に出漁するようになった。主たる根拠地は山口県の宇部沿岸である。当時の行政村は沖宇部村・中宇部村・上宇部村である（一九二一年に宇部市に昇格）。沿岸部の複数の行政村を包括して、一九〇三年（明治三六）に宇部漁業組合が設立された。(4)一九〇三〜〇四年に、漁業組合を通して山口県知事宛に、打瀬網漁の許可願が数件申請されている。申請者として、横島村・田島村出身者（寄留者）の名が多数記されている。従来から出漁していたが、漁業法が施行されて、正式に許可を得る必要が生じたのだろう。宇部村に本籍がある住人を申請者代表とし、宇部村寄留の漁業者のリストを添付している。

【漁業許可願之件　打瀬網漁業五拾件】　願人　宇部村　中村文吉他四拾九名
本郡宇部村在住粟屋猛二ノ外、拾四名、及ビ同村寄留ノ中村文吉ノ外、参拾四名ヨリ、打瀬網漁業許可願書ヲ提出ス。明治三十六年十二月十四日。打瀬網漁業ハ従来使用シ来レル漁○ニシテ、今新規使用ヲ増加スルモ殊更ニ水族蕃種保護ニ妨害ヲ与フベキモノトハ認メズ。又、出願ノ漁業ト他ノ漁業トノ○○ヲ掲レバ、主トシテ刺網、縄網、ゴチ網、縛網、汐打瀬、流シ網等ノ○トシテ、極メテ甚大ノ妨害ヲ与フベキモノトハ認メズ。但シ将来ニ向ッテモ限リアル漁場ニ於テ、限リナク増加シ来リアルトキハ、○○○漁業トモ利潤ヲ○ル能ハサルノ不孝ヲ来スベキニアル至ヤモ○○感ナキニアラズ。(5)

申請者の一人である本籍住民の粟屋猛二は魚の仲買商である。打瀬網漁業者は漁期に来て、船に居住して操業することが一般的だった。(6)図表6—5、6—6は申請書数件（沖宇部村、中宇部村、隣接の藤山村の漁業者から提出）を基に、横島村・田島村出身者を抜き出したものである。両島から多数の打瀬網漁業者が周防灘に入漁していた。宇部沿岸には地付の打瀬網漁業者がいなかったため、寄留者の入漁がスムーズに進んだのであろう。田島村出身者も多数来住しており、のちにマニラへ渡航したことが確認できる者が複数含まれている。つまり、一九〇三～〇四年当時は、横島村からも田島村からも周防灘に入漁していたが、一九〇四年から田島村漁業者はマニラに出漁するようになり、田島村出身者はマニラへ、横島村出身者は周防灘と、出漁先が特化していった。

そのような状況を反映しているのが、一九三五年（昭和一〇）に横島に立てられた次の頌徳碑である。横島出身の宇部出漁者は、一九三三年（昭和八）に相互扶助の組織を結成した。中心になった人物をたたえた頌徳碑である。

【宇部漁業者救難会　元会長　中尾徳右衛門氏】　横島村 打瀬 宇部出漁業者　救難会会員一同

氏名	住所	申請日	申請代表者
中尾平次郎	中宇部村2040番地寄留	明治37年12月2日	宇部村漁業組合員　中崎佐七郎
渡壁元太郎			
渡辺沢松			
兼氏庄之助			
村上弥右衛門			
村上勘四郎			
渡辺繁松			
渡壁秀一			
中崎松兵衛			
渡辺米太郎			
渡辺豊松			
渡壁○治郎			
山崎才治			
中崎丈市			
渡壁種太郎			
松本貞市			
渡壁文吉			
中尾貞右衛門			
岡崎福松			
中尾実太衛門			
渡壁浅吉			
村上亀吉			
岡崎庄次郎			
村上彦松			
渡壁庄右衛門			
中尾徳右衛門			
村上佐平治			
渡辺兵吉			
村上弥太郎			
中尾円三郎			
村上庄之助			
村上重右衛門			

図表6-5　打瀬網漁 漁業許可願　申請者（山口県知事宛）
（中宇部村・沖宇部村に寄留する広島県沼隈郡 横島村・田島村出身者

氏名	住所	申請日	申請代表者	田島村漁業組合への廃業届の有無	マニラ渡航の有無
渡辺喜三郎	中宇部村387番地寄留	明治37年12月2日	宇部村漁業組合員　中崎佐七郎		
伊津友吉				明治39・9・13	明治39旅券取得
渡壁政次郎					
中尾要太郎					
桑田良平					
中崎秋太郎					
村上嘉右門					
渡壁為太郎					
橋本菊太郎					
村上武右衛門					
渡辺長次郎					
渡壁芳松					
中尾与七					
渡辺富十					
中尾与喜蔵					
神原助之進					
村上市太郎					
渡壁藤次郎					
神原浅太郎					
岡崎巳之助					
角房吉					
神原定吉					明治39旅券取得
中尾嘉右衛門					
村上招一					
岡崎惣右衛門					
花谷福松				明治39・9・12	長男・大正10旅券取得
中尾音吉					
渡壁平右衛門					
角光太郎				明治37・3・25	明治40旅券取得

氏名	住所	申請日	申請代表者	田島村漁業組合への廃業届の有無	マニラ渡航の有無
中村文吉	沖宇部村219番地　粟屋猛二宅　寄留	明治36年12月12日	沖宇部村219番地　寄留者　中村文吉		
浦上太三郎					
向谷林太郎					
鈴木磯夫					
浦上留十					明治37旅券取得
池田太吉					
中尾政吉					
西浦弁吉					
中崎栄二郎					
中尾徳三郎					
中尾安吉					
中尾彦太郎					
中尾治郎松					
渡壁松之助					
岡崎徳助					
中村庄助					
中村芳松				明治37・12・27	明治39旅券取得
村上芳松					
土井安吉					
土井粂松					
荒川豊四郎					
中尾団吉					
磯仲次郎					渡航
村上定十					渡航
村上粂松	993寄留				
渡壁良松					
神原安吉					
村上幸四郎					

出典：山口県立文書館所蔵資料、内海町教育委員会所蔵資料748「廃業届綴」、中井万蔵頌徳碑、外交資料館所蔵外務省記録「海外旅券下付表」より、筆者作成。

図表6-6　打瀬網漁 漁業許可願　申請者（山口県知事宛）
（藤山村に寄留する広島県沼隈郡 横島村・田島村出身者）

氏名	住所	申請日	申請代表者	田島村漁業組合への廃業届の有無	マニラ渡航の有無
西浦太三郎		明治36年12月14日	藤山村 山村庄之助	明治38・9・18	明治39旅券取得
○川舛吉					
神原玉吉					
浦上秀三郎					
西浦伊助				明治38・9・15	
西浦孫吉				明治38・5・31	
中村直平					
中村儀平					渡航
中村千代吉				明治39・3・14	明治37旅券取得
藤本助五郎					
中村久市					渡航
中村友三郎					
渡壁徳三郎					
岡崎助治郎					
村上音吉					
渡辺政次郎					
藤本岩助					
中崎徳太郎					
村上仙吉					
村上吉三郎					
中崎長次郎					
渡壁道之助					
村上幸助					
村上惣松					
神原丈右衛門					
角文吉				大正2・2・28	
村上岩太郎				明治37・9・17	明治37旅券取得
村上甚二郎					
武田林太郎					渡航
村上長二郎					
渡壁丈右衛門					
渡壁辰吉					
中村梅吉				明治39・9・12	明治37旅券取得
神原清二郎					

氏名	住所	申請日	申請代表者	田島村漁業組合への廃業届の有無	マニラ渡航の有無
中尾光次郎	藤山村323番地寄留者	明治36年12月27日	藤山村 奥橋松治		
渡辺松之助					
渡壁孫次郎					
神原嘉三郎					
西浦福太郎				明治37・9・26	明治39旅券取得
村上松次郎					
中村太郎吉					
田頭初五郎					
橋本太市				明治39・9・13	明治39旅券取得
渡壁政次郎					
浦上徳次郎					
村上孫次郎					
安上徳平				明治38・2・9	
岡崎徳松					
桑田福松					
村上寅太郎					
桑田作次郎					
浦上力松				明治38・9・22	明治39旅券取得
井本仙太郎				明治38・10・18	旅券取得
中村玉吉					
渡壁七松					
岡崎忠次郎					
村上幾太郎					
渡壁兵助					
平岡昇之助					
橋本初五郎					
安上藤次郎					
岡崎徳右衛門					
井本佐々一				明治37・9・16	
岡崎伝次郎					

氏名	住所	申請日	申請代表者	田島村漁業組合への廃業届の有無	マニラ渡航の有無
村上惣右衛門	藤山村397番地寄留者	明治37年4月29日	藤山村 田中九一		
村上恭助					
中尾与次松					
門田宇太郎					
河野勢一					
長沢藤七				明治37・9・20	明治37旅券取得
岡崎○四郎					
中尾与四郎					
平岡庄之助		明治37年5月17日	藤山村 横井亀造		
中尾光二郎					
村上八太郎					
村上弥四郎					
村上九三郎					
中尾庄次郎					
村上惣太郎					
渡壁平右門					
神原喜七					
村上三之助					

出典：山口県立文書館所蔵資料、内海町教育委員会所蔵資料748「廃業届綴」、中井万蔵頌徳碑、外交資料館所蔵外務省記録「海外旅券下付表」より筆者作成。

氏ハ志高潔ニシテ、常ニ愛郷ノ念篤シ。本村ハ漁業ヲ生活ノ根源トナシ、大部ハ他県ニ営業シ、而ルニ漁業者ノ増加ト人智ノ進歩ニ伴ヒ、各県競ヒ、他船ノ入漁ヲ拒ミ、氏ハ之ヲ憂ヒ、昭和八年六月宇部出漁業者救難会ヲ組織シ、本会ノ為、一身一家ヲ忘レ救難活動ノ実ヲ揚ケ、福利増進スル所少ナカラス。依テ氏ノ徳ヲ彰センカ為、全員一同相図リ碑ヲ建設シ茲ニ其ノ功績ヲ偲ハン。昭和十年　顧問　渡壁七兵衛(7)

横島出身者は宇部の海岸部（宇部新川）に集住し、いわば横島村の枝村を築いていた。出漁者は母村の相互扶助のしくみを代替するサポートネットワークを必要とし、このような組織が形成されたのだろう。

宇部は明治～大正期に炭鉱によって、寒村から工業都市へと急成長した地域である。明治期に石炭の採掘が本格化し、急速な人口増加によって、一九二一年には「村」から一気に「市」に昇格した。村内地主を中心に、炭坑業の草創期に宇部共同義会という組織を結成した。共同義会は社会事業を行う第一部と石炭関係事業を行う第二部から構成されていた。社会事業では小学校就学困難者、徴兵・現役兵世帯や困窮世帯に対し経済的援助を行った。援助の対象は、村落共同体の古くからの居住戸（＝共同義会の成員）に限定され、新規来往者には開かれていなかった［武田2000］。

宇部沿岸部に集住するようになった横島出身者は新規来住者に該当する。周防灘は海面が広く、漁場として魅力的であった。また、工業都市として拡大し、食料品への需要が大きい。水揚げ後にすぐにさばける市場があることは大きな利点であった。

宇部の地付層は、共同義会の活動を基盤に、沖ノ山炭鉱の事業を発展させて、企業を興した（宇部興産）。沖ノ山炭鉱は海底炭田である。石炭の海上輸送設備を建設するため、海岸部の改造を進めた。掘削、埋立には漁業者との交

図表6-7　山口県の打瀬網漁根拠地

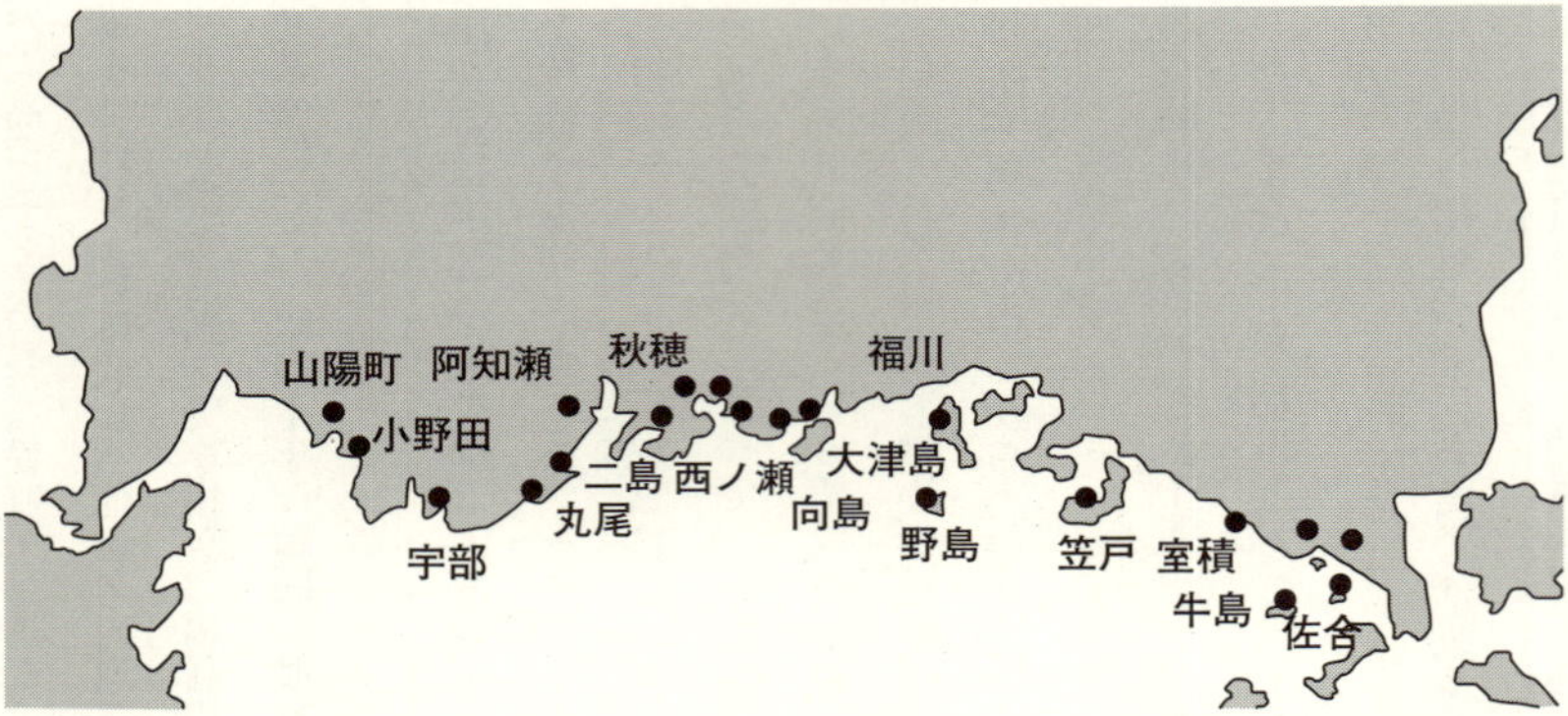

出典：［藤井 1992:63］。

渉・漁業権の補償が必要で、その交渉相手は宇部新川を根拠地とする漁業者であった［武田 2000］。横島から出漁・寄留している漁業者は炭鉱事業を掌握する地付層とは一線を画する社会集団だった。工業都市における新規来住の漁業者という特殊な立場もあり、横島出身者は相互扶助組織を必要としていたのだろう。

横島出身者は宇部沿岸から、周防灘の他の沿岸にも根拠地を形成した。図表6―7は山口県下で打瀬網漁が行われていたことが確認できる地域である。横島出身者は防府、秋穂・二島にも集住した［藤井 1991:41-57］。周防灘南部では、福岡県豊前、宇島、大分県宇佐、中津などにも進出した(8)。周防灘では、横島出身者だけではなく、岡山県日生、広島県佐江崎村、忠海町から打瀬網漁業者が入漁していた［広島県水産試験場 1903:89-86］。

以上のように、横島の漁業者は、明治期後半から一九五〇年代まで、山口県宇部沿岸に出漁した。燧灘と周防灘の二本建てで打瀬網漁の操業地を確保した。母村と周防灘の間を行き来しつつ、母村が漁業集落としての性格を維持することに寄与した。

2　戦後の漁業と漁民層分解

（1）動力船化をめぐる闘争

瀬戸内海では、乱獲防止のため、一九五〇年まで漁船の動力化は許可されていなかった。しかし、実際には一九三〇年代から動力船は増加していた。横島で最初の小型動力船が登場したのは一九三四年（昭和九）頃である［福山農業改良普及所 1975:71-81］。戦時中は、食料増産が奨励されたため、動力船での操業は黙認された。無許可であるにもかかわらず、戦後も動力船が増加し、問題視されるようになった。横島で動力船化を進める者は、打瀬船にエンジンをとりつけて動力船に改造した。漁法としては小型機船底曳網漁業である。動力船のなかには「マンガ」漁業を行うものもあった。滑走装置を備えた桁を用いる底曳網漁法で、桁には鉄製の爪がついており、麦を脱穀するときに使う「マンガ」に似ていた。漁期は一一～三月で、爪のついた桁を海底で滑走させて、冬眠している魚を掘りとる。魚の産卵時期に重なって、資源減少の原因になった。無許可で動力船を使用しているうえに、資源枯渇を引き起こす「マンガ」漁業を実力行使で行うので、帆船の漁業者との間で紛争が生じた。のちのことになるが、一九五一年に横島漁業協同組合から備後海区漁業調整委員会に対して、「マンガ漁業の操業が始まっており、道具を支度している者もいるので、取り締まりを強化してほしい」という要望が出された。(9)このように戦後は動力船の増加で、漁場狭隘化は一層深刻な問題になった。生産手段の「船」の改造が進み、漁業技術の変化が著しかったにも関わらず、「漁場」

図表6-8　燧灘海区における入漁状況（1951年）

	関係地先漁協	入漁組合名	漁業種目	隻数	時期
漁業権漁業	弓削	田島	壺網	37統19隻	4-6月
	魚島	田島	壺網	26統19隻	4-6月
	宮窪	田島	壺網	7統5隻	4-6月
許可漁業	弓削・魚島・宮窪	田島	鯛縛網、鯛巾着網、鰆巾着網	3統20隻	4-11月
	弓削・魚島・宮窪	田島	鰆流釣	1統2隻	4-11月
	弓削	横島	底曳網（えび）	85隻	周年
	魚島	横島	底曳網（えび）	85隻	周年
	不明	横島	鯛縛網	1統	5-6月
	弓削	第一横島漁業協同組合	底曳網（えび）	68隻	周年
	魚島	第一横島漁業協同組合	底曳網（えび）	68隻	周年

出典：広島県立文書館所蔵資料S1-90-386「昭和26～30年 備後海区漁業調整委員会議事録綴」、第29回備後海区漁業調整委員会議事録〈昭和26年12月21日〉より筆者作成。

は限定されているため、海中資源をめぐる闘争が深刻化していった。

戦後の漁業法改正により一九四九年に漁業協同組合が発足した。横島では動力船と帆船（打瀬船）の漁業者の間で紛争が生じ、一九五〇年に組合が分裂した。横島漁業協同組合を脱退した動力船派二七名は「第一横島漁業協同組合」を結成した。従来の横島漁業協同組合には二〇〇余名の帆船派が残った[10]。分裂の期間は二年弱であったが、この時期には両組合別個に入漁申請を行っている。図表6―8は燧灘海区・愛媛県側に提出した入漁申請である。これによると、動力船派（第一横島漁業協同組合）は六八隻、非動力船派（横島漁業協同組合）は八五隻である。動力船派は徐々に勢力を伸長させていったのだろう。動力船派のリーダーは渡戸信雄（仮名）で、のちに長期間、横島漁協の組合長を務めた（後述）。

この時期に動力船と非動力船の間に生じた葛藤は、横島だけでなく、瀬戸内海に共通した問題であった。当時の水産行政と関連させて、動力船許可の推移をみてみよう。戦後の水産行政は一九四九年の漁業法の大幅な改正をもって、本格的に始動した。一九四九年に水産業協同組合法に基づき、漁業協同組合が発足した。漁業法の改正にともなって、漁業調整制度も整備された。横島・田島は備後海区に所属し、一九五〇年に備後海区漁業調整委員会が設置された。各漁協から一名の選出委員が出席し、調整が必要な問題を討議した。備後海区漁業調整委員会の上部には、広島県連合海区漁業調整委員会があり、さらにその上部に、瀬戸内沿岸各県で組織される瀬戸内海漁業調整委員会があった[11]。

水産庁は一九五一年から漁業制度改革の実施を予定し、小型底曳漁船の許可は懸案事項の一つだった。従来厳しく規制されてきた瀬戸内海および紀伊水道においても、一九五〇年のうちに規制を緩和する方針が示されており、議論の焦点はどの程度の馬力の動力船を許可するかということであった。このため、漁業調整委員会では、一九五〇年末から一九五一年にかけて、各海区の実情を調査し、適切な馬力を提案する必要があった[12]。

備後海区漁業調整委員会では一九五一年一月に各漁協を回って、意見の聞き取り調査を行った。横島では漁業者二三〇名が出席した。非動力船派（帆船漁業者）から出た反対意見には「我々は祖先から帆船底曳によって平穏にやって来た。終戦後、自分だけよければよいと云うので機船底曳が発達した。現在収入は三分の一から五分の一になった。一〇馬力を許すとすれば、繁殖と生産の均衡を破ることになる。機船底曳を許すとすれば、帆船底曳に国が補助して動力船に対抗すべきだ。このままでは我々は餓死を待つだけだ」等の発言があった。また、動力船派からは「戦争中、政府の方針により、手段かまわず生産を奨励された。我々はそれに協力した。敗戦したとはいえ、現在その機船底曳を違反として取り締まられることは納得いかない」という意見が述べられた[13]。

広島県連合海区、瀬戸内海連合海区の漁業調整委員会での審議を経て、一九五一年四月に一〇馬力以下・一五トン以下の小型機船底曳網漁業が許可されることになった。これは漁業制度改革の一環であった。水産庁が示した「漁業制度改革一般、スケジュールの方針」では、「許可」と抱き合わせで、小型機船の「減船」の方針も示された（小型

機船底曳網漁業整備減船要綱思案、一九五一年四月三〇日)。

減船の目的として、次のような内容の主旨が述べられている。当時、小型底曳網漁船は全国に三万五千隻あった。正規の許可船は一万一千隻にすぎず、他は無許可または許可違反船であった。資源の枯渇を引き起こす有害な漁具・漁法の使用も多かった。小型機船底曳網漁業を許可するにあたって、有害漁法の取締り強化には限界があり、資源量に見合う程度の隻数、おおよそ六割程度の隻数に減船整理する必要があった。減船整理について、瀬戸内海は四億四千万円、紀伊水道一億七千九百万円、全国合計九億六千万円の財政的措置が予定されていた。これは小型機船底曳網漁業からの転換資金、所有漁船の国家買い上げ費用である。買い上げた船舶は外国へ輸出、または都道府県の取締船・救難船としての活用が予定されていた。減船によって生じる過剰人員は、漁業関係の共同加工・共同販売事業で吸収し、国における労働人口の再配分の方針に即応し、円滑な配置転換を促進するという方針であった[14]。

以上のように、横島に生じていた動力船と非動力船の間の対立は、マクロな視点でとらえると、国全体の漁業制度改革、船舶の減船、国による第一次産業労働人口の労働力移動の推進という社会・経済・政治的な問題と密接に関連している。

マクロな問題は、横島においてはミクロな人間関係に影響を与えた[15]。動力船と非動力船の間の対立は親族間の亀裂を引き起こした。この当時、非動力船派だった漁業者は次のように語る。


動力船をするようなのはね、村の有力者ですわ。昔からお金を持っとる。村の資産家のほうよね。われわれのほうは、どちらかというと、貧民のほうですわ。動力船がだんだん増えてきて、県も許可がないのに、(タンパク源だから)奨励しとるようなわけじゃ。(中略)

（自分は帆船だったが）私のおじさんが動力船じゃった。そのマンガやなんかを実家の倉庫に隠してあった。自分の生活を守るためにはね、違反はやめてもらわなきゃならない。親戚のおじもおばもない。わしがおじさんのマンガを引っ張り出して、血祭りにあげた（検察庁に告発した）。おじさんを逮捕させた。おやじや、嫁が「そんなことをやったら、横島に住めへんじゃけね。わしらを殺してから、やりたいことをやりなさい」と言うぐらい。片っ端から逮捕させた。〔厳しいですね。〕あんたに想像がつくかいな。自分の生活がかかっているんだからね。片一方（動力船漁業者）は、一晩に五万円ぐらいの水揚げするんだからね。校長先生の給料は一〇〇円じゃからね。

（その後）動力船の許可がおりて、組合が統合した。水揚げが違うんじゃけね、（帆船派だった）組合員も金を借りてでも動力船にしようかということでね、納得した。（自分は打瀬船を）長崎のほうへ売った。打瀬をしよったら生活できんからね。八万ぐらいで売った。

（動力船のリーダーだった渡戸信男は、その後）二七年間組合長を務めた。いままでの組合長の中でいちばん長い。時の権力者じゃった。総会でも、組合員がとやかくいうと「やかましい、勝負じゃ、かかってこい」（という雰囲気で、一般の）組合員は震えおった。

最終的には動力船は許可され、結果的に動力船派が勝ち組となった。一九五一年に漁協は再統合された[16]。分裂紛争以降、動力船グループの勢力は増した。このような状況を反映して、動力船派のリーダーであった渡戸信雄は一九五三年に横島漁業協同組合長に就任し、その後一九七九年に至るまで、二七年間の長きにわたって組合長を務めた。

以上のように、戦後に生じた動力船と非動力船の対立は、漁業者を分化させる契機となった。従来は多数の帆船打瀬漁業者が中層漁民を構成していた。動力船の導入時期がその後の社会移動に影響を与えた。分裂紛争は早期移行の漁業者が台頭する機会となった。渡戸信雄の組合長就任は、少数派だった新興の動力船漁業者の社会的威信が高まった状況を示している。この当時、対岸の沼隈半島ではT造船㈱が成長しつつあった。埋立や海の汚染をめぐって、企業と漁業権の交渉を行うのは漁協である。交渉・補償をめぐり、組合役職者は権益に関わる機会が多い。早期に動力船に移行した漁業者は、産業組合エリートに上昇移動した。長期にわたって役職を独占し、企業との交渉・補償によって生じる権益を享受した（第七章参照）。

（2）上層漁民の社会移動

一九五〇年代前半の動力船への移行期に、漁業制度改革と併行して、漁業者の社会移動も進行した。上層漁民（大網経営者層）だった神原家を例に、社会移動のプロセスをみてみよう。

神原家は、横島で鯛縛網を経営していた最後の一軒である。近世から鯛網を経営していたと推測されるが、鯛縛網業者として記録に登場するのは明治期の神原要太郎（一八七六年生）からである。鯛縛網は豊凶の差が激しい漁法であったが、神原要太郎は「縛網の神様」といわれるほど当たりが良かった［福山農業改良普及所 1975:72-73, 88-89］。

鯛縛網は一般的に、親方船、親船二隻、先漕舟四隻の構成で、必要とする網子（かじこ）は五〇～七〇名程度におよぶ。神原家は海岸部に鯛縛網専用の倉庫をもち、大型の親船（網船）二隻を保有していた。おもな漁場は横島の属島・当木島の周囲であった。漁期に必要な漁業労働者は横島（二〇人程度）だけでは足りないので、近くの百島から一五人前後、愛媛の伊吹島から四〇人前後を集めた。要太郎も船主・船頭として網船に乗り込んだ。網船の指揮など、要所は親族で固めていた。

経済的資源の豊かさを反映して、要太郎の長男・実は、東京に出て大学教育を受けた。備後地区選出の代議士であった宮沢裕（宮沢喜一の父）の東京事務所で書生を務めながら、中央大学を卒業した。卒業後は宮沢裕の斡旋により、満州へ渡航し、関東省延吉県の副知事となった。戦後は一九四七年に横島に引き揚げ、父が再開していた鯛網の経営に関わるようになった[17]。鯛網船には、新制中学を卒業した実の長男・孝（仮名）（一九三二年生）も乗り込み、漁師として働いた。

神原実は一九四八年に横島漁業会会長となった。鯛網経営者で、大学卒の学歴があったからであろう。一九四九年に協同組合化したので、会長就任は短期だったが、一九五〇年の漁業調整制度発足以降、一九五二年まで備後海区漁業調整委員、広島県連合海区漁業調整委員を務めた。この間も鯛縛網を経営し、鯛縛網の申請が最後に確認できるのは一九五二年である[18]。

この時期、瀬戸内海の漁法は小型機船底曳網漁に切り替わっていった。神原家では、鞆町の鯛網観光業者に、船、網、道具一式を売り、鯛縛網を廃業した。このように漁業者上層を構成していた大網経営者は、横島では一九五二年に消滅した。廃業後、神原実は尾道に住居を移し、尾道の宮沢喜一事務所の管理者となった。長男の孝は因島で造船業技術を習得し、のちに横島でT造船の下請企業を経営するようになった[19]（後述）。漁業から職業移動した横島住民を雇用する下請企業経営者に社会移動したのである。

神原要太郎を第一世代として、神原家の社会移動を整理すると、次のようになる。明治～大正期の第一世代（要太郎）は経済的資源を蓄積した。第二世代（実）は学歴および政治家とのネットワークを形成し、職業移動に効果があった。社会変動が激しかった戦後の混乱期に、第二世代の職業移動はいちど第一世代と同じ振り出しにもどった。しかし、混乱期が過ぎ去ると、整備された新制度に基づいて再構築された機能組織の上部におさまり、社会的威信の高い地位を得た。しかし、経営している漁法は旧来のものと変わらず、安定性を欠いた。周囲の漁業環境は、機船底曳網が優位を占め、漁船・漁業技術の改変は著しかった。激変する漁業環境で、上層漁民の地位を維持することはできなかった。しかし、各組織エリートとの間に広範囲のネットワークを蓄積していたため、第三世代（孝）は台頭しつつあった第二次産業で有利な地位を占めることが可能だった。新しい産業に関与する政治家・実業家とのルートを活用して、第二次産業（造船業）で、島内の上層に復帰していった（後述）。つまり、上層漁民は消滅したのではなく、第一次産業から第二次産業へ産業構造の変化に即応して、第二次産業における上層に世代間移動したのである。

（3）漁業改革と漁民層分解

横島の打瀬漁業者が、戦前から山口県宇部沿岸に出漁し、燧灘と周防灘の二本建てで操業地を確保していたことは前述した通りである。戦後の漁業法改正の直前、横島の漁業者の周防灘への入漁状況は、山口県宇部七五隻、福岡県宇野島二五隻、大分県中津五〇隻、今津八隻、長洲三四隻であった。しかし、一九四九年の漁業法改正にともなって、漁業権の整備・管理が進んだ。船舶を所有する自営漁業者は、本籍地の漁協に所属していないと、操業を認められなくなった。大分県豊前海区、福岡県宇野島では入漁許可が得られなくなった。周防灘で漁を続けるため、宇部市に本籍を移し、宇部の漁協に所属するようになった船舶数は四三隻に達した[20]。

このように戦後の漁業改革は、漁業権と船舶の面で進行した。船舶を所有する自営漁業者（経営者）は所属先が明確になり、漁場も限定されるようになった。横島出身の打瀬網自営漁業者は、横島か宇部の漁協に所属することになった。雇われの漁業労働者（従業者）の場合は、自営漁業者より移動の自由度が高く、横島と宇部の間を行き来する状況が続いた。

一九五〇年代前半、漁業改革の目標の一つは小型機船の減船整理であった。一九五二年の広島県の計画では、数年間に減船する目標は二二四隻であった。しかし、実際の減船は、希望者申請という方法に拠ったため、廃業にともなって減船が行われる程度で、一九五四年までの減船数は八八隻にとどまった。[21] 船舶の整理という漁業改革の目標の達成は難しかった。つまり、一九五〇年代前半、広島県においては船舶を所有している自営漁業者の職業移動の流動性は低かったといえるだろう。

次の資料（詩）は、一九五四年当時の横島の漁業者の日常生活を子どもの視点から描写したものである。

「出漁」／外はまだ暗い／母に起こされた父は／何も言わずに服を着る／むうっと油のにおいがする／うでをつっこむ／ひじのつぎが大きい／今日もこれから漁に出るんだ／ザルの中にあみとりを入れて／よこにかかえて出て行く人のふくれたような目を見ながら／今晩こそは／笑い笑いもどってくれりゃあええのにと／私はねまの中で思った／弁当をこしらえて／船まで持って出た母がもどってくるころ／やかましいほど聞こえていた機械の音が／だんだん小さくなっていった／（六年生女子）[22]

「兄のことば」／兄が沖へ行く時／こんがあなぼろの服を着ていくんかい／こんがあなやぶれたたびをはいていくんかい／早くぐべんしゃ（分限者＝金持ち：武田注）になりゃあええのに／おらあ、ぐべんになりゃあ、あそんでくうのに、と言うと／おかあさんが「そりゃあ、だれでも言わねえ」／兄は「又もうけてくるど」／と言いながら浜へ行く／早くぐべんしゃになりゃええのに／（五年生男子）[23]

漁獲量が多いとはいえない、零細な操業に苦慮する漁業者家族の日常がにじみ出ている作品である。このような状況でも、横島では一九五〇年代半ばまで、中卒男子のほとんどは漁業に入職した。「兄のことば」を書いた男子も

図表6-9　1958年 組合員数・漁法（横島漁協）

		年代		主たる漁法	
正組合員 240名	経営者 130名	70代	7	小型機船底曳網	90
		60代	28	いわし網	2
		50代	35	壺網	4
		40代	30	いかなご漁	1
		30代	23	磯建	1
		20代	2	たこ壺	3
		不明	5	ボラ釣	28
				一本釣	1
	従業者 110名	70代	3	小型機船底曳網	91
		60代	23	いわし網	19
		50代	27		
		40代	35		
		30代	17		
		20代	5		

出典：広島県立文書館所蔵資料S1-94-53「昭和32〜36年 組合経営調査」より筆者作成。

図表6-10　1959年 組合員数・漁船数（横島漁協）

		1959
組合員数	正組合員	259
	准組合員	1
	合計	260
漁船数	動力船	122
	非動力船	37
	合計	159

出典：広島県立文書館所蔵資料S1-90-693「昭和30〜36年 漁業協同組合統計」より筆者作成。

図表6-11　1960年　許可漁業・届出漁業（横島漁協）

漁業の種類		1960年
小型機船底曳網漁業		96
届出漁業	延縄	45
	一本釣	3
許可漁業	流網	2
	たこ壺	2
	いか玉	2
	まきえ釣	18

出典：広島県立文書館所蔵資料S1-91-701「昭和36年 沿岸漁業構造改善復命書」許可漁業・届出漁業組合別集計より筆者作成。

図表6-12　1962年　機船底曳網漁業（横島漁協）

		1962年
組合員数	正組合員	274名
	准組合員	1名
	合計	275名
機船（底曳用）		110　(常時稼働85)
年間水揚量	100万円～	5隻
	90万円～	5隻
	80万円～	5隻
	70万円～	20隻
	60万円～	20隻
	60万円未満	30隻

出典：広島県立文書館所蔵資料S1-91-701「昭和36年沿岸漁業構造改善復命書」より筆者作成。

図表6-13　1961年 横島・漁業就業世帯の構成

131世帯：漁業自営者95世帯、被雇用漁業労働者36世帯

	経営者	従業者1		従業者2		従業者3	
	年齢	続柄	年齢	続柄	年齢	続柄	年齢
漁業自営者	79	長男	49	孫	24		
	74						
	70	同居人	56	四男	33	四男・妻	28
	70	長男	38				
	69	養子	29				
	67	長男	42	長男妻	38		
	65	長男	36				
	64						
	61	不明	35				
	60	五男	20	六男	17		
	60	長男	25				
	60	三男	25				
	59	妻	53				
	59	次男	24	三男	17		
	59	三男	29				
	58	長男	23				
	57	長男	27	次男	22	三男	19
	57	長男	29	次男	24		
	57	次男	23	三男	20	四男	17
	56	次男	21				
	55	長男	31				
	54	長男	19				
	54	次男	32				
	53	長男	25	長男妻	19		
	53	次男	23				
	51	長男	26				
	51	次女	25				
	51						
	50	長男	34	次男	21		
	50	長男	22				
	49	養子	24				
	49						
	49						
	48	妻	42				
	48	長男	24				
	48	長男	25	次男	20		
	48	長男	27	次男	25		
	48						
	47	長男	18				
	46						
	45	長男	17				
	45	長男	20				
	44	長男	20				
	44	長男	21				
	44						
	43	妻	39				
	42	妻	38				

	経営者	従業者1		従業者2	
	年齢	続柄	年齢	続柄	年齢
漁業自営者	42	弟	18		
	41				
	40	妻	35		
	40	妻	38	子	19
	40	妻	37		
	40	妻	39		
	40	長男	20	次男	18
	40	長男	15		
	40				
	40				
	40				
	39	妻	36		
	39				
	38	妻	32		
	37				
	37				
	36	妻	32		
	36				
	35	妻	28		
	34	妻	33		
	34	妻	31		
	34				
	33	妻	30		
	33	妻	22		
	33	弟	24		
	33				
	33				
	32	妻	27		
	32				
	32				
	31	妻	30	弟	17
	31	妻	31		
	31				
	30	妻	26		
	30	妻	29		
	29	妻	25		
	29	妻	29		
	28	妻	27		
	28				
	28				
	28				
	27	弟	19		
	27	弟	24		
	26	妻	26		
	25	弟	20		
	24	弟	18		
	24				
	21				

	漁業労働者	共同従業者	
	年齢	続柄	年齢
被雇用漁業労働者	58		
	56	長男	21
	56		
	50		
	49	長男	26
	49		
	48	次男	
	48		
	48		
	47		
	46		
	44		
	43		
	43		
	42	次男	24
	42		
	39		
	39		
	39		
	37		
	37		
	35	妻	26
	34		
	33		
	33		
	30		
	30		
	28		
	28		
	26		
	26		
	25		
	23		
	22	弟	19
	19		
	17		

出典：広島県立文書館所蔵資料S1-92-382「昭和36～37年 沿岸漁業構造改善計画樹立」より筆者作成。

一九五八年に横島中学を卒業したあと、兄の小型機船に乗り込み、一九六五年まで地元で漁師として働いた[24]。一九五六年の横島中学男子卒業生五五名（女子は五〇名）のうち、四〇人前後は漁業へ入職した。中卒で漁業に入職した男子の初職は、一般的に漁業労働者（従事者）である[25]。一九五〇年代には、中卒後すぐに宇部へ行って、漁業労働者として働き始めることが一般的であった。

漁業権と船舶の管理が進んだ一九五〇年代後半～六〇年代前半の横島の漁業の状況を統計で確認しておこう。図表6―9～6―13からおおよそ次のような状況であったことがわかる。横島漁協の組合員数は二五〇名前後で推移し、正組合員が多く、漁業専業率の高い地域であった。正組合員のうち、自営漁業者が五五％程度、従業者（船方）が四五％程度であった。自営漁業者の約七〇％は小型機船底曳網漁業で、常時稼働している小型機船（底曳漁業用）は八五～九〇隻程度であった。横島の漁業の主力は機船底曳網漁で、従業者（船方）のほとんどは底曳用機船に乗り組んだ。従業者（船方）の六～七割は、家族が経営する機船に乗り組んだ。そのような家族経営・従業者には二〇代男性と女性が一定数みられる。それ以外の三割程度は被雇用の従業者である。他人の船に乗り組む場合は、半年契約が一般的で（盆・暮れの間の半年）、乗り組む船は頻繁に替わった。被雇用の従業者に二〇歳代は少ない。この年代の漁業労働者（従業者・船方）は宇部等へ行き、乗り組む船を探すことが多かったためと考えられる。

水揚量の格差は大きく、年間八〇万円以上は二割弱にとどまり、八割強は八〇万円以下の零細漁業である。一九六〇年の漁協作成書類には「小型底曳網漁業を主体とする純漁労漁村で、年間約六三〇トンの漁獲があり、すべて鮮魚として販売されている[26]」と記されている。漁獲物の年間取扱高は漁協が二一〇〇万円、その他、内海町に三軒の仲買業者があった[27]（年間取扱量：甲業者三〇〇〇万円、乙業者一七五〇万円、丙業者六〇〇万円）。

一九六〇年前後の状況をまとめると、次のようになる。機船底曳網漁が主流となったが、一隻に二～三人程度が乗り組む形態は、打瀬網漁時代と変化がなかった。半数強の自営漁業者と、それ以外の漁業労働者（従業者）という漁業者の構成も存続した。自営漁業者は、水揚量によって格差が拡大した。少数の水揚量の多い漁業者と八割強の零細漁民に分化した。零細ではあるが、自己所有船があるので、この層の数はほぼ一定していた。減船が奨励されているので、新規増加はあまりなかった。従業者は家族経営の機船に乗り組む者と、自家所有船がなく他人の船に乗り組む者がいた。従業者層には他の業種、他の土地へ移動する可能性が最も高い層である。男子では二〇歳代で、地元漁業にとどまっている層は少なかった。横島では女性が漁業労働に従事する習慣はなかったが、従業者不足を補うため、妻が家族・従業者として夫の船に乗り組み、補助的な作業を行うケースが増加した。機船底曳漁に転換して、操船が容易になったため、女性の労働力が確保できれば、操業が可能になった。女性従業者が乗り組んでいる船は、零細経営と考えてよいだろう。

一九六一年に広島県水産課は、県全体の漁業の概況と、漁業改革の進捗状況について、次のような趣旨を報告している[28]。漁業の概況は「本県は一般的に極めて零細漁業であることはいうまでもなく、これの原因は過剰漁民によることが最大の原因であると思われる。なかんずく、漁船漁業者の零細性はその極に達している」というものであった。今問題は、就業者が過剰であるため、零細性から脱却できない、つまり「漁業人口の非流動性」にあるとしている。今後の漁業構造改善のポイントは教育の振興と職業転換の指導で、その背景として、次のような事情が述べられている。「本県の漁村においても漁村人口の流動性は極めて低く、原因は漁村特有の封建性と観念的な思想が根強いためと思われる。漁業構造改善に関する各種の事業が推進されると、当然起こる問題は過剰労働力である。これを他産業に転換させることによって、漁業の経営体当たりの所得の増大をはかる。」「本県の漁村の年齢組成をみると、漁協を中心とした組合員の大部分は四〇～五〇歳の年齢層によって運営されている。これらの階層の教育の程度は極めて低いの

図表6－14　漁業構造改善の課題（1962年当時、横島漁協）

課題	問題点	改善策
減船適正化（適正船数）	漁業不振、舟子不足	廃船買い上げ・転職促進のため短期職業訓練所の開設
休業期間の共済制度の確立	休業期間の生活費支給	漁業共済事業の開始
共済制度の確立(舟子保護)	舟子の病気・ケガに救済方法がない	
転職転業対策	減船による漁法の転換、代替技能の習得	漁法転換のため、養殖技術の習得、転職促進のため短期職業訓練所の開設
生活改善の推進	宵越しの金は使わない式の生活	生活改善グループの結成
養殖事業	内海漁業の行き詰まり	養殖事業の促進（施設、技術）
鮮魚運搬	流通改善の必要	鮮魚運搬 設置事業

出典：広島県立文書館所蔵資料S1-91-701「昭和36年 沿岸漁業構造改善復命書」より筆者作成。

で、従来行って来た漁村の各種施策に対する理解に乏しい点があったと思われる。そこで、これらの人々に対する教育は一般指導および特別研修、普及事業などで行い、むしろ今後の漁村の振興の根本対策は子弟の教育にあるので、これを高等学校の教育水準に高め（専門校）、他産業に転換させることである。」このような分析に基づいて、個々の漁村の状況が調査され、必要な施策が挙げられた。図表6―14は、横島について提言された漁業構造改善の課題の一覧である。

以上のように漁業からの職業移動は、行政によって強力に推進された政策の一つであった。推進する必要性を述べていることは、逆に漁業からの職業移動が広島県では大規模に進行していなかったことを示している。広島県では減船が容易に進まなかった。減船は自己所有船の層を減少させることを目的とする政策である。自己所有船を保有しているのは中堅世代の四〇歳代以上で、漁業に残留する傾向が強かった。

かわって一九六一年には、若年層の職業移動に焦点をおくことが提言されている。これは漁業労働者（従業者）を減らす提案である。報告にも述べられているように、漁村では緊密な近隣ネットワーク、同職ネットワークが存続し、職業規範も強固であった。横島では実際に、どのように若年層の職業移動が進行したのだろうか。

（4）若年漁業労働者の地域移動・職業移動

義務教育を修了して、そのまま漁業に入職した場合、漁業労働者（従事者）として働き始めることが一般的であった。一九五〇年代には、中学卒業後すぐに宇部へ移動して、漁業労働者として働き始めた例を多くみることができる。漁業労働者（従事者）は船主のように本籍・住民票を異動させる必要がなく、地域移動の負担は大きくなかった。図表6―15は聴き取り調査対象者のなかで、宇部で漁業経験をもつ人を抜き出したものである。聴き取り調査対象者のなかに、N社の南氷洋捕鯨労働経験者が多かったため、図表6―15には捕鯨労働者を含むライフコース例が多くあらわれている。学卒後、宇部へ地域移動し、数年間漁業に従事したあと、捕鯨労働者に職業移動するという社会移動のパターンがあったことを示している。聴き取り調査をもとに、地域移動・職業異動の詳細をみてみよう。

【C―一九三四年生、一九四九年頃宇部漁開始】

〈父は漁師で、父も弟たちも宇部に行った経験がある。宇部に行ったのは、宇部のほうが、水揚げが多いからである。船方として働いた。船主は戸籍を移し、船を登録しなければならなかったが、船方は住民票を移す必要はなかった。父は船を所有せず、船方として働いていた。父と一緒の船に乗り組むことはなかった。横島の人の船で、半年ごとの契約だった。宇部に行った当初二年ほどは帆船だった。その後、機船に変わった。

捕鯨に行ったのは、宇部で一緒に漁師をしていた人たちから、捕鯨のうわさを聞いたからである。宇部では船方は半年で五万円程度だったが、捕鯨に行けば、歩合給で一二～一三万円になった。横島にいれば、もっと悪かった。〉（インタビュー内容の要約）

図表6-15　宇部漁 経験者のライフコース（1946-1975）

	A	B	C	D	E	F	G	H	I	J	K	M	L	N
出生年	1928	1929	1934	1937	1937	1937	1937	1938	1939	1940	1941	1941	1942	1946
父・最長職	船大工	不明	漁師	早逝(自営業)	漁師	漁師	戦死	漁師	漁師	船大工	漁師	漁師	漁師	漁業(横島・宇部)
宇部で乗り組んだ船	他人の船	不明	他人の船	他人の船	父の船	父の船	他人の船	親族の船	他人の船	他人の船	父の船	父の船	兄の船	父の船
家族の宇部漁業経験者			父・弟2名	弟2名（次男・三男）	祖父・父・兄	父・兄		父			父・兄2名（長男、次男）・弟(四男)	父・弟	兄（長男）	父・兄(長男)

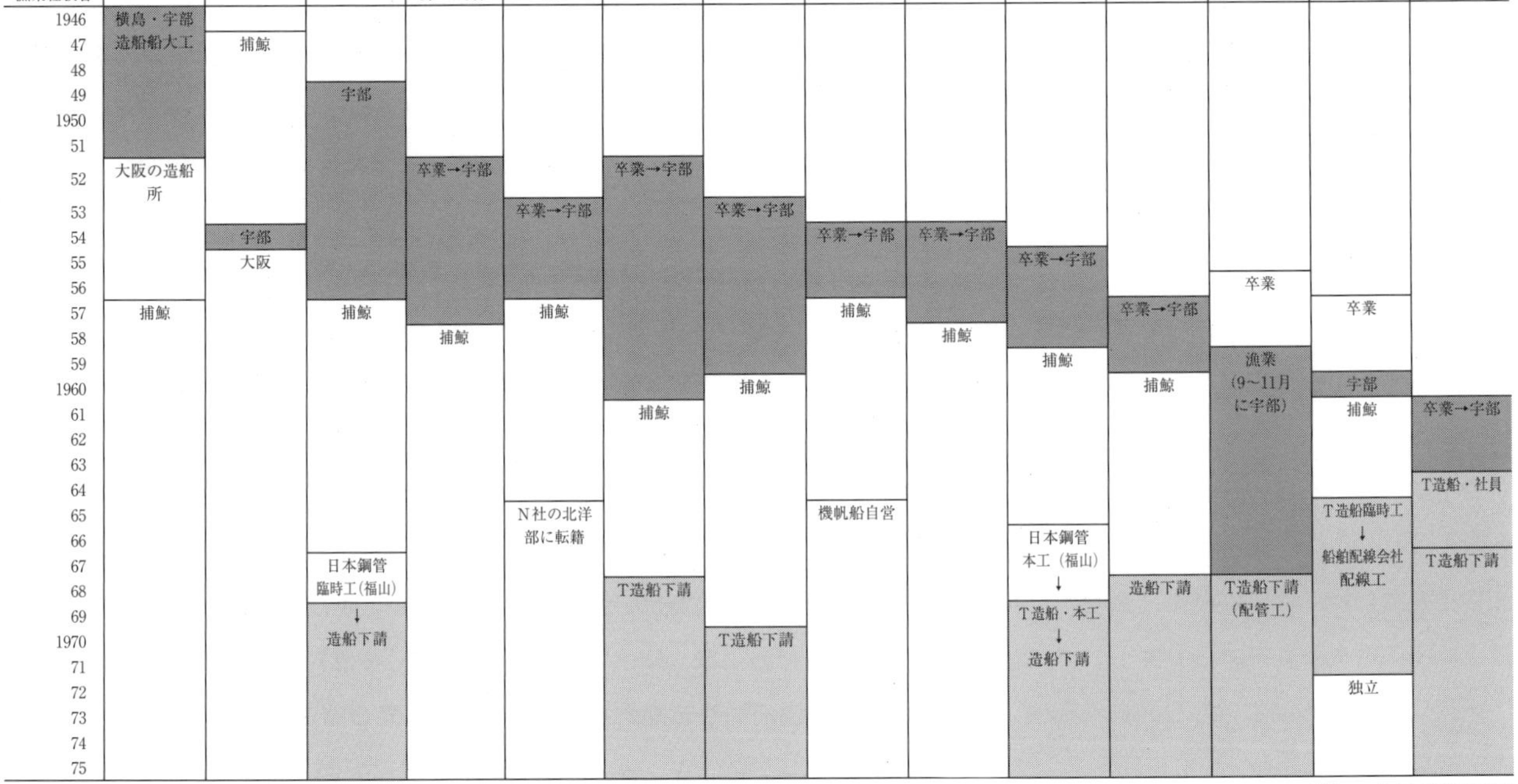

出典：筆者作成。

※捕鯨＝N社南氷洋捕鯨労働者

【E――一九三七年生、一九五三年宇部漁開始】

〈祖父も漁師で、宇部漁の経験がある。父と兄も戦前から宇部で漁をしていた。宇部では父の船に兄と乗り組み、三人一緒に働いた。宇部新川に船をつなぎ、船で煮炊きした。男三人なので、朝も昼も魚ばかりで、休みの日に豆腐や揚げを食べた。船所帯で、よく辛抱したものだと思う。なんとか家を持たにゃということで、一九五五年頃、家を持った。父は戸籍や住民票を移していなかったが、漁業の許可書を持っていた。

宇部では帆船は一九五〇～五一年でなくなった。横島では、一九五三年が最後。宇部のほうが灘が大きく、漁獲量があるので、エンジンを付けるお金があったのだろう。

自分は次男だからいずれ分家しなければならない。漁業でやっていけるのかどうか心配だった。次男だから船を持てるかどうかのう、一生部屋ずみの身かのう、日の目の当たらんことをしていてはいけん、捕鯨に行ってみようかなあということで、捕鯨に行くことにした。〉（インタビュー内容の要約）

【F――一九三七年生、一九五二年宇部漁開始】

〈父は漁師で、八割方宇部で操業していた。昭和二〇年代に、一家の本籍を移して、宇部で家を借りていたことがある。その後、家族で横島に戻り、本籍も横島に戻した。中学を卒業して宇部へ行った。宇部の沿岸部に横島の人がたくさんいたので、「旅」に出たとは感じなかった。横島から宇部へは汽車で七時間ほどで、年二回ほど横島に帰った。宇部でもだんだん漁獲量が減り、あまりいい時期はなかった。兄と弟はいまも宇部にいる。

中学卒業時、宇部に漁師として行くのが当たり前で、他の選択肢は頭になかった。漁師は親が昔ながらの考えで、そのような選択肢が当たり前で、卒業時に何か他のことをしたいとは思いつかなかった。捕鯨に行ったのは、宇部で漁をしていたとき、横島にいた父から、こういう話があるけど、どうかと電話がかかってきたからである。父からすれば、長男は跡とりなので、ずっと漁業をしてもらいたいが、次男は「余りもの」だから。〉(インタビュー内容の要約)

【L――一九四二年生、一九五九年宇部漁開始】

〈中学を卒業して、一七歳頃に宇部に行き、兄の船に乗り組んだ。進学を希望していたが、貧しかったので、漁師になった。父が漁師の子どもは、そのまま漁師になる。船方は二～三人必要だから、親にとって子どもが乗ってくれるのがいちばんいい。子どもは他に何の情報もないので、漁師になるのに抵抗がない。横島より宇部のほうが稼ぎがよかった。兄弟げんかをして、横島に帰ることもあった。横島に帰って、ぶらぶらしているときに捕鯨の試験を受けた。〉(インタビュー内容の要約)

以上の聴き取り調査データには、漁業者の家族に継承された労働ハビトゥスによって、義務教育修了後に漁業へ入職するルートが自然に選択されていったことが表れている。周防灘へ行く選択肢と、燧灘にとどまる選択肢があったが、周防灘のほうが収入がよいことが知られていたので、宇部への地域移動を選択することが一般的になっていた。家族や親族がすでに宇部で働いていれば、地域移動はよりスムーズであった。

宇部沿岸には、漁業協同組合が三つあった(宇部新川漁協、宇部岬漁協、宇部漁協)。そのなかでも、宇部新川漁協はほぼ横島出身者で構成されている組合で、組合長も三代め以降は横島出身者が就任した。また、宇部沿岸には横島出身の魚仲買業者、食品加工業者が数軒定着していた。横島からの地域移動者を受け入れる社会構造が宇部沿岸に形成されていた。沿岸部の漁業者の生活世界は、宇部市の工場労働者・炭鉱労働者の世界とは異質という認識が戦後

図表6-16　横島漁業協同組合員数の推移

年	組合員数
1958	240
1962	274
1967	214
1970	207
1975	196
1980	169
1985	156
1990	157
1996	149
2000	136
2004	118

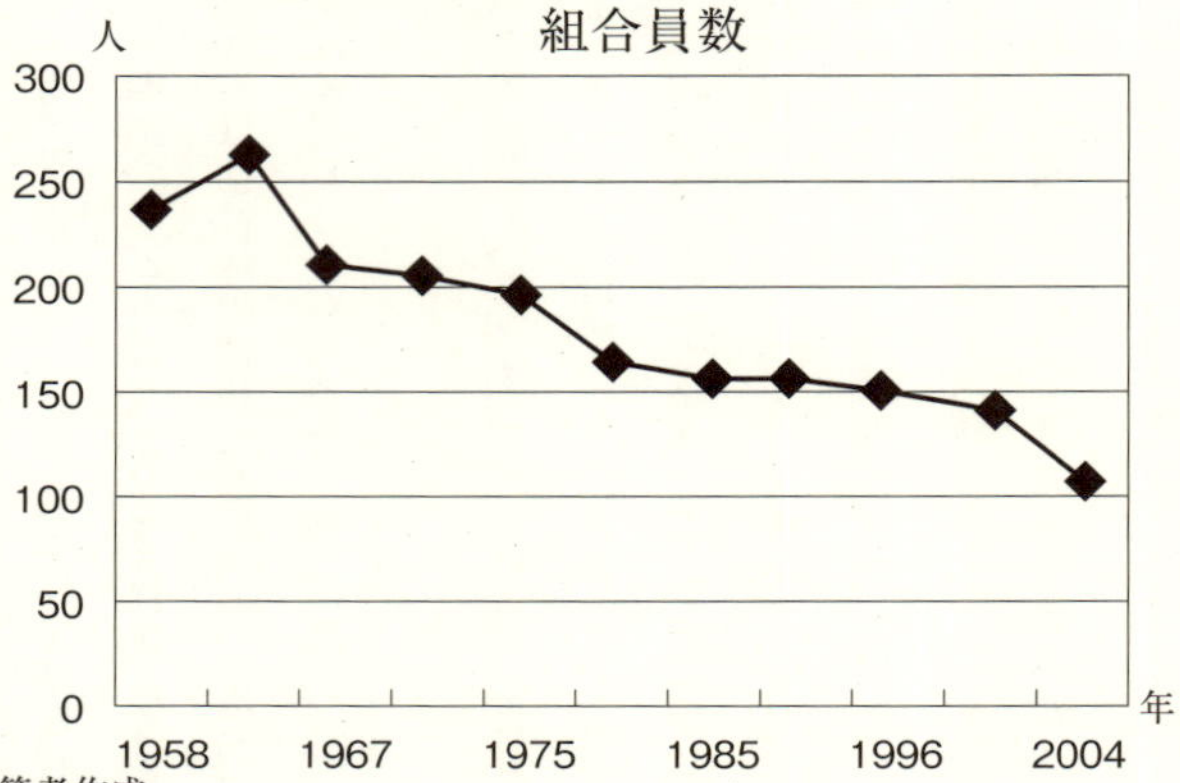

出典：横島漁協資料より筆者作成。

も存続した。漁業から工場労働への社会移動例はほとんどみられない。[29] 漁業の操業時間は夜間で、一般とは生活時間帯が異なることが社会的境界を生み出す要因となっていた。

図表6―15には、捕鯨労働者に職業移動したケース、沼隈沿岸で成長したT造船や下請企業に移動したケースがみられる。一九五〇年代から若年の漁業労働者を中心に、分解が進行していった。「漁師に見切りをつけるように、急速に船方がいなくなった。船主はいたが、船方がある時期からいなくなった。背に腹はかえられないので、船主の妻が乗り込むようになった」と語る人もいる。[30] このような移動の結果、横島漁協の組合員数は図表6―16のように減少した。

第五章で述べたように、一九五〇年代末から一九六〇年代にかけて、沼隈半島でT造船が造船企業として本格的に拡大していった。一九六〇年代に横島の労働人口は地元の第二次産業（造船業）に吸収されていった。宇部への地域移動と捕鯨事業員への職業移動は、第一次産業就業者層が分解し、第二次産業へ吸収される過程で生じた過渡的な社会移動のパターンであるといえよう。

［注］

（1）内海町所蔵資料7777、内海町所蔵資料「ふるさとの歴史探訪」69。
（2）岡崎甚蔵、一九九七、「島のこぼれ話」53、『迷悟風信』74。
（3）内海町所蔵資料「ふるさとの歴史探訪」48。
（4）宇部新川の恵比須神社境内の頌徳碑（大正一五年建立）。
（5）山口県立文書館所蔵資料「明治三十七年新規漁業一件（厚狭郡）」。
（6）宇部新川漁業協同組合での聴き取り調査（一九九七年八月二二日、一九九九年一二月二五日）。
（7）内海町所蔵資料「ふるさとの歴史探訪」45。
（8）宇部新川漁業協同組合での聴き取り調査（一九九七年八月二二日）。
（9）広島県立文書館所蔵資料S1-90-386「昭和二六～三〇年 備後海区漁業調整委員会議事録綴」〈第一六回備後海区漁業調整委員会議事録、昭和二六年五月二二日〉「マンガ漁業取締について」。
（10）岡崎甚蔵、一九八五、「島のこぼれ話」13、『迷悟風信』25。組合長経験者の渡戸銀太郎さん（仮名）への聴き取り調査（二〇〇五年三月二日）。
（11）広島県立文書館所蔵資料S1-90-469「昭和二五～三一年 備後海区漁業調整委員会議事録綴」〈第一回備後海区漁業調整委員会議事録、昭和二五年一一月五日〉、S1-90-468「昭和二四～三一年 備後海区漁業調整委員会議事録綴」〈広島県連合海区漁業調整委員会設置準備委員会、昭和二五年一二月一七日〉。
（12）広島県立文書館所蔵資料S1-90-468「昭和二四～三一年 備後海区漁業調整委員会議事録綴」〈漁業制度改革一般、スケジュール、昭和二六・四・三〇〉。
（13）広島県立文書館所蔵資料S1-90-469「昭和二五～三一年 備後海区漁業調整委員会議事録綴」〈備後海区協議会議事録、実態調査―一月一五日田島、一月一六日横島〉。
（14）広島県立文書館所蔵資料S1-90-468「昭和二四～三一年 備後海区漁業調整委員会議事録綴」〈漁業制度改革一般 スケジュー

ル、昭和二六・四・三〇〉、S1-90-469「昭和二五〜三一年 備後海区漁業調整委員会議事録綴」〈第五回備後海区漁業調整委員会議事録、昭和二五年一月二七日〉。
(15) 渡戸銀太郎さんへの聴き取り調査(二〇〇五年三月二日)。
(16) 岡崎甚蔵、一九八二、「島のこぼれ話」4、『迷悟風信』16。
(17) 神原孝さん(仮名)への聴き取り調査(二〇〇四年九月一五日)。
(18) 広島県立文書館所蔵資料S1-90-386「昭和二六〜三〇年 備後海区漁業調整委員会議事録綴」〈第三三回備後海区漁業調整委員会議事録、昭和二七年一一月二七日〉。
(19) 神原孝さんへの聴き取り調査(一九九四年九月一五日)。
(20) 広島県立文書館所蔵資料S1-90-469「昭和二五〜三一年 備後海区漁業調整委員会議事録綴」〈備後海区協議会議事録自昭和二六年一月一二日、至昭和二六年一月二四日〉。
(21) 広島県立文書館所蔵資料S1-90-386「昭和二六〜三〇年 備後海区漁業調整委員会議事録綴」〈第五二回備後海区漁業調整委員会議事録、昭和二九年六月二一日〉。
(22) 内海町所蔵資料「一九五四年度横島小学校児童文集『うず』」。
(23) 内海町所蔵資料「一九五四年度横島小学校児童文集『うず』」。
(24) 渡戸充さん(仮名)への聴き取り調査(二〇〇四年九月五日)。
(25) 渡戸康雄さん(仮名)への聴き取り調査(一九九七年八月二二日)。
(26) 広島県立文書館所蔵資料S1-91-368「昭和三四〜三五年 沿岸漁業振興」〈鮮魚運搬船設置事業補助金交付申請書、昭和三五年九月二八日〉。
(27) 広島県立文書館所蔵資料S1-91-701「昭和三六年 沿岸漁業構造改善復命書」〈沿岸漁業構造改善促進計画に関わる内海町漁業者:広島県経済課〉。
(28) 広島県立文書館所蔵資料S1-91-701「昭和三六年 沿岸漁業構造改善復命書」〈広島県の漁業構造改善素案・広島県農地

経済部水産課〉。

(29) 宇部新川漁業協同組合での聴き取り調査(一九九七年八月二三日、一九九九年一二月二五日)。

(30) 加藤夏樹さん(仮名)への聴き取り調査(二〇〇四年八月二五日)。

第七章　造船業労働者の形成

●沼隈半島の造船企業（筆者撮影）

1　瀬戸内海地域における近代造船業の展開

一九五〇年代後半から一九六〇年代にかけて、横島では漁民層分解が進行し、第二次産業に吸収されていった。主要な移動ルートは、漁業者から造船業労働者への移動であった。漁業と造船業では、労働に必要な技能は全く異なる。漁業者はどのように技能を習得し、造船業に参入していったのだろうか。また、この時期に参入の機会が開かれたのはなぜか。瀬戸内海造船業におけるT造船㈱の位置づけをマクロ的な視点で考察した上で、個々の労働者の技能習得の過程を検討することにしよう。

第五章でも述べたように、T造船が本格的に鋼船の製造に着手したのは一九五〇年代後半である。近代造船業の蓄積が厚い瀬戸内海域では後発組に該当する。瀬戸内海域における近代造船業は五つの画期を経ながら展開していった（図表7—1、7—2）。T造船の参入は第V期に該当する。図表7—2に基づきながら、瀬戸内海の近代造船業の形成過程を概観し、T造船の位置づけを確認することにしよう［中国地方総合調査会 1979］［中国地方総合研究センター 2008］。

（1）造船業の展開とT造船の位置づけ

海運が活発な瀬戸内海では、近代以前から造船業がさかんで、その中心地の一つは倉橋島（広島県）であった。倉橋島の船大工の木造船技術の高さは西日本ではよく知られていた。近代造船業の嚆矢である第I期（明治初期～二〇

図表7-1　瀬戸内海　造船業関係地域

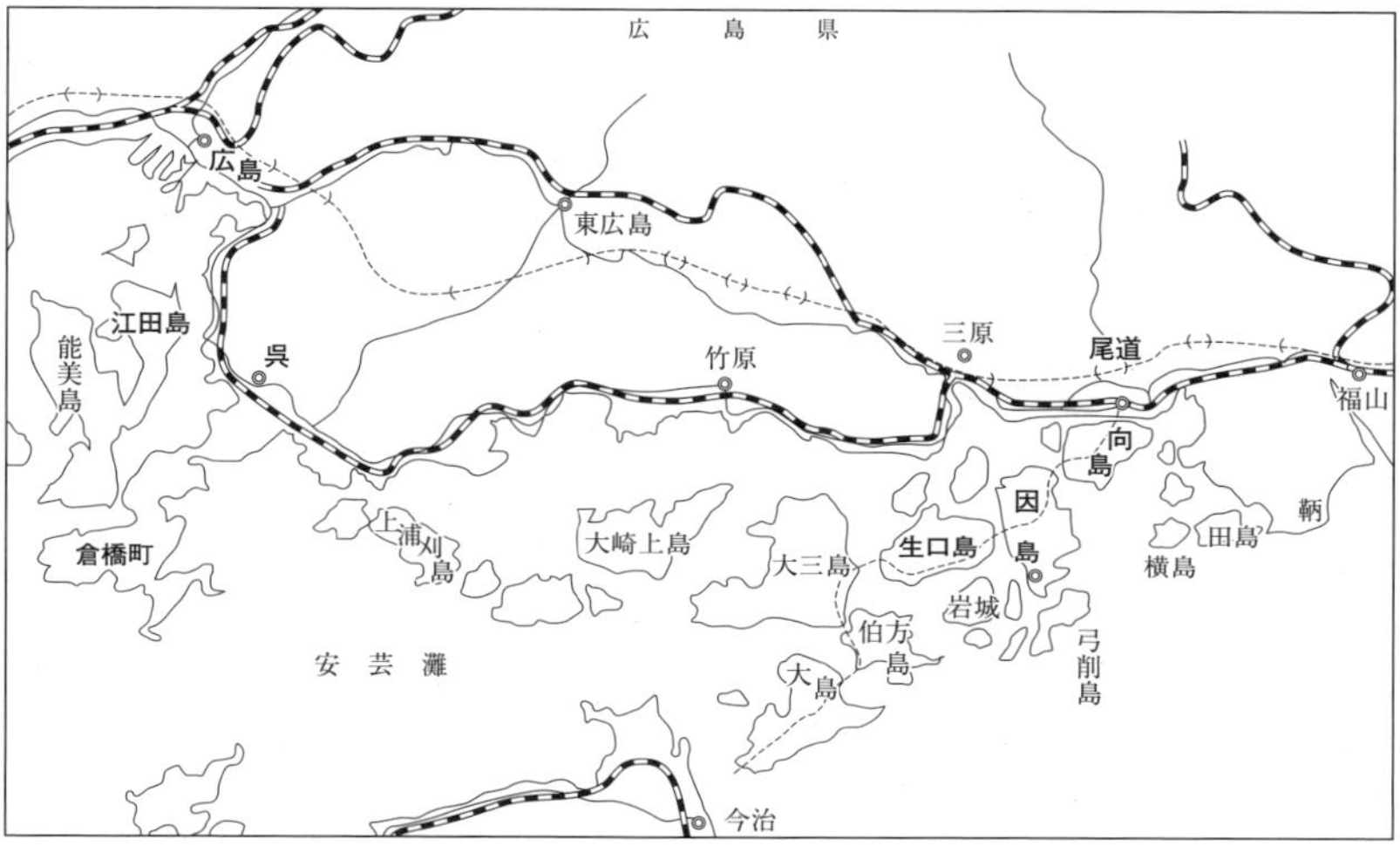

図表7-2　瀬戸内海域における造船業の展開

	画期となった時期	展開過程	主な立地
Ⅰ	明治初-20年代	官営造船所の創設、民間払い下げ 呉海軍工廠の設置	神戸 瀬戸内中央部（呉）に軍事工業の拠点形成
Ⅱ	明治30-40年代 (日清・日露戦争後)	修繕専門工場の設立	阪神～播磨～備後
Ⅲ	大正期前半 （第1次大戦）	大手の工場新設、新造船部門の拡充 中小造船所の開設	広島県・愛媛県
Ⅳ	昭和10年代 （第2次大戦）	大手の工場新設・拡張 中小造船所の開設･統合	広島県・愛媛県
Ⅴ	昭和30～40年代 （高度経済成長期）	大手の超大型船専門工場の新設、中堅の新鋭工場増設	山陽・近畿、四国・九州

出典：［中国地方総合調査会 1979:2]に筆者 加筆修正。

年代）には、倉橋島の対岸に呉海軍工廠が開設された。また、神戸には官営の兵庫造船所（のち川崎造船所、川崎重工神戸）が設置された。官営および民間に払い下げられた財閥系の造船所が近代造船業の基礎を築いていった。

第Ⅱ期（明治三〇～四〇年代）には、広島県の瀬戸内海沿岸部を中心に、民間の造船所が創設された。その代表的な例が因島の土生船渠合資会社である。九州・阪神間の石炭運搬船の航路に近く、修繕業がさかんな因島で、船大工の棟梁が島の名望家から出資金を集めて、一八九四年（明治二七）に創業した。のちに大阪鉄工所に買収され、さらに日立造船因島工場となった。修繕を主とする工場であったが、因島に中核的な工場が設置されたことによって、生口島、向島、生名島など周辺の島嶼を含めて、近代造船業が発達していった。この時期の民間造船業は修繕が主で、日露戦争時には軍用船の修繕で繁忙を極めた。

第Ⅲ期（大正期前半）の画期をもたらしたのは第一次世界大戦であった。造船需要が起こり、大手造船所では欧米へ船舶を輸出するようになった。大手造船所は中小造船所を買収し、既存工場を拡充し、新工場の建設を進めた。三井造船玉野、三菱造船下関などはこの時期に新設されたものである。瀬戸内海域各地に近代造船業の拠点となる地域が形成され、地場産業形成の基盤となった。

第Ⅳ期（昭和一〇年代）には、戦時に対応して、大手の工場の拡充が続いた。鋼船は大手造船所を中心に製造されていたが、その一方で、瀬戸内海域では木造船の製造・修繕もさかんであった。九州・阪神間の石炭輸送を機帆船が担い、修繕の需要が高かったからである。鋼船の製造を大手が担う一方で、木造船を扱う中小造船所も多数存在した。このように瀬戸内海域では、鋼船と木造船の両方のタイプの新造・修繕の需要があり、大手造船所と中小造船所が並立して操業していた。

戦後、造船業の地場産業化はさらに進展した。画期をもたらしたのは、一九五六年のスエズ動乱である。第二次中東戦争によるスエズ運河封鎖によって、大型タンカーの需要が増した。日本は第一次輸出船ブーム（一九五六年）、続いて第Ⅴ期の高度成長期に第二次輸出船ブーム（一九六三年）、全面的造船ブーム（一九六七年）を迎えた。造船景気に乗じて、木造船や小型鋼船を製造していた中規模の造船所のなかで、大型鋼船製造へ転換を図る企業が現れた。その筆頭がT造船、尾道造船、幸陽船渠、笠戸船渠の四社であった（図表7―3）。

とくにT造船、尾道造船、幸陽船渠の三社は、四国の来島どっくとともに「瀬戸内中堅造船の四強」と称され、これら中堅造船所の急成長は業界でも別格扱いされるほどの目覚ましいものであった。総合組立工業である造船業で、資本力、技術力が十分とはいえない中堅造船所が受注を獲得することは容易なことではない。これらの造船所が大型鋼船製造への転換に成功し、急成長を達成できた理由は、ワンマン経営的手法のもとに徹底して外注を利用し、低コストと納期短縮を実現したからである。具体的に外注に回したものは、設計図面作成（設計部門の省略）、主機製造（ディーゼルエンジン等）、重要機能部品の製造（大手造船所、専門メーカーから購入）、船殻ブロック・艤装用品の製造（専門工場・鉄工団地へ外注）、労働力調達（社外工の大量雇用）などであった［中国地方総合調査会 1979］。

以上のように、T造船は大手造船所に伍して、一九六〇年代後半に急成長をとげた中堅企業であった。木造船の修繕・新造を専門にしていた中規模の造船所のなかで、大型鋼船化への転換に成功した企業は多いとは言えない。図表7―4は、一九七九年時点でも、瀬戸内海域に相当数の木造船造船所、中小造船所が存在していることを示している。T造船は一九六〇年代後半に、強力に大型鋼船化への転換を図った。大型鋼船製造への転換は雇用機会を創出した。沼隈半島沿岸部・島嶼部に造船業の労働市場が形成され、横島の漁業者の造船業への移動が可能になった。

低コスト・納期短縮を実現するための一つの方法が社外工の大量雇用であった。社外工の問題は、漁業者から造船業労働者への社会移動と密接に関連している。造船業における社外工について、次のように述べている文献もある。「労

図表7-3　瀬戸内海域 主要造船所の分類（1979年時点）

地域名	立地	大手造船所	中堅	中小造船所
阪神	大都市　商港	川崎重工神戸、三菱造船神戸	大阪造船　他	
相生	大都市　外延部	石川島播磨重工 相生		
玉野・倉敷	大都市　外延部	三井造船玉野		
尾道	地方　商港	日立造船向島	T造船、尾道造船、幸陽船渠	多数
因島	木造船集積地	日立造船因島	内海造船	
木江				多数
呉	軍需用地	石川島播磨重工 呉	神田造船	
広島	地方 都市	三菱造船広島		
下松	地方		笠戸船渠	
下関	地方　商港	三菱造船下関	林兼造船	
今治・多度津	地方 都市		来島どっく、波止浜造船	

出典：［中国地方総合調査会 1979:14-15］に筆者 加筆修正。

図表7-4　瀬戸内海域における造船所の分布（1979年時点）

地域名	鋼船			木造船造船所	合計
	大手造船所	中小造船所			
		許可事業場	登録事業場		
玉野	1	7	14	16	38
水島		1	3	3	7
尾道	1	13	27	14	55
因島	1	7	10	8	26
木江		15	16	6	37
呉	1	10	16	20	47
広島	1	4	8	11	24
徳山		5	15	37	57
宇部		2	5	3	10
下関	1	8	18	16	43
合計	6	79	132	134	351

※大手造船所は三菱造船、石川島播磨重工、日立造船、川崎重工、三井造船、日本鋼管、住友重工。
出典：［中国地方総合調査会 1979:11］に筆者 加筆修正。

働条件（賃金、雇用期間等）の良い工場を求めて移動する社外工の集団は、内海のジプシーともよばれ、従来からその行動を追跡することは至難と言われてきた」[中国地方総合調査会 1979:78-79]。社外工は技能工の集団という一面もあり、造船業における社外工の実態については、十分に明らかにされているとは言えない。

一九七八年の状況であるが、因島の大手造船所は社外工の比率を低下させる方針をとり、常用労働者八人に対し社外工一人の割合であった（実数約五〇〇人強）。それに比して、中小造船所は社外工の比率が高く、平均で本工一人に社外工一・四人であった。「瀬戸内中堅造船の四強」ではさらに高く、平均は本工一人に対し社外工一・七人であった。なかには本工一人に社外工四人（職員三二〇人、本工四〇〇人、社外工一、七〇〇人）の割合になっているところもあり、社外工が現場の主力となっていた[中国地方総合調査会 1979]。このように、社外工の大量導入は、中堅造船所に特徴的な雇用形態であった。大手造船所は本工の比率を高めていたが、中堅造船所は人件費コストを抑制し、受注や作業の進捗に柔軟に対応するための調整弁として、社外工の比率が高かった。

（2）造船業における下請企業

造船業における社外工は、「組」制度や下請企業の作業員として現場に入ることが一般的である。造船業における下請企業の構成と特徴について確認しておこう。

造船業は総合組立工業である。関連工業は大きく二分することができる。独立的部門（素材部門、機関部門）と従属的部門である。独立的部門は、素材としての鋼材や、主機（エンジン、ヒーター等）を製造する部門である。製造を担当するメーカーは造船資本と対等、または優位に立ち、造船企業への依存度は低い[山本 1967:65-67]。

従属的部門を担っているのが下請企業である。元請の造船企業との関係で、三種類に大別できる。構内下請専業、構内・構外兼業、構外下請専業である。構内下請専業は、独自の技術を有しているわけではなく、元請で不足している労働力を次の二種類の方法で補う。一つは元請から一部の特定の工程の作業を請負う方法で、造船工場の生産工程に直接組み込まれる。もう一つは不足している特殊技能工（塗装工、足場工など）を派遣する方法で、派遣業的な性格となる。このような形態で働く労働者が社外工である。社外工は社内工と同一工場で作業に従事する。構内下請専業が最も零細で元請企業への依存度が高い。

構内・構外兼業は、構内下請専業より企業規模が大きく、技術を有している。元請から材料の支給を受け、生産工程の一部を請負い、指定された加工作業に従事する。構外で各種部品の注文生産を行うこともある。構外下請専業は、独自の製造技術を有し、下請企業群のなかでは企業規模が最も大きい。元請から各種部品の注文を受けて生産する。通常は一社の元請企業と取引しているのではなく、複数の造船企業に納品している。製品の市場への公開度は大きいため、一社の元請企業に依存している割合は低い。［北島 1986:150-151］［山本 1967:65-67］。

以上のように造船業の下請企業は、請け負う工程や、担当する労働内容によって、元請企業への依存度が異なる。元請企業は前者二つ、つまり構内下請専業と、構内・構外兼業に対する労働力需要をコントロールして、下請企業の経営者や労働者につよい影響力を及ぼす。

元請企業の成長時期によって、下請企業群の形成時期は異なる。ここでは比較参照のため、瀬戸内海中部の中核的工場である日立造船因島工場の下請企業群の形成過程について概観しておこう。因島の下請企業群の存在は、距離的に近い沼隈半島のT造船の下請企業形成にも影響を与えた。

前述したように、因島では一八九四年に土生船渠合資会社が創設され、一九一一～三五年の間は大阪鉄工所が工場を所有していた。その間は修繕事業が主であったため、下請は出現しなかった。一九四一年に造機工場を新設し、造船の一貫メーカーとして体制を整備し始めた。周辺の木造船工場が木工部品の下請加工を行うこともあった。一九五〇年以降、周辺の鍛冶屋、漁船修理工場が下請工場に転換し始めた。下請企業の形成が本格化したのは、一九六〇年以降である。溶接技術の進展により、造船所はブロック建造法を採用し、船体大型ブロックと多業種部品を外注し、外部分業体制に移行した。この状況に応じて、一九六五年に因島鉄工団地が造成され、下請企業群が本格的に形成された。この変化に即して、一九六〇年以降、地元住民の下請工場への就業が増加した。下請に雇用され、社外工として就業した。周辺の集落は下請企業労働者の供給地に変質していった［村上 1973:114-127］。

以上のように因島の中核工場の創業は明治期までさかのぼるにもかかわらず、修繕事業を主とした期間が長かったため、下請企業群が成長し始めたのは意外に遅く、一九六〇年以降である。沼隈半島で急成長したT造船および下請企業群と大きなタイムラグがあるわけではない。成長が遅かったのは、瀬戸内海の内海航路の主要な輸送手段が木造船だったからである。

一九六四年八月、政府は内航海運の過剰船腹と老朽船の整理のため、内海二法（内海海運業法、内海海運組合法）

図表7－5
T造船協力企業数

年	企業数
1971	61
1972	63
1973	68
1974	86
1975	93
1976	59
1977	94
1978	90
1979	89
1980	99
1981	102
1982	96
1983	96
1984	97
1985	92
1986	87
1987	83
1988	76
1989	71
1990	80
1991	80
1994	78
1999	70
2002	65

出典：「T造船協力会 創立20周年記念誌」および協力会所蔵資料より筆者作成。

図表7-6　T造船　協力企業　一覧（2002年時点）

協力会企業番号	協力企業名	事務所 所在地	1991年会員	1999年 概要			2002年会員	協力企業指定時期	協力会からの離脱時期
				1999年会員	職種	1999年従業員数			
1	神原製鋼	常石（沼隈町）	○	○	鉄工	34	○	1971以前	
2	−							1971以前	1991以前
3	恒実産業	内海町(横島)	○	○	配管・仕上	30	○	1969	
4	あぷと工業	草深（沼隈町）	○	○	鉄工	4		1971以前	
5	−							1971以前	1991以前
6	伊原工業	常石（沼隈町）	○	○	塗装	21	○	1971以前	
7	魚谷工業	福山市	○	○	鉄工	14	○	1971以前	
8	内海工業	内海町(横島)	○	○	配管・仕上	20	○	1971以前	
9	江草工業	福山市	○	○	鉄工	24	○	1971以前	
10	岡田工機	向島	○	○	鉄工	7	○	1971以前	
11	華光工業	向島	○	○	鉄工	16	○	1971以前	
12	−							1971以前	1991以前
13	共立工業	尾道市	○	○	鉄工	16	○	1971以前	
14	竹中工業		○	○	鉄工	18	○	1971以前	
15	大和工業	福山市	○					1971以前	1994
16	幸和産業	尾道市	○	○	溶接	10		1971以前	
17	−							1971以前	1991以前
18	二晃工業	尾道市	○	○	準備塗装	7		1971以前	
19	−							1971以前	1991以前
20	−							1971以前	1991以前
21	−							1971以前	1991以前
22	昭和動熱工業	大阪府	○	○	仕上	18	○	1971以前	
23	加藤工業	草深（沼隈町）	○	○	配管	13	○	1971以前	
24	大信工業	内海町(横島)	○	○	鉄工	25	○	1967	
25	田坂工業	常石（沼隈町）	○					1971以前	1998
26	檀浦組	沼隈町	○					1971以前	1992-98
27	巽産業	草深（沼隈町）	○	○	木工	3	○	1971以前	
28	−							1971以前	1991以前
29	−							1971以前	1991以前
30	出崎工業	草深（沼隈町）	○	○	仕上	7	○	1971以前	
31	−							1971以前	1991以前
32	日進工業	福山市	○					1971以前	1992-98
33	−							1971以前	1991以前
34	三谷運輸	沼隈町	○	○	グレーン	14	○	1971以前	
35	光工業	常石（沼隈町）	○	○	鉄工	16	○	1971以前	
36	吉川工業	尾道市	○	○	ラッキング	14	○	1971以前	
37	平林工業	向島	○	○	仕上	9	○	1971以前	
38	藤上工業	藤江（福山市）	○					1971以前	1997
39	福山船舶木装	藤江（福山市）	○	○	木工	36	○	1971以前	
40	−							1971以前	1991以前
41	美粧堂	向島	○	○	塗装	26	○	1971以前	
42	−							1971以前	1991以前
43	−							1971以前	1991以前
44	−							1971以前	1991以前
45	−							1971以前	1991以前
46	−							1971以前	1991以前
47	村上工業	金江（福山市）	○	○	配管	17	○	1971以前	
48	−							1971以前	1991以前
49	−							1971以前	1991以前
50	渡辺工業所	内海町(横島)	○	○	鉄工	11	○	1971以前	
51	−							1971以前	1991以前

52	−							1971以前	1991以前
53	新船信鋼業	内海町(横島)	○	○	配管・電気	26	○	1971	
54	神戸タフ興産	神戸市	○	○	床張	7	○	1971以前	
55	渡壁組	内海町(横島)	○	○	足場	35	○	1968	
56	−							1971以前	1991以前
57	−							1971以前	1991以前
58	−							1971以前	1991以前
59	武田電機工業	福山市	○	○	電気		○	1971以前	
60	瀬戸内鋼業	尾道市	○	○	配管	19	○	1971以前	
61	エビス工業	福山市	○	○	鉄工	13	○	1971以前	
62	−								1991以前
63	中国舶用電機	尾道市	○						1998
64	−								1991以前
65	藤原溶接	内海町(田島)	○	○	鉄工・溶接	32	○	1970前後	
66	−								1991以前
67	−								1991以前
68	−								1991以前
69	宮谷工業	沼隈町	○	○	鉄工	65	○		
70	−								1991以前
71	宮地工作	百島	○						1996
72	−								1991以前
73	−								1991以前
74	田中鉄工所	金江（福山市）	○	○	鉄工	12	○		
75	日東工業	草深（沼隈町）	○	○	配管	7	○		
76	港工業	常石（沼隈町）	○	○	鉄工	16	○		
77	八城工業	福山市	○	○	焼鉄	15	○		
78	大千工業	常石（沼隈町）	○	○	塗装	88	○		
79	田中工業	尾道市	○						1998
80	大洋工業	草深（沼隈町）	○	○	鉄工	15	○		
81	−								1991以前
82	−								1991以前
83	島原工業	福山市	○	○	配管	19	○		
84	−								1991以前
85	−								1991以前
86	−								1991以前
87	−								1991以前
88	−								1991以前
89	−								1991以前
90	−								1991以前
91	−								1991以前
92	世良工業	常石（沼隈町）	○	○	鉄工	3			
93	山陽船舶電機	尾道市	○	○	電気	14	○		
94	東洋実業	福山市	○						1998
95	広井工業	福山市	○	○	配管	8			
96	前田工業	尾道市	○	○	鉄工	34	○		
97	−								1991以前
98	−								1991以前
99	−								1991以前
100	−								1991以前
101	−								1991以前
102	−								1991以前
103	百島工業	百島	○	○	鉄工	10	○		
104	−								1991以前
105	共同工業	福山市	○	○	鉄工	74	○		
106	−								1991以前
107	寺岡組	尾道市	○						1997
108	神一工業	尾道市	○	○	配管	12	○		
109	−								1991以前
110	濱田工業	尾道市	○	○	塗装	22	○		
111	共豊工業	福山市	○						
112	小川工業所	因島	○	○	配管	44	○		

113	中尾工業	尾道市	○						1996
114	−								1991以前
115	黒田組	尾道市	○	○	鉄工	9	○		
116	常磐重機	玉野市	○						1992-98
117	小川配管	常石（沼隈町）	○						1999
118	−								1991以前
119	高田工業	常石（沼隈町）	○	○	電気	17	○		
120	段上工業	常石（沼隈町）	○	○	鉄工	21	○		
121	−								1991以前
122	日新	三原市	○						1998
123	−								1991以前
124	昌和工業	福山市	○	○	まげ	24	○		
125	遠藤工業	沼隈町	○	○	足場	7	○		
126	成光工業	草深（沼隈町）	○	○	足場	7	○		
127	藤本工業	尾道市	○	○	鉄工	8	○		
128	住田工業	尾道市	○	○	鉄工	21	○		
129	星川工業	草深（沼隈町）	○	○	鉄工	2	○		
130	三和電機工業	福山市	○	○	電気	60	○		
131	倉田工業	福山市	○	○	鉄工	24	○		
132	不二船舶工業	福山市	○	○	準備塗装	13	○		
133	岩葉工業	常石（沼隈町）	○	○	鉄工	25	○		
134	コバヤシ	常石（沼隈町）	○	○	鉄工	13	○		
135	八洲電機			○	電気	9		1992-99の間	
136	宮村工業			○	塗装	20		1992-99の間	
137	ひまわり工業			○	塗装	70	○	1992-99の間	
138	三晃産業			○	電気・溶接	64	○	1992-99の間	
139	中西工業			○	塗装	21	○	1992-99の間	
140	吉岡塗装			○	塗装	32	○	1992-99の間	
141	島田工業						○	2000-02の間	
142	ＴＲＤ						○	2000-02の間	
					1999年合計1487人				

出典：「常石造船協力会 創立20周年記念誌」および協力会所蔵資料より筆者作成。

を制定して、木造船建造を制限した。それまで木造船工場は、内海航路で使用する木造貨客船や、漁船の建造で生計をたてていた。この法律によって、木造船を扱っていた多くの中小造船所は、大造船所の下請工場などに転換した［村上 1973:130］。一九六〇年代半ばに行われた内航運輸の整理は、中規模の造船所を下請または鋼船メーカに分化させていった。T造船は鋼船メーカーに転化した例である。内航運輸は一九六〇年代後半に再編が進み、瀬戸内海における造船業の布置に影響を及ぼした。

次に、T造船の下請企業群がどのような構成になっているのかを概観しておこう。T造船は下請企業をコントロールするため、認可制をとっている。「協力企業」として認可されると、T造船協力会に自動的に加入する。協力会が結成されたのは一九七一年である。図表7―5は一九七一～二〇〇二年の協力企業数である。一九七〇年代前半は六〇～七〇社で推移、七〇年代半ば以降は八〇～

図表7-7　造船の生産工程

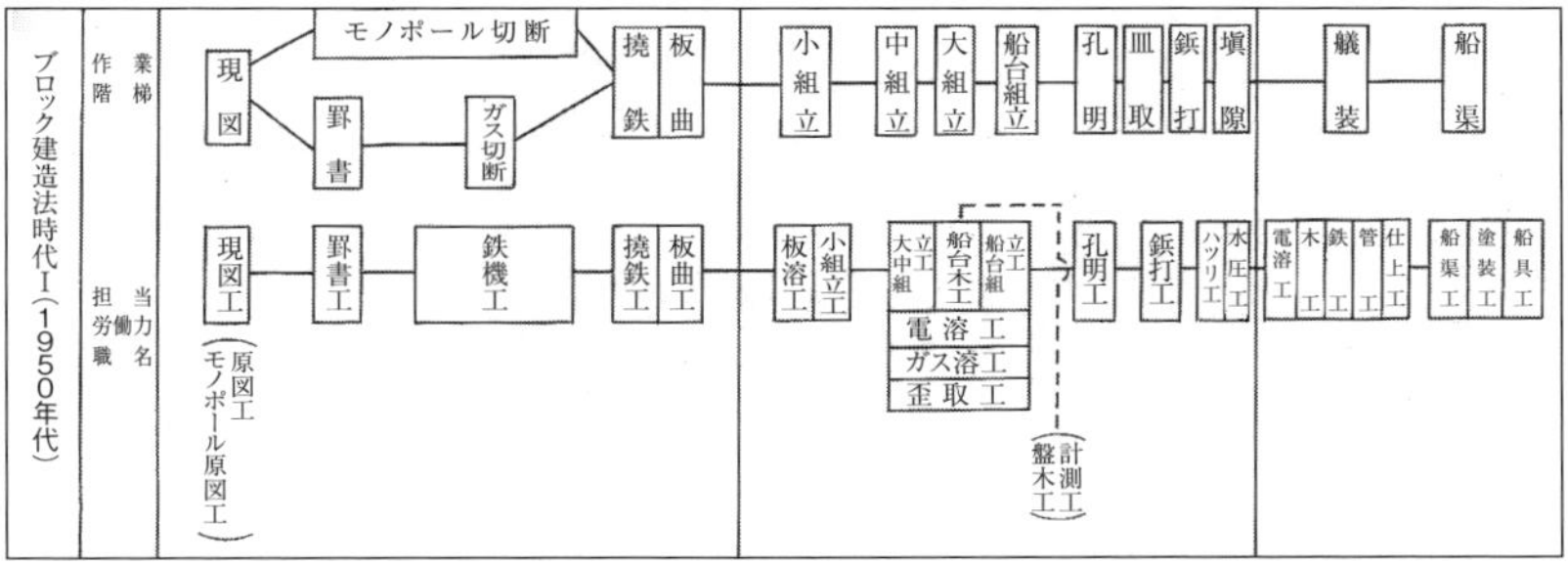

出典：［北島 1986:77］。

九〇社で推移している（ただし、石油ショック後の造船不況で一九七六年は五九社、また一九八一年は一〇〇社を超える）。協力会の結成前から、協力企業の認可は行われており、聴き取り調査したなかの古い例では、一九六七年に認可を得ていた企業がある。これは一九六七年の造船ブームの時期に該当し、T造船が二〇万トン修繕ドックの建設申請をした年である。本格的な鋼船製造が始まった時期に、下請企業の制度化・系列化が進んだ。協力会からの脱退（認可の解消）などの入れ替えがあるので、二〇〇二年までに協力企業として認可されたのは一四二社である。

図表7―6はその一四二社の一覧表である。協力企業に認定されると番号が与えられ、認定されている期間はその番号は変わらない。一九九九年のデータ（七〇社）に基づいて、協力企業がどのような職種から構成されていたのか確認しておこう（図表7―7は造船の生産工程）。鉄工（二八）、溶接（二）、焼鉄（一）、足場（三）、グレーン（一）、配管（一〇）、電気（七）、準備塗装（二）、塗装（八）、ラッキング（一）、木工（二）、まげ（一）、床張（一）、仕上（二）である（カッコ内は企業数）。これは職種なので、構内下請または構外下請の種別は不明である。しかし、造船工場または修繕工場の事務所に、机一つ・ソファ一つ程度の事務スペースをもらって、現場作業員の管理に必要な事務作業を行っている下請企業が複数ある。これらは構内下請であ

ろう。二〇〇二年に事務スペースを確保しているのは協力企業六五社中、五二社である。T造船の協力企業の六分の五程度が、社外工を供給している構内下請専業、構内・構外兼業と推測される。

下請企業は、構内の事務スペースの他に、それぞれ自社の事務所・連絡先を外部に有している。図表7―6に一九九一年の協力企業八〇社の事務所所在地が記載されているが、それを地図で示したものが図表7―8である。T造船の工場がある常石集落（沼隈町）周辺の海岸部、島嶼部に分布している。遠隔地の大阪、神戸、玉野、三原、因島にも一社ずつ認可企業がある。これは社名から推察すると、エンジン、ボイラー、鋼材関係の取引先で、構外下請専業であろう。一般的に下請企業は、事務所が所在している集落の周辺で労働力を調達してきたと推測される。分布図は沼隈半島海岸部、島嶼部の集落が下請企業の労働力の供給源であることを示している。

そのなかでも島嶼部でありながら、横島に下請企業が六社あることは注目に値する。常石と横島の間には一九五八年に渡船が就航し、朝六時から夜九時半まで運航して、造船所で働く労働者の通勤船の役割を果たした。一九六八年にはT造船によって六七トンの高速の新造船が就航した。「最盛時には、船室に入り切れない人びとが甲板に鈴なりという状態もあった」[沼隈町文化財協会 1993:52-53]。このように一九六〇年代後半に下請の制度化が進み、通勤経路の基盤も整備された。この時期に、横島の漁業者を造船業へと誘導する社会的基盤が形成されたのである。

2　造船業と「組」制度

横島の漁業者は、造船業に必要な技能をどのように習得し、入職していったのだろうか。聴き取り調査に基づくと、

図表7-8　T造船協力企業分布図

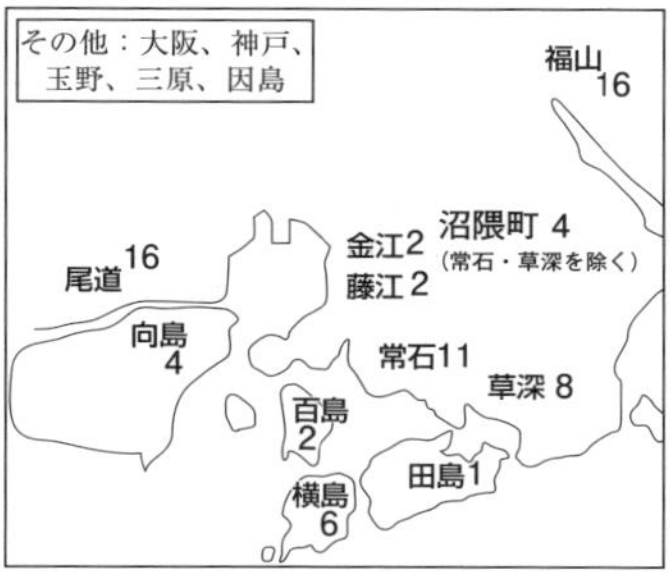

漁業経験者の入職ルートは主に二つある。「組」を経由するルートと、下請企業に直接雇用されるルートである。いずれも「社外工の世界」であるが、「組」のほうが社外工の原型により近い。「組」制度が変化して、下請企業に発展していった。「組」制度を通して入職したパターンから考察してみよう。

（1）「組」制度

「組」を通して造船業に参入していった渡瀬功（仮名）（図表6―15のM）の技能習得のプロセスは次のようであった。

一九四一年（昭和一六）生まれの渡瀬功は義務教育修了後、漁師となり、父の船に乗り組んで一〇年間漁業に従事した。一九五七年頃から六七年末までの期間である。二歳年下の弟も義務教育修了後、一緒に父の船に乗り込み、三人で漁をした。秋（九～一一月）だけ、宇部に出漁した。一九六七年まで漁業を続けたが、三人で働いても水揚げは半年で六〇万円程度、船、漁具の維持費もかかり、採算がとれないので、年末に船を売って、三人一緒に漁業をやめた。

【渡瀬功[1]――「組」経由の入職】

〈漁業の収入がよくないので、一九六八年に漁業をやめた。しばらくアルバイトの仕事をしているうちに、淡路島の造船所に働きに行かないかと声をかけられた。世間話で「ここで働くより、そっちのほうがいいで」などの話が出る。誘ってくれたのは横島の人で、自分より一〇歳ぐらい上の人だった。自分より早く漁業をやめて、T造船の下請で働き、配管の技術を身につけていた。造船では配管する箇所が多い。他の工程ではボイラーなどの免許が必要だったりするが、配管作業にはなにか免許がいるわけではないので、配管技術は身につけやすい。

この人がリーダーになって、六人で組んで、「組」で淡路島の中規模の造船所に行った。その造船所では、三千トン規模の船体が完成しているのに、配管作業が進んでいなかった。組で配管作業を請け負うことを交渉した。それが造船の配管をやった最初である。

造船と漁業は全然ちがう。配管工は、図面をみて配管する作業を行う。熟練に五年くらいかかる。自分は仕事でガス、電気を使ったことがなかった。二〜三年は組の経験者のあとについて覚え、造船の配管工になった。一年ほど淡路島で働いて、みんなで横島にもどってきた。

横島にもどってから、同じ「組」で、T造船の下請に入った（継続して「組」でその下請の仕事を請け負うようになった）。その下請に入ることを決めるまでは、下請数社の仕事を請け負って比較し、「組」のみんなで相談をして、納得できる下請に交渉した。一年たっても、社会保険がついていない。「こんなことをしていてはいけんぞ。みんなで入ろう」とリーダーが交渉し、保険がつくようになった。「組」のほうが本工より賃金がよかった。父は漁業をやめて、T造船の本工となったが、下請より三〇〇円安かった。

組に名前はない。リーダーが一括して請負賃をもらい、経験に応じて、六人で分配した。分け方は口約束である。「組」は給料の多い方にかわるので、T造船では構内でかわってはいけないという決まりができた。不況で造船の仕事が減ったときは、親方が引っ越し会社の請負仕事を取ってきて、組で引っ越し作業をしたこともある。〉（インタビュー内容の要約）

渡瀬功は、学卒後すぐに漁業に入職し、宇部への出漁も経験した。横島の漁業者の典型的なパターンである。漁業に従事していたときは、家族が基本的な労働単位であり、労働面でも第一次集団であった。高度経済成長期に入って、漁業と他産業との賃金格差が実感され、一家で漁業から離脱した。その後は、六人で組んだ「組」を最も基本的な拠りどころとして、技能を習得し、就業の機会を得てきた。

六人「組」は同職集団であり、相互にサポートしあう親密なコンボイ仲間だった。請負賃の分け方について、明文化されたルールはないが、熟練度に応じて、技術力の高低を暗黙のうちに相互に評価し、信頼に基づいて、賃金の分配を行っている。リーダーは、早期の漁業離脱者で、早期の技能習得がネットワークの形成、情報の収集に有利にはたらき、淡路島における請負作業の情報の入手につながっていたと推測できる。早期の技能習得者が率いる組に加入することで、渡瀬功は熟練化した。組は教育機能を果たし、組の親密な人間関係は同一職種での就業継続に寄与した。リーダーは、請負契約の獲得でイニシアティブを発揮するだけではなく、社会保険の面でも、組の仲間の労働条件が安定するように交渉した。雇用機会が不足したときには、引っ越し作業の請負契約を取ってきて、組全体の収入ルートの確保に努めている。造船業で一時的に仕事が見つからなかったとき、おそらく個人では対処が難しかったと思われる状況でも、経験豊かな労働者に率いられた「組」で対処することによって、リスクを乗り越えている。このように造船業に入職したのちは、「組」が第一次集団となり、不安・リスクに対処するサポート機能を果たした。社外工である「組」の労働者は、不安定な労働条件下にあるが、「組」に所属することによって、渡瀬功は安定した就業を継続できた。

（2）造船業における「渡り」労働者

渡瀬功のライフヒストリーに、最初は淡路島で請負契約をむすび、契約終了後、横島にもどってきたことが述べられている。就業機会を求めて、身軽に地域間を移動する、「渡り」的な側面である。造船業就業者の語りにしばしば登場する「渡り」について、聴き取り調査に基づいて詳細を探ってみよう。

一九四五年生まれの渡瀬勝（仮名）は義務教育終了後、広島県竹原職業訓練所の溶接科に進んだ。この年代には珍しく、教育機関で造船技術を習得した。一九六〇年に中学を卒業した同級生一〇八人のうち、進学者は一五人程度だった。訓練所では原図の読み取りや溶接技術を習得し、一九六一年に卒業した。最初に働いたのは三重県伊勢の造船所である。経営者は因島出身者で、大洋工業（因島）の下請的業務も請け負っていた。働く場所は、瀬戸内海沿岸にいくらでもありそうだが、伊勢に行ったのは次のような理由による。

【渡瀬勝(2)―「渡り」について】

〈渡り歩く慣行が昭和三〇年代にはあった。よその造船所に行って勉強して帰ってくると、職歴がついて給料がよくなった。造船所を渡り歩いて、いいところを学ぶ。以前は「腕」で採用したので、「渡り歩く」ことは、技術を磨くための修行だった。一つの造船所に居着く期間は三カ月から半年程度で、長くても一年程度だった。三カ月居れば、そこの工程は大体わかる。次に働く場所は、広島県出身者のネットワークで見つけた。伊勢から帰ってきて、因島の日立造船や、尾道の松原機工で三カ月程度働いて技術をみがいた。日立造船は、規模が大きく、官僚的なやりかただった。職制が型にはまっていて、与えられた仕事をこなすだけで、おもしろさがなかった。自分には合わなかった。渡り歩くことによって、さまざまな船のタイプを扱って、溶接技術を練習した。〉（インタビュー内容の要約）

渡瀬勝は教育機関で基本的な造船技術を学んだ。しかし、技術力をあげるためには造船所を「渡り歩く」ことが必要で、それはよい賃金を得ることにつながった。伊勢湾の造船所の周辺には、広島出身者が技術部門の責任者を務める複数の造船所があった。造船技術に優れていた広島県出身者は、広域にまたがるネットワークを形成し、「渡り歩く」際には、そのネットワークが活用された。造船所の経営者にとっては、腕のよい職人を見つけ出す能力が必要で、造船職人の「渡り歩く」慣行やネットワークは、経営サイドにとっても有益だった。

渡瀬勝は個人で渡り歩いて技術力を高めたが、「組」に所属して、渡り歩くことのほうが一般的だった。たとえば、藤山太一（仮名）（一九三六年生）は四人で「組」を作り、姫路の造船所、神戸の川崎重工の下請、横浜の三菱の造船所などを渡り歩いた。

最初は「組」に所属して渡り歩いたが、のちに「組」のリーダーに上昇した例もある。一九四一年生まれの村瀬竹彦（仮名）（図表6―15のK）は一九五七年に中学校を卒業して、すぐ宇部に行き、父の船に乗り組んで三年間漁業に従事した。その後、一九六〇年から六六／六七年まで南氷洋捕鯨に行ったあと、一九六八年から造船業で働くようになった。

【村瀬竹彦[3]―組のリーダー】

〈転職した当初は、父と同じ「組」に所属して、淡路島に行ったり、T造船の下請に請負で入った。修繕が専門で、渡り歩いていたが、やがて向島の造船所に定着するようになった。そこは山陽造船の下請である尾道の会社で、そこに「組」で入った。一〇年ほどまじめに働いていたのが見込まれて、山陽造船の課長が、尾道の会社を経由せずに、直接に「独立したらどうか」と言ってくれた。そこで、一九七八～七九年頃に、村瀬組を立ち上げた。会社組織にはしていない。一〇人ほど集め、そのリーダーになった。配管が専門で、それ以降も向島の現場でずっと働いている。〉（インタビュー内容の要約）

また、「渡り」を経験したことはないが、現場で「渡り職人」と一緒に働いた経験をもつ労働者は多い。T造船の下請企業で働いていた渡瀬清（仮名）は次のように語る。(4)

とくに塗装業に渡り職人が多かった。一〇人ぐらいで「組」を作って、大阪から入って来たりした。親方がいて、よく統制がとれている。塗装専門の協力会社が忙しくなると、ツテで呼んできて、二〇人ぐらいがポーンと入ってくる。親方に絶対服従だもの。こわいので、当たり障りがないようにした。

造船業就業者にとって、「渡り」の労働者は日常的に見かける存在だった。基本的には「組」つまりグループ単位で渡る。塗装工など、造船工程のなかでも独立した作業を行う工程で「渡り」の慣行や、独特の雰囲気が維持されていた。

（3）「渡り」の慣行の形成

造船業における組制度の特徴について、次のような知見が報告されている。「組」は造船業における社外工の原型で、親方職人を中心に約一〇人前後の労働者で構成されている。親方・棒芯・先手という序列があり、請負作業を行い、出来高払賃金を受け取る。実質的には団体請負の単位の一種である。組の規模が大きくなり、小班に分けて作業を行うこともあり、作業の監督を行う労働者を一般的に棒芯とよぶ。「組」は次のような要因で形成される。移動が頻繁な個々の労働者は元請造船所と面識があるわけではない。元請の労働需要について情報を得ることは難しい。実際には親方職人が情報入手のルートをもち、請負契約を結んだ。親方職人は、請負契約、組の編成（労働者の募集）、技能の伝授、賃金管理、生活管理の諸機能を担う。労働者は親方・棒芯・先手という序列に基づいて、現場作業を行いながら技能を修得する。賃金は親方職人が出来高払賃金のなかから、棒芯・先手に配分する。しかし、請負金は仕事の完成まで支払われないので、親方職人が賃金をたてかえる。そのため生活の面でも労働者は親方職人に依存することになる。病気や物入りのときには、親方職人に借金せざるを得ない［東京大学社会科学研究所 1960］。

以上のように、労働者にとって「組」は技能伝授、雇用先の確保、相互扶助などの利点があった。新規参入した労働者は熟練化することを必要とし、熟練化した集団はより高い賃金を獲得できる請け負いの機会を求めて、移動性が高くなる。流動的な生活に対する保障が必要で、組は保障的な機能も果たした。

移動性が高くなるのはなぜか、「渡り」ということについてもう少し別の側面から考えてみたい。渡り・熟練・相互扶助という特徴を備えていた労働者の集団として、近代の鉱山業における「友子《ともこ》」が思い浮かぶ。鉱山業における友子制度と、造船業における組制度は異なる性格のしくみであるが、近代産業の発達の過程における労働者の性格を考察する上で複数の共通点を見出すことができる。

鉱山の「友子《ともこ》」は、江戸期に起源をもつ、ギルド的な鉱夫たちの同職集団である。鉱山ごとに組織されていた。親方・子方関係が基盤にあり、親方のもとで一定期間の修業をおさめた子方に対して加入が認められた。加入が許されると、厄災・傷病・疾病の際に、相互扶助による救済を受けることができた。鉱山は地層の表面の鉱石を掘り尽くせば仕事はなくなるので、鉱山の盛衰は激しく、鉱夫の流動性は高かった。しかし、他の鉱山に移動した場合でも友子に加入を認められていれば、移動先の友子の世話を受けることができた。

このような友子制度は、明治以降も消滅することなく、近代的な鉱山業確立の過程でさらに発展し、移動性が高い鉱夫に相互扶助的な機会を保障していた。近代産業で発達した理由については、次のように述べられている［村串1998:61-76］。掘削技術が進歩して、近代鉱山業は急成長した。鉱山では機械化が進んだものの、全面的に機械化されたわけではなかった。機械化されたのは運搬部門、精錬・選炭部門で、直接の生産に関わる採鉱・採炭部門は、依然として鉱夫の手作業が中心になっていた。鉱山の生産性は熟練鉱夫の大量投下にかかっていた。熟練鉱夫不足が生じたが、新興の鉱山経営者は熟練鉱夫を養成するノウハウも体制も有していなかった。養成は友子に依存する以外なかった。また、熟練鉱夫のリクルートは友子のルートを使えば、より容易になり、鉱山経営者にもメリットがあった。このようにして、熟練鉱夫の需要が急速に拡大し、鉱山企業間で熟練鉱夫の争奪が激しくなった。鉱夫の流動性は高いままで維持された。

それと併行して、友子の発達を促進させた二つの内部要因がある。一つは近代的な鉱山が熟練労働を残したため、鉱夫にとっては、友子に加入し、技術力を高めることに利点があった。鉱山の地形・地質・地層は多様で、鉱山ごとに状況が異なっていた。「渡り」歩いて、優れた経験者に出会って教えを受け、技術・技能を向上させることは、手労働がものを言う世界では、賃金を高めることにつながった。また、もう一つは、友子の相互扶助以外に実質的な救済制度がなかったことである。鉱山の急速な発展は産業災害を増大させていた。渡り歩く人々にとっては、災害にみまわれた際に、誰が面倒をみてくれるのかという問題に対して、友子以外に手を差しのべてくれる救済方法はなかった。友子は昭和期の鉱山でも存続し、戦後も複数の鉱山で存在が確認されている。

近代鉱山業において、渡り・熟練・相互扶助の特徴をもつ集団が存続していた理由を整理しておこう。近代になって鉱山業は急速に成長したが、全国的にみると労働の場は、局所的に点在していた。特殊な技能を備えた熟練者に対する需要は高かったが、そのような労働環境は、普遍的に存在していたのではなく、偏在していた。また、鉱山では機械化が進んでいるようにみえるが、手労働の熟練作業を必要とする工程が残され、機械化された工程と手労働の工程が併存していた。手労働の工程では高い技能が必要とされ、熟練者はそこに吸収されていた。好条件の鉱山に移ったり、技能を高める機会を求めて、熟練者は局所的に点在する鉱山を移動する生活様式を継続した。流動性の高い生活に、不安定な側面が付随することは否めない。産業災害も頻発する。不安・リスクに対処する保障的機能を実質的に提供していたのが「仲間」つまり友子集団であった。

友子制度を参考に、造船業における労働者の「流動性」と「保障」について考察してみよう。近代の造船業において、労働者の移動性は著しく高かった。一九一八年に三菱長崎造船所では「全在籍者一三、八〇〇人中、本年度解雇したもの六、三三四人、採用したるもの五、五九一人」で、在籍者の四六%が移動していた。この傾向は他の造船所でも同様で、同時期に三菱神戸造船所では毎年約三〇%程度が移動していたが、新規採用者の四〇%の者の前職は、他の造船所の職工であった［村上 1973:119-120］。

このような移動性の高さは、造船労働者が就業できる工場が全国に点在していたことに関係しているだろう。戦前に大型鋼船の製造が可能な大規模造船所は多かったわけではなく、財閥系の経営下にある工場にほぼ限られていた（三菱造船所―長崎、神戸、川崎造船所―神戸、大阪鉄工所―桜島、播磨造船所、石川島造船所など）。つまり、鉱山が全国的に点在していたのと同様に、高度の熟練技術が必要な造船所は局所的に点在していたのである。しかも、機械化が進捗する以前は、造船には手作業の工程が多く含まれていたので、熟練者に対する需要は高かった［村上 1973:119-120］。造船業では転入労働力に頼ることが一般的で、熟練者が「渡り歩く」生活様式も日常的なものになっていたのである。

鉱山業も造船業も近代化の初期に、熟練技術が投入される場が全国に点在していた点に共通性がある。高度な技術には需要があり、さらに高い賃金に連動していたから、熟練者が点在する労働の場を渡り歩いて技術を磨くことへのモチベーションは高まるしくみになっていた。渡り歩きながら技術力を売り込むことも行われていたのだろうと推測される。

戦後に造船業でも技術革新が起きて、ブロック工法などを取り入れ、本体製造の工程では機械化が進んだ。しかし、生産工程のあらゆる面が機械化されたのではなく、手労働の熟練作業が必要な部分は残っていた。つまり、機械化された工程と手労働の工程が併存していたのである。とくに船舶建造の本体作業から分離できる塗装や艤装の工程は、手労働への依存が大きく、これらの工程には「渡り」職人、つまり社外工の導入が多くみられるようになった［山本1968a］。

このように近代造船業の発展の過程で、近代的な「渡り」の労働慣行・労働形態が形成された。造船業で「渡り」はよくみられるものだった。「組」単位による「渡り」は、このような労働慣行の反映と推測される。流動性が高い生活には不安・リスクがともなう。「組」は失職、疾病・傷害等のリスクを分担し、保障しあう機能を担ったしくみという側面もあった。造船業にゆかりのなかった漁業者にとって、「組」は参加しやすく、複数の利点をもったしくみだったといえるだろう。

（4）組制度における親方の分化

「組」制度が変化して、下請企業に発展していく過程について、次のような知見が報告されている。造船所の規模が拡大し、機械化が進むと、請負主体として親方職人が果たしていた作業管理などの機能は、元請の経営管理機能に吸収されるようになった。「組」は本工を補充する臨時工的な面に特化していった。「組」の規模が大きくなるにつれ、

図表7-9　「組」を取り込んだ下請企業の構成図

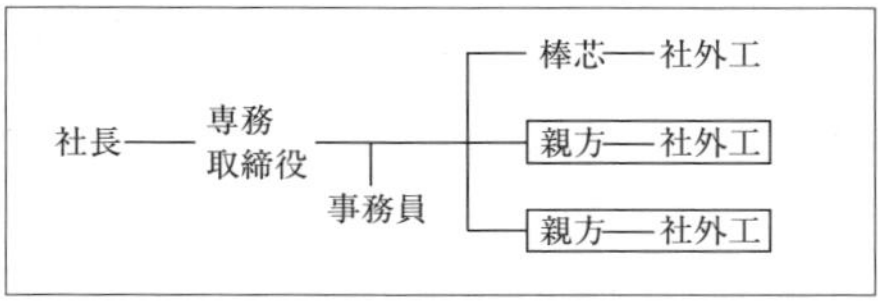

出典：［山本 1968a:315］。

親方職人は実際の労働から解放され、労働者に対する監督は配下の棒芯が行うようになる。親方職人が果たしていた機能は、経営職能にたずさわる社長（企業家）と、監督機能を実行する班長（棒芯）に分化していった。成長する下請企業と対抗できず、独立が困難となる親方職人が発生した。このような親方職人は成長した下請企業に取りこまれ、班長として組み込まれていった。親方職人の分化が生じ、下請企業が形式的にも実質的にも請負の主体になっていった［東京大学社会科学研究所 1960］。

図表7―9は、「組」を取り込んだ下請企業の構成図である。「組」は親方以下ワンセットで下請に取り込まれ、孫請として位置づけられている。このような請負労働の系統は、親（元請）―下請―孫請―つっこみとよばれていた。取り込まれた孫請の親方は、下請企業と請負契約を結ぶ。社外工には下請に雇用されている社外工と、孫請の社外工の二種類がある［山本 1968a:315-316］。孫請は、下請が親会社（元請）と請負契約を結んだ仕事の一部をまわしてもらい、工事の請負金額の二～三割を看板料として下請企業に支払う。親方は請負金額から看板料を差し引いた金額を受け取る。そこから自分の「かせぎ」をとり、残りを自分の「組」の労働者に分配する。孫請の実態は「組」で、就労日数で配分額を決める程度のあらい計算だった［山本 1967:72-73］。

このように造船業においては、構内下請専業の企業の実態は複数の「組」の連合だった。元請と緊密な関係を有した親方が下請企業経営者になり、社会的威信を増して、他の親方に請負仕事を分配した。先行研究では、親方請負制は大正期に解体したと記されているが

［北島 1986:86］、それは財閥系の大規模造船所の事例に限られる。一九六〇年代後半の事例もあり［山本 1967, 1968a,1968b］、本書のT造船下請企業の場合も、「組」を単位とした請負契約は一九六〇年代以降も行われていた。「組」制度、親方請負制は、下請企業を媒介にして、依然として存続していた。下請―孫請関係に基づき、下請経営者は自社の社員（棒芯や作業員）と、孫請の親方・作業員に対して、つよい影響力をもっている。

このように造船業の成長にともなって、元請・下請関係は再編成され、請負契約を通して、多重的な従属関係が網の目状に張りめぐらされる構造が形成されていった。T造船は後発の造船企業で、鋼船化を本格的に始動させた一九六〇年代後半に、このような構造の下請企業群が形成されていった。家族的経営の漁業から離脱した漁業者たちが参入していったのは、このような構造の末端に位置している「社外工の世界」であった。

3　造船業下請企業経営者層の形成

（1）技術習得のプロセス

下請企業経営者は請負契約を通して、造船業労働者をコントロールしている存在である。横島にはT造船の下請企業（協力企業）が六社あり、このような集中的な分布はT造船の協力企業の構成に即してみても特徴的であることは前述した通りである。田島にも一社あるので、内海町では合計七社ある。すべてT造船の構内下請専業である。

図表7―10は七社の創業者の属性を記したものである。[5] A～E社経営者が横島出身者で、父職はすべて漁業である。

図表7-10　下請（協力企業）経営者の属性

会社	創業者生年	父職	創業者学歴	出身地	創業前のキャリア	協力企業認可時期	協力企業になった経緯	職種	その他
A	1932	満鉄秘書、漁業	中卒	横島	父：宮沢裕事務所の書生　→　中央大卒→満鉄、関東省延吉県副知事→戦後・漁業：鯛網経営→尾道の宮沢事務所・秘書。本人：漁業→日立造船・因島工場・下請→T造船・下請	1969	会社の名前は、T造船２代目社長が考えてくれた。１字は、宮沢喜一秘書の名前をとって付けた。T造船の課長が「帰ってきてくれ」ということだった。	配管・仕上げ	父は協同組合化する直前の、漁業会会長。
B	1942	漁業	中卒	横島	漁業→N社捕鯨労働者→T造船・臨時雇用→造船関係の電気工事会社で５年勤務→T造船・下請	1971	W組合長の娘の配偶者。「W組合長が２代社長と懇意であった。」協力企業として認可を受けたときの書類には、「社長特例」「特別の配慮」と記してあった。	配管・電気	T造船のリゾート施設（大浜地区の海の家）の経営を委託されている。本当はやりたくない。
C	1946	漁業	中卒	横島	本人：漁業→1964年、T造船建設課・本工→T造船・下請 兄と弟はT造船下請で技術習得。	1967	W組合長は父の兄。	鉄工	兄、弟と一緒に経営。創業後、父も漁業をやめ、会社の手伝いに来る。
D	1946	漁業	中卒	横島	職業訓練所・溶接科→三重県伊勢の造船所→1963年横島の造船所→1967年独立・溶接所経営→T造船・下請	1968	W組合長の遠縁。W組合長の紹介で、T造船２代目社長に会う。	足場	
E	1930	漁業	高小卒	横島	大阪で配管作業→米軍の大浜貯油基地で配管工→山陽工業所（T造船下請）で配管工→T造船・孫請→T造船・下請	1971以前	T造船から下請になるように誘われる。	鉄工	
F	1924	不明	尋常小卒	向島	向島出身→向島の杉原造船で見習い→尾道の漁船関係鉄工所勤務→1950年ごろ、横島に来島、漁船、機械船対応の造船所開設→T造船・下請	1971以前	不明。横島で最も古い機械船対応（エンジン修理ができる）個人経営の造船所であった。下請企業経営者、親族も未熟練の時期は、ここで熟練化。	配管・仕上げ	※経営者家族からの紹介で、長期勤続者に聴き取り調査。
G	1936	漁業	中卒	田島	田島出身→尼崎市の航空関連工場→大阪の自動車工場・臨時雇用→神戸市、横浜市、長崎市、姫路市で造船・溶接の渡り職人→T造船・下請	1970頃	父が田島漁協幹部、漁業管区管理委員、T造船の埋立工事等をチェックする立場。T造船関係者から誘われる。	鉄工・溶接	田島出身者

出典：筆者作成。

（F社も横島にあるが、初代経営者は向島出身）。A社とB社の事例を取り上げ、漁業経験者が下請企業経由ルートで造船業に入職し、下請企業経営者層に上昇移動した過程を明らかにしてみよう。

A社の創業者である神原孝（仮名）（一九三二年生）は、近世から鯛縛網を経営していた網元の家に生まれた（第六章参照）。祖父は大網経営者で、かつての上層漁民に該当する。父は戦前に東京の宮沢裕事務所で書生を務め、満州の関東省延吉県の副知事になった。一九四七年に横島に引き揚げて鯛網経営にあたり、横島漁業会会長、漁業調整委員等を務めたが、一九五二年頃に鯛網を廃業した。神原孝は新制中学を卒業後、父が経営する鯛網船に乗り組み、鯛縛網廃業後も漁業を続けたが一九六〇年に漁業に見切りをつけ、三〇歳を目前にして造船業に入職した。

〈一九六〇年から二年間、単独で因島へ技術を覚えに行った。日立造船の下請企業である昭和動熱に入った。最初は小間使いから始め、現場で実地に経験しながら、技術を身につけていった。T造船ではまだ焼き玉エンジンを扱っていたが、因島の日立造船はジーゼルエンジンに移行しており、日立造船の本工について、ジーゼルエンジン専門の技術を覚えていった。一〇万トンの船のエンジンの据え付けも経験した。一九六〇年代後半に、T造船の課長から修繕部門でもジーゼルエンジンを扱える業者が必要なので、協力企業に入ってくれるように要請があった。焼き玉からジーゼルに移行している時期で、修繕部門でも船舶の中間検査・定期検査でジーゼルエンジンを扱える業者が必要になっていた。一九六九年に協力企業になり、社名はT造船の二代め社長が考案してくれた。社名の一字には宮沢喜一秘書の名前の一字を入れた。[6]〉（インタビュー内容の要約）

このように神原孝は一九六〇年にエンジン技術を学ぶために因島へ行った。前述したように、一九六〇年頃は因島で

図表7-11　T造船　下請企業　構成図

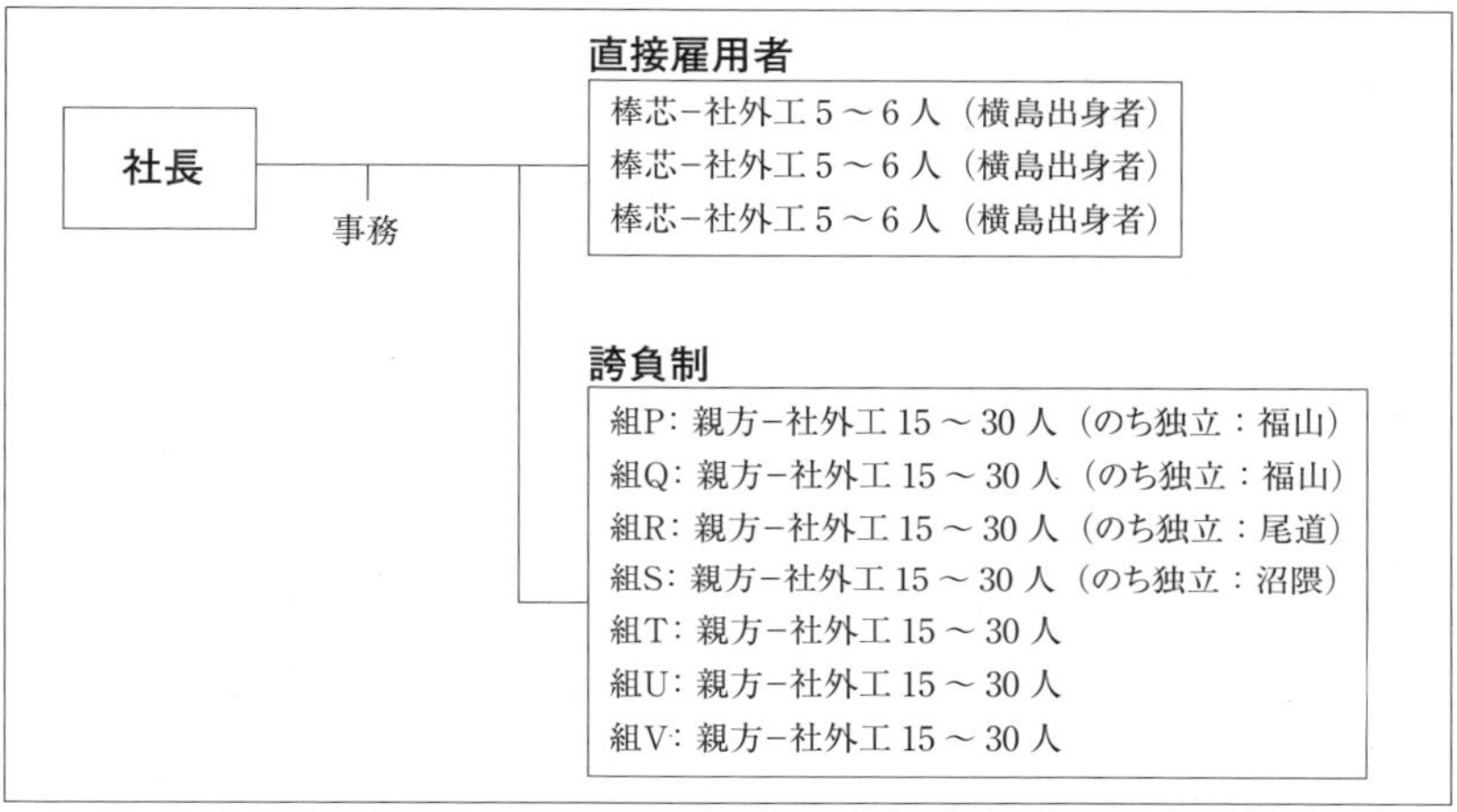

出典：筆者作成。

も下請企業が成長し始めた時期に当たる。神原孝は早い時期に造船業に参入し、日立造船の本工から現場で直接に教わりながら、付加価値の高いエンジン技術を学んだ。このような技術習得のパターンは、「組」経由で入職した労働者のパターンとは異なっている。

　神原孝の事例は、熟練化する場合に、質の高い技術を習得できるルートに参入することが重要であったことを示している。神原孝は「下請」経由で入職したことによって、日立造船本工から技術を学ぶことができた。日立造船の技術水準を知り、その技術者たちを準拠集団とすることができた。「組」経由の入職では、請負契約のため、工程をこなすことに主眼がおかれる。工程に時間的余裕がなく、新規参入者の技術的な準拠集団は「組」そのものである。「下請」経由のほうが技術力向上の機会があったといえるだろう。

　一九六〇年代後半に、T造船が「四強」にのし上がるために、徹底した外注・合理化を進めていたことは前述した通りである。T造船は下請企業を常に厳しく管理してきた。T造船の協力企業に認可されることは容易なことではない。しかし、神原孝は

T造船課長の要請を受け、「協力企業」認可への障壁を易々と超えた。T造船は宮沢裕・喜一の支持企業なので、神原孝一家が宮沢親子に近い関係を有していたことは有利な条件だったろう。それに加えて、神原孝自身が必要とされている技術を習得していたことも重要な要件であったと考えられる。

一九六九年にT造船の協力企業に認可され、A社はエンジン据え付けの仕上げ、配管を専門としてきた。図表7—11は一九七〇年代の造船最盛期のA社の構成図である。協力企業として会社を立ち上げた頃は、直接雇用の労働者が二〇人弱であった。ほぼすべて横島出身者で、三〇～四〇代の漁業転業者だった。造船に関わる技術を知っていたのは、神原孝と他一名（二〇代の横島出身者、尾道の鉄工所で漁船のエンジン技術習得）のみで、あとは素人で、熟練化するのに三～四年を要した。作業監督は三人の棒芯に任せた。直接雇用の従業員はほぼ全て定年まで勤め上げた。

A社では、最も多いときで孫請の組を七つ入れていた。「使ってくれないか」と組の親方が気軽に声をかけてきた。福山、尾道、沼隈、因島、向島などの組で、ひと組一〇数人～三〇人弱だった。最盛期には直接雇用と孫請の労働者を合わせると、操業規模は一六〇人にのぼった。T造船との請負契約は協力企業しか取ることができない。取った請負契約を孫請の組に配分した。一〇数年にわたって取引を続けた組もある。長く請負を続けていると、組の親方が「独立させてくれ」と相談に来る。そのような相談があれば、応じざるを得ない。これまで四つの組を独立させた（福山二、尾道一、沼隈一）。信頼できる親方であればT造船に協力企業として推薦することもある。

以上のように、A社の実態も複数の「組」の連合である。A社の直接雇用者も一つの組とカウントすると、請負契約の多寡に応じて組連合は二つ～八つの組の間を推移してきた。組の間に大きな相違点があるわけではない。しかし、協力企業になるには参入障壁がある。A社の「組」は元請のT造船と請負契約を結ぶことができる看板をもっていることの利益を享受してきた。「看板」の有無を通して、下請企業群のなかで、明確な序列が形成されている。T造船は、

「組」に「看板」を与えることによって、下請企業群全体をコントロールしている。

A社の直接雇用者は、横島出身者で構成されている。漁業から転業し、入職した時点では未熟練ではあったが、A社に直接雇用されることによって、定年まで勤め上げている。調節弁にする孫請は、地元出身者の組ではなく、福山・尾道など周辺地域から入ってきている。元請から「看板」がもらえない「組」は、広域で造船所をめぐって、請負契約を探さざるを得ないのだろう。

（2）自営ブルーカラーと移動障壁

造船業下請企業経営者は、自営ブルーカラーである。中小企業ブルーカラー労働者がめざす到達的職業である。しかし、中小ブルーカラーという被雇用者から、自営業主への移動障壁を乗り越えることは容易なことではない。加藤夏樹（仮名）の事例をもとに移動障壁をめぐる社会関係を明らかにしてみよう。

加藤夏樹（一九四二年生）（図表6―15のL）は、一九五七年に横島の中学校を卒業し、父の船に乗り組んで漁師になった。他の職業選択について情報がなかったので、漁師になることには何の抵抗もなかった。一七歳頃に宇部に行き、兄のエンジン船で働いた。兄弟げんかをして横島にもどっているとき、南氷洋捕鯨事業員募集があった。一九六一年から四年間捕鯨船団に乗り組んだが、腰を痛めたため、捕鯨に行くのをやめた。

〈腰を痛めて治療中に、自動車・ブルトーザーの免許を取得した。それを活用して、妻の父（漁協の渡戸信雄組合長）の紹介で、T造船建設課に臨時採用された。T造船には埋立や工場建設を行うため、建設課があった。ブルトーザーの運転手で給料は安く、不安定な職だった。その後、渡戸信雄組合長の紹介で、尾道に本社がある「中国船用電機」に正社員として採

用された。この会社は船舶の配線工事を行う会社で、中国地方の主要な造船所と全部取り引きがあった。新造船の配線工事に八人一組で入り、合計三組あった。船舶はエンジンのそばに配線が集中し、特殊な電気配線をしく。新造船の配線技術を一から覚え、この仕事に非常に興味を持った。リーダーの人柄もよく、対人関係も円滑だった。新造船のエンジン専門の配線工事を得意とし、リーダーをめざしてがんばった。四〇日間一日も休まず、働いたこともある。出張工事も多く、月に一二〇〜一三〇時間の残業時間をこなしたこともある。各ドックの現場責任者とも顔見知りになった。一九七一年まで、この会社で働いたあと、慰留されたが、電気工事師として独立した。漁協の渡戸信雄組合長の仲介で、T造船の協力企業として参入することが認められた。認可の書類には「社長特例」「特別の配慮」と記載してあった。従業員は最多のときは、四〇人程度を雇用したこともある。[7]〉（インタビュー内容の要約）

加藤夏樹の場合は、腰を痛めて捕鯨船をおりたのが一九六五年で、ちょうど造船下請企業の成長期に当たっていた。船舶の配線工事会社に入社したのが技術習得の始まりである。構外下請専業で、専門技術を有している企業だった。ここで質の高い技術を習得する機会に恵まれた。特殊技術をもつ集団を準拠集団として、技術力が高まっていくことに本人も喜びを覚えている。ネットワークも形成し、安定した環境で熟練化の道をたどった。

協力企業への参入障壁を越えることができたのは、渡戸信雄組合長の仲介があったからである。姻戚ネットワークが有利な資源になった。本人は新技術を習得した過程を、それなりに苦労した体験として記憶している。有利な資源が効果を発揮する前段階として、本人の精神力、身体能力の条件がそろい、熟練化の道をたどることは必要だった。

神原孝、加藤夏樹の二つの事例に基づくと、上昇移動が可能だったのは、有利なネットワーク資源を保有していたからである。しかし、有利な資源を保有しているからといって、最初から順調な上昇移動が保証されているわけではない。職業移動ルートは不確定な要素に満ちていて、上昇移動できるかどうかについては見通すことができない部分も大きい。二つの事例に共通しているのは、質の高い技術へのアクセスの機会、本人の精神力、身体能力など、転職初期の熟練段階を好条件に恵まれて順調に進んだことである。「組」経由の入職は、「下請」経由に比べて、質の高い技術へのアクセスが欠如しがちである。下請企業に直接雇用されるルートのほうが、まだしも有利だったといえよう。

（3）漁協幹部の社会的性格

T造船から協力企業として認可されたとき、その書類には「社長特例」「特別の配慮」とわざわざ記載されていた。社長の「恩恵」によって、下請企業の序列の階段を昇ることができたことを実感させるしくみになっていた。その印象は強く、加藤夏樹はそれから三〇数年たった現在でも、T造船の修繕部長から認可の書類をもらったときのことを「まるで昨日のことのように覚えている」。

加藤夏樹の場合は、妻の父が横島漁業協同組合の組合長で、漁協幹部との姻戚ネットワークが有利な資源になった。漁協幹部との関係から、下請経営者の出自をみると、図表7—10のA社、B社、C社、D社、G社はすべて漁協幹部の親族である。とくにB社、C社、D社は渡戸信雄の親族である。T造船と渡戸信雄は、次のような密接な関係にあった。[8]

「埋立と漁業問題は関連している。（T造船は）**修繕桟橋の拡張など、近隣の漁協との交渉事項は多かったはず。補償問題が社会問題化しないように、**（渡戸信雄は）**相当協力したと思う。」「T造船は拡張、拡張でね、工場そのものの拡張工事があった。**（漁協幹部は）**ものすごく協力しておる。漁業権の問題があるわけやな。まあ、そこをな、協力し、漁業権問題で社会**

問題化せずにな、造船所に協力しているということがある。今日のT造船の発展の大きな陰の功労者やな。」「ドック一つ掘ったり、修繕桟橋が三本もあるでしょ。あれなんか全部漁業権の対象になるんじゃけど、補償問題には出なかった。時の組合長がリーダーシップを発揮したんですな。」

「造船は、海岸ばたでやらにゃいかん。桟橋出すにしても海面使用料を払っているわけですよね。船が停泊しても、停泊料金というのを漁協に払うわけです。海のものはいまだに組合に全部関係しますね。ですから、造船業としては、漁協と絶えず、連絡を密にとるようなかたちですよね。協調がないと、桟橋も作れない、ちょっと埋立することもできない。そういうことは、全部漁協が関係しますね。」「(協力企業として認められたのは)渡戸信雄組合長のおかげじゃないですか。組合長のおかげで、(T造船から)まあ、やるだけ、やってみいということで。」

海岸埋立、工場やドック・桟橋の拡張、塗料による海水の汚染等をめぐって、T造船は近隣の漁協と交渉する必要があった。T造船は海岸部を工場地帯に改造してきた(後述)。T造船の本拠地・常石集落と横島は海を隔てて向かいあっており、T造船の諸設備は横島漁協の操業区域に近接している。T造船と渡戸信雄組合長は取引しており、問題が表面化しないことへの協力の見返りに提供されているものが「協力企業」の認可である。問題が表面化すれば、T造船の計画は頓挫し、漁協への補償金額がはね上がる。表面化しなければ、補償金額は低くて済む。T造船にとっては、漁協の組合員全員に多大な補償金を支払うより、漁協幹部を手なずけて、利益を供給するほうが安上がりである。かくて、漁協幹部は懐柔の対象となり、親族も利益享受層の一端に連なることになる。

このような状況をふまえれば、自営ブルーカラーという到達的職業への移動ルートはかなり限定された人にしか開かれていない。移動障壁は高く、乗り越えるには、「協力企業」と交換するに足る資源を有している必要があった。「瀬戸内中堅造船の四強」にのし上がったT造船の諸工作を黙認し、加担・協力する見込みがある者に、「恩恵」が配分された。

漁民層分解によって、漁業から造船業への職業移動が進むこの地域で、誰が「社外工の世界」から抜けだし、「組」の親方連中から一頭地を抜き、協力企業の序列にくいこむか。協力企業への参入を実現させる要の役割を果たしていたのが横島漁協の渡戸信雄である。階層再編成、地域社会再編成という側面から、渡戸信雄の社会的性格を明らかにしておこう。

渡戸信雄は、一九五〇年代に横島でおきた動力船派と非動力船派の闘争における、動力船派のリーダーである（第六章参照）。動力船派が勝ち組となり、渡戸信雄は一九五三年から一九七九年に至るまで、二七年間の長きにわたって横島漁業協同組合長を務めた。この時期はまさにT造船が鋼船製造に転換し、「四強」に成長していった時期に該当する。

渡戸信雄は、早期に動力船を導入し、闘争における勝利を踏み台にして、社会的威信を増した、新興の産業組合エリートである。上層漁民に上昇移動し、漁協という産業組合内部で、長期にわたって一元的支配を行った。しかし、一九五〇年代以降、漁業者が減少していく状況において、漁協のような産業組合エリートの影響力は、必然的に衰退していく趨勢にあったといえよう。

しかし、渡戸信雄は、地域社会に新しく出現した造船業下請企業経営者に親族・関係者をはめこんだ。漁民層分解によって、造船業に労働力が流入していく状況に対応して、第二次産業部門に、下請企業経営者という産業組合エリートの亜種が再生産される結果になった。産業組合エリート亜種は、T造船と連携して地域社会の雇用をコントロールする役割を獲得した。これまでこの地域には存在しなかった新しいタイプの産業エリートとして、社会的影響力を保有することになった。産業部門間を労働力が移動するにともない、異なるタイプの権力エリートが登場するのではなく、前段階との連続性をもった権力エリートが出現しているのである。

第一次産業就業者層が分解し、異なる産業部門間を職業移動するということは、個人に着目すれば、キャリアの断絶、ライフコース上のキャリア転換になる。しかし、地域社会構造からみると、漁協と企業の密接な連携、つまり産業組合と開発（資本）のバーターが、下請企業経営者という地域社会に影響力をもった権力エリートを生み出していることになる。

4　造船業と産業空間の拡大

木造船から鋼船に切り替わっていった「海の道」の再編は「陸上の拠点」の再編と一体で進んだ。一九六〇年代にT造船は大型鋼船製造に切り替え、沼隈半島沿岸部には産業拠点が形成されていった。T造船の本拠地のみならず、周辺地域の集落にも下請企業経営者が出現し、周辺部の労働力が造船業に吸収されるようになった。これと併行して、T造船の本拠地・沼隈町の常石集落には、造船に特化した産業空間が出現し、海岸部には大型ドックをはじめとする造船の諸施設がならぶようになった（図表7―12）。もともと常石集落は海岸に向かって急斜面が多く、海岸部に平坦な土地が少ない。大型工場や諸施設を効率よくレイアウトするのに適した土地ではなかった。しかし、一九六八年には二〇万トンドックが建造され、わずか数年の間に埋立地には各種工場が増えた。常石の地先の風景は全く異なるものに変わっていった（図表7―13、7―14）。

図表7－12　常石海岸に広がるT造船のドック等、諸施設

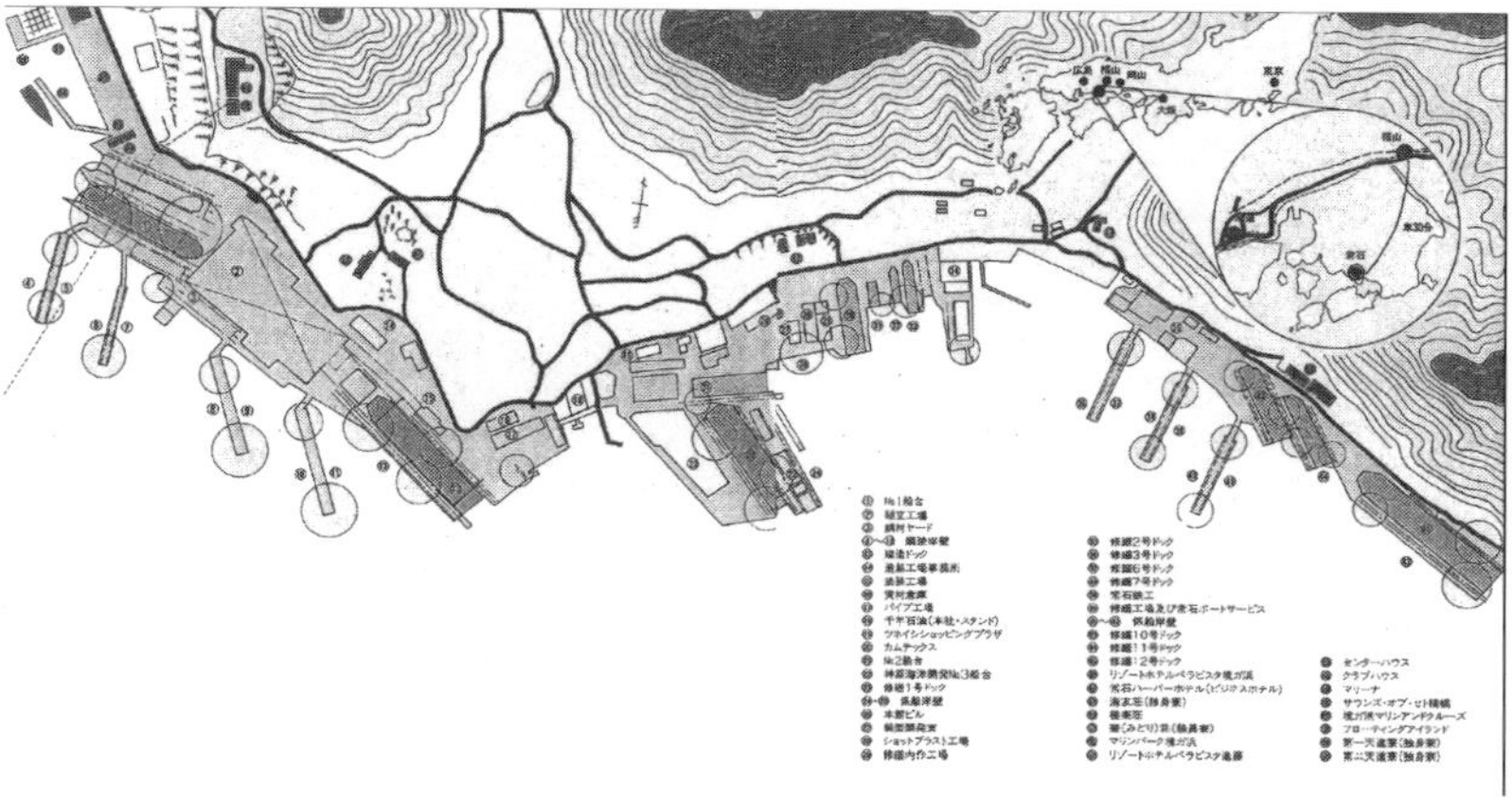

出典：T造船所蔵資料。

図表7－13　1959年ごろの常石海岸とT造船

出典：T造船所蔵資料。

図表7-14　1974年ごろ、沖合へ広がるT造船

出典：T造船所蔵資料。

T造船の本拠地は海を隔てて、田島・横島と向かいあっている。この時期にT造船が空間の改造を進めていく様子を田島・横島の人々は日常的に目にしていた。その強引な進め方は人々の記憶につよく残っている。

対岸の沼隈町にあるT造船は、昭和二六年頃までは瀬戸内海のどこにでもある小さな造船所であった。それが、石炭船建造で当てたのち、造船所の大拡張に走った。沼隈町の海岸線の埋立は、すべてT造船が行ったもので、不法埋立である。不法埋立に対して、県の役人はこれを阻止しないだけでなく、漁民の抗議に対しても逃げの姿勢に終始し、事後的に埋立の承認を漁協に求めてきて、県としての合法的な体裁を整えた。地元で、T造船の埋立に反対する人もいなかった。また、埋立のほかに、同造船所に停泊する船から流出する有機錫を含んだ船底塗料、廃棄物の海中投棄、船底の掃除に平気で劇薬を使用するなどの要因が重なり合って、横島漁協のイワシ網漁業は消滅した。[9]

工場を拡張する用地を増やすために、T造船がやっていた埋立方法は、木造船から鋼船への切り替えで、大量に出る廃船になった機帆船を海底に沈めるやり方だった。

私らが若かった頃は、まだ機帆船じゃったけな、（T造船に）仕事に行ったことがあるんよ。それが鉄船（鋼船）に変わっていったでしょ。浜を広げるのに、機帆船が古うなったのは、修理するよりは、これは捨てりゃあいいわ、鉄船買えばいいわで、木造船を地に引きつけて（陸地へあげて）、そのなかに砂をどんどん入れて、埋立てたんじゃけな。坂が多くて、海岸が少ないでしょ、浅い海岸に機帆船を沈めて、砂を入れて動かんようにしておけば、土地が増えるでしょ。そうしながら、土地を増やしていった。不法埋立よの。だから、最初の頃には（昭和二〇年代には）、造船所の起重機がひっくり返った。機帆船を埋めて、それをつなげて地面を作っとるんじゃけ、木造船の木が腐って崩れたりするでしょ、それで地盤が崩れて、クレーンが倒れたいうようなことがあった。(10)

海中に沈めた木造船が腐敗し、埋立地が陥没して事故が起こるような現場は、まともな産業用地とは言えない。T造船は海岸部を独占し、造船業に特化したレイアウトを展開できるように、小学校も移転させた。

〈埋め立ては昭和二七年頃から始まった。それまでは三〇〇トンぐらいの船を造る「こまい」造船所であった。昭和二七年ぐらいから、T造船が大きくなりだした。どんどん海岸を埋めた。機帆船を海に沈めて、その上から砂をかけた。山を崩して、（土を）浜へ持ってきたりして拡大し始めた。（T造船は）民家はたくさん立ち退きさせたが、公共物では常石小学校を移転させた。昭和三五年には常石小学校はまだ海に面していた。小学校を海のそばから、上に移転させた。移転先の小学校の体育館の床を見たら、木造の船を解体した板を、体育館の床にべったり張っていた。T造船が解体した船の板を小学校に使っていた。「おうい、この体育館はなんじゃい。船の板を床に張っとるじゃないかい」と（自分は）思わず言った。(11)〉（インタビュー

内容の要約）

常石小学校はもともと海岸部の塩田跡地に立っており、一九四九年に新築された校舎だった。わずか一二年しか使用されていないのに、工場用地にするために、一九六一年に小学校を海岸部から丘の上に移転させた。堅固に作らなければならないはずの体育館の床には、廃船の木造船の板が使われていた。体育館の床は、行政もT造船の思いのままに操られている象徴のようなものであった。T造船の二代目社長は一九五五〜五七年に初代沼隈町長を務めた。T造船は地元の政治・経済の両面を掌握し、海岸部にあった生活空間を産業空間に改造していったのである。

海岸にあれだけ大きうなって、T造船がずっとあるでしょ。ああいうのは許可申請を出す前に（埋立てを）やって、申請は後からいうやり方で、どんどん（埋立ててしまい）地先権いうか海岸をとっていったんですよ。住民もT造船に勤めよるけな、反対はできなんだ。T造船にきれいに抱き込まれたような格好で、ちっとも（反対）できなんだ。[12]

T造船のやり方は不法埋立・不法行為を強引に実行する企業として、人々に不信感を抱かせた。のちに内海町町議会議員になった大崎忠夫（仮名）は、一九五七年頃に沼隈町町議会議員に加勢を頼まれて、一〇日ほどT造船本社正門前で抗議活動をしたことがある。

〈常石に住むSという町会議員が「わしは常石に住んでいるんじゃけどな、T造船がむちゃしてしょうがない。あいつらのやりよることは、当たり前のことじゃないぞ。何とかして、あれを止めにゃいけん」と加勢を頼みに来たので、二人で手で

こさえたメガホンを持って、「海をなんでそこまで埋立するのか」と、10日ぐらいT造船の正門の前に抗議しに行った。T造船には組合がないから、勤めている者は何も言えない。批判する者が誰もいない。メガホンで「おまえら、海はなんじゃと思うているんじゃ。ここの地元住民の命を取るんか。常石の者はみな泣きよる」と抗議した。後で気違い扱いされた。[13]〉（インタビュー内容の要約）

T造船の埋立は、地先漁業権の設定を無視する不法埋立であった。通常は地先漁業権をもつ漁協の承認や県の水産課の許可が必要となる。常石集落の地先漁業権を保有していた千年漁協は埋立を黙認した。これは漁協が漁業権の管理能力を失っていることを意味する。このような状況をめぐって、県の水産課は次のような指導を行っていた。

T造船の埋立の問題は、沼隈町の千年《ちとせ》漁協の問題なんですよ。千年漁協が黙認していたということですわな。黙認していたというのは、それなりの金をもらって、黙認しておったいうことですわ。不法な埋立をしているということで、県からも指摘をうけて、「そういうことじゃいけん。埋立はやっちゃいけん」ということになった。そのとき問題になったのは、千年漁協だけで漁業権を持っていると、なんぼでも埋立する（管理できない）。それで（県の指導で）千年、横島、田島の三漁協の共同で、共同漁業権を設定したんですわ。それ以前にも（三漁協の）共同漁業権は設定していたが、千年が埋立をさせたもんじゃけ、（共同漁業権が）無くなっとったんですわ。千年がまた地先権をくれと（県に）言うたが、県が言うには、「自分らの海を売っておいてな、（千年漁協に）やるわけにはいかない。三漁協で一緒にとるなら、また許可しよう」ということになった。県の指導で、T造船の地先二〇〇mは三漁協がもち、T造船はそこの賃借料を千年漁協に六〇%、田島漁協に二〇%、横島漁協に二〇%支払っている。[14]

空間を改造するT造船の強引なやり方を目にして、田島・横島の人々はT造船がどのような性格の会社であるかを理解していった。これとならんで、T造船の苛烈さを印象づけたのが選挙活動である。T造船は宮沢喜一の支援企業である。選挙活動時期には、自社の従業員を動員し、票数の確保にノルマを課していた。

選挙のときには、T造船から、一〇トン車を一〇台ならべて、（今度の選挙で配るものを）宮沢さんの東京の事務所にもっていったという話がある。ここらへんにT造船に勤めよる者がいるでしょ。一〇トン車が一〇台出たぞとうわさ話に出たことがある。[15]

協力企業（下請企業）の従業員には票のノルマは課してこなかったが、協力企業経営者は選挙活動に動員された。横島の宮沢喜一後援会会長は、協力企業経営者の一人であった。

協力企業の従業員が他候補を支持する選挙活動を行った場合は、経営者にも圧力をかけた。次のような離職に追い込まれた例がある。横島出身の渡戸充（仮名）（一九四二年生）は、漁業を経験したのち、溶接技術を覚え、一九七〇年代にはT造船の協力企業に勤務していた。兄も別の協力企業に勤めていた。衆議院議員選挙の広島三区は宮沢喜一、亀井静香などが争う激戦区で、兄は亀井派の熱心な支援者だった。宮沢喜一のライバルを支持しているということで、兄はT造船の総務部長に呼びつけられたが、三時間討論しても亀井支持をやめなかった。兄は協力企業を退社して、亀井派のルートを活かして、自営業を始めた。渡戸充自身は亀井支持ではなかったが、兄が熱心に亀井支持の活動を続けたので、次に自分がT造船の総務部長に呼びつけられるようになった。

〈「部長室まで来い」ということで、自分も（T造船の）大川部長（仮名）に呼びつけられて、三時間ぐらい説教された。兄弟というだけで、そこまで（三時間も自分に説教するのは）異常であり、兄が大川部長と激論を重ねるのも異常であり、それが重なるもんで、自分は造船所とは関係を断ち切った。説教されたときには、自分が働いていた協力会社の社長も「一緒に来い」と呼びつけられた。大川部長は「この人間を使いよるあいだは、おまえかたには、仕事は絶対やらんぞ。覚悟しとけよ」とまで言った。それを聞いて、「わしはもうこれでやめよう」という気持ちになった。帰るときに、大川部長はまた「その覚悟でおってくれよ」と念押しした。[16]〉（インタビュー内容の要約）

雇用主まで脅すようなハラスメントが度重なり、ついに渡戸充は協力企業を退社した。海上建設業に転職し、浚渫船の作業員となった。

このようなT造船の過剰な集票活動は、産業用地を拡張する動きと表裏一体のものである。T造船が強引に実行する産業空間の拡大は、マクロな視点でみると、国政レベルの産業政策・エネルギー政策と連動している（第八章参照）。T造船は宮沢喜一を支持し、国政ルートと密接な関係を維持していた。国のエネルギー政策は石油化学工業の成長促進にシフトし、一九六〇年代に新産業都市、工業整備特別地域が指定され、瀬戸内海沿岸部には産業拠点やコンビナートがならんだ。沼隈町も「備後地区」工業整備特別地域に含まれていたことは前述した通りである。国の経済・産業政策にバックアップされ、海上のエネルギー輸送路・備蓄施設と、陸上の産業空間・工業開発は、密接に関わりながら再編成された。T造船の産業空間の拡大が内海町にも及んだのが横島・大浜海岸のＬＰＧ基地建設計画であった。

[注]

(1) 渡瀬功さん(仮名)への聴き取り調査(二〇〇六年三月一五日)。
(2) 渡瀬勝さん(仮名)への聴き取り調査(二〇〇四年九月一二日)。
(3) 村瀬竹彦さん(仮名)への聴き取り調査(二〇〇六年三月一一日)。
(4) 渡瀬清さん(仮名)への聴き取り調査(二〇〇四年八月二六日)。
(5) 図表7—10のE社、F社が協力企業になった経緯は次の通りである。E社経営者は義務教育修了後、大阪で配管工となり、熟練化した。昭和二〇年代に横島にあった米軍大浜貯油基地で配管工として勤務、昭和三〇年代前半には貯油基地に材料を納めていた尾道市のT造船下請企業で働いた。そのネットワークでT造船協力企業となった。F社経営者は内海町出身者ではなく、向島出身である。向島で造船技術を学び、尾道の鉄工所でエンジン据え付けに習熟した。昭和二〇年代に横島の漁船が動力化し始めたとき、横島にはエンジンを扱う業者がいなかったので、横島に転入、エンジン修理を専門に鉄工所を開業した。エンジンに対応した早期開業者で、技術力を見込まれて、T造船協力企業となった。E社とF社は技術者の層がうすい時代に、技術力が見込まれ、協力企業参入を果たした例である。
(6) 神原孝さん(仮名)への聴き取り調査(二〇〇四年九月一五日)。
(7) 加藤夏樹さん(仮名)への聴き取り調査(二〇〇四年八月二五日)。
(8) 次の聴き取り調査による。匿名(二〇〇四年八月二五日)、匿名(二〇〇四年九月四日)。
(9) [環瀬戸内海会議、1998]に引用された、一九九八年度の横島漁業協同組合組合長の談話。
(10) 次の聴き取り調査による。匿名(二〇〇五年七月二二日)。
(11) 大崎忠夫さん(仮名)への聴き取り調査(二〇〇五年七月二三日)。
(12) 次の聴き取り調査による。匿名(二〇〇五年七月二二日)。
(13) 大崎忠夫さんへの聴き取り調査(二〇〇五年七月二三日)。
(14) 田島漁業協同組合長への聴き取り調査(二〇〇五年七月二一日)。

(15) 次の聴き取り調査による。匿名（二〇〇五年七月二二日）。
(16) 渡戸充さんへの聴き取り調査（二〇〇六年三月二〇日）。

Ⅲ部　コンフリクトの発生

第八章　ＬＰＧ基地建設計画と社会的位置づけ

●大浜海岸にならぶ石油貯蔵タンク－1960年代（内海町所蔵写真）

内海町の集落間には漁民層分解のタイムラグがあった。産業資本家が育たなかった内海町において、漁民層分解とは、中・下層漁民の賃労働化が進行することであった。マクロ社会の動向や、周辺地域の産業化の発展段階に応じて、漁業から離脱した者の就業先は分解時期によって違いがみられた。おおまかに述べるならば、戦前に分解が始まっていた田島の町集落では、労働者は島外の遠隔地に分散し、生産・生活分離の生活スタイルを継続することが主流になった。集落につよい影響力を及ぼす特定の企業は存在しなかった。横島では高度経済成長期に分解が進行し、同時期に沼隈半島で急成長したT造船㈱に下請企業労働者、孫請の「組」労働者として吸収された。横島ではT造船の下請企業（協力企業）経営者を媒介にして、T造船の管理がつよく効く集落の社会構造が形成された。田島の箱崎集落では、高度経済成長期に分解が進行したが、のり養殖事業の開始によって、一定数の漁業者が操業を続け、漁業集落としてのアイデンティティと機能を維持していた。のり養殖は沿岸の海水が汚染されると被害を受けるため、海水の管理について敏感な漁業者集団の存在は、T造船の強引な開発方法を牽制し抑止する効果があった。

高度経済成長期を経て、個性的な複数の集落が併存していたところに生じたのが、T造船の産業開発の行き着く先ともいうべき、LPG（液化石油ガス）基地建設計画である。LPG基地の建設予定地は横島の大浜海岸であった。この計画が明るみになり、それに対する反対運動が展開されたのは一九八一～八四年である。建設の是非をめぐって問われた根本的な問題は、各集落固有の構造や歴史的蓄積に鑑みて、生活保障のしくみとして維持すべきものは何かということであった。産業化の進展と、むらのしくみの維持をめぐる葛藤が、LPG基地建設問題には表れている。Ⅲ部では、LPG基地建設推進と反対運動を「産業の時間」と「むらの時間」のコンフリクトととらえ、決着に至るまでの過程を記述する。

大浜海岸の土地利用をめぐって、T造船の計画に反対する運動は二回起きた。初回は一九七五年である。T造船子会社が産業廃棄物処理工場の建設を計画し、これへの反対運動である。これを第一次反対運動と記す。二回めが一九八一〜八四年のＬＰＧ基地建設反対運動である。これを第二次反対運動と記す。第一次反対運動は横島のなかで決着がついた。しかし、第二次反対運動は横島・田島の両島つまり内海町全体をまきこみ、二回の町長選挙（一九八三年、一九八四年）と一回の町議会議員選挙（一九八四年）、合計三回の選挙を重ねて、建設の是非が問われた。最終的には反対派の推す町長が、Ｔ造船に基地受入拒否をつきつけ、反対運動は成功した。保守勢力の強い村落的社会で、一定の成果を収めることができたのはなぜか。

ここでは、第一次反対運動と第二次反対運動の両方の経過を記述するが、後者により重点をおいて考察を進める。内海町という一つの行政単位のなかに、異なる構造の集落が併存し、当初ＬＰＧ基地問題に対する各集落の反応は異なった。相違があったにもかかわらず、結果的には反対派の得票数が上回り、最終的に建設計画は阻止された。Ⅲ部では内海町を田島西部（町・南）、田島東部（箱崎・内浦）、横島の三つに区分し、三地区の特性、各地区域で反対運動を牽引したリーダーの社会的性格に焦点をあてながら、反対運動が成功した要因を探る。異なる表現で言い換えると、コンフリクトを切り口にすることによって、各集落の歴史的蓄積、社会構造の相違が、反対票を固めるプロセスの違いを生みだしていることを知ることができる。「むらの時間」と固有の構造をもつ複数の集落を内包している現代地域社会の構造を深く知る手がかりとなる。

1　大浜の土地利用の変遷

ＬＰＧ基地建設が計画されたのは、横島の大浜海岸である。前述したように、一九四一年までは民間所有地であった（第5章参照）。一九四一年に突然、陸軍航空燃料廠（陸軍省貯油基地）に指定され、石油タンク一一基が建設された。戦後は賠償指定設備として大蔵省管財局の所管となり、一九五三年に在日米軍に接収され、米軍横島油槽所・大浜貯油基地となった（図表8―1）。

一九五八年に米軍から返還されたが、「旧軍燃料廠跡地」の利用の在り方は国の諸政策と密接に関連し、行方を左右する政治的駆け引きに宮沢喜一が深く関与していたことはすでに述べた通りである（第五章参照）。当時、参議院議員だった宮沢喜一は「かなり複雑な配慮と戦術」を駆使して、防衛庁用地となることを回避し、民間払い下げの方向に誘導した。一九五八年に大蔵省所管（石油連盟が一年期限つきで使用）となった後、一九六〇年に丸善石油㈱が大浜の貯油施設の土地・設備を取得した。丸善石油は一九七五年までここを貯油施設として利用した。このように大浜海岸には小規模であるがエネルギー備蓄用地があり、戦後に「エネルギー輸送経路」として再編成された瀬戸内海の歴史と軌を一にしている。戦後に成長した石油企業の備蓄施設として、「エネルギー輸送経路」の構造に組み込まれていたのである。

エネルギー利用の産業構造にビルトインされていたことを反映して、石油ショックの影響で次のような変化が生じた。一九七五年に丸善石油は大浜貯油基地の閉鎖を決定した。丸善石油が手放す予定の土地・施設（タンクを含む）

図表8-1　大浜地区の産業用地・利用の変遷

1941年	陸軍省貯油基地となる。陸軍航空燃料廠タンク11基ならぶ。
1953年	在日米軍に接収される。米軍横島油槽所・大浜貯油基地となる。
1958年	米軍より返還。大蔵省所管。石油連盟が1年期限つきで使用。
1960年	丸善石油が所有。丸善石油・大浜貯油基地となる。
1975年	丸善石油、大浜貯油基地閉鎖。 T造船、大浜地区の土地・産業施設（タンク）を丸善石油より買収（手続完了は76年)。 T造船の関連企業が産業廃棄物処理工場事業計画案を提出。 「内海町の環境を守る会」第1次　発足。
1978年	内海町議会において「内海大橋の架橋促進に関する決議」可決。
1979年	内海大橋の建設工事、着工。 内海町議会において「横島石油基地化計画促進に関する決議」可決。
1981年	横島漁協、大浜地区沿岸の漁業権放棄、7億200万円。 T造船、昭和石油と提携し、横島石油基地株式会社を設立。
1982年	漁協組合員４名、「漁業権放棄の無効」を提訴。
1983年	「内海町の環境を守る会」第2次　発足。 町長選。反対派の推す町長が当選。第5代町長、急死。
1984年	町長選。再度、反対派の推す町長が当選。 町議会議員選挙。 第6代町長、LPG基地の受け入れ拒否を通告。

出典：筆者作成。

を買収したのがT造船である。

一九七五年、T造船子会社は大浜に重金属を処理する産業廃棄物処理工場を建設する計画を立て、内海町に提出した。同時並行で、T造船はタンク付近の農業用地の買収を進めた。貯油基地の周囲は丘陵で、みかん畑が広がっていた。この頃、宮沢喜一は横島の支援者と一緒に、大浜のみかん畑所有者宅を訪れ、T造船へ土地を売却するように促している。

父は五〇歳まで漁業、その後、百姓をしようかということで柑橘類、みかんをつくりましてね、一五〜二〇年も作ったかな。六五歳ぐらいまでみかん作りをしました。いま海水浴場になっている大浜の上は、全部父が持っていた畑です。〔じゃあ、かなり土地をお持ちだったんですか。〕**T造船に売ったんですが、それまでは一町二反ほど。みかん栽培を始めてから土地を購入しました。本格的にやるつもりで始めたんですね。**（父母は）**夫婦で一緒に一生懸命、柑橘作りをしました。ちょうど、**

みかんがあまりよくないということで、みかんの木を抜け、という時代がすぐ来るんですよね。一〇年ちょっとで来ましたかね。生産過剰ということでね。（ちょうどそのころ）あそこの大浜に丸善石油がおりましてね、それでT造船が全部買い取るというかたちになったんですね。それじゃあ、上の畑も全部いるじゃないかということでね。昭和石油の石油基地ができるというのが最初の発端です。そういうことで（T造船が）「お宅の畑をうちへ売ってくれ」ということで、ずいぶん私どもも反対しました。「親父、それは売っちゃいけん」と。「せっかく求めたもの、売ってあげるかい」と。まとまった土地ですからね、ずいぶん反対しました。（しかし）T造船、いろんな方の勧め、特にうちの親父、宮沢喜一さんと近しい仲にあったんですよ。（宮沢喜一が）「Wさん、お願いしますわ。売ってあげてください」ということで、あの人の情熱と言いますか、地域をみる目といいますか。備後地域をみる目に負けました。〔説得された？〕はい。うちの親父も備後地域の発展のためにつながるということならいいんじゃないかということでね、T造船へ売却しました。〔いつ頃ですか？〕（昭和）五〇年のはじめ頃じゃないですかね。なかなか、その当時、土地を売るということには抵抗がありました。うちの親父もなかなか悩んだらしいですよ。売るときにね。私ら子どもたちも反対するしね。宮沢喜一先生ね、私たちも一緒になって話を聞きました。〔宮沢喜一がじきじきに？〕はい、じきじきにうちに来ました。「備後地域の発展につながるんだから、Wさん、協力してくれ」ということでね。私が生まれた家には、宮沢先生と一緒に酒を飲んだ記録、写真など、みな残してあります。家にね、宮沢喜一さんの掛け軸が残っております。そういう面ではね、宮沢先生にはずいぶんお世話になりました。A社の社長さん（T造船下請企業経営者―武田注）のつながりでね、社長のお父さん、宮沢先生の秘書をされていたKYさんの（つながりでね）[1]。

（傍線―武田）

この話者はT造船関連会社の従業員（本工）である。宮沢喜一が家までやって来て説得したので、大浜のみかん畑

図表8-2　宮沢喜一が支持者宅に残した揮毫　（N家所蔵）

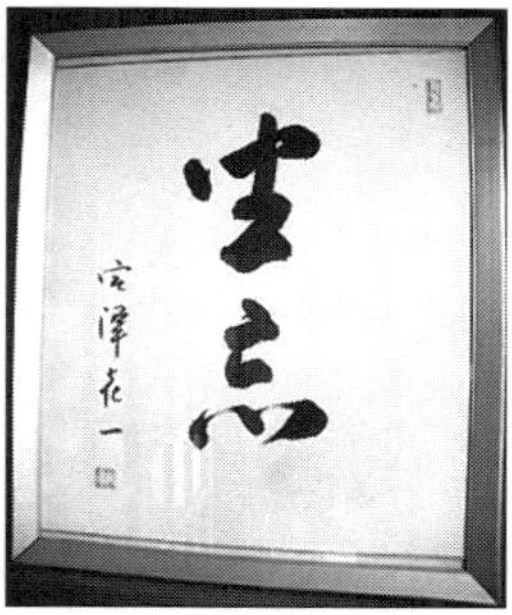

を所有していた父親は、子どもたちの反対にもかかわらず、最終的には土地を手放した。このように宮沢喜一の加担によって、T造船は貯油基地の周囲に所有地を増やしていった。

話者の父親と宮沢喜一の間を仲介したのは、T造船下請企業経営者で、横島の宮沢喜一後援会の会長であった神原孝（仮名）である。つまり、宮沢喜一、T造船、T造船下請企業経営者が連携し、関連会社従業員の親族に圧力をかけた構図をここにみることができる。横島では下請企業経営者が中間の存在となって、T造船の影響力が効く社会構造が形成されていた。服従の代償として、宮沢喜一が置いていったものは揮毫や掛け軸であった（図表8―2）。

T造船の強引な土地取得は、内海町町議会でも問題になった。

【一九七七年一二月二二日―一九七七年第七回内海町議会　定例会　会議録】（傍線―武田）

W議員「T造船が買収している用地で、実際の土地所有者とその土地を借りてみかん等耕作している耕作者がある場合、売買はどういう形で行われたのか。老人ばかりで私のところへ泣きついて事情を訴えて来ている人もいる。」

経済課長「抗議文書が出されていることにより、T造船子会社にかけあったところ、A社の社長の神原孝さんが、大阪にいるHさんのところへ行って交渉した……」

大浜周辺の土地取得のやりかたに抗議文書が出ているため、内海町経済課がT造船子会社に問い合わせた。実際に後始末に駆け回ったのはT造船下請企業経営者の神原孝であったことなどが町議会で説明されている。

一九七五年に内海町に提出された重金属処理の産業廃棄物処理工場の計画に対し、横島の町議会議員を中心に第一次反対運動が展開された（第九章参照）。そのためT造船子会社は二カ月で計画を取り下げた。第一次反対運動は成功し、大浜海岸の利用計画はいったん白紙にもどった。しかし、大浜海岸の土地・施設はT造船が所有している。次にT造船がLPG基地を建設する計画を立てていることが明るみになったのが一九八一年であった。

このように横島の大浜海岸の利用の変遷には、陸軍による接収、旧軍燃料廠の跡地利用をめぐる政治的駆け引き、石油化学企業の成長と頓挫という、昭和のエネルギー利用をめぐる変化が反映されている。

2　推進層の構成

一九七五年の産業廃棄物処理工場の計画中止以降、一九八一年のLPG基地建設計画までの間に、産業用地として大浜の価値が上昇する動きがあった。簡潔に記すと、二〇トン車が通行できる大型の橋が二つ建造されることになった。これによって、沼隈半島のT造船の本拠地から、横島の大浜海岸まで陸路で直行できるようになった。のちのLPG基地計画に即すると、陸揚げされ、タンクに貯蔵されたLPGガスは、大浜からそのまま陸送で、本土各地へ搬出できる基盤が整えられたのである。

二つの橋の建造なくしては、LPG基地計画はあり得なかっただろう。二つの橋のうち、とくに本土と内海町を結

図表8-3　内海大橋と新睦橋

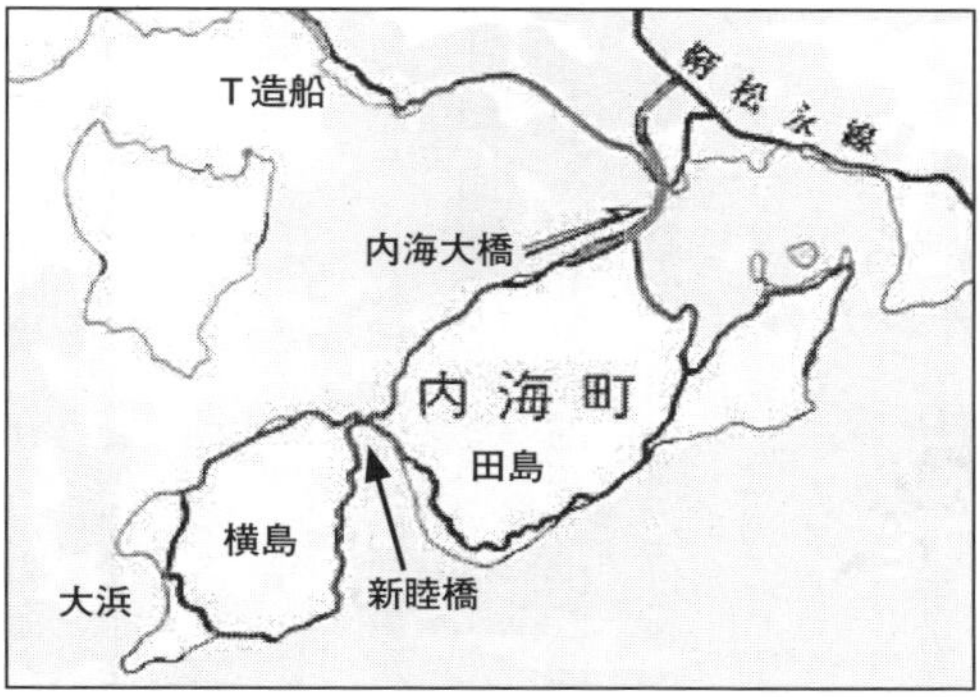

内海大橋
1979年着工
1989年完成
総工費　107億円
建設省橋梁整備事業
主要地方道

新睦橋
1951年　睦橋完成
1979年　新睦橋 完成
県道

ぶ内海大橋の建設に見込みがついて、ＬＰＧ基地計画は浮上してきた。結果的には、内海大橋の建設推進は、大浜のＬＰＧ基地計画を実現させる意味をもつものになった。内海大橋の建設が決定し、着工された時期は、Ｔ造船がＬＰＧ基地計画を立案していた時期に重なる。内海大橋建設のプロセスをたどりながら、ＬＰＧ基地の推進層の構成を明らかにしてみよう。

二つの橋とは、内海大橋（本土―田島間）と新睦橋（田島―横島間）である（図表８―３）。前述したように、ＬＰＧ基地計画と密接に関連しているのは内海大橋であるが、工事が先に進捗した新睦橋のほうから説明しよう。新睦橋（田島―横島間）は架け替え工事であった。もともと田島と横島の間には幅三ｍ長さ四五・一ｍの睦橋があった。これは一九五一年に作られた開閉橋で、橋床は板張りであった。老朽化が進んだため、幅八・二五ｍ、長さ二二〇ｍのコンクリート橋梁（県道）に架け替えられ、一九七九年に竣工した。この橋を単独でみれば、老朽化を理由に架け替えられたことには説得性がある。しかし、二〇トン車が通行できる堅固な橋に替わったことは、この橋を単独でみる以上の意味をもつものにしていった。一九七七年に内海町長は、本土との間に内海大橋ができれば、新睦橋の効果も倍増となるという趣旨の発言を町議会で述べている。[2] 新睦橋の存在は内海大橋建設を推進する理由の一つになっていった。

一方、内海大橋は新規の建設工事である。本土との間に架橋を実現すること自体は、内海町民に共有されている要望であった。従来から、内海町議会でも建設促進運動はしばしば上程される議案であった。一九七三～七四年度には県の予算（七三年度三〇〇万円、七四年度四五〇万円）がついて、海底の流量の測定、ボーリング調査などが行われた。しかし、これは海上への架橋が地質的・物理的に可能かどうかを診断するための基礎調査であって、架橋の実現可能性は不明確であった。[3]

一九七五年に丸善石油が大浜貯油基地の閉鎖を決定した時期に、架橋促進運動が加速化していった。一九七五年三月一一日の町議会には丸善石油松山製油所長が来て、施設閉鎖の経緯と謝辞を町議会の場で公式に述べた。三月一八日議会で内海町長は次のような内容を答弁している。

【一九七五年三月一八日――一九七五年第一回内海町議会 定例会 会議録】（傍線――武田）

町長「宮沢知事さんは町村会において、ハッキリ内海町には橋をかけねばなりませんと云ってます。このことは町民に云ってください。私は架橋には予算を組んで貰うよう運動して年々順調に進んでます。」

ここで言及されている「宮沢知事」とは、宮沢喜一の弟の宮沢弘のことである。自治省出身で、一九七三～八一年に広島県知事を務め、その後参議院に転出した。内海大橋建設に関連して、宮沢喜一、宮沢弘兄弟がバックアップしていることは町議会でも複数回言及されている。

【一九七七年一二月二二日──一九七七年第七回内海町議会 定例会 会議録】

町長「沼隈・内海大橋の架橋についても睦橋の完成と合わせて一時も早く実現するよう要請していますが、宮沢大臣も弟が県知事であるので、この際早く実現したいと云ってくれています。」

ここで言及されている「宮沢大臣」とは宮沢喜一のことで、一九七七年一一月から福田内閣で経済企画庁長官を務めていた。石油ショック後の日本経済の回復の方向をプランニングする立場にあった。石油ショック後の国際的な造船不況のさなかにあって、一九七六年に日本とＥＣ諸国との間に貿易不均衡問題が生じ、国際協調の必要から日本は造船受注を減らす政策を取る必要があった。Ｔ造船にも次のような指示が来ていた。

【一九七六年六月二二日──一九七六年第四回内海町議会 定例会 会議録】（傍線──武田）

助役「先程、沼隈町の総務部長から本町の経済課長の方へ電話があり、Ｔ造船所のドックを一つ潰すようにと国から指示があったそうです。理由は造船業界は国際的に不況である。特に日本は非常に造船量が多いから国際的に非難を受けているので、国内の造船所を縮小するんだということで、国のほうから命令が来ているとのことです。これが何の関係があるかと申しますと、沼隈町は関連企業に従事している者が千五百人、内海町が五百人、尾道市が千人ぐらいだそうですが、ドック一つ潰せば、七百人ぐらい不要になるが、一市二町で県へ陳情してはどうであろうかと、その相談がしたいので、明日来てくれとのことだそうです。」

このように一九七六～七八年当時、造船企業は造船受注量の減少を見込んで、経営方法を修正し、対策をとる必要に直面していた。

【一九七八年三月一一日―一九七八年第二回内海町議会 定例会 会議録】

町長「広島県は長崎県につぐ造船県であり、経済企画庁長官であります宮沢先生も云っておられましたが、沼隈にとって造船不況対策は命であり、何としてもこの造船所を続けなければならないと、力強いことを云って居りました。」

造船業が地場産業である広島三区選出の宮沢喜一にとって、造船企業の経営の行方は支持基盤と直結するないがしろにできない問題であったといえる。広島三区は激戦区で、宮沢喜一の票田は沿岸地域であり、内陸部で高い得票率は期待できなかった。一九七〇年代末に亀井静香が広島三区に参入して内陸部で票をかせぐようになり、T造船の集票活動がヒートアップし、下請企業従業員に対してもつよい圧力をかけていたことは前述した通りである（第七章参照）。

経済環境の変化に対応して、T造船がとった対策の一つが経営の多角化であった。たとえば一九七八～七九年にかけて、関連企業を五つ設立し、船舶管理業、曳船業、船員派遣業、農園経営に新規事業を広げた。また、労働力を安く調達できるウルグアイに造船所を開設した。本業の造船業についても、特定不況産業安定臨時措置法（一九七八年五月施行）に基づき、鹿児島ドック鉄工㈱、新浜造船所㈱、波止浜造船㈱の設備の合理化を進めて、グループ企業として傘下に取り込んだ。造船業の構造改革を促進する法律を巧みに利用して、自社の基盤を固めたのである。大浜の産業廃棄物処理工場の建設計画は、T造船が進めていた経営多角化の事業の一つであった。

【一九七五年九月二三日—一九七五年第五回内海町議会 定例会 会議録】（傍線—武田）

議長「先日、沼隈町から大勢参られまして、産業廃棄物処理工場建設について神原浩士氏を代表とする神原秀夫取締役等十数名の役員の連署で陳情に来られて、この度こういう工場を建設したいが、県の認可を得る為に地元の漁業会や、町の認可がいると云うことでありますので、御協力願いたいと云ってこられ、これは大いに慎重に考えなければならないと思って、ちょうど町長が広島に出張して居りませんので、私と総務課長と企画室長とでつぶさに説明を聞き、陳情を受けましたが、天社側もこれには非常に頭を使っておられましたが、内海町のメリットとしては八五名の雇用人を内海町から優先的に雇うということと、工場から出る熱を利用して、湯を内海町中へ配湯することができると云うことを話して居りました。」

このようなT造船の生き残り戦略は、内海町行政に対しても強く協力を迫ってくることになった。

【一九七六年九月二八日—一九七六年第五回内海町議会 定例会 会議録】（傍線—武田）

町長「九月十四日T造船株式会社の田中常務と総務部長が来られて、丸善石油の用地を買い受けるべく準備中である。丸善石油の国土利用法の手続きがすんでからでないと契約が出来ないので現在手続きを急いでいる。丸善石油株式会社からの土地の買い受けはT造船株式会社で、利用計画はK海洋開発株式会社とT鉄工株式会社が現在行っているので、町有地等の利用については、今後御協力を頼むと云った。」

T造船は、関連会社二社による船体ブロック製造施設の建設計画に変えたと言い、町有地の利用について、内海町に協力を求めてきた。貯油基地内には町有地が含まれ、町道が通っていた。内海町は町有地を丸善石油に貸与していた。本来であれば町に返還されるべきであるが、T造船は継続して貸与することを求めてきたのである。

この動きと同時並行で、本土との間の架橋促進活動が活発化した。町議会議員を中心に沼隈内海架橋促進期成同盟が結成され、一九七八年一二月に内海町議会で「内海大橋の架橋促進に関する決議」[4]が可決された。七八年のうちに、建設省橋梁整備事業（主要地方道）として架橋は計画決定され、一九七九年着工という早いペースで進行していった。この当時、内海町の人口は四二〇〇人強である。人口僅少の地域に、総事業費一〇八億円という巨額の工事費の橋梁が建設された（図表8―4）。一九八九年の竣工・開通式には宮沢喜一が列席した。

一九七九年の時点で、本土との間に橋ができること、本土から大浜まで二〇トンの大型車両が通行できるようになることは自明の事実となった。大浜はもはや離島の海岸部ではなく、本土と陸路で結ばれた利用価値の高い産業用地に変化していたのである。

内海大橋の建設なくして、LPG基地計画はあり得なかっただろう。橋建設、大浜の土地取得のプロセスから明らかとなるLPG基地推進層の構成は次のようである。橋建設には宮沢喜一、宮沢弘が関与していた。大浜の民間地取得にも宮沢喜一が関与していた。宮沢喜一、T造船、T造船下請企業経営者が一体になって、土地所有者に圧力をかけていた。つまり、T造船、T造船下請企業経営者、国政エリート（宮沢喜一）、県政エリート（宮沢弘）がLPG基地計画実現の基盤整備に関わった。T造船は国政、県政にルートをもっていることを強みとし、石油ショック後の諸経済政策を有利に活用した。また、下請企業経営者層を動かしながら、周辺地域に産業空間を拡大しようとしていた。

図表8-4　内海大橋　事業費

（円）

年度	品目	県費	国費
1970	基礎調査費	30万	
71	基礎調査費	30万	
72	海底地質調査費	300万	
73	地質調査費	350万	
74	地質調査費	450万	
75	地質調査費	300万	
76	測量費	200万	
77	測量費	270万	
78	環境調査費	5155万	
79	建設省橋梁整備事業に採択	430万	1億640万
80		824.5万	4億2990万
81		636.2万	8億2040万
82		1億8564万	9億6797万
83		1億5267.7万	11億4417.2万
84		1億1732.6万	9億5550万
85		1億70.8万	10億2690万
86		1億4935.5万	11億9990万
87		1億3828.6万	16億9243.3万
88		9531.3万	9億8266.2万
89		2億2726.9万	2億1875.5万
合計		12億5683.1万	95億4499.2万
総合計		108億182.3万	

出典：O家所蔵資料・沼隈内海架橋促進期成同盟会「内海大橋建設事業の経過」より筆者作成。

図表8-5　LPGタンク建設促進政策の推移

1971年	通産省鉱山石炭局長の諮問機関として「液化ガス供給体制委員会」が設置される。
1976年	資源エネルギー庁の業務委託による「液化石油ガスＣＴＳ建設促進研究会」が発足。
1977年	資源エネルギー庁石油部長の諮問機関「液化石油ガス輸入基地建設対策懇談会」が設置され、立地促進対策が審議される。
1978年	通産省、業界に1980年度末までにタンク能力100万トン増強要請。
1979年	資源エネルギー庁石油部流通課長の私的諮問機関「ＬＰガス問題研究会」発足。法的備蓄義務付けの必要性が検討される。
1981年	「石油備蓄法の一部を改正する法律」施行。法定備蓄が義務付けられる。

出典［日本LPガス協会, 1993:120］を筆者修正。

3　ＬＰＧ基地計画の社会的位置づけ

石油ショック後に導入された、国のエネルギー政策の一つに「石油備蓄法」があった。民間（石油精製・元売り、輸入業者）に原油・製品あわせて九〇日分を備蓄することを義務づけた法律で、一九七五年に施行された。原油のみに頼らないエネルギー備蓄の方法を構築し、エネルギー供給を安定化させるための対策である。ＬＰＧ基地は石油を備蓄する方法の一つである。ＬＰＧは、Liquefied Petroleum Gasの略で、液化石油ガスのことである。プロパンガスやブタンガスがこれに当たる。ＬＰＧは常温・常圧では気体であるが、冷却したり、加圧すると液体になり、体積は二五〇分の一に減少する。プロパンはマイナス四二度、ブタンはマイナス〇・五度で液化する。日本で消費されるＬＰＧの主要輸入先は中東諸国である。中東から日本までの間は、低温常圧の液化ガスの状態で専用タンカーで搬送される。日本に到着したのち、輸入基地の低温タンクに貯蔵される。出荷の際は二〇度程度にもどされ、常温高圧の液化ガスの状態でタンクローリーに積載され、二次基地へ運ばれる。

ＬＰＧは一九七五年の「石油備蓄法」施行時には備蓄の該当製品ではなかった。

しかし、一九八一年に「石油備蓄法の一部を改正する法律」が施行され、ＬＰＧ輸入業者も輸入量に応じて法定備蓄を満たす義務が生じた。日本でＬＰＧの輸入が本格化したのは一九六七年以降で、従来からＬＰＧの備蓄タンクは不足していた。通産省によってタンクの建設促進政策がとられていたが（図表8―5）、一九八一年の法定備蓄の義務化により、ＬＰＧ輸入業者にとってタンクの確保はさらに切実な課題となった［日本ＬＰガス協会 1993:117-122］。一九八一年にＴ造船と昭和石油㈱の共同事業によって貯蔵施設運営の会社が設立された（横島石油基地株式会社）。昭和石油がＬＰＧ輸入業者に当たる。まさにＬＰＧ輸入業者に法定備蓄が義務づけられた時期に大浜のＬＰＧ基地化計画は出現してきたのである。

ここでＬＰＧの輸送方法について述べておこう。中東からの搬送にはＬＰＧ専用の低温タンカーを用いる。日本ではＬＰＧの輸入量が増加していったが、これは低温タンカーの技術開発・改良によるところが大きい。気化しやすく、爆発の危険があるガスを積載して、赤道付近を航行するため、船舶は特殊な二重構造になっている。ＬＰＧについて専門知識をもつ乗組員が乗務する。ＬＰＧ専用船は一九六〇年代半ばに日本の造船メーカー（三井造船、三菱重工業、日立造船等）によって開発され実用化に至った［日本ＬＰガス協会 1993:107-115］。

通常の就航は次のようなしくみになっている。ＬＰＧ専用船を所有しているのは船舶所有会社である。ＬＰＧ輸入業者は、オペレーター（海運会社）を通して、船舶所有会社から用船（チャーター）する。つまり、ＬＰＧ輸入業者、オペレーター（海運会社）、船舶所有会社、日本での備蓄施設の確保がスムーズに連係して搬送が可能になる。石油ショック後にＬＰＧの輸入量は増加し、日本のエネルギー使用量に占める割合は増加した。ＬＰＧの輸入増加で利益享受層となるのは、ＬＰＧ輸入業者、オペレーター、船舶所有会社であった。

Ｔ造船は、もともと海運業から出発し、Ｔ海運は船舶を所有し、かつオペレーター業務を行っていた。ＬＰＧ輸入への関与は、海運による収益増収につながる可能性があった。また、造船技術を有しているので、LPG専用船の建造も不可能ではなかった。LPG基地を保有することは、伸長しているLPG産業に参入し、海運・造船の両面で市場を開拓する可能性をもつものであった。このように、大浜のLPG基地建設計画は、一九八一年「石油備蓄法」の改正を直接の契機とし、輸入元の石油会社（昭和石油）と造船・海運会社（T造船／T海運）の連結によって出現してきたのである。

先に述べた大浜の用地取得・産業空間の形成のプロセスと合わせて総合的にとらえると、大浜のLPG基地計画は、国の産業・エネルギー政策の変化にともなうマクロな経済・産業の再編成、陸上の産業拠点の再編成に即して登場してきたといえる。推進層は政治家（国政・宮沢喜一、県政・宮沢弘）と企業（石油会社・昭和石油、海運造船会社・T造船／T海運、T造船下請企業）である。大浜の事例は、石油ショック後に、国際的な「エネルギー輸送経路」の再編成が進行していたことを示している。大浜は小規模なエネルギー備蓄基地であるが、国外のエネルギー産出地と、日本の製造業拠点を結ぶ国際的な「海の道」が再編されつつあったことを象徴しているのである。

ここで、大浜のLPG基地計画を、もう一つの異なる視点から位置づけておこう。大浜が旧軍燃料廠跡地であったことは前述した通りである。日本各地の旧軍燃料廠跡地は一九五〇年代に石油企業に払い下げられ、石油化学工業のコンビナートに転換していった（第五章参照）。通産省主導で石油化学第一期計画、第二期計画が立案され、日本の石油化学工業は本格的に始動した。日本各地で工業地域の開発が進められ、石油コンビナート建設が計画された。しかし、石油化学工業は日本各地に負の遺産も蓄積していった。旧軍燃料廠跡地を得て、四日市コンビナートで操業した三菱油化・昭和石油・シェル石油のグループは、一九六〇年代に四日市公害を引き起こした［小野 1971］。

また一九七〇年代に建設が計画されていたコンビナートは、石油ショックの発生で、利用計画の変更を余儀なくされた。その一つの例が、青森県のむつ小川原巨大開発である。石油化学コンビナート建設計画が頓挫し、核燃料サイクル施設建設計画に変化し、核をめぐる紛争が発生した［舩橋・長谷川・飯島編 1998］。四日市やむつ小川原の事例は、旧軍燃料廠の跡地の利用、石油化学工業の成長と頓挫、エネルギー政策の転換という社会的文脈で発生している。

内海町の事例は、タンク一一基の跡地利用をめぐる小規模な開発計画で、四日市やむつ小川原のような大規模な開発計画ではない。しかし、大浜の建設計画用地も、旧軍燃料廠、米軍貯油基地、民間石油企業貯油基地と変化し、ＬＰＧ基地計画の段階で紛争が生じた。この過程には、四日市やむつ小川原と共通の社会的文脈、戦後日本で生じた重要な公害・環境問題と共通する性格を読みとることができる。内海町のＬＰＧ基地建設計画の事例は、石油化学工業の頓挫によって発生したコンフリクトであり、反対運動に成功した事例として、日本の環境問題史上に位置づけることができる。

4　内海町行政の対応

Ｔ造船が提示してきた大浜の利用計画に対して、内海町行政や町議会はどのような姿勢で臨み、対応してきたのだろうか。一九七五年の産業廃棄物処理工場建設計画と、一九八一年のＬＰＧ基地計画に分けて内海町の対応を確認しておこう。

一九七五年三月に丸善石油は大浜貯油基地の閉鎖を決定した。その二カ月後、Ｔ造船関連会社の担当者が来て内海町の行政関係者に産業廃棄物処理工場建設を立案していることを告げた。当時の助役は、そのときの様子を次のよう

図表8-6　歴代内海町長一覧

在任期間	氏名	備考		
1955-1959	渡辺虎一		1955-1959	横島村村長経験者
1959-1967	鈴木良一	1期	1959-1963	
		2期	1963-1967	
1967-1975	中崎正徳	1期	1967-1971	町議会議長経験者
		2期	1971-1975	
1975-1983	村上信利	1期	1975-1979	助役経験者
		2期	1979-1983	
1983	武田晃		1983	助役経験者
1984-1988	鈴木馨		1984-1988	
1988-2003	佐藤荒夫	1期	1988-1992	
		2期	1992-1996	
		3期	1996-2000	
		4期	2000-2003	

出典：［内海町史編纂委員会 2003］より筆者作成。

に記している。

昭和五〇年五月一八日、天社（T造船の通称——武田注）のクリーニング社の野田部長、来町して大浜地区開発計画即ち産業廃棄物処理工場の設置計画の概略の説明があった。吃驚仰天とはこのことである。町当局、町議会全員開いた口がふさがらなかったのであった。野田部長の説明半ばに反対の空気が溢れ、その場に於てこの計画は「聞く耳持たぬ」と絶対反対で、町議会の大浜地区開発計画推進協議会は産業廃棄物処理計画に関わるものではない事を明言したのであった。(5)

これによれば、内海町関係者の与り知らぬところで計画が進行していたことになる。内海町行政は等閑視されていたに等しい。町長選挙があり、助役出身の新町長は五月に就任したばかりであった（第四代村上信利町長 第一期、図表8—6参照）。

一九七五年九月二二日付でT造船の関連会社から「産業廃棄物処理工場事業計画書」が内海町長・議長宛に提出さ

れた[6]。提出の翌日、T造船の役員一〇数名連署の書類を携え、多数で陳情のため来町した。町議会議長や行政担当者に詳細な説明を行い、産業廃棄物処理工場に町民八五名を雇用する、廃熱で町内に給湯する等の条件を示した[7]。内海町側が詳細な説明を聞いたのはこのときが始めてである。二つの島（横島・田島）にまたがる熱湯配湯パイプの基盤設備など皆無の状況である。計画が固まってから、役員連署の書類をつきつけ、実現可能性の低い見返りを提示して、計画受け入れを迫ってきたのである。地元軽視も甚だしいといえるだろう。

これに対して、横島の住民を中心に第一次反対運動が展開された（第九章参照）。この状況を鑑みて、関連会社は一九七五年一一月二一日付で計画を取り下げ[8]、産業廃棄物処理工場の計画は中止になった。

翌一九七六年九月にT造船は、関連会社二社が船体ブロック製造の施設を建設するという計画変更の書類を内海町に提出した。敷地内には丸善石油が内海町から借りていた町有地が含まれていた。この町有地について丸善による正式の返還手続きがとられないまま、T造船は町有地の継続使用を求めてきた。正式の返還手続きを要求しない内海町行政の姿勢に対して、ある町議会議員は次のように批判している。

【一九七六年一二月二一日—一九七六年第七回内海町議会 定例会 会議録】

T造船さんは以前に大浜に産業廃棄物処理場を計画していてやめ、今度は造船所を建設すると言っているが、住民は非常に不安を抱いている。T造船さんのこの計画書に偽りはないか、町長は住民に対し確信のある答弁が出来るのか。

ここで問われている第四代町長は、助役の出身である。内海町の政治的土壌は、一九五五年に田島・横島が合併して内海町が成立して以来、助役出身者または町議会議長経験者が町長に選任されることが続き（図表8—6）、争点のない町長選挙が繰り返されてきた。T造船に対して、毅然とした態度で町有地の返還を要求できない町長に対し、複数の議員から「町長の考えは非常になまぬるいと思う」[9]という批判が出た。

ここまでが一九七五年の産業廃棄物処理工場建設計画とその余波に対する内海町行政・議会関係者の対応である。これは第四代村上町長の一期めに当たる。この時期には、内海町行政はT造船の大浜利用計画の進め方について懐疑的で、中立または反対に近い姿勢で臨んでいたといえるだろう。しかし、町有地は返還されず、大浜に造船施設を作るという計画は保留されたまま、二年余が経過した。

次に動きが生じたのが一九七九年である。一九七九年は内海大橋の建設が着工された年である。着工決定とほぼ同時に、T造船と昭和石油から、共同事業で大浜に石油基地を構想していること、資源エネルギー庁が創設した石油貯蔵施設立地対策特別交付金の対象となることが、内海町行政・町議会に説明された。このとき示された石油基地の計画は原油・重油貯蔵年間四〇万キロリットル、LPG貯蔵年間一二万トンというもので、原油備蓄がメインと解釈できるような内容になっていた。しかし、LPGに言及されていたのは事実である。のちにLPG基地反対運動が起こり、内海町行政はLPG基地という情報を開示せず、説明不足・情報隠匿であると厳しく批判された。一九七九年の時点で、LPGタンクを含んでいることは記載されていたが、LPGのことは等閑に付され、原油備蓄を主とする石油基地という理解が広まっていった。

町長と町議会議員の一部が、T造船・昭和石油による石油基地化計画（原油備蓄を主とする）を推進する姿勢を明確に示したのが一九七九年一二月である。当時の議会で、町長は次のように答弁している。

【一九七九年一二月二〇日―一九七九年第七回内海町議会 定例会 会議録】

公害の問題、危険性に問題がない企業であれば、町としても出来るだけ協力して、企業誘致しても何等問題がないと思う。基地化の計画についても皆さん方と一緒に検討してまいっておるわけで、町としても協力できるものは協力したい、すべきと思う。（中略）議会が計画の促進についての決議をなされるということは、町民がこの石油基地化について賛成だということの対外的な意志表示になると思うので、決議されることにより、議会としても力強いものがあり、今まで以上に計画が進むことが出来るような気持ちになるのではなかろうか。これはT造船なり昭石（昭和石油）のみでなく、他の関係機関なり関係官公庁に対しても大変いいことではなかろうかと思う。この誘致については私も皆さん方と同様に推進してまいりたいと考えている。（中略）議会の皆様方が促進しようとする気持ちが充分あると承知しておりますので、皆様方と緊密な連絡・連携を取りながら積極的に対処して参りたい。

町長がなぜこのような積極的な姿勢に転じたのかは明らかではない。しかし、この段階ですでに議員のなかにも推進派が形成されていた。議員提案により、一九七九年一二月に「横島石油基地化計画促進に関する決議」[10]が町議会で可決された。

このように、一九七九年には内海町行政・町議会は石油基地推進という態勢が作られていった。T造船からの懐柔がなされていたのではないかと推測したくなるような積極的推進の姿勢である。一九七九年は村上町長が再選され、二期めに入った年であった。内海町行政の将来構想計画のメインは内海大橋と石油基地化になっていった。町長は、石油基地建設用の仮事務所用地として、内海町の新庁舎建設予定地を貸し出すことを一九八〇年六月の町議会で提案するほどだった。

図表8-7　内海町内 道路網

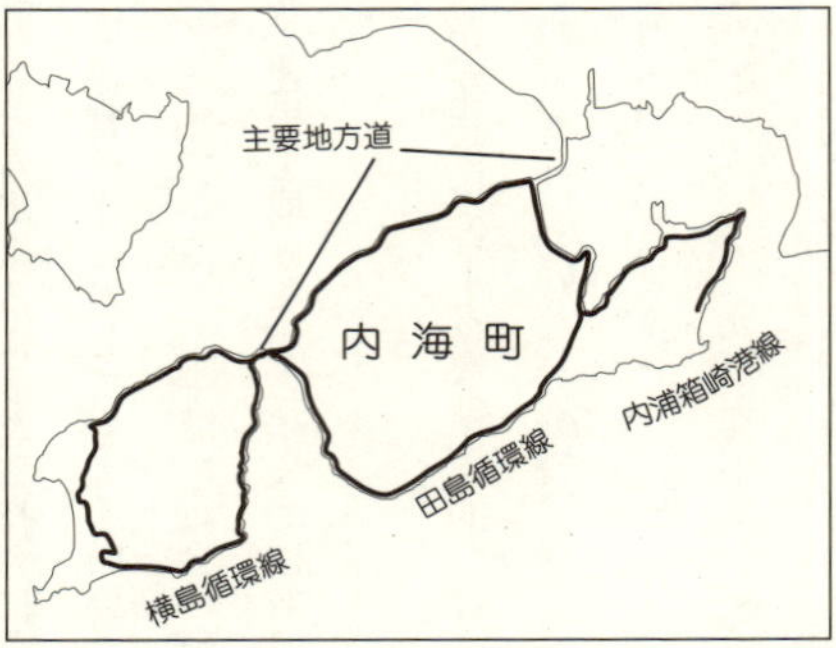

【一九八〇年六月二六日―一九八〇年第七回内海町議会 定例会 会議録】
T造船より、横島石油基地の事業を進める仮事務所のようなことで、町が許せる範囲内でしばらくの間貸してほしいということでして、庁舎を建てるとか町がいろんな計画を進める段階で必要であればいつでも取り除く、一年でも一年半でも、できたら使用させていただきたいという申請があり、（中略）せっかく昭和石油なりT造船が横島石油基地を計画し、町としてもできるだけ協力できるものは協力していきたい。

これについては議員から疑義が示され、実現しなかった。しかし、大浜の貯油施設用地内には、町有地が含まれ、町道が通っていた。T造船から内海町に、町道の拡幅工事や、新たな水道施設の敷設工事の要望が出された。内海町行政は、これらの工事費用を町の予算から支出した。

町財政の面でも、内海大橋の建設と大浜のLPG基地計画は切り離して考えることはできない。内海町は従来から離島振興法の対象であった。しかし、内海大橋完成後は、離島振興法の適用除外となる。特別財政援助がなくなり、公共事業経費の負担が増すため、税効果対策が必要であった。LPG基地を建設すれば、石油貯蔵施設立地対策交付金により建設年度から三年間で総額九二一六万円、その後毎年一八〇六万円が交付される。[11] 公共施設整備の財源に充当することが可能になる。内海町行政にとって、財源確保の面でも、内海大橋とLPG基地は裏表の関係にあった。

内海町行政は一九七五年頃はT造船の大浜利用計画を推進していたわけではなかったが、徐々に取り込まれ、一九八〇年には推進層の一翼を成していたといえるだろう。

内海大橋の建設、大浜のLPG基地計画と平行して、もう一つ内海町内で進行していた重要な事業は、島内の道路網の整備であった。内海大橋開通に対応して、接続する道路の整備事業が促進された。内海大橋の着工が決まって、町内は主要地方道が一路線（内海大橋・新睦橋間四・二km）、一般県道が三路線（田島循環線、横島循環線、内浦箱崎港線）となっていた（図表8－7）。未供用部分があった田島循環線、横島循環線の完成と、それに接続する町道の改良事業、舗装事業が進められた。町長は一九八二年度の施政方針で、道路整備とくに大浜のLPG基地に接続する横島循環線の早期供用を目標に掲げている。[12] 町内の全般的な道路改良の進行は、道路事業にとどまらない波及効果を生じさせる。道路が改良され、交通量が増えることが予想されるという理由で、既存の公共施設への駐車場増設が計画された。駐車場スペース確保のためには、既存の施設を改築し建て替えることが必要という論理が作られた。道路網の整備は、道路にとどまらない公共工事の必要性を主張することにつながっていった。第四代町長の第二期（一九七九～八三）には、このような公共事業、建設事業が町内で多く計画・実施されていった。建設事業による地域活性化の手法だった。不要な公共工事・建設事業は、田島東部地域で鎮守の森の神木伐採をめぐるコンフリクトを引き起こした（第九章参照）。

図表8－8　横島石油基地株式会社 事業計画の概要

	設備	項目	数量	容量
基地の概要	油タンク	NGL（生焚用ナフサ）用	4基	75,000kl
		重油用	2基	20,000kl
	LPGタンク	プロパン用	2基	4万t
		ブタン用	2基	4万t
	バース	外航輸入船用	1基	
		内航出荷用	4基	
	LPGタンクローリー出荷設備			
	付帯設備	液化石油ガス用冷凍維持設備		
		その他7件		
敷地面積				約30万㎡
年間取扱量	NGL、原油、重油			150万kl/年
	LPG			80万t/年

出典：O家所蔵資料「横島石油基地事業計画書」より筆者作成。

5　LPG基地計画

一九七九年三月にT造船・昭和石油が立案した石油基地はLPGタンクを含むものであった。この時点で年間貯蔵量が原油・重油四〇万キロリットル・LPG一二万トンであった計画は、一九八一年九月に原油・重油三四万キロリットル・LPG一六万トンに変更され、さらに一九八二年六月にはLPG二八万トンに変更された。計画が変更されるたびに、LPG年間貯蔵量が増加し、最終的にLPG専用基地計画に変わった。内海町議会でLPG専用基地への変更について議論になったことはない。また、第四代町長の在任期間に、町民に対して町主催の説明会・公聴会が開かれたことはなかった。第四代町長の在任期間の最終月（一九八三年四月）に、行政の広報紙に「LPG輸入基地計画」という小さな記事が掲載されただけである。このように町民は計画の変更プロセスやLPG基地のリスクについては知る機会がなく、一般町民は「石油基地」とよんで、以前の丸善石油の貯油タンクと同様の施設ができるのだろうと理解していた。

大型の外航輸入船、内航出荷用船の接岸を可能にするため、T造船は大浜海岸に接岸バースの建設を計画した。横島漁業協同組合が大浜沿岸部の区画漁業権を保有していた。そのため、一九七九年からT造船と横島漁業組合の間で漁業権消滅の交渉が始まった。一九八一年四月に横島漁協は漁業権消滅を議決し（議決の有効性をめぐってのち反対派が提訴）、五月に横島漁協とT造船・昭和石油の間で漁業権消滅の協定（補償金七億二百万円）が締結された。

一九八一年九月にT造船は内海町に横島石油基地設立計画書を提出し（原油・重油三四万キロリットル・LPG一六万トン）、一九八一年一一月に、T造船・昭和石油の共同出資による横島石油基地株式会社を設立した。その事業計画の概要は図表8—8の通りである。事業計画書には「この度、私共は横島にLPG、NGLを主体とする輸入基地を建設し」と明記されている。[13] 揮発性の高い石油化学製品が主体の基地である。かつての丸善石油の貯油施設は重油中心だった。以前の石油基地とは異なる性格の施設が立案されていた。

事業計画書には、「LPGの一部は、田島・沼隈間の連絡橋が完成したあかつきには、（タンク）ローリーによる出荷を行いたいと考えております」と、陸送を計画していることが記載されている。揮発性の高い製品が貯蔵され、かつ住民の生活道路を使って陸送される可能性があった。揮発性製品の貯蔵・陸送が住民生活に与える影響について内海町行政が検討する動きはなかった。のちに反対運動が高まったとき、横島石油基地株式会社が住民に配布した文書[14]には「タンクローリー出荷――現在は具体的な計画はありません。又現状の道路事情ではローリー出荷は不可能であります」と記されていた。その当時は内海大橋は建設工事中・未開通で、陸送が不可能であることは言うまでもない。子どもだましのような表現を用いた、誠意が感じられない一時的言い逃れである。

何が事実であるのか、全般的に不明朗で、説明会・公聴会を開こうとしない内海町行政に対する不信感が住民の間に広がっていった。行政の情報非公開・隠匿が争点の一つになっていった。LPG基地計画はT造船・昭和石油・内海町行政の三者が一体となって推進していると住民は解釈するようになった。(15)

LPG基地建設をめぐる争点をもう一つ解説しておこう。それは漁業に与える影響である。基地では低温常圧で搬入されたLPGを、出荷時に常温高圧に変える作業を行う。このとき、LPGが流れているパイプに海水をかけてLPGを常温にもどす。取水口から常温で吸い上げられた海水は、この作業で水温が下がり、冷排水となって排出される。排水口から常に一定量の冷排水が海中に放出され、魚類の産卵等、海の環境に与える影響が懸念された。

LPG基地化をめぐって第二次反対運動が起きたのは、横島漁協が漁業権消滅に同意した後である。漁協幹部が強行採決した経緯に不審を抱いた漁協組合員の一人が、漁業権消滅の協定が締結されたのち、一九八二年六月にT造船が計画を変更し、LPG専用基地建設を進めていることをつきとめた。一九八二年後半から第二次反対運動が本格化していった。

その後の経過を簡略に記しておくと、第二次反対運動が起きると、第四代町長は次期町長選には出馬しないことを表明した。町長の在任の最終月（一九八三年四月）に、町の広報紙に「LPG輸入基地計画」の小さな記事が掲載された。結局、第四代町長は説明会・公聴会を開かないまま退任した。町長第二期の言動をたどると、第四代町長はLPG基地建設を推進する役割を果たしていた。第二期の一九七九年以降に顕著になった積極的な地域開発誘導の姿勢を解釈するには、中澤の視点が参考になる。中澤は地方自治体が開発政策を受容し、首長や行政職員が補助金政策の動向に過剰に反応し、開発依存の権力構造、ルール・思想が形成される過程を、開発の「ローカルレジーム」という視点で分析している［中澤 2005］。第四代町長の第二期には、開発のローカルレジーム形成の萌芽の特徴がみられる。

一九八三年四月に町長選が行われ、基地推進派と反対派の激突となった。結果は反対派が推す候補（前助役）が圧勝し、第五代町長に就任した。町長が交替して初めて、ＬＰＧ基地建設を検討する諮問委員会（ＬＰＧ基地計画研究会）が設置された。ようやくＬＰＧ基地建設を議論する公的な環境が整ったのである。

［注］

（1）次の聴き取り調査による。匿名（二〇〇五年二月二三日）。
（2）一九七七年一二月二一日、一九七七年第七回内海町議会 定例会 会議録。
（3）一九七五年三月一一日、一九七五年第一回内海町議会 定例会 会議録。
（4）一九七八年一二月一二日、一九七八年第八回内海町議会 定例会 会議録、「内海大橋の架橋促進に関する決議」可決。
（5）岡崎甚蔵、一九九四、「島のこぼれ話」42、『迷悟風信』62。
（6）S家所蔵資料「産業廃棄物処理工場事業計画書」。
（7）一九七五年九月二三日、一九七五年第五回内海町議会 定例会 会議録。
（8）S家所蔵資料「産業廃棄物処理工場事業計画書取り下げ願」。
（9）一九七六年一二月二一日、一九七六年第七回内海町議会 定例会 会議録。
（10）一九七九年一二月二〇日、一九七九年第七回内海町議会 定例会 会議録。
（11）O家所蔵資料「ＬＰＧ基地計画研究会の調査報告（概要）」、一九八三年一二月、広島県沼隈郡内海町」。
（12）内海町広報「うつみ」第三四号、一九八二年三月三一日。村上信利町長の一九八二年度施政方針演説「希望と生きる喜びのある暮らし、内海大橋、石油基地」が記載されている。ＬＰＧ基地化であることが明確であるにもかかわらず、「石油基地」の語を使い、ＬＰＧ基地とは言っていない。
（13）O家所蔵資料「横島石油基地（仮称）事業計画書、昭和石油株式会社、常石造船株式会社」。
（14）O家所蔵資料「内海町の皆様へ　横島石油基地株式会社」。
（15）M家所蔵資料「趣意書、内海町の環境を守る会」。

第九章　ＬＰＧ基地　反対運動

●上：大浜海岸遠望
右：内浦集落のムクの樹
（筆者撮影）

1　第一次反対運動――産業廃棄物処理工場 反対運動

一九七五年にT造船は大浜海岸に産業廃棄物処理工場を建設する計画を立てた。これに対して、横島で反対運動が起きた（第一次反対運動）。第一次反対運動はどのような特徴・意義をもつ運動であったのだろうか。

事態は次のように推移した。一九七五年三月に丸善石油㈱が大浜貯油基地の閉鎖を決定した。その直後からT造船は基地周辺の民間所有地の買収を始めた。当時の第三代町長も自ら売買交渉に当たっていた。その他に、土地所有者との間を仲介したのは、T造船下請企業経営者（横島の宮沢喜一後援会会長）、横島漁協組合長の弟、横島出身の町議会議員である。漁協幹部はT造船と癒着関係にあった（第七章参照）。T造船は横島に育成していた協力者を動員して、横島に進出しようとしたのである。土地を買い占めて産業用地が拡大され、かつ周囲の土地所有者から反対の声があがらないように先手がうたれていた。買い取られた土地の大半は、農業振興法の適用農地で、解除申請の手続きが広島県に申請されていた。T造船幹部は横島漁協を訪れ、海岸部使用、海中ボーリング調査・測量などの了解も取り付けてあった[1]。

段取りがほぼ済んだ五月にT造船関連会社の担当者が内海町行政関係者に、大浜貯油基地の土地・施設を買い受け、産業廃棄物処理工場建設を立案していること、重金属や汚泥の処理を行う可能性があることを説明に来た。五月に就任したばかりの第四代町長を含め、行政関係者は一様に驚いた（第八章参照）。

その後、詳しい経過説明がないまま、九月二二日付でT造船の関連会社から「産業廃棄物処理工場事業計画書」[2]が内海町長・議長宛に提出された。受入予定の産業廃棄物は、汚泥（下水処理の余剰汚泥、工場排水中の沈殿物）、塗料カス（造船所・塗料工場から排出されるペイント缶付着物等）、ゴミ焼却灰、工場ダストなどであった。重金属処理が含まれているにもかかわらず、水質汚濁・臭気に対する詳細な対策案は示されていなかった。一〇月一四日付の日刊工業新聞には、この工場が西日本の工業地域から産廃を集めて操業する大規模工場であるという内海町行政・議会も知らない情報が掲載されていた。

行政・町民に充分な説明がないまま事態が進行していくことにつよい危機感を抱いたのは町議会議員の清瀬吉正（仮名）である。清瀬吉正（一九一九年生）は横島出身者で、一九六四年から町議会議員であった。清瀬吉正のつよい要求により、町議会議員の全員協議会が開催され、T造船関連会社幹部を喚んで質疑の機会が設けられた。この後すぐに、横島で住民集会が開催された。(3)

清瀬吉正は全員協議会・住民集会の開催を、役場の有線放送や、横島の区長を通じてアナウンスした（横島の自治会は一つで、下部は一一区に分けられ、一一名の区長が選任されていた）。集会場所は、町役場や公民館など公共施設であった。これは行政的なしくみや施設を利用して反対運動を行うことが可能だったことを示している。環境公害への懸念や、T造船の独断専行的進め方に対する反感は、行政・住民の双方に共通していたのだろう。

この後、清瀬吉正のリードにより、一一月一五日に「内海町を環境公害より守る会」が結成された。役場を会場にし、横島出身の町議会議員や横島の自治会区長も出席した。これらの町議六名、区長一一名が「守る会」の幹部として就任した。清瀬吉正は会長になり、規約が承認された。町議と区長が幹部に名を連ね、役場を決起会場にしたことは、横島の住民をあげて反対しているという姿勢を示す効果があったと思われる。

「守る会」の活動として、横島で反対署名を集めることが了承された。各区長を通じて、二〇日間で一一六九名（横

図表9-1　第一次反対運動　署名数（横島のみで実施）

地区番号	世帯数	署名者数
1	67	105
2	80	117
3	76	101
4	79	143
5	97	104
6	59	105
7	40	79
8	73	108
9	37	72
10	34	70
11	59	108
合計	721	1169

出典：Ｓ家所蔵資料より筆者作成。

島の人口の四八％）の署名が集まった[4]（図表9―1）。署名活動の実施中に、T造船関連会社は内海町長・議長宛に計画の取り下げを通知してきた（一一月二一日付）。計画提出から取り下げまで二カ月で決着がつき、第一次反対運動は成功した。

この運動の意義として、次のような諸点をあげることができる。企業の施設建設計画に反対し、組織が結成され、署名活動が実施されたのは、内海町では初めての出来事だった。つまり、組織化、署名活動というかたちで動員に成功した最初の事例となった。村落社会ではあからさまな対立を避けるために、根回しによる調整を行うことが一般的であるが、この運動は署名によって明確に意志表明するプロセスを町民が体験し、その手法に実効性があることを学ぶ機会となった。

異議申し立てのポイントは、環境公害というリスク、情報の非公開による計画立案の無効性であった。これらの点の非については、住民の理解を得やすく、スムーズに合意の形成が進んだといえるだろう。環境や健康被害の可能性を前面に出したことによって、集合的目標が明確になり、運動の正当性が担保されたといえる。初期設定がスムーズに進んだ利点を生かし、有線放送、役場、公共施設など行政的設備を利用したことも、この運動の正当性を強調する効果を果たした。

清瀬吉正は有線放送を通して、町民に全員協議会への傍聴を呼びかけた。また、「守る会」の結成を報道各社に連絡し、六社が取材に来た(5)(NHK、朝日新聞、毎日新聞、読売新聞、中国新聞、山陽新聞)。運動していることを内海町外に発信し、広く公共に周知される回路を開いていった。町外の関心を喚起しつつ、運動の核となる署名活動の実績を積み上げ、横島内の署名活動の段階で決着をつけることができた。この点は、のちの第二次反対運動(LPG基地建設反対運動)と比較すると対象的である。第二次反対運動は横島内部の動員だけでは成果を得ることは難しかった。

このように第一次反対運動の特徴は、合意の形成、正当性の確保、横島内の動員がスムーズに進行したことである。第三代町長は用地売買の交渉に自ら当たっていたが、町長が交替して、T造船と組む推進層の核が失せていたことも功を奏した。これは第四代町長の一期目に当たる。第二次反対運動では、第四代町長は二期目に入っており、推進層に取り込まれていた。

反対運動を進める側にとっても初めての経験だったが、T造船側も組織的な抵抗に対し、態勢ができていなかったといえる。第二次反対運動は、双方がこのプロセスを経験した次の段階として展開されたものである。T造船側の準備も周到で、推進層はより強固に構成されていた。これが第四代町長のLPG基地の積極的推進の姿勢、情報の非公開、手続きの不透明性として表れ、第二次反対運動の争点になっていった。

第一次反対運動で横島から多くの署名を集め、清瀬吉正のリーダーシップは顕在化したにもかかわらず、この四カ月後に行われた町議会議員選挙で、清瀬吉正は落選した。「T造船の根回しで干された」と噂され(6)、T造船の報復と解釈する人々もいた(清瀬吉正は第二次反対運動の前に死亡した)。

2　第二次反対運動と分析視角――ＬＰＧ基地 反対運動

（1）第二次反対運動の展開

一九八一年四月に横島漁業協同組合は、大浜沿岸の漁業権消滅を強行採決した。翌五月に横島漁協とＴ造船・昭和石油との間で漁業権消滅の協定（補償金七億二〇〇〇万円）が締結された。大浜の海岸部に接岸バースを建設するため、漁協が管理していた区画漁業権と地先漁業権を放棄することへの補償金であった。この過程に不審を抱いたのが、横島で釣餌店を経営していた瀬戸幸吉（仮名）（漁協組合員）である。協定を締結した一年後、一九八二年六月にＴ造船が石油基地の計画を変更し、ＬＰＧ専用基地に変えたことを瀬戸幸吉はつきとめた（第八章参照）。これ以降、瀬戸幸吉を中心に本格的な反対運動（第二次反対運動）が始まった。ＬＰＧ基地建設阻止に至る反対運動の経過を簡略に記すと以下のようになる（図表９―２）。

運動の第一段階は、裁判である。一九八二年一一月に瀬戸幸吉を含む原告四人（漁協組合員）は横島漁協、Ｔ造船、昭和石油を相手どって協定無効の裁判を起こした。法的な手続きによって基地建設の進行をくいとめようとしたのである。

第二段階は、情報の周知である。一九八二年一二月から瀬戸幸吉は情報紙「郷土」の発行を始めた。新聞に折り込み、配布した。横島・田島の両方に支援者があらわれるようになり、印刷および内海町全戸への配布を手伝ってくれ

図表9-2　第二次反対運動の展開

選挙	年	月	反対運動の展開	月	ＬＰＧ基地　推進派のうごき
	1979			3	Ｔ造船と昭和石油が、内海町行政、町議会に石油基地構想の概要説明（原油・重油40万kl・ＬＰＧ12万トン）
				12	12/20　内海町議会「石油基地化促進に関する決議」。
第4代町長 推進派	1981			4	横島漁協、大浜地区沿岸の漁業権消滅を議決。補償金７億200万円。
				5	横島漁協とT造船・昭和石油の間で、漁業権消滅の協定を締結。
				9	9/24 T造船、内海町に計画提出（石油基地=原油・重油34万kl・ＬＰＧ16万トン）。
		10	（10/18　田島東部でムクの樹伐採反対運動・署名活動）		
				11	Ｔ造船、昭和石油と提携し、横島石油基地株式会社を設立。
	1982			3	内海町議会に横島石油基地対策特別委員会設置。
				6	6/4　T造船、ＬＰＧ専用基地（ＬＰＧ28万トン）に計画変更。内海町に書類提出。（第4代町長の在任最終月-1983年4月まで、内海町はＬＰＧ専用基地であることを公表せず。）
		11	裁判：漁協組合員４名、「漁業権放棄の無効」を提訴。		
		12	情報紙の発行開始（～1991まで、80号）		
	1983	1	準備会発足		
		2	「内海町の環境を守る会」結成。会員は両島で120名。		
		2	各集落での学習会（84年4月まで22回）、反対署名活動はじめる。内海町に公聴会開催を申し入れ（実現せず）。	2	横島石油基地㈱は小パンフレット「横島ＬＰＧ基地の安全性」を作成・配布。
		3	3/8　町長、町議会、昭和石油に中止の要求書提出。2564名の反対署名。		
				3	3/24　T造船、ＬＰＧ基地建設工事開発承認申請書を町に提出。町は留保。
		3	3/27　住民大会開催（ＬＰＧ研究者、公害問題研究者の講演も実施）		
				4	広報「うつみ」に「ＬＰＧ輸入基地計画」記事を掲載。町はＬＰＧ専用基地であることをはじめて公表。
1回目の町長選		4	4/24　反対派町長が当選（2074票対1012票－大差で圧勝）。		
		5	第5代町長就任		
第5代町長 反対派推薦		6	町長にＬＰＧ基地建設計画について質問状	6	横島石油基地株式会社名で、「ＬＰＧ基地建設推進について」情報紙を6月～7月に第10号まで発行。
				7	「ＬＰＧ基地建設促進連合会」発足。世話人代表：T造船下請企業経営者。
				7	7/23　町主催「ＬＰＧ基地講演会」（講師：広島大学工学部教授）。
				8	8/3　ＬＰＧ基地・洋上説明会（豪華客船にて波方ＬＰＧ基地見学）ＬＰＧ基地建設促進連合会主催。
		11	署名総数が3523名（内海町人口の67.4％）に達する。町長に提出。	8	ＬＰＧ基地計画研究会（町職員）設置。
		12	12/8　町長、病気で急死。	12	T造船・昭和石油・横島石油基地㈱が内海町に対し、ＬＰＧ基地計画の正式決定を迫る。ＬＰＧ基地計画研究会、概要報告書を公表。
		12	12/9　県知事に要望書（3695名の反対署名含む）		
2回目の町長選	1984	1	反対派町長が当選（1813票対1210票）。		
第6代町長 反対派推薦 町議会議員選挙		2	第6代町長就任	2	横島石油基地㈱が新町長に対し、ＬＰＧ基地計画の正式決定を迫る。
		3	反対派の新人議員5名当選。（議員定数は14名）		
				5	受け入れ拒否の場合、漁業補償金等について、法的措置の可能性を通告。
		6	6/21　新町長がＬＰＧ基地建設工事開発承認申請書を却下。受け入れ拒否を明示。		
		6	6/25　７名の議員で、「横島石油基地設置反対に関する決議」を提議。		
	1985			1	Ｔ造船・昭和石油・横島石油基地㈱が内海町に対し、ＬＰＧ基地建設投資の損害賠償請求文書を提出。

出典：「内海町の環境を守る会」資料、「ＬＰＧ基地建設促進連合会」資料より筆者作成。

るようになった。瀬戸幸吉が発行した情報紙は一九八二年一二月〜八五年三月までの二年余で六〇号に及ぶ（発行は一九九一年まで、八〇号で終了）。

第三段階は組織化である。提訴から三カ月後、一九八三年二月に「内海町の環境を守る会」が正式に発足した（会員一二〇名で発足、八四年三月末には一八五〇名）。各集落でLPG基地についての学習会を行い、一九八三年二月〜八四年四月の一年余で二二回に及んだ。情報紙と学習会を通して、町民は初めてLPG基地に計画変更されていたこと、LPG基地が危険であることを知るようになった。「守る会」は結成直後から、内海町の全集落でLPG基地反対の署名活動を始めた。一一月までの九カ月間で、町民の六六・三％の反対署名を集めた（署名数は三五二三名、うち町内二九〇八名＝人口の六六・三％。町外六一五名）。

第四段階は、選挙制度を通して反対意思の表明、計画の阻止である。二回の町長選挙（一九八三年、八四年）と、一回の町議会議員選挙（一九八四年）があった。一九八三年四月の町長選挙では、反対派が推す候補が大差で圧勝した（二〇七四票対一〇一二票）。しかし、就任した第五代町長は一九八三年一二月に急死した。一九八四年一月に町長選が行われ、これも反対派が推す候補が圧勝した（一八一三票対一二一〇票）。

これに続いて一九八四年三月に行われた町議会議員選挙では、定員一四名に対し、反対派は六名の推薦候補を出馬させた。そのうち五名が当選した。すべて新人であった。町議会において基盤を固めた反対派は、一九八四年六月、新人議員五名、ベテラン議員二名の合計七名の連名で、「横島石油基地設置反対に関する決議」を提議した。議会における反対派の優勢を背景に、一九八四年六月、第六代町長はT造船に基地受入拒否を通告した。このような過程を経て、LPG基地の建設は阻止された。

以上のように、第二次反対運動は内海町全体をまきこむ選挙となった。第一次反対運動よりはるかに困難な運動であった。保守的傾向のつよい村落社会において、選挙で成果を収めることができたのはなぜか。村落社会において、エネルギー基地開発計画反対運動が行われた事例の分析視角を検討しておこう。

（2）分析視角の検討

先行研究で、受け入れを迫る権力構造に対抗する基盤として見出されてきたのは、村落共同体的な団結であった。福島県の浪江原発建設計画に対する反対運動を調査した松村は、抵抗の基盤として、農業集落として安定した部落秩序が長期間維持されてきたこと、階層分解が進展していなかったこと、部落内婚による結合の強さが社会階層の平準性を維持し、反対運動の民主的運営につながったこと等を指摘している［松村 1976:59-61］。村落社会の同質性（同業者集団、親族ネットワーク、近隣ネットワーク）が反対運動の基盤となったことを重視する視点である。

これに対して、鳥越は異なるタイプの地域社会像を提示している。地域社会で問題が発生したとき、ある属性の人々が集まり、言い分を形成する。言い分に依拠して、生活者はグループに割れる。基本的に生活者は相互に無理解である。相互理解に基づいて全体として調和がとれた地域社会があるわけではない［鳥越 1989:14-29］。これは、地域社会内部の異質性に着目した分析視角といえるであろう。

小字・大字程度の範域の地域社会であれば、同質性が連帯の基盤になるという視点にもリアリティがあるかもしれない。しかし、戦後の日本社会では合併が繰り返されて、複数の自然村を含んだ行政単位が形成されてきた。産業化の進展によって就業構造が変わり、地域社会内の階層分解が進んだ。利害が異なる生活者が存在しているという地域像のほうがリアリティがある。内海町の場合も、戦後に田島・横島が合併し、複数の個性的な集落が内包されている地域社会であった。異質性を前提にして、なぜ連帯が可能であったのかを考察することがポイントとなる。

それぞれの集落の住民はどのような判断に基づいて、ＬＰＧ基地反対を支持したのだろうか。

この点を分析するにあたって、示唆的なのは鳥越の次のような視点である。人々は経験に基づいて判断を下している。経験は三種類の「日常的知識」に昇華されて蓄積されている。「個人の体験知」、生活組織（ムラなど）内での「生活常識」、生活組織外で形成される「通俗道徳」である。人々は三種類いずれかの知識を活用して、選択や意思決定を行っている［鳥越 1989:14-29］。鳥越がいうところの「日常的知識」（個人の体験知・生活常識・通俗道徳）は、ポランニーがいうところの暗黙知に相当すると考えられる（第四章参照）。ポランニーは、知識について暗黙知と形式知の二タイプがあることを指摘した。暗黙知は、定式化・体系化された習得方法があるわけでなく、体験を積み重ねたり、生活の場面を共有することによって習得・伝達される［Polanyi 1966］。これに対して、形式知は普遍的原則に準拠し、言語・数字で表現が可能で、伝達方法が定式化された明示的な知識である［野中・竹内 1996:8-9］。

環境運動に即して、形式知に相当する知識に言及しているのは似田貝である。開発計画反対運動の事例に基づき、似田貝はこのタイプの知識を、住民が保有する「半・専門的知識」と表現している。反対運動を推進するため、住民は、学習会や専門家を招いた講演会を積み重ね、専門的知識・情報を共有し、「半・専門主義化」する。これが権力構造への対抗手段となる［松原・似田貝編 1976:225-227］。似田貝は、専門家が保有する「専門的知識」と区別し、住民が対抗手段として保有する知識をあえて「半・専門的知識」と表現しているので、本書でもこの語を用いることとする。

環境運動に即して解釈すると、「半・専門的知識」は形式知、三種類の「日常的知識」は暗黙知と整理できる。ＬＰＧ基地建設をめぐって、住民は形式知または暗黙知、もしくは両方を用いてＬＰＧ基地建設の是非について判断を下したと考えられる。本章では、内海町を田島西部（町・南）、田島東部（箱崎・内浦）、横島の三つに区分し、各集落の反対運動のリーダーに焦点をあて、どのような知識・経験に基づいて、各リーダーがＬＰＧ基地建設にまつわるリスクを認識し、反対運動を牽引したのかを明らかにする。

3　横島のアドボカシー・リーダー――「半・専門的知識」の普及

第二次反対運動の中核的人物は、横島で釣餌・釣具店を経営していた瀬戸幸吉（仮名）である。瀬戸幸吉は一九四四年横島生まれ、父は漁師で、父と兄は宇部で操業していたこともある。横島の中学校を卒業後、横島漁協で二年間事務員を務めた。その後、大阪で働きながら夜間高校へ通い、短大の商経科を修了し、一九七〇年に帰郷して釣餌店を始めた（漁協組合員）。餌虫は養殖だが、養殖には自然の海浜が適し、良好な自然環境が必要である。瀬戸幸吉は商売がら自然環境につよい関心をもっていた。ようやく横島に根をおろすことができると思っていた矢先、Ｔ造船の大浜問題が生じた。

一九八一年四月に横島漁協で臨時総会が開かれた。組合理事提案として接岸バース建設にともなう漁業権消滅・補償金問題が提議・採決された。これ以前に横島漁協で記名投票が行われたことはないが、このときの採決は記名投票で行われた。反対者に圧力をかける組合幹部の作戦であろう。議決権を有する一五七名の正組合員のうち、出席者一五五名（委任状提出者三六名を含む）で、そのうち賛成一一七名、反対二七名、無効三名、棄権八名であった。「多くの組合員とその家族がＴ造船で働いており、提案に反対したことがわかったら圧力がかかることは目にみえている。とても納得のいく投票ではない」と述懐する組合員もいた。(7)

一九八一年五月に横島漁協とT造船・昭和石油の間で協定が締結され、協定書と覚書が交わされた。それらの開示を瀬戸幸吉は求めたが拒否され続けた。一九八一年一一月にT造船・昭和石油の共同出資による横島石油基地株式会社が設立され、基地建設への動きが始まった。八二年六月に横島石油基地㈱はLPG専用基地（LPG二八万トン）に計画を変更した。内海町に書類を提出していたが、それが公開されることはなく、町議会でも取り上げられることはなかった。瀬戸幸吉は広島県庁のルートを通して関連書類を取り寄せ、LPG専用基地に計画が変更されていることを知った。基地建設の進行を止めるため、八二年一一月に広島地裁福山支部に提訴した。原告は瀬戸幸吉を含む四名の漁協組合員、被告は横島漁協・T造船・昭和石油の三者、訴訟の内容は漁協の漁業権消滅の決議の無効（正組合員資格のない者を含む議決は無効であること、個人所有の許可漁業権は消滅していないこと等）による接岸バース工事差し止め請求である。(8)

原告四名（漁協組合員）のうち、一名は瀬戸幸吉、他二名は瀬戸幸吉の実兄と、義兄（姉の夫）であった。つまり、反対運動の第一段階（裁判）では、瀬戸幸吉は親族ネットワークを活用して、反対運動の核を形成したのである。横島では漁業から造船業への職業移動が多く、T造船の影響力が大きい島であった。しかし、瀬戸幸吉の親族ネットワークにT造船関係者はいない。瀬戸幸吉自身も自営業主で独立性が高い生業を営み、顧客は島外からの釣客が多かった。(9)横島に住んではいるが、T造船の影響力が少ない生活構造を形成していた。このような親族ネットワークの特性や社会的位置づけが、T造船への抵抗を可能にさせた。

瀬戸幸吉は漁協の事務職員として働いた経験があり、高等教育機関で経営系の専門教育を受け、事務的作業に習熟するライフコースを歩んできた。ペーパーワークに慣れており、精力的に情報紙を発行し、学習会を開催した。瀬戸幸吉が身につけていた事務作業を得意とする技能が、反対運動を第二段階（情報の周知）に進展させ、内海町全体に

「半・専門的知識」を流布させていった。情報紙の配布によって、ＬＰＧ基地建設に不安を抱くようになった町民が瀬戸幸吉と連係した行動をとるようになり、支援者が増加していった。内海町行政は説明会・公聴会を一切開かず、行政の非公開の姿勢そのものが住民に不安を感じさせた。瀬戸幸吉の情報紙・学習会は、住民がＬＰＧ基地のリスクについて情報を得る唯一のルートであった。瀬戸幸吉から住民に「半・専門的知識」が伝達されていったのである。ＬＰＧ基地のリスクを住民に認知させる役割を果たした瀬戸幸吉は、反対運動のアドボカシー・リーダーといえるだろう。

「半・専門的知識」の普及によって、周知されるようになったリスクはおもに次の四点である。一点めは「ＬＰガス爆発の危険」である。爆発がおきた場合には全町に被害がおよぶ可能性があった。二点めはＬＰＧ運搬の二〇トン大型タンクローリーの頻繁な通行、および「交通災害の危険」である。本土との間をむすぶ内海大橋が開通すると、主要地方道が貫通している田島西部と横島の住民生活に影響が出る可能性があった。三点めは「海中への冷排水の放出」である。低温のＬＰＧを常温高圧に変換する際に利用された海水が低温で排出され、漁業に深刻な影響を与えることが懸念された。田島東部の箱崎の漁業者に影響がおよぶ可能性があった。四点めは、「行政・議会が住民にＬＰＧ基地建設と危険性を説明しなかったことの非を問うもの」である。行政と企業が一体となって情報を寡占・非公開・隠匿していることに対する非難であった。

情報の周知にともない、親族ネットワークをこえて支持者・賛同者が拡大した。運動の中核グループが形成され、反対運動の第三段階、組織化の機が熟した。提訴から三カ月後、一九八三年二月に「内海町の環境を守る会」が正式に発足した。当初集まった支援者は一二〇名程度で、これを会員とし、会長・副会長、各集落ごとの担当役員、会の規約などが定められた。会長には瀬戸幸吉の義兄が就任した（一九八四年三月末には会員一八五〇名）。

結成の月から、各集落で学習会が行われた（一九八三年二月～八四年四月で二二回）。これと平行して、内海町の全集落でLPG基地反対の署名活動が始められた。一一月までの九カ月間で、内海町人口の六六・三％に相当する反対署名が集まった（町内二九〇八名＝六六・三％、町外居住の内海町出身者六一五名を加え、合計三五二三名）。署名活動の打ち合わせや、情報紙の発行・配布のため、中核グループ数名は頻繁に瀬戸幸吉の釣餌店に集まるようになった。瀬戸幸吉の店は横島に在って、田島を一望できる位置にあった。海に面した釣餌店の二階は、夜な夜な数名が集まり、ガリ版刷り、ビラ作りに精を出す、反対運動のコントロール・タワーになっていった。(10)

瀬戸幸吉による情報紙の発行、「半・専門的知識」の流布は次のような点においても評価できる。開発依存の権力構造、ルール・思想の形成を、開発の「ローカルレジーム」という視点で分析した中澤は、その一形態である「地域開発レジーム」が形成される端緒を先行研究に基づきながら次のようにまとめている。水面下で土地買収が行われたあと、計画が表面化する。反対運動が立ち上がるなか、地元議会が誘致決議を行い、用地買収交渉や漁協許可のうえでの海域調査が本格化し、漁業権譲渡の申し入れがなされる。漁協は当初反対するものの、利益誘導や紛争の長期化にともない、反対派は漁協内部の少数派に転じ、漁業権の譲渡が議決される。これ以降の局面では、原子力発電所の立地は次第に既成事実となってゆく［中澤 2005:40-41］。内海町では漁業権の譲渡は行われたが、LPG基地建設が既成事実化しないタイミングで、瀬戸幸吉が反対運動を起こした。原告四人による提訴は、漁協のなかでもすでに少数派になりつつあった状況を示している。しかし、間髪入れず、情報紙の発行にとりかかり、情報を周知することによって支持者を増やし、攻勢に転じていった。裁判や情報紙の発行は、開発のローカル・レジーム形成の初期段階でストップをかけた意味をもつといえよう。

「半・専門的知識」はLPGについての基本的知識やリスクを町民に周知させる効果はあった。しかし、「半・専門

図表9-3　ＬＰＧ基地 反対署名数

田島						
	集落名	集落人口	反対署名	未署名	反対署名者の占める割合	反対署名者の占める割合
田島西部	町	626	507	119	80.1%	75.5%
	南	295	183	112	62.0%	
	大浦	251	186	65	74.1%	
	天満	135	111	24	82.2%	
田島東部	内浦	298	217	81	72.8%	72.5%
	箱崎	334	271	63	81.1%	
	沖	120	105	15	87.5%	
	釜谷	120	83	37	69.2%	
	寺山	126	48	78	38.1%	
	合計	2305	1711	594	74.2%	

横島				
集落名	集落人口	反対署名	未署名	反対署名者の占める割合
1区	202	121	81	59.9%
東2区	220	152	68	69.1%
西2区	281	201	80	71.5%
3区	282	145	137	51.4%
4区	287	186	101	64.8%
5区	142	53	89	37.3%
6区	86	41	45	47.7%
7区	199	112	87	56.3%
東8区	122	53	69	43.4%
西8区	89	45	44	50.6%
9区	170	88	82	51.8%
合計	2080	1197	883	57.5%

出典：「内海町の環境を守る会」資料より筆者作成。
田島・横島　合計署名数2908（66.3%）
島外　615（内海町出身者）
田島・横島＋島外＝3523

的知識」だけで、異なる社会的性格の集落に居住する人々が反対支持に与するわけではない。結果的に、第二次反対運動は成功したが、これは田島側の人々を反対支持に取り込んだことによる（図表9―3）。T造船の影響力がつよい横島だけの問題にとどまっていたら、計画を阻止することは難しかったであろう。内海町全体をまきこんだ運動に展開させたことによって、反対派の得票率があがった。横島、田島西部、田島東部の三つの地区のなかで、横島と田島西部は主要地方道が貫通し、タンクローリーがもたらす交通災害のリスクは身近なものに感じられた。大浜海岸にも近く、爆発事故が起きたときの被害も懸念された。しかし、田島東部（内浦、箱崎）は、地形的に横島の大浜海岸から最も離れている。山を隔てているため、爆発の危険性についても実感はうすい。田島東部の人々が反対支持に与したのはなぜだろうか。

田島東部の内浦と箱崎の集落にはそれぞれ、反対運動を熱心に支持したリーダーがいた。内浦の高山茂樹（仮名）は、釣餌店に頻繁に集まっていた中核グループの一員で、のち「内海町の環境を守る会」の副会長になった。一九八四年の町議会議員選挙のときには新人候補として出馬・当選し、「横島石油基地設置反対に関する決議」を提議した議員の一名である。箱崎の兼江紀男（仮名）は田島漁業協同組合の幹部で、当初は現職議員として反対運動に距離を置いていたが、途中から反対運動支持の姿勢を明確に示した。同じく「反対決議」を提議した一名である。田島東部が反対支持にまわったのは、この二人の牽引によるところが大きい。

「守る会」は結成と同時に、反対署名活動を始めた。保守的傾向のつよい村落社会で、記名して反対の姿勢を示すことは、サンクションのおそれがあり、勇気がいる行為である。町や県に要望書と署名簿を提出したのち、T造船側が署名簿を入手する可能性はあった。ここで考えてみたいのが、田島東部で直近にあった署名活動の経験である。LPG反対署名が行われる一年前に、鎮守の森の樹木伐採計画をめぐる反対運動があり、田島東部では初めての署名活動が行われていた。この経験がLPG反対署名への抵抗感を低減させ、有益であったという[11]。高山茂樹は樹木伐採反対運動の中心人物であった。内浦の高山茂樹、箱崎の兼江紀男の経験を通してLPG反対運動の前史にさかのぼり、田島東部が反対を支持するに至ったプロセスを明らかにしてみよう。

4　田島東部の運動前史——内浦集落「ムクの樹」伐採反対運動

（1）むらの「シンボルツリー」

「内海町の環境を守る会」の副会長を務めた高山茂樹は、一九五二年生まれで、内浦集落の出身である。祖父（一八八四年生）は、瀬戸内各地の鰯網の網子として出稼生活を送ったが、父の代から畑作を行うようになった。[12]高山茂樹は高校では電気関係を専門に学び、電気工事師の資格をもっていた。「ムクの樹」伐採問題が起きたときは二九歳で、父親と一緒に球根栽培・出荷（農業）に従事していた。

一九八一年、内浦集落の皇森《こうもり》神社の境内にあった樹齢数百年のムクの樹三本のうち二本の伐採が計画された。LPG反対署名運動の前年にあたる（図表9―2）。境内にあった多目的集会所建て替えの障害になっているというのが伐採の理由であった。行政職員、部落会総代、内浦出身の町議会議員の間で設計・伐採計画が協議され、住民に諮ることなく、計画は一九八一年九月の町議会で了承された。部落会で総代がこれを決定事項として伝えると、内浦集落のなかに動揺が広がった。

皇森神社は田島東部地区全体の氏神神社で、平安初期の八九三年（寛平四）の創建と伝えられ、古くから田島東部の信仰の中心であった。とくに内浦集落の人々は「王太子さん」と親しみをこめて呼びならわし、境内には神木と言われる三本のムクの大樹や、[13]一八八〇年（明治一三）に建造された社殿があった。内浦集落の様々な社会的行事が「王太子さん」の境内で行われてきた。田島を含む沼隈地域は青年団運動が活発な土地柄で、大正年間には田島で天幕講習会が催されたこともある。田島では東部が青年団活動の中心であった。「王太子さん」の境内には青年団の集会所が建てられ、劇などが上演された。青年団活動が下火になってからは、行政が集会所を借りて保育所を運営していたこともある。伐採計画がたてられた当時は、内浦集落の集会所として利用されていた。集落の生活を見守ってきた高さ三〇m、周囲五mもある県内有数のムク、むらの「シンボルツリー」が、住民の与り知らぬうちに伐採されることになっていたのである。

多目的集会所の建て替えは、過疎地域振興特別措置法の定住促進事業によるもので、地域振興を目的としたものであった。しかし、計画決定のプロセスをたどってみると、内海大橋建設事業と密接に関連していたことがわかる。一九七八年に内海大橋建設が決定し、七九年に着工した。橋建設が本決まりになると、橋に接続する町内の道路の整備事業も始まった。内海町内を通る三本の県道の未供用部分の完成工事に予算がついた。島内の交通量が増加するという理由で、県道に接続する町道の改良事業、集落内の里道の舗装事業が進められた（第八章参照）。多目的集会所に自家用車で行く住民が増えるだろうという理由で、集会所を鉄筋二階に建て替え、駐車場を設置することが計画された。従来の集会所の敷地面積では駐車場スペースが確保できないということで、ムクの大樹を伐採することが計画されたのである。総工費六四百万円の建設工事であった。

橋梁工事、県道整備、町道改修、多目的集会所建設を受注した建設会社はそれぞれ異なる。多目的集会所は、二業者が敷地の造成を担当し、他一業者が建物を建設するという入札結果であった。小規模の公共工事を町内の零細の三業者が分け合うことは異例であった。町議会では、ある議員から談合ではないかという質問が出された。

入札について、新聞紙上で問題になっている談合が、内海町にもそのようなことがありうるのではないかと思われるような入札結果ではなかったかと思うが、もしそうでなければ結構であるが、通常建物を建てる場合、一業者が事業から建築するまで一貫して建てると思うが、このたび（内浦の多目的集会所建設は）二業者で地形（造成）をした上に、他の業者が家（集会所）を建てるというように通常では考えられない。不可解千万など思う。(14)

このように橋梁工事を契機に、町内の公共事業、建設事業が活発化した。利益誘導型の地域開発、建設事業による地域活性化、建設業者の階層構造、行政・議員の利益配分への関与が、樹木伐採計画を生みだしていたのである。一九八一年に伐採計画が明るみになり、田島東部で反対運動が起きた。翌一九八二年に、内海町全体でＬＰＧ基地反対運動が展開された。これらはすべて、橋梁建設によって導入される利益を享受しようとする層と、地域社会の空間が改造されるリスクを感受した住民との間に生じたコンフリクトであると言えよう。

(2) むらの「トリックスター」

高山茂樹は、近所の高齢者が「お宮の木を伐ってはいけない。神様を裸にするようなものだ」と言った言葉を聞いて、力を尽くしてみることに決めた。反対運動は三段階で進展した。

第一段階は、有志としての対応である。高山茂樹は近所の幼なじみ二名と一緒に、部落総代に交渉に行った。しかし、「自分の顔をつぶすな。決まっているんだ。蒸し返すな」が返答であった。部落総代は集落のパワーエリートである。内浦出身の町議会議員も伐採推進側である。つまり、高山茂樹たちの抗議は、六〇歳代のローカル・パワーエリート集団と二〇歳代の有志グループの対決という構図になった。単なる有志グループでは状況を変えることはできないことを高山茂樹たちは悟った。

そのため第二段階として、伐採反対の組織を作ることにした。二〇代三名が中心になり、ふるさとのシンボルであるムクの老木を守ることを目的に「内浦椋樹を守る会」を結成した。「多くの住民からムク樹にまつわること、シンボルとしての意見、地元住民との密接性を聞き」、会の結成を決心したと高山茂樹は記している。[15]

内浦の反対意見だけでは、町議会で決定された建替計画・伐採案をくつがえすことは難しいことが予測された。「椋樹を守る会」は他の東部諸集落を反対勢力に組み込むことによって、ローカル・パワーエリート集団に対抗する戦略をとることにした。皇森神社は、実質的には内浦集落の神社という性格がつよかったが、形式的には内浦も含めた東部五集落（内浦、釜谷、寺山、沖、箱崎）全体の氏神神社となっていた。つまり、氏子は東部五集落に広がっていた。氏神神社の境内の改変を行うには、他の四集落の住民の了承が必要である、今回の計画は内浦集落の総代と議員だけで決定したもので、五集落の住民から成る氏子総会を経ていないため無効であるという論理で「椋樹を守る会」は対抗した。一九八一年一〇月に五集落の住民から反対署名を集め始めた。署名の趣意書[16]には、次のような内容が記されている。

言うまでもなく、このお宮は、私たち住民がだれに気がねすることもない最も解放された場所として、あるいは、住民の心を一つに結ぶ伝統行事や寄り合いの場所として、共に親しみ、あがめ、安らぎ、楽しんできた、言わば住民の心のふるさとでもあります。「ムクの樹」は、そういうお宮さんを象徴する大樹木であり、長い年月にわたって住民のくらしと深くかかわってきた貴重な文化的財産であります。今これを破壊してしまうことは、ふるさとをほりおこし、ふるさとを見つめ直し、ふるさとを守り育てようとする今日の文化活動に逆行するばかりか、私たち内浦住民の生活の歴史、ひいては内海町の生活史にも大きな汚点を残すことになりかねません。

高山茂樹たちは東部の各集落で一戸ずつ戸別訪問し、七〇〇名近い署名を集めた。署名を集めながら、シンボル・ツリーを媒介に、積み重ねられてきた経験を詳細に聞く機会に恵まれた。かつて、田島東部では葉タバコや麦が栽培されていた。ムクの大樹は葉を茂らせ、その木陰は収穫した葉タバコや麦を出荷用に整える作業場になっていた。高山茂樹たちは集落に蓄積されてきた「生活常識」やコミュニティのストーリーを吸収していったのである。

三種類の日常的知識のうち「生活常識」は、「村で典型的にみられるような、生活をつながなくすごしていくための知恵」「村によってなされる〈一人前〉教育」で、それには「氏神や山の神などの神様に対しての心得」なども含まれる［鳥越 1989:34-35］。「お宮の木を伐ってはいけない。神様を裸にするようなものだ」と言った内浦の高齢者の言葉はこれに該当する。高山茂樹はむらに蓄積されていた「生活常識」に感得して、運動の発端を作った。若さを生かし、後先を考えず、まず行動を起こした高山茂樹は、「むらのトリックスター」といえるだろう。

行動を起こしてみると、部落総代に「自分の顔をつぶすな」と言われた。これは「部落の秩序を乱すな」という意味に等しい。「トリックスター」の革新的行動を既存秩序の維持者として抑えようとする発言である。既存の秩序で迫るローカル・パワーエリート層対トリックスター的行動で果敢に対抗する青年層、という構図である。

感受性につき動かされ、行動を起こしてみたものの、他の人々の支持が得られているのかどうか不安がある。署名活動が進むことによって、孤立した行動ではなく幅広い人々が支援してくれていることが明らかになった。署名の増加は、突破口を切り開いた青年層を勇気づけるものであった。そのような人々が公の場で、青年たちを支持する発言をし、ローカル・パワーエリート層に対抗する側であることを示してくれたのが第三段階である。

（3）「生活常識」と決め事の制度

第三段階は、氏子総会のしくみにのっとった伐採計画の中止である。皇森神社には宮総代と神社会計を預かる神社総代がいた。宮総代は内浦の部落総代が務めていたが、神社総代は他集落の総代だった。毎年、神社会計を協議・決定する氏子総会が開かれており、ここでの決定は有効だった。神社総代に招集をかけてもらい、東部五集落の氏子を集め、ムク伐採について協議する機会が設けられた。

氏子総会には、内浦出身の伐採推進の町議会議員が来た。口火をきって発言し、多目的集会所を作るためにいかに苦労したかという話を長時間続けた。それに対して、中高年の住民二名から声があがった。一人は女性、もう一人は男性だった。「なぜ建てる前に説明しなかったのか。いいこと言っても、それが筋じゃないか。」「地域の人たちに説明して、了解をとるのが筋じゃないか。」「地域のことは、地域に説明が必要」という趣旨の発言だった。これらの発言で流れが変わった。高山茂樹は地域の人々はちゃんと考えているのだと思った。「ムクの伐採は反対だ」「残すべし」という発言に拍手が起こり、伐採反対が氏子総会の決定として承認された。

このように氏子総会で、中堅の住民がきっぱりと支持を示した。ローカル・パワーエリートとは異なる立場の熟年者たちが、ムク伐採計画は、慣習的に維持されてきた集落の「決め事の制度」を無視するものであり、受け入れられないことを表明したのである。

このような氏子総会の場面を理解するには、宮本常一ときだみのるの記述――納得いくまで話しあう「村の寄り合い」――が示唆的である。宮本は村の寄り合いの情景を対馬でみて、眼の底にしみついたと述べている。結論が出なければ家から弁当が届けられ、適当にその場に寝たりしながら、延々と話しあいが続く。三日もたてばたいてい結論が出た［宮本 1960=1984:16-17］。なぜそんなに話しあうことが重要かというと、きだが記しているように「部落は人数が少なく朝に晩に顔を会わしているので鬼っ子を作っては部落の運営がうまく行かなくなる。（中略）どうしても少数派が折れねえときにゃあ、決は採らずに少数派の説得をつづけ、説得に成功してから決を採る」［きだ 1967:81］のである。つまり、各人の意見は本来は一致するものではない。話し合いを続けるというのは、狭い地理的範域に暮らす生活者が、考えていることを徹底的にはきだし、妥協点を見出していくための知恵なのである。

氏子総会の参加者たちもこのような「歴史的・慣習的に維持されてきた決め事の制度」にリアリティがある人たち

だったと考えられる。話し合いは集落存続の基本で、伝統的な直接参加方式なのである。ムクの木について、まずは説明があり、話し合いがされるべきであった。しかし、ローカル・パワーエリート層はそれを無視して伐採を決めた。「生活常識」であった話し合いの手続きを踏み外されたことに対して、集落の熟年者たちは反感を抱き、異議申し立てをしたのである。

話し合いのルール無視について、町議会で反対側の議員が次のように指摘している。

（内浦の多目的集会所建設の）難航の理由は、着工に至るまでの計画が地域住民にあまりにも知らされていなかったことが大きな原因であったと思う。（中略）町長さんは広く住民に便利よく利用してもらうために、集会所の工事に先がけて、道路の改良をすると言っておられたが、そのことがこの度の協議会なり、いろんな面においての説明が一切ないのが不思議でならない。[17]

また、反対署名を尊重し、住民の意志を無視せず、計画を見直すことも提案されている。

我々としても署名を無視してまで行うことはいかに決議をしていても立場上苦しい。また、今後のいろんな問題に対して難しくなる。その辺を配慮され、多くの住民の意志が反映されるよう取り組んでいただきたい。[18]

このような過程を経て、ムク伐採計画は町議会で修正され、「シンボルツリー」は守られることになった。

ムク伐採反対運動を、ＬＰＧ基地反対運動前史という視点でとらえると、三つの意義をあげることができる。一つは、集落で慣習的に維持されてきた話し合いの手続きを、ローカル・パワーエリートと行政が無視する可能性があることを田島東部の住民が知ったことである。ＬＰＧ基地反対運動でも、行政の情報非公開・隠匿への非難があった。

二つめは、社会運動の経験の蓄積である。ムク伐採反対運動で田島東部の住民が署名活動の経験を積んだ意義は大きい。高山茂樹が語るように署名への抵抗感が低減した。

三つめは、運動のリーダーの顕在化である。運動の発端を作った青年たちは、田島東部の人々の支持に勇気づけられて、運動者として成長していった。集落の歴史や生活を反映した社会空間が改変されるリスク、「生活常識」が侵犯されるリスクを感じとり、反対の声をあげた自分たちの感受性が間違っていなかったことを知った。

このようにムク伐採反対運動は、「シンボルツリー」を大切にする感覚や、慣習的に維持されてきた「決め事の制度」を尊重する感覚をベースに、田島東部の人々の同意を集め成功した。「生活常識」を尊重する感覚が根強く存続していることを自他ともに認識する機会になったといえるだろう。高山茂樹は「ムク伐採反対の熱が冷めやらぬうちに、ＬＰＧ基地反対が起きた。ムクの木の活動が、田島東部が反対した基盤になった」と語る。(19) ムク伐採反対の経験から、田島東部の人々は「生活常識」への違犯に敏感になっていたのである。

瀬戸幸吉が情報紙で流した「半・専門的知識」は、「決め事の制度」に対する侵犯が再び起きていることを直感させるものであった。ムク伐採反対の中心となった青年たちは、ＬＰＧ基地の情報を知って、すぐに横島の瀬戸幸吉に詳しい話を聞きに行った。「行政が住民をないがしろにする現実がまた起きるのか。止められるものならば、署名でもやって止めなければ」と高山茂樹は思った。(20)「生活常識」に対する意識が高まっていたところに、「半・専門的知識」の普及があり、的確な判断を下すことができた。また、社会運動の経験があるので、段取りの見当もつき、すばやい行動にうつることができた。このように田島東部ではムク伐採反対運動によって、「生活常識」に敏感な若いローカル・

リーダーが生みだされていた。「生活常識」を尊重する感覚が「半・専門的知識」と相互補完して、情報非公開の行政を批判し、LPG基地反対に与することにつながっていったといえるだろう。

5　箱崎集落の漁業者の反対

(1) 同業者リーダーとターニング・ポイント

箱崎集落の人々が反対を支持するようになったプロセスは、内浦など他の東部諸集落とは異なる。LPG基地がもたらす負の影響の一つに「海中への冷排水の放出」があった。漁業者集団がこのリスクをどのように評価するかが、反対に与するか否かの決め手であった。リスクを重視し、箱崎の漁業者を反対に導いていったのが兼江紀男（仮名）である(21)。

兼江紀男は一九三一年（昭和六）生まれで箱崎の漁業三代目、若い頃から青年団のリーダーや、公職経験が豊富で、一九八二年当時は田島漁業協同組合の理事を務め、かつ現職の町会議員であった（第四章参照）。箱崎から町議会には常に議員を一人送り込んでいた。つまり、兼江紀男は議会における漁業者の代弁者で、漁協組合長とならぶ同業者集団のリーダーの一人であった。兼江紀男は、当初、LPG基地に反対ではなかった。

一九七九年に内海町議会が「横島石油基地化計画促進に関する決議」を議決したとき、兼江紀男はすでに議員であった。企業が誘致され雇用機会が増えると考え、反対しなかった。しかし、一九八一年末から瀬戸幸吉の情報紙によって「半・専門的知識」が普及し、LPG基地であることが知られるようになった。箱崎の漁業者の間から、冷排水を懸念する声があがるようになった。

兼江紀男は長年、広島県海区漁業調整委員を務め、企業と漁業関係の調整に当たってきた。企業に人脈があり、T造船の大川総務部長（仮名）とも知己の間柄であった。箱崎の漁業者の懸念を解く必要があると考え、私的に大川部長に「反対意見があるから、一つ話を聞かせい」と申し込んだ。話し合うまでは、冷排水の排出方法を改善する方法があると兼江紀男は楽観的に考えていた。大川部長とは腹を割って話せる間柄と期待もしていた。

冷排水についての対策を要請したところ、「大川さんは方法はないと言って、ガンとしてこちらの言うことを聞かなかった」。とりつく島のない返答は、予想外だった。コストを理由に話し合いの余地さえみせない大川部長の強い態度に傲慢さを感じた。T造船の本質をみたように思い、冷排水被害が起きても交渉の術がなくリスクが大きいことを悟った。東部の漁業者を代弁するのは自分しかいない、漁業者に不利な状況を作るわけにはいかない、はっきり反対を示さなければならないと自覚した。大川部長との直接交渉が、兼江紀男のターニング・ポイントになった

これ以降、反対運動支持の姿勢を明確に示すようになった。箱崎集落の漁業者たちには、機会があるごとに「冷排水による漁業の危機」を説明し、反対派支持に導いていった。たとえば、一九八四年町議会改選の前には、地元の新聞の取材に対して、反対派であることを次のように明言している。

私はLPG基地問題について、議員として町政に対する姿勢を明らかにしておきたいと思う。LPG問題が数年前に発足して以来、我々が考えておったのは、丸善石油が新しい設備にかえた（程度の）簡単な受けとめ方をしていた。原油の備蓄基地というのが主であったように思う。（中略）とくに最近はっきりとLPG主体の基地となって、一般住民から反対意見に

つながり、前回および今回の町長選を見ましても、ＬＰＧ基地問題について住民のなかに強い不安があり、反対意見があるということは、いやがうえにもはっきりと察知せざるを得ない。このような状況のなかで我々議員として町民の考え方を無視した行動を取る訳にいかない。（中略）今回のＬＰＧ基地問題がいろいろと論議されているが、町民のなかで危険だとして大きく取りあげられ、我々もいろんな角度から知識を教えられ、どうしてもＬＰＧ基地建設問題を進めてゆく訳にはいかない。[22]

この当時、反対派であることを新聞紙上でここまで明言している現職議員は他にはいない。冷排水被害が現実に起こりうると判断し、同業者集団のリーダーとして、リスク回避が自分の役割であることをつよく意識した発言であるといえよう。

（2）「個人の体験知」「生活常識」と同業者集団

兼江紀男は、大川部長の傲慢な態度に危機感を抱き、反対派に転じていった。大川部長の役割に徹した側面をみたとき、ＬＰＧ基地問題の本質は組織対組織で、役割に徹する必要があることを悟った。三種類の「日常的知識」の一つである「個人の体験知」に基づき、直観的な判断力・感受性がはたらいたといえる。企業が受苦を迫る相手となったときの冷徹さも知っていたので（三種類の「日常的知識」の一つである「通俗道徳」）、兼江紀男も戦略を変更し、役割機能で対処していった。漁業者集団の将来に責任を感じ、ＬＰＧ基地に反対すべき時機を逃さなかった判断力は、公職を歴任することによってはぐくまれた洞察力や、豊かに蓄積された「個人の体験知」に基づくものであろう。

兼江紀男は、一九五〇年代には田島東部の青年団活動に熱心に取り組み、東部連合会を組織し、数年間団長を務めた（第四章参照）。青年団活動で学んだ言葉に「人の言い出には餅をつけ」があった。人が言ってきたことには踊れ、推薦されたら引き受けなさいという意味である。日本の集落では役職は推薦制だった［鳥越 1985:109, きだ 1967:33-34］。役職者に適任と思われる人がもちまわりで選ばれる。しかし、数日間は固持し、その間、現役員が新しく選ばれた者の家に日参し、その結果「やむなく」承諾となる、というプロセスが一般的であった［鳥越 1985:109-110］。「人の言い出には餅をつけ」はこのような慣習を表現した「生活常識」といえる。兼江紀男は、この教訓を実行する人生を歩んできた（第四章参照）。PTA会長、広島県海区漁業調整委員など公職を歴任し、一九七九年四八歳のとき町議会議員に立候補した（通算五期二〇年）。町議会議員選挙に出たのは、三人のPTA仲間が出馬するように勧めに来たからである。PTA会長をやって教育問題にも詳しく、漁業にも知識・経験が豊富なので、東部の漁業者の代表として出てほしいと言われた。推薦制のバリエーションであろう。

箱崎集落では戦後も沿岸漁法の集落としての特徴が維持され、労働の場を通して漁業技術や、労働にまつわる文化が伝承されてきた（第四章参照）。海の労働が青年を育て、労働と暮らしが密接に関連し、漁業集団としての結束やアイデンティティがつよく維持されてきた。兼江紀男は箱崎の漁業者に関係する社会的活動に多面的に関わり、具体的で顔のみえる関係を通して、「生活常識」を学び、「個人の体験知」を蓄積し、「通俗道徳」を吸収してきた。漁業者の集団のなかで培われてきた知恵と、様々な公職経験が、同業者の将来につよい責任感をもち、最善の選択を心がける、洞察力に満ちた同業者リーダーを生み出したといえるだろう。

兼江紀男の冷排水に関する「半・専門的知識」は瀬戸幸吉の情報紙から得たものである。「日常的知識」の蓄積があったところに、LPGの「半・専門的知識」の普及があった。兼江紀男は大川部長に直接確かめ、リスクの可能性があると判断した。「日常的知識」と「半・専門的知識」が相互補完し、リスク回避の方向が選択されていったのである。

6　LPG議論の公共空間

(1) 第一の山場――一九八三年町長選挙――名目的リーダーの選出

一九八三年二月に「内海町の環境を守る会」が発足し、集合的かつ組織的な反対運動が展開していった(図表9―2)。前節で述べたように、早期にリスクを感知し、集落の特性を反映したリーダーが複数現れた。各集落で学習会が活発に開かれ、LPG基地問題を議論する公共の場が内海町内で広がっていった。人々はLPG基地のことをガス基地とよんだ。

組織的に取り組まれた活動の一つが反対署名である。横島はT造船の影響力がつよいこともあり、内海町全体でどの程度の反対署名を集めることができるか、当初予測がつかなかった。

T造船のひざ元の沼隈町に次いで同社関係企業に働く人が多いために署名は難航が予想され、当初は「会員分だけでも集まれば」とスタート。だが一戸ずつ訪問しての粘り強い説得と勉強会の効果が出、基地建設後に不安を抱く町民はどんどん署名、予想を上回って過半数に達した。[23]

署名は個々の人に署名するか否かを迫るものであるため、学習会に足を運ばなかった人を、是非を問う議論に巻き込んでいく効果があった。一カ月弱で、内海町人口の過半数を超える二五六四名分の署名が集まった（署名はその年の一一月まで続けられた）。

一九八三年四月に町長選を控え、三月が最初の山場であった。「守る会」は三月八日に町長・町議会・昭和石油に対して、中止の要求書を二五六四名の反対署名とともに突きつけた。署名者に影響が及ぶことを懸念して、T造船には要求書を出さなかった。

T造船は三月二四日にLPG基地建設工事開発承認申請書を内海町に提出した。推進派の第四代町長が在任している期間に、工事着工の既成事実を作りあげようという意図であろう。しかし、内海町は申請についてすぐに裁可を下さず、留保の扱いとし、第四代町長は退任した。

四月の町長選挙では、反対派が推す候補（前助役）と推進派候補（前教育長）の激突となった。内海町の町長選は、それ以前の四期一六年間は対立候補が出なかったが、この選挙は町内を二分した。結果は反対派候補が二〇七四票を獲得し、大差で圧勝した（推進派候補は一〇一二票）。

一九八三年五月に就任した第五代の武田晃町長は、町議会における所信表明演説で、次のような内容を述べている。

「話し合い・現場に学ぶ基本姿勢」　現在、町内で論議されておりますLPG基地計画につきましては、これまで企業サイドで抽象的安全論のみに終始しておりますが、町民は具体的な説明を求めており、町民が納得できないまま、計画を進めるべきではないと考えております。今後、講演会、説明会を通じ、町内各層で論議を深めて行き、安全性が確認できない場合は、計画中止の要請をいたします。また、LPGがプロピレン、エチレン、塩ビモノマー等に変更された場合も同様であります。(24)

町長自ら、計画凍結に言及し、町長選については報道各社も「基地問題で圧勝」、瀬戸幸吉の情報紙も「ガス基地反対の武田晃氏圧勝」という見出しを掲げた。新町長は基地反対のシンボル、いわば名目的リーダーに位置づけられた格好になった。[25]

（2）反対派と推進派の攻防

町長選という第一の山場を制した反対派に対して、新町長の就任直後から推進派の猛反撃が始まった。推進派もＬＰＧの安全性を主張する情報紙の発行を始めた（発行主体——横島石油基地株式会社）。「ＬＰＧ基地建設促進連合会」が組織され、世話人代表に就いたのは横島のＴ造船下請企業経営者であった。Ｔ造船が下請企業経営者を地域社会支配に使っていた構造が如実に表れている。情報紙と組織を整え、反対派と同じ体制で対抗してきた。一九八三年が反対派と推進派の攻防が最も激しかった時期である。

八月にはこの会の主催によって、「ＬＰＧ基地・洋上説明会」なるものが開かれた。参加者をＴ造船提供の豪華客船に乗せて愛媛県のＬＰＧ基地見学に連れ出した。箱崎の漁業者で反対派だった一人は、洋上説明会に参加した漁業者が、漁協理事会でＬＰＧの危険性を過小評価する発言をしたので、「Ｔ造船が連れ回したところを見て何がわかるんかい。漁協や土地の人に聞いてみたんかい。船で工場のそばまで連れていかれて、海のなかにボラや魚が一匹もいなかったら、死の海じゃないか。（そんな都合の悪いものを見せるはずがない）」と論争したことがある。[26] Ｔ造船の懐柔策に取り込まれていく漁業者もいた。「促進連合会」世話人でＴ造船下請企業経営者の事務所に、内海町に住むＴ造船および下請企業労働者全員が招集され、爪印を強要された等々のうわさも流れるようになった。

反対派の推挙により就任した第五代町長であったが、行政の動きにも揺れがみられた。一九八三年七月に開かれた内海町主催の「LPG基地講演会」は、行政が初めて開いた公式の説明会で、住民の多くが関心をもって出席した。講師によばれた広島大学工学部教授のLPGの解説は行政への不信に拍車をかけるものだった。反対派だった小磯吉人（仮名）に言わせれば「LPGが海面を漂っても気化しないと説明し、誰が聞いてもおかしい。この先生もおかかえ博士で回されて来ている。行政もおかしい。このような講演会をやるなら、これは本当に危ない」[27]と感じさせるものだった。

八月には行政の委嘱により、初めて、LPG基地建設を検討する諮問委員会（LPG基地計画研究会）が設置された。九名の学識経験者に専門委員を委嘱し、行政職員も加わり、LPG基地が住民生活に与える影響の調査・検討が始まった。研究会は各地のLPG基地を視察し、二カ月で調査報告書を作成し、町長に提出した。この報告書はLPG基地設置を推進する内容になっていた。反対派は報告書の内容に異議を申し立てたが、LPG基地計画研究会の概要報告書は町内に配布された。[28]

このように推進派は、町長選で負けて以降、徹底的な揺さぶりをかけてきた。推進派の切り崩しは町長にも及んでいた（後述）。一九八三年一一月、LPG基地の計画主体であるT造船・昭和石油・横島石油基地は、内海町に対しLPG基地計画の正式決定を迫った。一九八三年の一一～一二月は第二の山場であった。

推進派の攻勢に対し、反対派の対抗手段は、各集落の学習会と署名数の積み上げによる体制固めであった。署名数は一一月までの九カ月間で、内海町人口の六六・三％に達した（署名数は三五二三名。うち町内二九〇八名＝人口の六六・三％。町外六一五名）。図表9―3は各集落の反対署名者の割合である。田島は七四・一％、横島は五七・五％で、反対運動が功を奏したのは、田島側に多くの支持者を得たことによる。

横島の反対署名の比率が低いことについては、複数の要因が推測できる。造船業労働者が多いこと、T造船下請企業経営者が複数居住していること、下請企業の被雇用労働者が一定数いることなどである。その他に、「守る会」の役員の一人だった横島の瀬戸吉江（仮名）は、反対運動に対する横島と田島の反応の違いに言及している。

横島は漁師が多く、利己主義の人が多い。世間のことを知らず、人がやっていることに関心をもたない。運動に無関心で署名しない。それに対して、よそ（島外）で働いていた人のほうが意識が高い。運動の意味をすんなり理解してくれたのは、よそで働いていた人。（田島の町集落で中心になった）宮浦順三もよそで働いた経験のある人だった。[29]

田島の漁業者が反対支持にまわったことを考えると、瀬戸吉江の見解の全てに肯うことはできないが、田島の署名率の高さを他出経験者が多いためと解釈していることは興味深い。瀬戸吉江の解釈は、他出経験によって、「日常的知識」の一つである「通俗道徳」（生活組織外で形成される）が豊富になり、ＬＰＧ問題の本質を客観的にとらえることが可能になるという発想に基づくものであろう。「半・専門的知識」の普及のみによって、リスクに開眼するわけでなく、「日常的知識」と「半・専門的知識」の相互補完のありかたが重要であることに言及している発言といえる。

また、田島西部ではT造船に対する反感が強かった。「不法投棄、不法埋め立てを何とも思わずにやっている会社」「手を回せるところはどこにでも回す」「T造船に勤めている従業員が、自分が船を作るなら、うちの会社じゃ作らないと言った」等々、T造船の強引な海岸埋立や、性急な開発手法をみてきた人々は、T造船の影響下に組み込まれることに対する警戒感が強かった。田島西部の南集落に住んでいたT造船役員に対して直接に次のように言った人もいる。

ガス基地のことについて、みなが反対しよるときに、わしはSさん（近所に住むT造船役員）には言うたことがある。普通のガスを扱う企業がよそから来てやるんであれば、私は反対はせん。じゃけど、T造船じゃけ、私は反対する、と言うたことがあるんよ。Sさんもそれに反対意見は言わなかった。(30)

この言葉には、近所への遠慮をしのぐほど、T造船に対して根強い不信感を抱いていたことが示されている。

7　町集落の反対派リーダーと職業的地位

（1）南氷洋捕鯨労働者と建設業自営業主

図表9―3によると、署名率は集落によって異なっている。内海町では選挙の集票は、集落ごとに「一票ずつまで票がよめる」(31)という。親族ネットワークや近隣ネットワークなど、緊密なネットワークの影響力が大きい土地柄であった。(32)反対運動の署名についても、誰が署名を頼みに来たか、それぞれの集落で誰が署名活動を牽引していたかは、署名率に影響を与えたと推測される。

この点について、田島西部の状況をみてみよう。「守る会」では集落ごとに地区役員を選出していた。地区役員が中心になって、各集落で署名活動を進めた。田島西部の町集落には四人の地区役員がいた。図表9―4はその四人のプロフィールである。三人は町集落の自治会（町組）の現会長、前会長、元会長である。学習会は元会長の自宅で行

図表9－4　「内海町の環境を守る会」 町集落の地区役員（1983時点）

氏名（仮名）	生年	1983年の年齢	自治会役職	父親	本人キャリア	備考
浦江俊三	1932	51	元会長	マニラ漁業移民	南氷洋捕鯨労働者（1956～62）→建築業自営（家大工）	
門谷秀雄	1933	50	前会長	－	南氷洋捕鯨労働者（1955～62）	
村瀬正彦	1942	41	現会長	マニラ漁業移民	建設業自営	
宮浦順三	1925	58	－	マニラ漁業移民	南氷洋捕鯨労働者（1948～1975）→日本共同捕鯨㈱（1976-78）→退職	1984年町議会議員選挙に立候補・当選。

出典：筆者作成。

われた。歴代の自治会長が「守る会」の役員として名を連ね、反対を支持していたことは、それなりの影響力をもったと推測される。町集落の署名率は八割を超えていた。

五〇歳代の三人は南氷洋捕鯨の経験者である。また四人のうち二人は建設業自営業主である。前述したように、田島西部では南氷洋捕鯨労働と、建設業労働が補完的に組み合わさった職業構造が形成されていた（第一章、第二章参照）。地区役員の四人のキャリアもそのような複合的な職業構造の特徴を示している。つまり、この四人はT造船の影響を受けることが少ない職業階層に属している人々だった。

現会長だった村瀬正彦（仮名）は当時四〇歳代だったが、前会長の体調が優れないため、会長職を引き継いだ。村瀬正彦の地元中学校時代の親友の一人が、一九七五年に横島で産業廃棄物処理工場反対運動を繰り広げた清瀬議員の息子である清瀬孝（仮名）だった。同級生四人で集まる機会が多く、ＬＰＧ問題を早くから知っていた清瀬孝を中心に「わしらは、しょっぱなから反対のほうじゃったんよ。ときどき寄って（集まって）は酒飲んだりしながら、（ＬＰＧ問題に対して）なんかせにゃいけまあがと言うて、町議会議員の息子だった清瀬孝が新聞を作ろう」という話も出ていたほどだった。[33] 瀬戸幸吉の情報紙の発行が始まったので、「守る会」結成に加わり、村瀬正彦と清瀬孝は地区役員になった。このように同級生が集まるインフォーマルな飲酒の機会においても、LPG問題が話題に出て、関心を集め、議論されていた。この同級生からなる友人ネットワークは村瀬正彦のような建設業自営、寺院住職、清瀬孝のようにT造船に抵抗した家族史をもつ者など、T造船から社会的距離をおいた人々で構成されていた（後述）。

（2）インフォーマルな議論の場

町集落の地区委員だった宮浦順三（仮名）は、一九七八年まで二七年間南氷洋捕鯨労働に従事し、周年を通して田島にいることは少なかったため、自治会役員を務めた経験はないが、南氷洋捕鯨船団では職長として現場を統率した経験がある。反対運動が起きた時期には、退職して地元にいた。町集落の反対運動の中核として信頼を集め、「ガス基地反対の強い意志をもつ正統派」「リベラル」「良識派」として衆目の一致する評価を得ていた。[34] のち一九八四年の町議選では、反対派として立候補・当選し、他の反対派議員とともに「横島石油基地設置反対に関する決議」を提議した。議員への立候補については、「あるお宅で法事があって、その席で、みんなが出なさいと（勧めたと）いう話」[35]で、これは推薦制のバリエーションであろう。法事のようなインフォーマルな席でも、LPG問題が話題に出ていた。

この一九八四年の町議選では、町集落から二人出馬した。町集落では通常、町議に二議席確保していた。新人候補だった宮浦順三は反対派であることを明言していた。現職議員だった門谷有正（仮名）は、LPG問題に対する姿勢は明確ではなかった。町議は集落における得票で当落が決まる。門谷有正は親族数が多いので、LPG問題にふれなくても、当選するのではないかという下馬評だった。結果的に新人候補の宮浦順三は当選し、現職の門谷有正は落選した。町集落の有権者は反対支持を明示した候補のほうを選好したといえよう。

ＬＰＧ問題について、町集落の人々の関心は高く、女性たちが集まるインフォーマルな機会でもよく話題に出た。

「おおごとよ。もう少々のことじゃなかったんよ。みんなで寄っては、（ＬＰＧが）破裂したら終わりじゃ言うてね。そりゃ、みな反対よ。」「うちのお父さんに、あるほうがええ？ないほうがええ？言うて聞いた。（夫は）そりゃないほうがええ（と答えた）。あれだけはね、パッと分かれてね。票が分かれとったけね。[36]」

反対派の活動が情報紙、学習会、署名活動、選挙と展開し、ＬＰＧの議論はインフォーマルな場にも広がっていた。ＬＰＧに対する人々の理解が深まり、一般住民も自分なりに是非の判断を下すようになっていた。伝え聞いた「半・専門的知識」を、一般住民が「日常的知識」に照応させながら評価し、情報交換が行われていたといえるだろう。

推進派の猛反撃が顕著になるなか、しがらみが交錯し、緊密なネットワークが集積している地域で闘い抜けるリーダーとして、毅然と行動できるパーソナリティに信頼や支持が集まった。反対派として当選したはずの第五代町長であったが、その判断にも「あやふや」と言いたくなるような「揺らぎ」がみられた[37]。反対運動を牽引していくには、反対を明言した宮浦順三のように、旗幟鮮明で、T造船の圧力に動じない、決断力あるリーダーが複数必要だった。内海町の反対運動の継続に、このような毅然とした「個人のパーソナリティー」は看過できない要素であったと思われる。

たとえば、きだみのるは村落社会では「本当に世話役らしくあるにゃあ、まずこの辺でいう〈人格者〉でなけりゃあならねえ」という一般住民の言葉を紹介し、リーダーの「人格者」的素質は村落社会の運営には欠かせないことを指摘している［きだ 1967:30-34, 55,156］。「人格者」的素質とは「個人のパーソナリティー」のことを指しているといえよう。必要とされる素質は、平時と内海町のようにリスクが迫っているときでは異なるであろう。反対運動の中盤では、署名数をより多く集め、反対の体制を堅持することが課題だった。その段階で重要な役割を果たした、田島西部・南集落のリーダー小磯吉人の例を通して、社会運動と「個人のパーソナリティー」をめぐる問題について考えてみよう。

8　社会運動とミッション——南集落の信念不動型リーダー

（1）運動への自己投入とブレイクスルー

社会運動と「個人のパーソナリティー」の関連について示唆的なのは、本章ですでに何度も言及している鳥越の「日常的知識」の視点である。鳥越は「日常的知識」に基づいて下される判断、意思決定を五つのパターンに分けている。そこで強調されていることは、論理的に下される判断もあるが、現実の事例をみると、感受性に基づく直観的な判断も少なくないことである。感受性はウェーバーの行為四類型の第三の感情的行為のことである。目的合理的行為、価値合理的行為と比較すると、非合理的な行為類型として看過されがちで、社会学的には充分に論理展開されていると言い難いが、実際の事例では散見される［鳥越 1989:29-53］。最も直観的であるのが、「他者の意見に耳を傾けるものの」最終的には自分の直感的判断に基づき、自分の責任において意思決定するパターンであり、これが失敗すると「他者の意見に耳を傾けすぎたために、自分で意思決定できなくなるパターン」に陥ることが指摘されている［鳥越 1989:36-45］。毅然として動じないリーダーの「パーソナリティー」とは、他者の意見を聞きつつも、最終的には自己の直感的判断を貫ける心的態度といえるだろう。判断・選択のベースとして活用されるのが「日常的知識」（個人の体験知・生活常識・通俗道徳）である。鳥越は「生活常識」を「自分たちの日常生活をよりうまく送っていくための生活組織みずからの知恵の累積」と定義している［鳥越 1989:35］。南集落もかつては一つの自然村で、「生活常識」の蓄積がある集落だった。小磯吉人の事例を通して、「生活常識」と「個人のパーソナリティー」について詳しく考えてみたい。

田島西部の南集落で、反対運動の中心になっていたのが「守る会」の副会長も務めた小磯吉人（仮名）である。[38]「強い反対意識」をもって、「必死になって」尽力していることは、衆目の一致するところだった。[39]南集落での反対運動には、ある難しい状況があった。戸数一二〇前後の集落であるが、T造船役員（経営者の親族）が居住し、一九八三年当時は自治会長（総代）を務めていた。隣の町集落で歴代の自治会長が反対支持であった状況とは相当異なる。南集落で反対運動を進めるには、緊密な近隣ネットワークに起因するしがらみや遠慮に決着をつける強さが必要とされた。小磯吉人は南集落における反対支持者のとりまとめに尽力しただけではなく、反対運動の方向を導く重要な役割を果たした。

一九四二年生まれの小磯吉人は建設業自営業主（左官屋）で、やはりT造船の影響を受けることが少ない職業階層に属していた。内海町で義務教育を終えた後、東京へ出て、大田区のタイル屋で一五年働いた。在京していたのは一九五七～七一年で、安保闘争、学生運動の時代だった。職人同士でも安保について語り合うことはあり、小磯吉人は安保反対だった。東大や早大の学園紛争の時期に、神田で仕事をしていた。作業現場にヘルメットをかぶった学生がたくさん逃げ込んできたことがある。後から追いかけてきた警官に逃走の方向を聞かれて、異なる方向を指して「あっち」と答えたことがある。社会運動の意義を理解し、「通俗道徳」の蓄積が豊富な人物であった。

小磯吉人のLPG反対運動への関わりは手探りで進んだ。内海町が説明会・公聴会を開催しなかったため、LPGの情報は当初、口コミで入ってきた。瀬戸幸吉の情報紙を読み、LPGにリスクを感じた。「半・専門的知識」を吸収したのである。「守る会」に出席し、誰かがやらねばならないので、南集落の地区役員を引き受けた。

ふりかえれば、「それは難しかった」と今でも嘆息されるような状況だった。南集落の住民は、そのころT造船役員（経営者の親族）が朝に会社に出勤せず、単車に乗って横島のLPG基地周辺の土地買収に回る姿を日常的に目にしていた。近隣にそのような人物がいるので、署名活動を大っぴらに行うことに遠慮があった。集落の集会所は総代としてその人物が管理しているため、集会所で「守る会」の学習会を開くことは憚られた。「守る会」のビラは夜間のうちに各戸に配布した。「なんとなく悪いなあ」「LPG反対なので後ろめたい」という感じをぬぐいきれなかった。どの人が反対支持者なのかつかみ難く、手探りで署名活動が進められた。運動初期には躊躇、遠慮がまさった。南集落ではそれまで署名を求めて態度を明確にする活動が行われたことがなく、LPGへの異議申し立ては、集落を割る行為のようで遠慮があった。分裂の可視化を避ける集落運営の規範に拘束されていたといえる。

そのような小磯吉人の背中を押してくれたのが五〇代～七〇代の中高年の女性たちであった。自宅を開放して、学習会の場を提供してくれたのも女性高齢者で、夜の学習会には女性を中心とした高齢者が集まった。学習会への参加は明確な態度表明になる。しがらみが多い男性、壮年・若年は敬遠した。小磯吉人はほぼ毎日のように昼間の仕事を終えてから、夜間に瀬戸幸吉の釣餌店に行き、中核メンバーとともにビラを作った。昼間に道ばたで女性高齢者に会うと声をかけてくれた。「こんにちはー。寒いのに（ご苦労さん）」「どこか行っとるなー（頑張って）」日常のあいさつのなかにも気持ちがこもっていた。集落の掲示板に「守る会」のビラが貼られ、責任者として小磯吉人の名前が記されていたが、小磯吉人が昼間にビラ配りをすることには依然として遠慮があった。七～八人の男女高齢者がビラの戸別配布を手伝ってくれるようになった。女性のほうが男性より態度を表明しやすく、最初に支持を表明してくれたのは女性高齢者たちであった。

大っぴらに運動を進めることが遠慮される状況にあって、女性高齢者との道端のコミュニケーションは支持者が増えているのかどうか感触をつかむルートの一つであった。このような女性たちによる道端の会話の意義について理解するには宮本常一の視点が参考になる。インフォーマルな情報の流通は地域社会の運営に影響を与え、女性たちがインフォーマルな情報交換の重要な担い手であることを宮本は指摘している［宮本 1971:34-35, 1973a:101, 1973b:159, 1976:109］。「大変なことだから反対しよう」と道端のコミュニケーションにまでＬＰＧの話題が登場し、運動が勢いを得ている感触があった。多くの女性が関心をもってこそ、変革を起こす底力になることを小磯吉人は実感した。

その結果、小磯吉人の表現をそのまま用いれば、自分に「ギアチェンジが入った」。「エンジンがかかるのは遅いが、いったんかかるとポンと動く」、「引くという考えはなく、前に行くのみ」となった。運動初期の躊躇が払拭され、ブレイクスルーしたのである。直感的判断で運動をやり抜く覚悟が定まったといえよう。直感的判断とは、性急な判断のことをいうわけではない。小磯吉人の場合は熟慮を経た直感的判断であった。地域社会のように緊密なネットワークが集積し、保守的な規範の拘束がつよいところでは、規範的行為からはずれることのおそれは軽視できないだろう。情報を収集し、状況を充分に理解してから、確信的に判断を下しており、トリックスターとは異なる存在である。遠慮を克服し、内面の葛藤に決着をつけ、責任がとれる見込みをつけてから動き出した。小磯吉人の直感的判断を促したのは、女性高齢者に象徴される集落の人々の支持である。道端のコミュニケーションのような日常のやりとりによって、徐々に支持者が可視化され、自分の行動が人々の思いを代弁していることが実感され、判断の機が熟したのだろう。道端のコミュニケーションのようなインフォーマルな機会を通して、相互の意図が細やかに伝えられ、生活組織全体にとって望ましい方向が実現されるようにもっていく術は「生活常識」の一種といえる。小磯吉人の直感的判断のベースには「生活常識」があったといえよう。

ブレイクスルーの結果、小磯吉人は反対運動にとって重要な二つの場面に関わることになった。第一は、第五代町長への膝詰め談判である。反対派が推して当選した町長だったが、就任後、LPG基地計画撤回の方針を出さず、支援者たちが心配するような優柔不断、危うさが感じられるときがあった。小磯吉人も懸念して、「もんもんとして寝つけない」晩があった。翌朝早く起きた小磯吉人は「身を浄めて」、町長宅に談判に行った。それ以前もそれ以後も人生で「身を浄める」行為はしたことがない。ただ一度きりの「浄め」であった。町長の行動には改善がみられた。反対派を支持していた町長の妻も、この時期、夫に「お父さん、しっかりやりなさい」「はっきりせんと」と詰めたことがあると聞いている。T造船の重役が町長に接触し、取り込み戦略を展開していた時期に当たる。

町長の優柔不断は、意思決定について「他者の意見に耳を傾けすぎたために、自分で意思決定できなくなるパターン」に陥ったことを表しているといえるだろう。小磯吉人が「身を浄め」たことは、反対支持を最優先事項として、その実現に全力を尽くすように、自分も覚悟し、相手にも覚悟を迫ったことを意味している。ブレイクスルーすれば「ぶれ」はない。「身を浄め」、全身全霊全力を投入して、運動を牽引した。トリックスターとは異なるタイプで、信念不動型のリーダーといえよう。

第五代町長は就任七ヶ月余で急逝した。小磯吉人が果たした第二の決定的場面は、次の町長選に反対派から出す候補の人選をしていた会議の席上である。地区役員の一人であり、田島西部の天満集落の総代であった鈴木馨に向かってはっきり「こんどはあんたの番だ」と言った。これで会議の流れは決まり、鈴木馨が出馬することになった。町長としての行政手腕が未知数だった鈴木馨を推したのは、ＬＰＧ基地反対を明言していたからである。この時点で最も必要な素質は許認可の書類に押印を迫るT造船に対して明確に「ノー」と言える決断力だった。他の不安材料には目をつぶり、必要な資質をそなえた人物を見抜き、成功への流れを作っていったのは小磯吉人の率直な発言によるところが大きい。

町長候補に推薦された鈴木馨は、天満集落の自治会長（総代）を務め、交渉力があることは認められていた。父親が町長経験者で、知名度もあった。本人は大阪で働いた経験があり、当時は内海町で建設業を自営していた。ワンマン的行動に懸念をもつ人もいたが、小磯吉人の発言は、ためらいの雰囲気を払拭し、適切な方向に会議を導いていった。

以上のように小磯吉人は運動中盤の時期に、決然とした態度で運動をリードした。強い信念は運動を支えるバックボーンの役割を果たした。小磯吉人の行動は、運動の進展には「知識」だけではなく、対抗的な「信念」「心的態度」が必要であることを示している。地域社会のように緊密なネットワークが集積し、保守的な規範の拘束が強いところでは、「半・専門的知識」を理解したとしても、様々な障碍をブレイクスルーすることは難しい。直感的判断によって、最優先すべきミッションを選択し、強い使命感で行動できる人がモデルになり、周囲の人々を牽引していくことがある。小磯吉人の例は、徐々に運動に自己投入し、「信念」「使命感」を形成していったことを示している。「知識」と「信念」が補完しあって、実践的行動力を生みだし、運動に貢献した。

(2)「生活常識」と労働・文化——むらの「うた」

鳥越は、「日常的知識」をベースとして、直感的判断で形成された「言い分」が賛同者を集めてグループを形成し、対抗、交流、調整などグループ間のダイナミクスを発生させ、運動のプロセスを形成することを指摘している。「個人の体験知」よりも「生活常識」に基づく「言い分」のほうが論理的な性格をもち、多くの人に思い当たることがあり、グループの参加者を納得させやすい［鳥越 1989:29-53］。小磯吉人の「信念」「使命感」は、鳥越がいうところの「言い分」に該当するであろう。小磯吉人が女性高齢者など集落の人々の支持に励まされて、運動者に成長していったことは先に述べた。「生活常識」を感受しやすい生活環境に暮らし、「生活常識」を豊富に蓄積していたことは、地域のために行動する「信念」「使命感」形成のベースの一つになったと考えられる。小磯吉人はどのような場面で「生活常識」を吸収することが多かったのだろうか、集落の生活との関わりかたの特徴を探ってみよう。

小磯吉人は、むらの「うた」を伝承し、地域の文化に深くコミットしてきた。小磯吉人が関わっている「うた」は、盆の音頭取り（口説き）と、神楽舞・神楽歌である。一九七八年頃から、盆のときに、家大工の叔父中江健二と二人でやぐらの上に立ち、太鼓をたたきながら、南集落の音頭取りを務めるようになった。一九五〇年代までは南集落の盆行事が青年団・青年会によって担われていたことは前述した通りである（第二章参照）。叔父の中江健二はその当時、青年団のメンバーとして盆行事を仕切った経験がある。その後は南氷洋捕鯨・北洋漁業に行っていた期間が長く、盆には故郷にいないこともあった。一九七八年に捕鯨船団を降りて以降、請われて音頭取りとして復活した。甥の小磯吉人を誘って、ともにやぐらに立ち、口説きを伝授するようになった。

死者を供養する盆行事で、しっとりと深い情緒を醸し出して、死者を悼み、見送る共感の場を共有できるかどうかは、やぐらの上に立つ音頭取りの腕にかかっている。この地域では新盆の死者を弔い、口説きを詠むことを「樽を打つ」という。口説きの節にのせて、太鼓を打ちながら、新盆の死者一人一人について、生前の出来事、思い出を朗唱していく。一〇人の新盆があれば、四時間はかかる。やぐらの周囲で踊りながら、その物語を聞き、人々は死者を思い出し、泣いて供養する。新盆の家は、供物としての「花代」を出す。それも「樽を打つ」という。情緒の深い「樽」を詠んでもらうことを願い、腕のよい音頭取りには、ひいきの「樽」が寄せられる（その後自治会の会計に納められる）。この世の哀れをともに分かちあい、供養の踊りの輪が夜更けまで続く。一九五〇年代までは、このような供養踊りが四晩も続いた。集落が一体となって、死者を悼む供養の場なので、人々の気持ちに寄り添う口説きを朗唱する音頭取りは、集落には欠かせない存在である。子どもだった小磯吉人も三日も四日も踊った。言葉の意味は理解できなくても、口説きの節は耳に残っている。

やぐらに立ち、太鼓に合わせて口説くのは難しいものである。言葉の字余りが出ると、太鼓の節が伸びてしまう。踊りとの調和が乱れる。長時間の「樽を打つ」ことに疲れて、座って音頭取りをすると、太鼓に合わなくなる。盆踊りの輪のなかに、知った顔を見つける。向こうが会釈する。音頭取りも会釈する。慣れていないと太鼓とずれる。音頭が乱れると、太鼓も乱れる。耳と身体で、口説きの節を覚え、人々の気持ちを一つにまとめあげる力量が必要とされる。

音頭取りを託された人は、日常的に口説きの節回しを身体化する努力が欠かせない。南氷洋捕鯨に行かなくなった中江健二は自営の大工として、左官業の甥の小磯吉人と一緒の作業現場に入ることが多くなった。二人は仕事の合間、ひとふし交換しあって、声をならす。町集落の浦江俊三も一緒の仕事場に入ることがある。盆の口説きは、三人の仕事うたである。中江健二は青年の頃、師匠だった船大工の棟梁から、仕事の合間に口伝えで口説きをならい、帳面に写しとった（第一章）。その帳面は中江健二から小磯吉人に譲られた。小磯吉人は車を運転しながらも、口説きの節回しを練習する。

盆の踊りとうたは、死者とのつながりを心に蘇らせ、集合的記憶を形成する場である。音頭取りは深い情緒に満ちた雰囲気を醸し出しながら、集合的記憶の形成に手を貸す。もののあわれ、人間的存在の根源的な意味と深く結びついた文化の形成・維持に関わっているのが音頭取りなのである。三人の仕事うたにもなっていたように、労働の場を同じくする職人のコンボイ仲間のなかで、集落の「根」に関わる文化が伝授・維持されてきた。

盆とならぶ集落の主要行事が、氏神神社の祭礼である。南集落の氏神神社である妙見社は、一九七八年に本殿が再建された。秋の祭礼に、子どもたちも楽しめる神事を加えようという提案があり、中江健二を中心に、厄除けの神楽舞、悪魔払いの神楽が始められた。一九五〇年代まで南集落では神楽舞が行われていたが、長く中断していた。中江健二、小磯吉人も含めて、歌謡に心得のある四人が神楽舞の組を作り、かつての衣装を生かし、伝統の神楽を復活させた。他町にも請われて、神楽舞の奉納に出かけたこともある。

このように小磯吉人は、「むらのうた」に関わりの深い場を通して、集落に蓄積されてきた「生活常識」を吸収してきた。この土地に生まれたから、文化の伝統が自然に身につくというわけではない。社会の変動にともない、文化は再編される。叔父のような周囲にいる先行モデルに導かれながら、集落に蓄積されてきた文化的資源に親しみ、「生活常識」を深く吸収してきたのである。

文化的資源の伝授は、男性の場合、「労働」の場面と切り離せないものである。うたと労働は深く結びついている。二人の例にみられるように、職業構造の変化にともない、うたと労働の結びつきは再編成されてきた。叔父の中江健二は二〇年間南氷洋捕鯨労働者として働き、甥の小磯吉人も一五年間東京で働いた。地元に還流し、職人層となった。

一九七〇年代後半以降、叔父と労働の場をともにすることが多くなり、小磯吉人もうたの世界に深く親しんできた。「信念」「使命感」のベースには、文化と労働が一体となった世界を通して培ってきた土地や人々に対する愛着があったといえよう。

9　決着

(1)　一九八四年町長選挙と町議会議員選挙

一九八四年一月に再び町長選挙が行われることになった。ＬＰＧ推進派候補の選挙事務所に「Ｔ造船の専務がジュラルミンの箱三つ持ってきたとか、金をえっと持ってきたとか、Ｔ造船の社員が仕事休んで応援に来たとか[40]」等の噂が流れ、T造船の巻き返しが激しい選挙となった。結果的には反対派候補が一八一三票を獲得し、大差で圧勝した（推進派候補は一二一〇票）。

二月に横島石油基地㈱は新町長に対し、ＬＰＧ基地計画の正式決定を迫った[41]。町長選に続いて一九八四年三月に行われた町議会議員選挙では、定員一四名に対し、反対派は六名の推薦候補を出馬させた。そのうち新人五名が当選した。そのなかには本章で記した横島の瀬戸幸吉、内浦集落の高山茂樹、町集落の宮浦順三も含まれている。また現職で立候補した箱崎集落の兼江紀男も当選した。その一方で、Ｔ造船下請企業経営者三名も議員として当選した（従来は一名）。二回の町長選を敗退して、推進派は対策を強化し、下請企業経営者層を議員として送り込んできたのである。

反対派、推進派の旗幟が鮮明な議員が増え、議会の勢力布置は変化した。

町議会で反対派が優勢になった状況を背景に、一九八四年六月二一日、第六代町長は横島石油基地㈱が提出したLPG基地建設工事開発承認申請書に対し、「住民の反対が強いため、承認しない」と回答し、正式に却下した。[42] これに続いて、六月二五日に町議会では、新人議員五名、ベテラン議員二名の合計七名が、連名で「横島石油基地設置反対に関する決議」を提議した（正式の可決は一九八七年四月一六日）。町長、町議会の両方から受け入れ拒否の姿勢が示され、LPG基地建設は阻止された。

翌年一九八五年一月、横島石油基地㈱は内海町に対して、行政指導によってLPG基地を計画したという理由で、LPG基地建設への先行投資費用の損害賠償を請求する文書を提出した（図表9—5）。これによると、T造船が大浜海岸で買収していた土地は七万三千平方メートル（二億五千万円余）に及ぶ。内海町が事前に開発許可を正式承認していたわけではないので、訴訟には至らず、内海町は請求を却下した。

大浜海岸のその後の土地利用状況について記しておこう。T造船は内海大橋の開通を目前にした一九八八年秋に、観光開発として大浜海岸を造成し始めた。翌年リゾート・ビーチとして海水浴場をオープンし、現在に至っている。T造船から海水浴場の経営を任されているのは、横島の下請企業経営者である。ビーチには囲いの柵がまわされ、エントランスには次のような看板がたてられている。

〈お客様へのお願い〉　当ドルフィン・ビーチは、お客様に本当に喜んでいただける楽しい海水浴場をとの思いから、膨大な私有地に思いきって良質の芝生を全面に張り、エキゾチックでおしゃれなリゾートムードのある海水浴場を目指してオープン致しました。今日までお客様第一主義の考えで、毎年相当額の投資も続けて参っておりますが、これからもそのお客様第

図表9－5　LPG基地建設 先行投資費用（損害賠償金額）

項目	費用
漁業補償金	7億6百万
土地買収費（7万3千㎡）	2億5439万
町道付け替え調査費	2960万
基地へ引く水道負担金	69万
準備書類作成	1億3463万

出典：「横島LPG基地計画について（横島石油基地株式会社）」（1985年1月17日）より筆者作成。

一主義は変わらず営業致して参りたいと思いますので、どうかお客様におかれましては、なにとぞ上記の件（三点）にご理解とご協力のほど、よろしくお願い致します。

支配人・スタッフ一同

大浜海岸の土地所有者は依然としてT造船である。大浜海岸の地先に関する漁業権は放棄された状態である。産業用地として条件は整っている。跡地利用については予断を許さない状況は継続している。

（2）福祉社会への方向転換

一九八四年六月にＬＰＧ基地問題は阻止の方向で目途がついた。利益誘導型の地域開発からテイクオフし、異なる方法によって地域活性化の筋道を作ることが第六代町長の就任期間（一九八四～八七）の課題だった。内海町住民はＬＰＧ基地反対運動を経験し、内海大橋開通を控えて、地域社会をどのような方向へ向けて運営すべきか真剣に考えねばならない時期にきていることを実感した。町集落総代（「守る会」地区委員）の同級生だった寺院住職はこの時期の雰囲気を次のように語る。

そうそう、あの頃からね、鈴木町長が出て、「村おこしをやるべし」と必死になって、

内海町民が全員、「なんかせにゃいかん、何か新しい方法で島をもりたてにゃいかん」という気持ちになったことがあるんです。もうあのころはね、火の玉になってね。内海町をなんとかしようという意味では、全員が町長になったぐらいのつもりで考えたんですよ。みんな、そう、みんな考えた。「海を何とかしよう」とか。「山をなんとかしよう」とか。「畑をどうした」とか。みんな考えたんですよ。そりゃ、すごかったですよ。あの熱気は。男も女もみんなですよ。(自分も友人と)寄ったら話し合ったりしようたんよ。「わしらは何ができるか」言うようなことをね。(43)

模索の結果、行政レベルで実現したのが特別養護老人ホームの開設だった。開発誘致から福祉充実へと舵が取られていった。特養ホーム建設を実現するため尽力したのが、町集落出身の新人議員宮浦順三である。高齢者用の施設であることから、集落に近いほうが望ましいという立地条件を考慮し、選定されたのが町集落のはずれの高台だった。畑のなかをぬって通る里道を、車両通行が可能な道路に変える必要があった。町集落の高齢者が自家用の野菜を栽培するため、細かく分割された畑が広がっていた。宮浦順三は相当数の高齢者を粘り強く説得し、建設可能な土地の確保に尽力した。

(特養ホームの土地は)もともと畑です。小さい畑がいっぱいあった。みんなが(土地を)出したんよね。その畑を売ってもらうように、段取りをつけ、頑張ったのが宮浦順三だった。相当な人数じゃろ、あの畑は。(44)

一九九一年に計画が決定、九三年に内海町社会福祉協議会の運営という形態で、五〇床で開所した。当時、沼隈郡の管内では最も充実した施設であった。九〇年代に内海町の高齢化率は、県内の一〇指に入る高さで推移した。内海町は早期に対応策を準備した福祉先進地域、地域福祉のモデルとして県内外から見学者が相次ぐようになった。福祉充実の町という新たな地域アイデンティティが形成されていった。ちなみに、一九九一年には内海町企画課によって『海を渡った先達』という小冊子が作成され、移民送出という地域の歴史を再認識する試みが実現した。ＬＰＧ基地問題をきっかけに、開発誘致の地域経営手法から脱し、地域の特性を生かした経営手法が模索され、九〇年代前半にそれなりの成果が出たのである。

集落レベルでも地域アイデンティティの再確認につながる試みが生まれた。町集落の事例を二つ挙げてみよう。活動の中核となったのは、「守る会」地区委員も務めた町集落総代の村瀬正彦と友人ネットワークである（第九章7参照）。村瀬正彦を中心に、町集落の氏神神社である山王社の神輿を再び担ぎあげようというアイデアが生まれた。ＬＰＧ問題を経験して、地域を何とかしなければという思いが生みだした発想だった。山王社の祭礼は戦前までは賑やかであったが、高度経済成長期に若年労働力が島外に流出し、一九六一年頃に神輿を担ぎあげることができなくなった。二〇余年にわたって、神輿は台車に載せて引っ張られていた。村瀬正彦は町集落で担ぎ手になりそうな二〇～三〇代男性を一人ずつリクルートしていった。担いだ経験がない世代であったが、二〇数名が賛同した。再び担ぎあげられた神輿に対する集落の人々の反響も大きく、祭礼終了後、神輿を担ぐことを目的とした愛信ホタテ会（「帆を立てる」と貝のホタテの掛け詞）が結成された。その後、「愛信ホタテ会」は途絶えていた地域行事をいくつも復活させ、祭礼や地域行事の実行の主力として自治会に協力するようになった。

さらに村瀬正彦と友人の寺院住職大橋昭道（仮名）は、島内の石仏の探索を始めた。田島には江戸末期に村役人会議の発議により設けられた八十八カ所巡拝ルートがあった。田島新四国八十八カ所とよばれ、かつては八十八体の石仏が設置されていた。大橋昭道は一九四〇年代に、父の住職とともに八十八カ所を巡拝した経験がある。海岸の断崖の下にあって、引き潮のときにしか参拝できない札所、探りあてるのが難しい札所もあった。一九五〇年代以降、巡拝されることはほとんどなくなり、道路工事などによって移動・紛失してしまった石仏も少なくなかった。田島八十八カ所の所在地をつきとめることができるのは、大橋昭道以外はいないと思われた。

村瀬正彦と友人の大橋昭道は八十八カ所の石仏の現状を確認する作業を始めた。LPG問題を経験して、「古いものを大事にしなきゃいけん」という気持ちが根底にあった。このとき、存在が確認できない石仏が複数あった。一九九〇年代から一〇数年の間に、関心をもつ人たちの諸資源が投入され、現存している石仏について、須屋、標柱が整備された。二〇〇〇年には、八十八カ所の石仏、木製標柱が整い、八十八カ所を一巡するルートが復活した。

二人が石仏の探索を行ったのは、地域社会のアイデンティティを模索し、内海町の進むべき方向を見出したいという強い思いがあったからである。地域社会の方向を決める重要な社会的出来事が発生し、地域社会として尊重すべきものは何か、生活保障のしくみとして維持すべきものは何か、今後どのような地域社会を形成していきたいのか、ということが問われたとき、地域社会固有の文化的資源として、田島八十八カ所が思い出されたのである。LPG基地問題を契機として、地域社会固有の文化的資源の尊重、住民福祉の実現などの方向に舵が取られていった。

［注］

（1）S家所蔵資料「内海町を環境公害より守る会メモ」。

（2）S家所蔵資料「産業廃棄物処理工場事業計画書」。

（3）S家所蔵資料「有線放送草稿」。

（4）S家所蔵資料「産業廃棄物処理工場建設阻止のための反対署名簿作成完了について」。

(5) S家所蔵資料「内海町を環境公害より守る会結成準備協議会次第」。
(6) 高山茂樹さん（仮名）への聴き取り調査（二〇〇五年一一月三日）。
(7) M家所蔵資料「郷土」N0.1（1982/12/5）引用の新聞記事に掲載。
(8) M家所蔵資料「訴状」。
(9) 瀬戸吉江さん（仮名）への聴き取り調査（二〇〇六年三月七日）。
(10) 瀬戸吉江さんへの聴き取り調査（二〇〇六年三月七日）。
(11) 高山茂樹さんへの聴き取り調査（二〇〇五年一一月三日）。第九章4の記述についても同様。
(12) 内海町所蔵資料「ふるさとの歴史探訪」114。
(13) 内海町所蔵資料「ふるさとの歴史探訪」27。
(14) 一九八二年三月一一日、一九八二年第二回内海町議会 定例会 会議録。
(15) [K家所蔵資料]「内浦椋樹を守る会　活動趣旨」。
(16) [K家所蔵資料]「ムク樹の署名趣意書　内浦椋樹を守る会」。
(17) 一九八一年一二月二二日、一九八一年第五回内海町議会 定例会 会議録。
(18) 一九八一年一二月二二日、一九八一年第五回内海町議会 定例会 会議録。
(19) 高山茂樹さんへの聴き取り調査（二〇〇五年一一月三日）。
(20) 高山茂樹さんへの聴き取り調査（二〇〇五年一一月三日）。
(21) 兼江紀男さんへの聴き取り調査（二〇〇五年七月二一日）。第九章5の記述についても同様。
(22) 新潮新聞第四三一号（一九八四年三月七日）。
(23) 読売新聞・備後版、一九八三年三月九日。
(24) 内海町広報「うつみ」一九八三年六月号。
(25) 山陽新聞一九八三年四月二七日、五月一〇日。

(26) 兼江司郎さん（仮名）への聴き取り調査（二〇〇六年三月八日）。
(27) 小磯吉人さん（仮名）への聴き取り調査（二〇〇六年三月一〇日）。
(28) O家所蔵資料「LPG基地計画研究会の調査報告（概要）昭和五八年一二月、広島県沼隈郡内海町」「LPG基地計画研究調査報告書」（私家版）。
(29) 瀬戸吉江さんへの聴き取り調査（二〇〇六年三月七日）。
(30) 次の聴き取り調査による。匿名（二〇〇五年七月二二日）。
(31) 小磯吉人さんへの聴き取り調査（二〇〇六年三月一〇日）。
(32) 瀬戸吉江さんへの聴き取り調査（二〇〇六年三月七日）。
(33) 大橋昭道さん（仮名）への聴き取り調査（二〇〇六年三月一九日）。
(34) 次の方への聴き取り調査による。高山茂樹さん（二〇〇五年一一月三日）。小磯吉人さん（二〇〇六年三月一〇日）。大橋昭道さん・三戸頼子さん（仮名）（二〇〇六年三月一九日）。
(35) 三戸頼子さんへの聴き取り調査（二〇〇六年三月一九日）。
(36) 三戸頼子さんへの聴き取り調査（二〇〇六年三月一九日）。
(37) 三戸頼子さんへの聴き取り調査（二〇〇六年三月一九日）。
(38) 第九章8の記述は、小磯吉人さんへの聴き取り調査（二〇〇六年三月一〇日）による。
(39) 次の方への聴き取り調査による。高山茂樹さん（二〇〇五年一一月三日）、瀬戸吉江さん（二〇〇六年三月七日）。
(40) 中江健二さん（仮名）への聴き取り調査（二〇〇五年七月二二日）。
(41) M家所蔵資料「横島LPG基地計画に関する件（横島石油基地株式会社）」（一九八四年二月二八日）。
(42) M家所蔵資料「横島LPG基地計画について（横島石油基地株式会社）」（一九八五年一月一七日）。
(43) 大橋昭道さんへの聴き取り調査（二〇〇六年三月一九日）。
(44) 大橋昭道さんへの聴き取り調査（二〇〇六年三月一九日）。

終章　昭和史のなかの「海」と「島」

●内海大橋　（筆者撮影）

1 「産業の時間」と瀬戸内海

本書で描き出そうとしたことの一つは、「産業の時間」にそって再編される昭和の時代の瀬戸内海である。再編のダイナミズムを理解する鍵は、「船」と「エネルギー」である。「エネルギー」は産業化の進展、産業社会の変動に影響を与える重要な要因である。本書の記述にも、石炭、石油、LPG（液化石油ガス）、原子力が登場する。近現代社会は生産・生活のための動力源が多様化し、調達の方法をめぐって各集団・各国がしのぎを削ってきた。炭鉱問題、石油ショック、水力や原子力の電源開発・電源立地、風力・太陽光発電等々、「エネルギー」問題が近現代日本の政治・経済を揺さぶり、社会変動を引き起こしてきたことは言を俟たないであろう。

「エネルギー」問題は、「エネルギー輸送」問題と切り離して考えることはできない。エネルギー使用量の増加と、動力源を大量輸送する方法の進化は、産業社会を走らせる車の両輪のようなものである。鉄道しかり、船しかりである。戦後の瀬戸内海において、「船」は石炭輸送と石油輸送に関わった。瀬戸内海は一九五〇年代まで日本の「エネルギー輸送」の大動脈だった。北九州と阪神の間を、機帆船や被曳船《ひかれぶね》が石炭を運搬した。海辺の集落では海上運送業を生業とする労働者が輩出した。

近代の瀬戸内海は、「漁場」としての重要性を維持しつつ、近代産業の基盤としての重要性を兼ね備えるようになっていった。船舶の動力化・大型化は、漁業と海上運送業の両方で進み、「海の労働」に関わる人々を分化させていった。一方では産業資本家が成長し、他方では零細自営の人々が没落していった。一九五〇年代後半に瀬戸内海の輸送手段は機帆船から小型鋼船へ、一九六〇年代にはさらに大型鋼船へと切り替わった。中小・零細の海運業者は転廃業を余儀なくされた。老朽化した木造機帆船は廃船処理され、海に沈めて海岸の埋立に使う造船企業があったことは本書で述べた通りである。また、漁業においても、瀬戸内海の漁場狭隘化を理由に、漁業制度改革、小型機船の「減船」整理が進められた。一九五一年には瀬戸内海域を対象に、小型機船の国家買い上げ費用、漁業者の転換資金として四億四千万円が予算化された。国の労働人口再配分の計画を実現するべく、零細漁民の職業移動が国の政策として推進された。

瀬戸内海を舞台に、石炭から石油への「エネルギー転換」が進んだ時期は明瞭である。本書で述べたように、一九五五年の通産省省議決定「石油化学工業の育成対策」、閣議了解「旧軍燃料廠（四日市、徳山、岩国）の活用について」に基づいて石油化学第一期計画（一九五五年）で岩国、新居浜、第二期計画（一九六〇年）で徳山、水島にコンビナートが建設された。瀬戸内海沿岸にエネルギー基地が配置され、重厚長大産業の成長にエンジンがかかった。コンビナートには国外から原油がタンカーで運び込まれるようになった。瀬戸内海は外航「エネルギー輸送」の最終航路に変化した。本書で取り上げた内海町の大浜石油基地もエネルギー転換にともなって丸善石油に利用されるようになった最終備蓄施設である。

瀬戸内海沿岸地域の工業化は、海と陸の両ルートで零細化した人々を吸収し、賃労働化していった。工業地域と港湾を建設するため、沿岸部の改造が進められた。海上建設業への需要が増加し、浚渫船作業員など海上建設業の労働市場が成長していった。陸では国の産業政策によって、新産業都市、工業整備特別地域が指定された。瀬戸内海沿岸域においても製造業、造船業等の成長が促進され、労働市場が拡大した。一九六〇～七〇年代の国の産業政策・経済政策の策定に、備後地域を選挙地盤とする政治家・宮沢喜一が深く関わっていたことは本書で述べた通りである。

石油ショックを経て、国のエネルギー備蓄政策に変化が生じ、エネルギー基地や産業拠点の再編が進行した。一九七五年「石油備蓄法」、一九八一年同法改正によって、原油・LPG等の法定備蓄が義務化され、通産省によってLPG備蓄タンクの建設促進政策が進んだ。国の政策に即応して、同時期にT造船が計画したのが、内海町大浜海岸のLPG基地建設だった。

それに先立ち、建設省は一九七八年に内海大橋の架橋を決定し、一九七九年に着工した。橋を渡った先には四二〇〇余人しかいない人口僅少の島嶼に、総事業費一〇八億円という巨額の工事費の橋が架けられていった。宮沢喜一の弟である宮沢弘が広島県知事だった時期に該当する。海をまたぐ大型架橋が一九八〇年代に実現し、一九八九年の竣工・開通式には宮沢喜一も列席した。着工後にLPG基地計画が明るみになった。政治家と造船企業の密接な連携によって、瀬戸内海島嶼部を産業空間に改造する計画が進んでいた。

本書の調査地を通してみえる戦後の瀬戸内海の変化をまとめておこう。石炭から、石油、LPGへと動力源が変化した。船舶の大型化が同時進行し、瀬戸内海は、内航「エネルギー輸送」の大動脈から、外航「エネルギー輸送」の最終航路に変化した。エネルギー転換にともなって、陸海の両方で産業拠点の建設、拡大、再編が進行した。沿岸部・島嶼部の第一次産業就業者の分解が進み、産業拠点で成長した第二次産業の労働市場に吸収されていった。瀬戸内海の海面利用のありかたは変化し、産業空間化が進展した。これが瀬戸内海の「産業の時間」である。これをマクロな見取り図とし、ミクロな集落社会の変化とどのようにシンクロナイズしたのか、次に整理してみよう。

2　漁民層分解――「海の労働」の変化

内海町の町集落、箱崎集落、横島の間には、漁民層分解のタイムラグがあった。三つの集落の漁法・漁場の相違点を整理すると、図表10―1のようになる。それぞれの集落で、漁民は上層から下層まで階層化されていたが、ここでは漁業者を同業者集団ととらえ、各集落で同業者集団の分解が進行した時期と要因を整理しておこう。

(1) 同業者集団の分解

町集落の沖合漁業者の集団が、地元の燧灘漁場（田島・横島沖合）から消えていったのは、一九〇〇年代初頭から一九一〇年代である。沖合漁業の特徴を反映して、国外漁場のマニラ湾へ漁業者集団が移動し、地元漁場からは消滅した。国外漁場だったため、国外・国内漁場を行き来して生産を継続することは不可能だった。生産面においては完全に国内漁場から離脱した状況になった。ただし、家族を母村に残す生活形態が一般的だったので、生活面では母村とマニラを行き来し、経済的資源は母村に還流された。生産・生活分離の形態を当然のこととして受け入れる生活規範が形成された。

町集落出身の漁業者集団そのものが消滅したのは一九四〇年代である。第二次大戦によって、マニラ湾漁場を失った。マニラでも母村でも、生産手段である漁場を喪失したことが、終戦時に明白になった。自営漁民を存立させる二つの条件、漁場と漁船を失い、漁業者の多くは戦後の日本で賃労働化していった。以上のように、町集落の漁業者集

図表 10-1　三集落の相違（漁業面から）

集落	漁法	漁場	漁場からの離脱時期	主要な移動先
町集落（田島）	沖合漁業	燧灘（田島・横島沖合）	1900年代初頭～1910年前後	マニラ湾
		マニラ湾	1940年代	国内遠隔地、または南氷洋捕鯨労働
横島	沖合漁業	燧灘（田島・横島沖合）	1900年代初頭～50年代：宇部－横島間を往復	周防灘（宇部）
		周防灘（宇部沖合）	1950-60年代	沼隈周辺の造船業
箱崎集落（田島）	沿岸漁業	沿岸・地先	漁業継続	漁業継続（のり養殖）

出典：筆者作成。

団が消滅した主たる要因は、漁場の喪失によるものである。

沖合漁業者の集団である横島の漁業者が、地元の燧灘漁場から離脱し始めたのは、同じく一九〇〇年代初頭である。新しく確保した漁場は周防灘（宇部沖合）で、瀬戸内海を往復して、行き来することが可能な距離だった。そのため、燧灘漁場から完全に離脱する形態にはならず、地元漁場から沖合漁業者集団が消えることはなかった。むしろ、燧灘と周防灘の両方を活用する生産と生活の形態が形成された。漁船を所有している自営の漁業者は、漁況に応じて燧灘・周防灘のどちらでも操業可能なしくみを作り、自営を維持した。船舶を所有しない漁業労働者も宇部と母村の間を行き来し、乗り組む船を探した。このように両漁場を活用することによって、沖合漁場の狭隘化の問題を解決できたため、同業者集団は一九五〇年代まで存続した。

同業者集団の分解が始まったのは一九五〇年代で、若年の漁業労働者を中心に、漁業からの離脱が進行した。高度経済成長期が始まり、漁業の賃金水準が他産業と比較して低水準にあったことが、同業者集団の分解を促進させた主たる要因である。

沿岸漁業集落の箱崎では、網元経営の鰯船曳網と個人経営の定置網を併用させた操業形態が明治期に形成され、一九六〇年代まで存続した。大網と個人経営網が相互補完して、生計を成立させていたため、大網が不振になった一九六〇年代に漁業からの離脱傾向が生じた。しかし、のり養殖事業に移行して、漁労と加工が連結した生産構造が維持され、一定数を漁業に引き留める効果があった。一九六〇年代の同業者集団の分解を抑止したのは、のり養殖事業の開始である。箱崎では近世末以降、一貫して沿岸漁場に密着して生産と生活が一体化して営まれてきた。生産・生活が一体化した集落構造と同業者集団が存続し、文化的側面にもその特色が反映されている。同業者集団を中心にした生産体系、生活保障体系が大きく改変されることがなく、漁業集団としてのアイデンティティが維持されてきた。

（2）異質な職業集団の併存

町集落と横島における同業者集団の分解は、マクロ社会における産業の成長とどのようにシンクロナイズしたのだろうか。

町集落出身の漁業者集団が消滅した一九四〇年代に、田島の周辺地域に集団で参入できるような第二次産業の労働市場はなかった。戦後復興期で、企業の成長はまだ本格化していない。そのため就業先は島外の遠隔地（北九州、阪神、南氷洋捕鯨労働）に分散するという労働移動・地域移動の特徴をもつようになった。海上建設業（浚渫船作業員）、南氷洋捕鯨業は長期間、専用の船舶に乗船して生産労働に集中するため、家族は町集落で生活した。つまり、生産・生活分離の形態は戦後も継続した。

主要な職業斡旋ルートは、近隣ネットワークによるもので、既就業者を媒介して入職情報が伝達された。参入可能だったのは、資格不要を特徴とする入職ルートで、それは「海」の二重労働市場の下層部に位置づけられる労働者を生み出すことにつながった。しかし、企業に雇用されたので、生活の安定には寄与した。遠隔地に本拠がある企業への入職であるため、町集落では特定の企業の影響をつよく受けるような集落の社会構造にはならなかった。

このように第二次産業の成長が本格化する以前に漁民層分解が生じた町集落の場合、就業先は多岐分散化という特徴を示す。賃労働化のパターンとしては、大きく海上職と陸上職に分けられる。海上職では、海上建設業プロレタリア化、海の雑業プロレタリア化、巨大資本制漁業（南氷洋捕鯨業）プロレタリア化というルートがあった。また、陸上職では工業プロレタリア化のルートがあった。また賃労働者ではなく、零細自営として、自営職人層、旧中間層の零細自営化の二つの類型がみられた。

横島の漁業者集団が分解した一九五〇～六〇年代は、沼隈地域におけるT造船の急成長期に当たっていた。造船業労働者の賃金水準と、漁業者の賃金水準が比較され、造船業が労働者を吸収した。横島の職業移動は、陸上職の工業プロレタリア化がメイン・ルートとなった。T造船本工よりも、下請企業や「組」の請負労賃のほうが高く設定されていた。参入が容易で、一時的には高収入が得られる下請企業や孫請の「組」に労働者は吸収された。工業プロレタリア化のルートは、具体的にはT造船本工、下請企業労働者、「組」労働者の三つに細分化できる。この他に、賃労働者から下請企業経営者層への上昇移動ルートがあった。T造船からみて交換に値する資源を保有している者、たとえば漁協幹部の姻戚縁者等に限定されているルートだった。

横島の労働移動は、T造船関連の造船業労働市場に集中的に入職するという特徴をもつものになった。そのため、下請企業経営者を媒介して、T造船の管理がつよく効く集落の社会構造になった。

以上の町集落、横島の状況に、箱崎集落を加えると、次のように整理できる。もともとあった主要な三つの漁業者集団は、漁法・漁場、生産構造・生活構造など諸々の点で異なる性格の社会集団だった。とはいえ、各集団内部は同一漁法・漁場で操業する同業者集団としての性格が維持されていた。しかし、二つの同業者集団は分解した（町集落、横島）。高度経済成長期を経て、一九七〇年代には多様で異質な職業集団に分化していた。内海町という一つの行政単位のなかに、異なる関心や異なる利益追求の傾向をもつ社会集団が併存していた。

3　「むらの時間」――精神的安寧と生活保障

本書で考えてみたかったことの一つは、階層分解と職業移動が進行し、多様で異質な社会集団が分立・併存している状況で、人々がよりどころとしているものは何かという問題である。かつて第一次産業が主だった時代には、漁業や農業のように、同業者が同じ集落に集積し、集落ごとの同業者集団という性格がつよかった。労働内容や労働にまつわるリスクは共通し、協同して生活保障のしくみが維持され、集落生活が成立していた。

零細化した人々は第一次産業から離脱し、賃労働者として異なる労働環境で働くことになった。労働環境が変わることは、労働者本人や家族に、不測の事態や労務災害など未知の不安を抱かせる。制度的なセーフティネットや、フォーマルな生活保障制度は必要である。しかし、南氷洋捕鯨労働者の例が示していたのは、制度的セーフティネットだけではなく、精神的安寧を得るセーフティネットも必要とされていることだった。

人々がよりどころとした一つは、ともに働く仲間だった。新たに形成された同業者集団においても、相互支援の「仲間」関係が形成されていた。浚渫船作業員、南氷洋捕鯨労働者、自営職人層、「組」労働者など、おのおのの労働環境に応じて、不安やリスクを共有し、サポートしあうコンボイ仲間があり、精神的安心感を得ていた。

変化の激しい時代に、不安を分かち合う「仲間」集団の再編成は、労働の場以外でもみられた。本書で言及したのは、宗教的空間・宗教的活動を通して、お大師お接待仲間、御詠歌仲間など、集落をベースに女性たちの仲間関係が再編されてきた過程である。古くから根づいた宗教的慣習は、多様な人々の思いを吸収しやすい。階層変動、職業移動によって、最も厳しい経験を強いられてきた人々の思いを吸収してきたのは、このような古くから根づいた慣習的なしくみである。社会的弱者や、集落の最底辺に位置づけられてきた人々も包摂して、リスクに対する不安やおそれを受けとめて、精神的安寧を得るしくみとして機能し、集落に蓄積されてきた。

各集落でＬＰＧ基地建設反対運動を牽引したリーダーたちは、このような集落に連綿と存続してきた生活保障のしくみ、共同の生活を守るため、仲間と相互扶助し精神的安寧を得るしくみに深く関わってきた人々だった。ムクの大樹の保存活動、盆行事における口説きや音頭取り、村社の祭礼における神楽舞、青年のときの団体活動等で、中核的役割を担ってきた。

ムクの大樹は村社の神木だった。集落を鎮め守り、安全を保障する。神聖な樹に見守られて生きることによって、人々は精神的安らかさを得る。ムクの大樹は聖と俗を橋渡しする存在であり、それに関わる決め事のしくみはおろそかにはできない。

口説き、音頭は、盆行事における供養の「うた」である。盆にやぐらの周りを舞い踊ることによって、亡き人を悼み供養する。口説きうたに導かれながら、泣いて踊ることによって、生者は死者とつながり、精神的に安らかになる。音頭取りは、生者と死者をつなぐ場面に介在する。

聖と俗、生と死を象徴する樹木や「うた」を受け継ぎ、集合的行為によって祭礼や盆で定期的に再現し、継承していることを確認することは、人々に安心感を抱かせる。集落の基本的な生活保障のしくみであり、集落を存立・結束させていた社会的機能の一つだった。

聖俗、生死など「根」に関わる行為は、独特の社会関係のなかで、労働ハビトゥスや生活ハビトゥスと一体化し、独特の時間のリズムで変化し、維持されてきた。ＬＰＧ基地反対運動は、現代でもそれが存続し、抵抗の基盤にあったことを示している。聖俗、生死の問題と密接に関連した「むらの時間」が、集落の社会生活の根底で律動していた。瀬戸内の島に起きた「産業の時間」と「むらの時間」のコンフリクトの局面を通して、昭和期の「海」と「島」を舞台に、人々が重層的な時間構造、空間構造のなかで生きていたことを知ることができる。

補論　宮本常一の西日本社会論

——集落調査への視点——

●横島から田島をのぞむ（筆者撮影）

1「合理性」への関心と村落社会構造の把握

宮本常一の仕事は多岐にわたる。民俗学者、農業技術指導者、離島振興法実現のオルガナイザーなど複数の側面をもつ［佐野 1996］。宮本は全国を歩いた。宮本は徹底して「歩く」という方法によって、村落の社会構造の特徴をつかみ、記述し、政策提言を行った。山口県の周防大島の生まれであった宮本は、とくに瀬戸内海の離島社会に熟知し、宮本の研究の傾向は西日本を重視している。

宮本は、比較的対等で自治的・民主的側面をもっていた村落社会が西日本に存在していたことを指摘している。西日本社会の村落構造と、東日本の村落構造には大きな相違がみられることを述べている。社会学の村落社会研究においては、有賀喜左衛門と福武直にそれぞれ代表されるように、東北型と西南型の村落社会構造論がある。それと通底するテーマが、宮本の著作にも内在されている。

宮本は徹底したリアリストの視点で、村落社会の現実を把握し、将来の方向を考え抜こうとした。宮本が訪れた村落の状況を判断する際に手がかりとしたのは、村落社会で追求されている「合理性」の内容・タイプであった。宮本は浩瀚な著作を通して、とくに西日本社会に顕著にみられる「合理性」のタイプと、それを生みだした歴史的蓄積について様々な角度から考察を加えている。

宮本が「合理性」に気づく基盤になったのは、瀬戸内海から九州北辺・西辺にかけての沿岸部や離島の村落であった。知悉していた社会を通して、戦後の日本社会でも維持されている、ある種の「合理性」の片鱗をつかんでいった。

知悉している世界から得る暗黙知や親近感は、宮本においても無視できないものだった。宮本が描こうとしたあるタイプの「合理性」を備えた社会は、東日本よりは西日本においてより明確にその特質を表していた。離島のような隔絶する傾向の強い社会のほうが、「合理性」をトータルなかたちで把握しやすかったのかもしれない。戦後の村落社会の変容過程に精通していた宮本の著作を通して、地域社会の生活を成立させていた「合理性」について考察を深めることは、本書の調査対象地・広島県沼隈郡内海町の分析にも有用な手がかりとなるものである。この補論では、宮本が関心を抱いた、村落社会を成立させている「合理性」という点に焦点をしぼり、宮本の「合理性」着想の根拠と、宮本の著作が示唆する集落調査の着眼点を明らかにする。

2　宮本常一の戦後体験

(1) 二つの経験

宮本常一がある種の「合理性」に関心を抱くようになったのは、二つの経験が基盤になっている。一つは自らの農業経験、もう一つは終戦前後に大阪府農務部に籍をおいて、食糧供出の要請に当たった経験である。

生涯忙しかった宮本が、周防大島の実家で、農業に専念できた期間というのは、おおよそ終戦後の一九四六年から一九五二年までの間である。しかし、それ以前も農繁期には帰省し農作業を行い、農業技術には習熟していた。また、アチック・ミューゼウムの研究を通して、各地の農民と農業技術・知識の交換も重ねていた［宮本 1971:301］。自ら農作業に従事することによって、宮本は農作業は手間がかかるということを身体で体得していった。これは農作業を効率よく進めることや、合理的な農業経営方法への関心につながっていった。同時に、耕地の形態・面積・分布から、使用されている農具の種類、効率、労働時間、作業形態、村落の集団構成、社会構造を把握することに巧みになった。一例を挙げておこう。日本では小農経営が多い要因について、宮本は次のように考える。「除草という作業は人をつかれさせる。しかもそれを行わないと作物が雑草にまける。水をたたえることが雑草の繁殖をふせぐことになるとしても、水田除草は今日のような除草剤が出現するまでは、田植をすましてから稲刈するまでの間に少なくも四回は行わなければならなかった。しかもこれをていねいに行わなければすぐはびこって来る。(中略)仮に多くの労働者をつかって大規模経営をしてみても、仕事が杜撰になってよい成績をあげることはできない。一家の主人が下男たちといっしょに働くならばともかく、下男のみにまかせてつくらせるなら生産力はずっと低いものになる。もしそうであるとするならば、耕地を耕作する農民たちにあずけて管理経営させる請負耕作、すなわち小作制度をとることがもっとも賢明な方法になる。つまり、自力開墾と除草作業が小農経営を成立させる基本的な条件になっていると思うのである」[宮本 1973b:54-55]。地を這う作業を経験した者だからこそ、徹底的に追求せざるを得ない合理的な作業方法・作業形態への関心と洞察が示されている。農業に専念していた時期の自分について、「イモ、ムギをつくる百姓にすぎなかったが、自分なりにいろいろの工夫をして増収をはかった」[宮本 1968:285] と述べている。宮本常一が「合理性」に関心を抱くようになった根本には、自らの農業経験があったといえよう。

大阪府農務部における食糧供出指導の経験とは次のようなものである。一九四四年、宮本は奈良県郡山中学で歴史の教員をしていた。一九四五年四月に大阪府池田清知事から電報で呼び出され、大阪府農務部で食糧供出担当に当たるよう強く要請された。いったんは断ったが再度の強い要請があった。池田知事は、六月の沖縄戦、八月の敗戦を予想したうえで、八月の無条件降伏まででいいから府庁に勤めてほしい、「いま大阪府は生鮮食糧品が絶対不足しているが、これを何とか市民に供給したい。それには農民に協力してもらうよりほかにない。そのために、村々をまわって農民に協力を求めてほしい」ということと、「大きな戦争をして来たけれども、農村はまだ無疵といっていい。そこには社会的な秩序も保たれており、モラルもある。この力が敗戦後の日本を復興させる力になるのではないかと思う。戦にまけても農民たちはきっとまた国を立て直してくれるであろう。そうした農民たちのために働いてもらえないか」と言った［宮本 1972:224-225］。宮本は戦争が終わったら退職する条件で引き受けた［宮本 1972:248-249］。

一九四五年四月から一二月末まで、八ヶ月勤務したうち一五五日は大阪府の農村を歩いた［宮本 1968:243］。食糧の供給量を確保するために、農民から野菜苗や苗育成のため肥料の配給が必要という要請があれば、それを斡旋した。条件を整えれば、農民は「みなよく協力してくれた」し、「拒否せられたり、裏切られたりしたことはなかった」。一九四五年一二月二〇日頃の食糧供出成績は、割当額の一〇七％にのぼり、規定の配給量を満たしていた［宮本 1972:226］。

宮本は「その八ヶ月の間に農民の真の姿を見ることができたように思った」［宮本 1972:227］と述べている。食糧供出の要請は断られると思っていたのに、ほとんどそのようなことがなかったのは、自分に農業技術の知識があったからで、「そういう農民たちに必要な知識を持っている者として、他所者でもなく役人でもなく、仲間として遇された。そうしたおかげでいろいろの無理も聞いてもらえたし、またその人たちから多くのことを教えられた。と同時に、農民は信じられると思った」［宮本 1972:226］。食糧供給の基盤は堅固で、生産力もおちなかったし、供出能力も停止しなかった。

この経験を通じて、宮本は、国家の政治システム、経済システムは崩壊しても、村落社会にはそれとは異なる自律的なしくみが存在しているということ、その根幹がしっかりしていれば、生産力も秩序維持能力もおちないということ、日本社会の根底で根をはりめぐらせているようなこのようなしくみを理解する必要があることを深く認識したと思われる。このような村落社会が存続している基盤とは何かという関心にもつながっていったであろう。村落社会を封建的、閉鎖的ととらえて、打破すべき側面、マイナス面を数えあげるような視点ではない。肯定的にとらえ、政治システムが変わってもなお村落の人々の間で連綿と継続しているしくみとは何かを見抜こうとする視点であったといえよう。さらなる追究の手がかりになったのが、農業技術面での中核であった篤農家と、その人々の合理的な精神であった。

(2) 合理的な農業経営——篤農家

一九四〇年代後半、宮本は農業の合間に全国の村落をまわった。そこで気づいたことの一つは篤農家の存在の重要性であった。たとえば、次のように記している。

「私の逢った人たちの中で、このさきどうなるだろうと不安がった農民はほとんどいなかった。これからほんとうに腰をすえてやらねばならぬ、というのがほとんどの声であった。ただし、農民の間にはもう一つの動きがあった。小作人たちを中心とした農民運動がそれである。この方はいつも新聞その他で大きく取り扱われた。そしてそれは農地解放へとつながっていくものであり、戦後農民の動きはそのことのみのように取り扱っている学者が多い。が、実は米を作り、イモを作り、農協を組織し、さらには農業の近代化を目ざした人びとの動きの方がはるかに根強いものであった。この二つの動きは交わることもあったが、並行している場合が多かった。実質的な運動の中心になったのは篤農家とよばれる人びとで、みな土から生えたような重量感と安定感を持っていた」[宮本 1972:228-229]。

「各地を歩き回った印象としては、農地解放だとか、農地改革だとかいうことで、ひじょうに農民運動が盛り上がったり、いろいろな動きがありました。ところが私が接した世界にはそれとはぜんぜん異質なものがもう一つあったわけです。そして、じつはそのほうが中心的動きだったわけです。私が接した世界というのは、じつに堅実なもので、どうすれば生産が上げられるか、どうすれば健全な村づくりができるか、そしてそれはできるだけ横に向かって手をつながなければ成功しないのだ、というようにみんな考えていたわけです。」「このような動きの中心になっていたのは、いわゆる篤農家といわれる人たちだったわけです。その篤農家といわれる人たちは、ひじょうに広い視野を持っており、将来も見通していたということが、まず見受けられたわけです」[宮本 1972:249]。

「この動きが戦後の日本を復興させるのに大きな力になったと私は思うのです。同時にその人たちは、左翼運動なんかとまっこうから対立していたかというと、そうではなかった。左翼運動はそれはそれとして、ちゃんと同じ農村人として認めながら、自分たちは自分たちの道をいくということで独自の道を歩んでいたわけです。この力がごくわずかの間に農業の生産力を上げていったということです。そしてその人たちというのは、よくみると農協にもたいして関係していなかったということがはっきりいえるわけです。それからいまいったように、左翼運動なんかにもいかなかった。しかしその人たちは、完全に農民というものを握っておったのです。このことは私は、ひじょうに大事なことだと思うのです」[宮本 1972:249-250]。

宮本が関心をもったのは、生産力の維持・発展の真の原動力となっているのは誰かという問題であった。一時的なイデオロギー論争、政治論争にエネルギーを費やすことなく、着実に生産力が上がるように、農業技術を改良し、作業する集団の意識や構成の改善を試みている人々。そのような人々の工夫こそ真に学ぶべき価値、共有すべき価値がある。宮本は篤農家とよばれる人びとのなかに、そのようなものを見出していったのだと思われる。

宮本は日本の民衆について、「封建的で階層意識が強くて、自分自身では動くことができなかったという説がすべてに通ずるものではない」「一人一人自分はどうしたらいいかと判断し、そしてそれを行動に移すだけの力を持っていた」「そうしなければならないぎりぎりの気持ちを持ってみんなが集まってくるとき、必然的に運動は進んでゆく」［宮本 1973b:181-182］と考えている。「ぎりぎりの」状況から生み出された知恵、それ以外の選択肢はありえないと思われるような選択を重ねて、集団の推進力を引きだし、集団維持の方向に導いていく姿勢を「合理精神」、「合理的」とみなし、篤農家の行動に積極的に読みとろうとした。

たとえば、熊本県菊池市に、篤農家の薫陶を受けた合志義塾を訪ねたときには、次のように評している。「生活改善とか、勤倹貯蓄とかいっても、ただ生活をきりつめさせたのではなく、金のつかい方を合理的にさせていったのである。それらすべて義塾の積極的な合理精神にそうているものであるといえる。そこにはきわめて明るい現実肯定がある。こういう合理精神はたえず外界の文化にふれようとしたことから生まれてきたものであろう」「この義塾で育った人びとはみなこうした温厚だが土性骨のすわったものを持っている。いわば百姓精神の真髄といったようなものである。お先走りでもない、が頑固でもない、いつも自分のいるべき地位を見定めて、人の邪魔をしないのである。」［宮本 1981:72-74］。

『忘れられた日本人』のなかで「文字をもつ伝承者」の一人として記述されている高木誠一翁もそのような篤農家の典型の一人である。「百姓がたのしくてならない人」であり、かつ「どうしたら増産ができ、百姓の生活が安楽になれるかを真剣に考え」、「古い生活にのみ愛着をもっているのではなく、〝古い農民生活は古い時代にあっては、それが一番合理的であり、その時にはそのように生きる以外に方法がなかったのである。それだけにその生き方を丹念に見ていくことは大切であるが、時代があたらしくなれば新しい生き方にきりかえてもいかねばならぬ。しかしそれは十分計画もたて試してみねばならぬ。それは村の中の目のさめた者の任務である。自分の家はそういう目の見える家の一つであった〟」と語る柔軟性がある。「高木さんの印象は壮快の一語につきる。ほんとの意味の農民の典型である。その知識も技能もみんな的確である。周囲の人たちが安心してたよっていける人である。こういう人はいつも農民の中心をなしていて農民を裏切らない。村の中にあって村人の指標となる人のタイプに二つのものがある。その一つは村の豪家や役付の家の者が村の実権をにぎっている場合である。今一つは一般農民の中にあって、その思想や生活の方向づけをしている人である。高木さんは後者のタイプの人である」［宮本 1971:219］。

以上のように、大阪府農務部における経験は、篤農家の重要性を認識することにつながった。自らの農業経験に基づく合理的な作業方法・作業形態の追求は、篤農家という具体的な存在を通して、方向性を見出していったといえるであろう。篤農家の知恵は「そのように生きる以外方法がない」、つまりそれ以外の選択肢はありえない「ぎりぎりの」選択を重ねることによって生み出されてきたものであるから、村人も納得し、その合意と承認を得ることができる。それは階層的上層部の支配とそれへの服従とは性格が異なる、村落社会の統合のあり方である。「ぎりぎりの」状況から生み出された知恵、つまり徹底した合理性の追求と、それに対する合意・承認が、村落社会の自律的なしくみの根底にあることを、宮本は篤農家を通じてつかんでいった。支配・服従とは異なる統合のしくみこそ、「民俗」が追究すべき本質であろう。一九五〇年に八学会連合の対馬調査に参加して以降、宮本の研究対象は漁業・漁村、離島に広がった。徹底した合理性と合意・承認のあり方への追究は、幅が広がった調査地を対象にして、さらに深みを増した。

3　低生産のなかの合理性

徹底した合理性という点で、宮本の関心をつよく惹きつけたのは、五島列島の小値賀島の属島の六島であった。宮本は一九六一年にここを初めて訪れ、詳しい調査記録を残している［宮本 1981］。その末尾には「この島にかぎらず、この付近の小さい島に生きる人びとはみな相似た生活をうちたてているのであるが、そこには追いつめられた生活から生まれたかしこさというようなものをしみじみと感ずる」［宮本 1981:34］と述べている。また、「そのときどきにおいて、どうすることが島民のための利益になるかを十分に考えている。島民が損をしてまで島外者とつきあわねばならぬことはない。自分たちが卑屈であることがいつも島外の者に乗ぜられることになり、それが損をもたらす。（中略）今日のことばでいえば、ドライに割り切っているということになるが、じつはそれほど生活がきびしいということになる。つまりそれほど合理的に生きつつ、一方に防風林をきらねばならぬぎりぎりのものがある」［宮本 1981:32］と記し、「ぎりぎりの」状況のなかで、村民があみ出した妥協をまじえない、わりきった合理性につよい印象をうけたことがうかがわれる。

六島は一九六一年には戸数三三戸、人口二六〇人余の小規模な島嶼社会である。宮本は関心を抱いた背景として、「私は小さい自治体としての村落がどのように運営されてきたかについて、旅行の途次気づくままに聞書きをとっているが、自治的な機能をつよく持った村落は西日本に多く、とくに九州西辺の島々に多く見られる。中世に松浦一揆の組織せられた地帯のうち多くの古風を残存したところには、さらにその典型的なものがのこっているようである。もとより中世から近世、近代とそれぞれの時代の影響をうけてきているのではあるが、根幹をなす共同体的な組織のアイデアは容易にかわらなかったと見られる。その一つの典型として、私は長崎県北松浦郡小値賀町六島をあげてみたい」［宮本 1981:115］と記している。つまり、村落社会の自律的なしくみが機能している典型を六島にみたのであった。

この島はイワシ漁の共同経営が現金収入の道で、働き手の男性は冬は杜氏として酒造の出稼ぎに出ていた。島の家は、それぞれの家の大きさがほぼ同じで、これは財産が平均していることを物語る。税金や国・県の補助だけでは公共設備が維持できない。自家発電、簡易水道など、島を維持する費用の負担が島民に重くのしかかる。経済的な負担だけではなく、労力の負担もある。その最たるものは渡船の運営である。働き手がみな出稼ぎに出てしまうと、渡海の役目を果たす者がいなくなるので、冬場は渡船用の人員を残す。

このような状況のなかでは、「よほどみんなが心をあわせて前方を見つめて歩いていなければ、自立どころか自滅へ追いこまれる。現に島の人家は四七戸から三三戸に減った。（中略）島の人口が減ると、わずかばかりの耕地がふえただけで収入はちっともふえない。逆に地元負担ばかりが重くなる。国家が全額投資するならともかくとして、そうでなければ、人家が減るほど一戸当たりの負担がふえて、生産のあがる前にその生活がおしつぶされてしまう。六島でも、この島に生きついでいく限りにおいては、もうこれ以上人家を減らしてはならないと考えている。そしてこれだけの家の者が生活をたてられる体制をととのえようとしている。（中略）彼らの考えかた、行動のしかたはじつに合理的であった」［宮本 1981:30-31］。その具体的方法が記帳で、共同作業の夫役から公共設備の経費まで、歴代の記録が保存されている。「こうした記帳がいやおうなしに島民に合理的な生活のしかたをおしえた。島民が時間をじつによく守るのもそのためである。便船を借りる者がぐずぐずしておれば待ったなしで船を出すという。ぐずぐずしている者がわるいのである。真の共同生活はきちんときまりがついていなければ成立するものではない。」

六島で宮本が見つけたものは、低生産であるがゆえに、徹底して貫かれている合理性であった。階層的優位に立つものの出現さえもかなわないほどの厳しい生活環境である。この戸数がさらに減少すれば、村落社会の存続すら不可能になることから保障せざるを得ない対等な関係と、そのような厳しさから練りあげられてきた自律的なしくみである。六島の調査記録には、合理性、対等な関係性と、自律的なしくみが深く連関していることが記述されている。

宮本は低生産性を肯定しているわけではない。低生産性からの離脱の方向にも関心が示されている。それは宮本の離島振興法実現のオルガナイザーとしての側面につながっている。ここで、宮本のある側面について記しておきたい。宮本の評伝には、全国離島振興協議会の事務局長を務めていた頃の宮本と、谷川雁の会話について次のように記されている。トカラ列島の臥蛇島に行く前に谷川は宮本を訪ねていった。宮本は、離島が一〇〇戸以上の場合にはかろうじて発展するが、五〇戸以下ではどうにもならない。人間の最低生存条件は一定数の仲間であるという趣旨のことを言った。谷川は、必要数をどうしても得られない島は滅びるか、移住するしかないのかと食いさがって尋ねたところ、宮本は「移住したほうがまし」な場合があるとそれを肯定して、トカラ列島の各島の戸数を正確に挙げ、それらの島の人口と資源の関係について淡々と説明を始めた。谷川は「その意外な唯物論的な考えに軽い衝撃を受けた。そこには離島に日本社会の祖型を探ろうとするロマンチックなまなざしもなければ、離島から一つの理念を抽象しようとする観念的な姿勢もなかった」。そして、経世済民の民俗学者といわれるが、経世と済民はちがう、いま目の前で話している人物は、世界一円を経営することなどどうでもよい、しかし民衆が自分で自分を救済する努力に背を向けるわけにはいかない、済民の志を裏切るわけにはいかないといっている気が谷川はしてならなかった［佐野 1996:282-283］。

この評伝の一節から、宮本が現実に立脚し、妥協をまじえない割り切った判断ができるリアリストだったことを知ることができる。調査地で耳を傾けた人々だけが、徹底した合理性を貫くリアリストだったのではない。宮本自身が同様の素質をもっていたからこそ、合理性、対等な関係性と自律的なしくみが連関しているさまを深く掘り下げていくことができたのだと思われる。

4　西日本への関心

自律的なしくみの淵源として考えられていたものは、低生産性という経済的要因だけではない。六島の調査でも歴史的要因に言及している。中世期の村落である。その原型が松浦一揆が活動した九州西辺・北辺の島々に残っていると考えている。宮本はしばしば松浦一揆に言及している。

「話し合いによって、事をきめる気風は西の方に強かったようで、肥前の松浦一揆などはそのよい例である。（中略）一族有縁の者たちができるだけ統一ある行動をとるために集まって話しあいをする機会をもつようになったのがおこりであると思う。そして一族有縁の者の間に争いのおこったときなどは、仲間の者が集まって談合によって両方の理非をあきらかにして和談にもっていったのである。そうした談合は記録にとって、その最後に出席者たちが署名したのである。その署名もクジによって順番をきめている」［宮本 1972:204］。「松浦一揆を詳しく調べてみると、その組織や運営もきわめて民主的なものであったようだ。何十人という小領主が集まって会議をやり、それが一つの政治団体として動いていたのだが、その会議の席順もクジ引きで決めていた」［宮本 1973b:180］。「こうした集まりは一般民衆のものではなく特権階級のもののように見える。が、よく見れば、五島では海夫などの寄り合いももたれていたのであって、決して特権階級とか一族だけのものではなかったことが知られる。しかも寄合いというのは大へん権威のあるものではなかったかと思っている。」「対馬では今でも郷士の家は尊ばれている。まして中世にあって郡主だった家は特別に畏敬せられていたのであるが、村の共同作業は共同作業であり、支障のない限りは主人が出ていかねばならなかったのであろう。とにかくその後今日まで村の共同作業に主人が出ていっているのである。つまり、村共同のことになると家柄はそれほど問題ではなかった。クジで座席をきめる事実からもわかるのだが、このような制度はいまも実施せられている。松浦一揆の区域のうち、長崎県五島のうちの六島を訪れたとき、ここには松浦一揆時代の制度がそのままのこっているのに心をうたれたのであるが、これはこの島だけでなく、その外の島にも共通して見られることであった。（中略）村の中でのいざこざなどもすべて村の寄合いにかけられるのであった、寄合いできめられたことは皆忠実に守らなければならない。松浦一揆時代にはこの部落会長にあたる者が代表として一揆の寄合いに出ていったものであろう」［宮本 1972:206-207］。

自治的機能の淵源を中世期村落に求める宮本の着想を評価する力は本稿にはない。ここで確認しておきたいことは、自治的な機能、中世期村落、九州西辺・北辺の島々を結びつける宮本のストーリーが、対馬や五島の集落に対するつよい関心を持続させ、戦後もこれらの地域に実際に残っていた合理性、対等な関係性、自律的なしくみの片鱗や、その連関するさまを発掘させ、記録させていったということである。

例えば、「根幹をなす共同体的な組織のアイデア」という点についても、「親方の支配はそれほどつよくうけないで自立農家が連携し共同して村を運営している例」を対馬・五島・壱岐・平戸・種子島のような西南日本の離島に見かける［宮本 1968:33］と述べている。

宮本は比較的対等な側面をもった村落のしくみが瀬戸内海地域にかけても同様に存在していることに気づいていった。このようにして、九州西辺・北辺から瀬戸内海にかけての離島や沿岸部で確認できた地域社会の特質が集中的に記録されていった。東日本とは異なる西日本の特質が、合理性、対等な関係性、自律的なしくみに焦点をあてながら明らかにされていったのである。

宮本自身、「私は元来東日本と西日本の文化の差異について早くから深い関心をもっていた。」［宮本 1967:83］と述べている。また、『忘れられた日本人』の執筆についても、当初伝承者としての老人の役割を記すことが目的であったが、書いているうちに、「東日本の老人については高木誠一翁のことを書いただけで他はふれていない。つまり、中部および西日本の社会を背景にした年寄りたちの姿」を描くという新しい意図に切りかわっていったと述べている［宮本 1971:300］。西日本重視の根底には、九州西辺・北辺から瀬戸内海にかけての地域で、より明確にその特質をあらわしている比較的対等な側面をもった村落のしくみに対するつよい関心があったと思われる。

宮本が西日本を基盤に、その特質をねばりつよく発掘し、記録し続けた根底には、柳田国男の方言周圏論に対する疑問があった。中央に新しいものが発生し、古い言葉が国の端々に残る、日本の文化は周圏をなしているという方言周圏論に対し、「日本の古い文化の残存の仕方が、すべての周圏をなしているものではないことに気づいたばかりでなく、むしろ東日本と西日本ではかなりの差異のある事象が多い」［宮本 1968:59］「東日本と西日本の文化にはかなりな差異のあることもみとめられる」［宮本 1967:81］というのが宮本の基本的立場であった。

以上のように、宮本の西日本重視には二つの淵源がある。一つは柳田国男の方言周圏論に対する検証という学問的動機である。もう一つは、徹底した合理性、それを貫徹するために保障することが必要な対等な関係性、それらを基盤にして調達できる合意・承認など、統合のしくみへのつよい関心である。

5　フォーマルな合意形成ルート——「村の寄り合い」

宮本は、村落社会で見かけた「合意・承認のあり方」について、多様な視角から繰り返し記述している。合意が形成されるには、フォーマルな話し合いの場と、インフォーマルな話し合いの場が、密接に関連していると宮本は考えていた。

フォーマルな話し合いの場は「村の寄合い」である。『忘れられた日本人』の冒頭は、対馬の伊奈村で遭遇した寄合いの記述から始まっている。「私にはこの寄りあいの情景が眼の底にしみついた。この寄りあい方式は近頃はじまったものではない。」と記すほど、つよい印象を受けた。その「寄合い」とは次のようなものであった。

村でとりきめを行う場合には、みんなが納得するまで何日でも話しあう。夜も昼もない。眠くなれば家に帰ってもいい。空腹になれば家に食事に帰るが、昔は家から弁当が届けられた。結論が出るまで話し合いは続く、三日も話し合えば、たいていの話も結論が出た。みんなが納得いくまで話し合ったことなので、結論は守らねばならなかった。

話合いは、ある事柄について自分が知っているかぎりの関係のある事柄をあげていく。関連ある事柄、伝承、昔の出来事を話し、ひとしきり話に花がさく。次の話題にうつり、またひとしきり話に花がさく。世間話をして、のんびりしているようにみえる。しかし、それでいて話は次第に展開してくる。論理でおしても収拾がつかないことは実際に多い。そういうとき、たとえ話、自分たちの体験、村の伝承にことよせて語ることが話しやすいし、他人にも理解してもらいやすい。反対意見が出ても、賛成意見が出てもしばらくそのままにしておき、冷却時間をはさみ、最後には最高責任者に決をとらせる。このようにすればせまい村のなかで気まずい思いをすることもない。このような寄りあいには権威があり、村の伝承に支えられて自治が成り立っていた［宮本 1971:7-14］。

狭い地理的範囲で、永続的に生活を営み続ける場合に、最も合理的な合意形成のしかた、承認のとりつけ方が、徹底的に話し合う、賛成も反対もはき出させるという方法であった。最終目的を達成するためには、中途で不意・不測の障碍が発生することを防ぐのが、結果的には最も合理的である。話合いに多大な時間的資源が投入されているが、これは不意・不測の事態を予防するという目的合理性に合致するものである。また、村の伝承を提示することは、これまでの共同体の対応を類型化し、実際に対応可能なパターンや選択の範囲を認知させ、対立の感情を沈静化させる効果をもつものである。村落社会の構成員の心理に配慮がめぐらされ、民主的ともいえる直接参加の場が維持されている。

宮本は、対馬だけでなく九州北辺・西辺から瀬戸内海地域に、徹底的に話合う寄合いが存在していることを見出した。六島でも「四月の寄合いのときには村中が集まる。（中略）皆思い思いのことをのべてつきる所がないという。その取りきめたことを部落会長が一々実行していくのであるが、その実行にあたって不平を言ったり文句をつけたりすることはない。」［宮本 1972:205-206］というものであった。

「話しあいは対立しあうことではなく、どこに意見の一致点を見出すかが問題」［宮本 1976:108］であるし、「寄りあいでのはなしあいには、お互いの間にこまかな配慮があり、物を議決するというよりは一種の知識の交換がなされたようであり」［宮本 1971:41］という性格の場なので、様々な暗黙のルールが存在していた。顕著な特徴は、話合いにさかれる多大な時間である。これは「多数が少数の意見を黙殺して、多数はこうだからと言って多数の言い分を通すのではなく、一人の反対者もいなくなるまでに話しあうのである。もともと共同体的な社会では、一人の反対者があっても、その社会は秩序を保っていくことがむずかしいものである。なぜなら共同社会が成立するには、そこで一応は自立自営していくだけの目安と組織が必要で、反対者があると、共同体の運営はむずかしくなる。」「村のきめごとは一人の反対者があってもどうしようもなくなるものです。見すごすことも無視することもできない。いつも全員賛成でなければ仕事はできないのものです。」［宮本 1967:48］という事情があって、対立する意見をもつ者どうしの感情を和らげ、合意に至るには時間がかかるからである。

徹底的に話合うといっても、何を言ってもいいわけではない。「村が一つの統一体として有機的に活動していくためには、他所者に対してばかりでなく、村内の者に対しても、いっていいこととわるいことの不文律があった」［宮本 1981:13］。つまり、暗黙知が効いている場なのである。

しかし、反対者が折れず、なかなか結論が出ないことがある。そのようなときにフォーマルな話合いの場でも効果が出る言葉がある。「足もとを見てものを言え」とか「暗夜胸に手をおいて」などである。人間三代の間には必ず悪いことをしている、「たった一人暗夜に胸に手をおいて、私も親も祖父も正しかったとはっきり言い切れる人がいたら申し出てください」というと反対意見をいう人も口をつぐみ、自然と調整点がみつかる［宮本 1971:26-27］。「諺は村人の感情や思想や行動を統一するのに大きい役割をはたした。（中略）村の寄合いなどでこうした言葉をたくさん知っているものが、要所要所で要領よくつかうことによって、たいてい意見はまとまって行った」［宮本1976:96-97］。フォーマルな話合いの場は、暗黙のルールで処理されている領域とセットなのだということを、反対者に思い出させる工夫といえよう。

対馬の別の村で、宮本の調査協力の依頼に対して臨時の寄合いが開かれた。宮本の前であっても遠慮のない相談が交わされた。結果的には協力が得られたが、このときの模様について「これがほんとの寄合いというものだとしみじみ思ったのである。とにかく私に対する同情めいたものは少しもなく、きわめて客観的にしかも自分たちの立場をはっきりさせて話をすすめていくのだが、その話というのがすべて実例をひきつつ、こういうこともあった、ああいうこともあったとやるのだから」というように、ドライに割り切る側面があることを記している。最も合理的な道すじを選択するための現実直視の姿勢が共有化されている。

このような寄合いの淵源も、中世期の村落にあると宮本は考えている。「九州西辺の島々に見られるように、起源を中世以前にまでさかのぼらすことができるようなものもある。しかも古いものの方がどうもその運営が民主的であったようである。（中略）民主的な自治はむしろ中世において発達し、江戸時代にはむしろそれが押さえられて来たのではないかと思っている。そうしないと中世以来今日までつづいた村に自治の発達している説明がつかなくなるのである。」［宮本 1972:210］「村里内の生活慣行は内側からみていくと、今日の自治制度と大差のないものがすでに近世には各村にみられていたようである」［宮本 1971:41］。

以上のように宮本は、自治的・民主的な側面をもつ話し合いの場が実在していることを繰り返し記述した。フォーマルな話合いの場は、それだけで存立しているのではない。暗黙のルールで処理されている領域や、インフォーマルな話合いの場とセットになっているという視点である。

6　インフォーマルな合意形成ルート

寄合いで、調整点を見つけ、合意を形成していく背景には、実はその場で公開されることはない情報を村人たちが共有していることが重要というのが宮本の発想であった。フォーマルな寄合いでは公開されない情報が、各集団ごとのインフォーマルな話合いの場では活発に交換され、共有化されている。情報交換の担い手として、宮本がとくに注目したのは年齢別集団の高齢者とジェンダー別集団の女性たちであった。

長野県諏訪湖沿岸の集落では、高齢者だけの情報交換の場があった。「その村では六〇歳になると、年より仲間に入る。年より仲間はときどきあつまり、その席で、村の中にあるいろいろのかくされている問題が話しあわれる。かくされている問題によいものはない。それぞれの家の恥になるようなことばかりである。そういうことのみが話される。しかしそれは年より仲間以外にはしゃべらない。年よりがそういう話をしあっていることさえ誰も知らぬ。知人も四〇歳をすぎるまで年より仲間にそうした話し合いがあることを知らなかった」［宮本 1971:26］。インフォーマルな場で情報を入手し、村の細部に通じ、事の理非をわきまえた者が、フォーマルな話合いの場で重要な役割を果たす。諸事万端含んで調整を進めて合意・承認に至る。

またたとえば、福井県敦賀の海岸部の集落では、次のような場面を目にした。道ばたの小さいお堂で、観音講のおこもりということで、一〇人ほどの老女がせまいお堂のなかで円座して重箱を開いていた。ここでは六〇歳になると、この仲間に入って、お堂や民家で飲食し話合う。話は嫁の悪口などだが、ここでは吐き出すことによって、嫁に直接厳しく当たることがなくなる。悪口が外にもれることはない。「つまりこの講は年よりだけの泣きごとの講だというのである。私はこれをたいへんおもしろいことだと思った。（中略）このような傾向は全般的に西日本につよい」［宮本 1971:30-31］。「講組の発達した村々で、一軒の家の者が会合に出ていく回数、これには酒盛りなども含めるのであるが、一年に六、七〇回をこえるものが少なくない。時間にして三〇〇時間ないし四〇〇時間に達している。一ヶ月に六回、五日に一回の割合で会合に出ていることになる。こうしてお互はお互の気心を知りつくしていくのである」［宮本

1976:109］。周防大島の宮本の故郷の家でも、親族の間で一年に三〇回は宴会が行われていた。法事、誕生祝い、秋祭り等々で、それぞれの招き返しがあったから多いときは五〇回くらいになり、仕事のあい間をぬってひっきりなしに宴会をやっていたという［宮本 1973b:144］。

女性たちについては、次のように記している。「実は村の秩序の本当の維持者はどこでも女だと言っていい。東日本のようにそれが埋没した形であろうと、西日本のようにかなりはっきり表面に出ていようと、女が村の秩序の維持者であることにはかわりない。それはまた女たちが村や家の口頭伝承の役割を受け持っていたことと深い関係がある」［宮本 1973a:105］。

「村の情報を、村のすみずみまで行きわたらせるのは女であった。（中略）大半は人のうわさであり、村のトピックである。しかしきいていて、ただ興味本位ではなしにちゃんと批判のあることに感心する。ということは、そういう知識が村で生きてゆく上ではぜひとも必要なのである。社会に新聞や雑誌が必要なように。そしてそういうことが本当にわかってないと、他人の応対もできないし自己の行動をきめることもできない。このようにして女は村のすみずみまで知っている。それを知らない人には村は住みにくいし、どこまで行っても感情のとけあうことはない。」［宮本 1976:93-94］。

「女だけの寄りあいもまた行われることがある。これは村こぞって行うというようなことは少なく、たいてい有志の集まりである。そしてそれも村の慣行自治に関するものではなく、親睦か信仰または労務作業を主としたものであり、そのうち茶飲みという集まりはきわめて頻繁にくりかえされてきたのが瀬戸内海地方では一般に見られたところである。お茶に漬物程度のごく粗末な食物で、ごく狭い範囲の女が集まってほんの一、二時間おしゃべりして別れるのである。（中略）その間に村のいろいろな情報交換が行われる。そしてそれで十分それぞれの家の性格をのみこむこともできるのである。こういう集まりを茶飲みという」［宮本 1971:34-35］。

「女が田畑にあまり出ないところでは女のつきあいが大きい。それは村の公的なものではなく、親類や隣近所のつきあいである。そういう風景は本分家関係の密接なところには見られない。本分家よりも姻戚関係の密接な地帯である。子供の出産、その成長にともなう諸儀礼、いろいろの講ごと、食物調整のたすけあいなど、女たちが五人ないし一〇人くらいで集まりあう機会は瀬戸内海地方ならば、一年のうちに数十回にのぼると見られる。そういうことの行われる村はまた家が多く密集しているところで、集まりやすいのである。噂もつたわりやすく、お互いの好意が通じやすくもある。そういうところでは女同士の交際は重要な意味をもって来る。そしてそれにさく時間も多くなる。しかも女の交際は手軽で、飲食も茶飲みと言ってお茶に少々のお茶うけが出る程度ですむことが多かった」［宮本 1973a:101］。

女性たちがインフォーマルな情報交換の重要な担い手であり、インフォーマルな情報の流通がフォーマルな話合いの場における調整の方向に影響を与え、合意・承認に至らしめて、村落社会の統合を成り立たせているということであろう。このようにインフォーマルな情報交換の機会がきわめて多いことが西日本の特質であるという認識を宮本はもっていた。村落社会のどのような場所で、情報交換がなされているのかという空間構成にも関心を示している。たとえば兵庫県加古川東岸地方には阿弥陀、地蔵、観音がまつられている講堂とよばれる建物がきわめて多い。「これは地蔵講、念仏講など宗教的集まりをもとに同業者が集団を作り、寄りあいの場所にあてていたと思われる。こうした一定した形のお堂でなくても、寮とか庵とかいわれる程度のお堂ならば、西日本各部落のほとんどにあったのではないかと思われる。（中略）このお堂が寄りあいの場所にあてられているのは、もともと宗教的な結衆から寄りあいが発達したものではないかと思わせる。したがって寄りあいの性格の中には多分に結衆のあつまりの雰囲気がそここにのこっているると考えるのである。そういう社会では年をとり経験を多く積んだものが尊ばれる。」［宮本 1971:32-33］。

村落社会の生活を成り立たせる必要性から生じた物理的空間は、容易に変化するものではない。そのような物理的空間は生活のしくみにとけこみ、なじみがある。だから、次のような状況も観察される。「近ごろは部落公民館と名付ける集会所を利用するものも多くなっているが、新しい集会所ではかえって人が集まらず、（中略）ところが古い堂や庵での集まりにはたいてい堂があふれるほど集まるものである。古いものを下敷きにすると新しいものが育ちやすいようである」［宮本 1972:202］。物理的空間そのものも、利用方法もすぐに変わっていくものではないことを指摘している。

情報交換の場として活用されるのは、建物のような物理的空間だけではない。たとえば道の辻も重要であった。「（日本の村落は）家父長的な同族結合のつよいタイプと、非血縁結合のつよいものとの中間的な村のタイプがいくつもあるわけであるが、これらの両者を区別する目じるしとなるものは、前記の講堂や寮庵のある村以外に、大和・河内地方の民家の密集している村々では、村の中に道が一ヶ所ややひろくなっている所があり、そこを辻とよんでいるが、この辻を持つ所はたいてい辻寄りあいの行われた村であり、非血縁的な結合がつよい。したがって日本の村の中、合議制がみられたというのはこうした村々であって、それは必ずしも時代的な変遷からのみ生まれたとは見難いのである」［宮本 1971:38］。「お互いが村の中の集まりへ出て話し合う機会をもった。（中略）道だったり、お宮の境内だったり、集まる場所は多かった。（中略）道幅の広い所はたいてい市が立つ。市の立たないときはそれだけの空間がある。そこへ出て、皆がわいわい騒ぐことが出来た。子供は子供で遊ぶことが出来た。女は女でお喋りが出来た。そういう場がどこにもあった。こういう街道でないところでは、お宮の森を使ったり、お寺の前を使ったり、或いは井戸端で

あったりした」［宮本 1973a:59］

このように、情報交換を可能にする場が村落社会の空間に組み込まれているという発想を宮本はもっていた。コミュニケーションの機会が多く、情報の流通、話合いをベースにして、比較的対等で自治的・民主的側面もあった村落社会が、空間的なしくみにもささえられて、維持されてきたととらえている。道の辻のような空間構成は容易に変化するものではないから、このような構造の社会の淵源は古いというのが宮本の持論である。

7　宮本常一の「合理性」への視点

宮本が関心を抱いた「合理性」とはいかなるものかという点について、宮本の体験や調査の過程、調査地の特色をふまえながら考察を進めてきた。

宮本は柳田の「方言周圏論」に対する疑問もあって、西日本を中心とした地域社会の特質を掘り下げようとした。とくにそのベースとなったのは、九州西辺・北辺から瀬戸内海へかけての沿岸部・離島の村落社会である。同様の地域を分析対象とする研究者にとっては、このような地域に密着して、その特質をえぐりだそうとした宮本の研究は、豊富な手がかりを与えてくれる。

そのなかでも、とくに有益なのは、宮本がこの地域をベースに、比較的対等で自治的・民主的側面もあった村落社会が近代に実在していたことを報告していることである。淵源を中世にさかのぼる点については保留にしておくとしても、実際に観察される村落社会のしくみとして、戦後も存在していたことは事実であった。

宮本は自らの農業体験をもとに、「合理性」に関心を抱いた。篤農家などとの交わりを重ねるなかで、国家の政治システム・経済システムが崩壊・変化してもなお、村落の人々の間で連綿と維持されている自律的なしくみがあることを発掘していった。支配・服従とは異なる統合のしくみであり、国家の政治・経済・行政システムとは異なる「合理性」で組み立てられたしくみである。

九州西辺・北辺から瀬戸内海へかけての沿岸部・離島の村落社会をベースに、村落社会の自律的なしくみの根底には、徹底した合理性の追求と、対等な関係の保障があって、合意・承認を調達していることを宮本は見出していった。西日本では、東日本と比べて、非血縁的な地縁集団がつよい地域社会構造であることが、このことを観察しやすくしていると宮本は考えている。血縁関係に依拠した合意の調達方法ではないということである。

合意・承認に至ったことを確認するのは、フォーマルな話合いの場においてである。中途で不意・不測の障碍が発生することを防ぐことが、最終目的を達成するためには最も合理的である。調整点を見つけるために徹底的に話し合う。実は暗黙のルールも効いている。暗黙のルールが機能するのは、相当量のインフォーマルな情報が流通しているからである。インフォーマルな情報の流通には、女性たちが重要な役割を担っている。インフォーマルな情報交換がなされる物理的場所は、村落の空間構造、人々の生活構造にくみこまれている。インフォーマルな情報交換の場とフォーマルな話合いの場は、密接に関連している。

このような自律的なしくみの特徴を端的に言い表すなら、コミュニケーションが行われる物理的空間の場を保有し、発言を活性化させる対等な関係性が保障され、活発なコミュニケーションの機会を内蔵した村落社会像といえる。宮本は、コミュニケーションのありかた、可視化された空間利用のありかた、集団内の関係性を関連づけて考察し、特質を描き出そうとした。

宮本には「今の日本の学問では日本の首府が東京にあり、また多くの学者が東京に集うており、物を見るにも東京を中心にして見たがり、地方を頭に描く場合にも中部から東の日本の姿が基準になっている」［宮本 1984:305］ことを批判しようする視点があった。

宮本の著作には「戦後、寄生地主制や家父長制が封建的として批判されたことが、農村イメージをそれ一色にぬりつぶす傾向のあった点に対し、西日本に生まれた宮本氏は強く批判的であり、それを東日本の特徴とみていた」［網野 1984:328］。「家父長制一本槍の農村理解に対する宮本氏の批判的角度の意識的な強調」［網野 1984:328］が内包されている。宮本には、家父長制とは異なる西日本の村落社会を構成している原理、つまり、西日本の村落社会を構成する「合理性」は何か、という関心が根底にあった。村落共同体の因襲的側面、拘束要因に対し、異なる側面を発掘しようとする姿勢・視角であったといえよう。

8　第一次産業就業者層の分解と宮本常一の視点

宮本は全国を歩き、戦後の村落社会の特徴を宮本独自の方法で把握・理解した。宮本が歩いたのは第一次産業就業者が一定数存在している日本の村落社会であった。とくに、戦後の農地解放によって自営農が増え、「これからほんとうに腰をすえてやらねばならぬ」「農業の近代化を目ざした人びとの動きの方がはるかに根強いものであった」「実質的な運動の中心になったのは篤農家とよばれる人びとで、みな土から生えたような重量感と安定感を持っていた」と記された、希望と気概に満ちた日本の村落の雰囲気は、宮本だからこそ描くことができた戦後の村落社会の一面である。一定数の第一次産業就業者層が分解せずに存在していた時期の村落だった。その時期の村落社会に維持されていたある種の「合理性」を把握し、記述していった宮本の仕事は貴重である。

日本では、第一次産業就業者層の分解は、戦争で中断した時期を挟みながら、戦前と戦後の二段階で進行した［濱島 1960］。高度経済成長期に、日本の村落は異なるタイプの産業社会の「合理性」に直面することになった。宮本の著作を通して、日本の村落が戦後もそれぞれの村落固有のしくみを通して「合理性」を維持していたことを知ることができる。そのような視点をもつことによって、日本の地域社会が産業社会の「合理性」とどのように拮抗し、再編されていったのか、そのプロセスを掘り下げる視点が生まれてくる。

あとがき

本書は、海辺集落における「海と労働」をテーマにした著作の第二作にあたる。第一作『マニラへ渡った瀬戸内漁民――移民送出母村の変容――』（二〇〇二年、御茶の水書房）のため、私が初めて内海町を訪れたのは一九九三年である（第一次調査―一九九三～九九年）。本書第二作のため、二〇〇二年に本格的な調査に取りかかった（第二次調査―二〇〇二～〇六年）。第二次調査に着手したとき、思いがけないことに、調査態勢をすべて「一」から組み立て直す必要に直面した。第一次調査で宿泊施設として利用し、現地調査の相談相手だった田島ホテルが、女性経営者の高齢化による健康不調で突然閉鎖してしまった。島嶼のため、他に適切な公共宿泊施設はない。公共交通機関も縮小し、集落間を移動するバスの便数も少なく、不便だった。宿泊施設と調査キーパーソンの両方を失い、少子高齢の縮小社会化が、私の調査にも直接の影響を及ぼすようになっていた。

さらに、二〇〇三年に内海町は福山市と合併し、公共の窓口が縮小した。以前には町役場で顔なじみの担当者をつかまえ、相談することができたが、合併による配置転換で、島内に配属されている公務員は減少した。現地調査に関わる相談相手が減り、途方に暮れる状況になった。調査が長期に及ぶ場合、このような状況に備えて、調査態勢を二重三重に手厚く固めておくことなど、社会調査方法の手引書のどこにも記されていなかったと嘆息しつつ、再度「一」から始めようと気合いを入れ直した。

瀬戸内の島々は信仰心が篤く、人々はお寺の行事によく足を運ぶ。住職は地域社会の有力者である。常住住職がいる二つの寺院、地域自治会の幹部の方々、第一次調査で面識のあった方々の間を回り、調査ルートが縮小した窮状を率直に述べて頭を下げ、調査への協力を依頼した。寺院の行事、地域自治会や社会福祉協議会の行事、地区の敬老会の行事等に積極的によんでいただき、改めて多くの方々と私の間をつないでいただいた。

田島ホテル経由ルートが失われたことは一時的には打撃であったが、第二次調査で私はより積極的に地域社会の方々と関わるようになった。かつては田島ホテル経由で間接的に連絡をとっていた方々とも、ダイレクトな関係を維持できるようになった。積極的に諸々の会合に出席し、以前よりもより細かに島の日常生活を知るようになった。春・夏の長期休業中に空き家や自転車を貸してくださる方も見つかった。多くの方々の好意に支えられながら、調査態勢を立て直していくことができた。

朝六時のお寺の鐘で起床し、朝焼けの瀬戸内海を船が出て行く風景を眺め、日中は海沿いの道を自転車で走り、各集落の調査対象者のお宅を回った。夕方はお寺や地域の行事に参加し、私も御詠歌を練習した。少子高齢化地域では、まるで野良ネコのように、「野良タヌキ」が増えていた。太った「ネコ」は悠然と道を歩み、夜中は屋根の上をドタドタとタヌキの運動会が大盛況だった。

島の人たちは生きとし生けるものに対して、みな優しい。日当たりのいい斜面の畑にできた野菜の半分は人間のため網で保護し、半分はタヌキのために開放してあった。私も人間側の野菜を自由にとって食べていいことになり、生類への憐れみの深さのお相伴に預かった。

私は島社会への闖入者で、自転車に乗ってぶらぶらと能率のあがらない何かをやっている変わり者だった。私の胃袋を心配して、借りた寓居の戸口には、大好物の炊いた「お豆さん」がたびたび届けられてあった。むらの社会では、闖入者は全く無力な存在で、自分ひとりでは居場所一つ見つけることができない。むらのなかには、そちこちに「たまり場」がある。民家の軒先に置かれた数脚のいす、いまは使われなくなった造船所など、晴れた日のなんとなくある時間帯に、いつの間にか潮が満ちるように特定の数人が集まってきて「たまる」。日常の出来事についてとりとめのない会話が交わされ、日なたにできた潮溜まりのようなひとときがながれ、潮が引くように三々五々に散ってゆく。

いつの間にか、私もいくつかの「たまり場」を心得て、なんとなくそこに居ていい人になった。午前中の造船所の焚き火の前、昼下がりの商店の店先、お堂の前の小道など、「たまり場」をはしごして歩くのが楽しみになった。「たまり場」を回れば、会いたい人たちに話を聞けることもわかった。海にうかぶ泡沫《うたかた》のような「たまり場」がむらの日常にはあり、むらの時間に独特の律動を作り出していた。

「たまり場」で、またはインタビューさせていただいているお座敷で、あるいは夕ごはんによんでもらった食卓の前で、春の波のような暖かな言葉が寄せられた。「ええよ、ええよ、何でも聞きなさい」「乗りかかった船だ。頼んであげましょう」「残すべきことを、しっかり書いてもらいたいからです」。こたつを囲んで瀬戸内のみかんを食べながら、すっかり寛いで、原稿のできあがった箇所をちゃっかり読み上げてみると、「ええよ、ええよ、それで上等じゃ」。本当に少しでもその言葉に近いものにしなければと思った。

本書が刊行されるまでの間に、私は一年間イギリスへ出かけてしまい、前後一年ずつ海外生活の準備と後処理に追われ、自分の心積りよりも本書を刊行するのが三年間遅くなってしまった。しかしその間、エーゲ海、アドリア海などヨーロッパ地中海の海と島々をめぐり歩き、日本の瀬戸内海の自然景観の多様性、歴史的蓄積の重層性は、これらの海の世界に匹敵する価値をもつことを改めて実感するようになった。

遅れた三年の間に、調査態勢を立て直す際に力を貸してくださった何人かの方が冥界へ船出されてしまった。出船の荷に、本書を加えていただくことは間に合わず、蒼い海に瞑目して、渡海の跡を偲ぶのみとなってしまった。小人のそのような遅ればせの人生朝露の嘆も、瀬戸内の海は全てをのみこんでくれるであろう。人々と母なる海の豊饒に感謝しつつ、このたびの瀬戸内讃歌の筆を擱く。

二〇一〇年一月

武田尚子

※本書は刊行にあたって、武蔵大学出版助成金を受けている。

文献目録

間場寿一編

1983、『地域政治の社会学』世界思想社。

有川町郷土誌編集編纂委員会

1994、『有川町郷土誌』。

網野善彦

1984、「『忘れられた日本人』解説」『忘れられた日本人』岩波書店：321-334。

中国地方総合調査会

1979、『造船不況下における地域経済の変貌と対応－因島市と周辺島嶼部を対象に』総合研究開発機構助成研究報告書。

中国地方総合研究センター

2008、『中国地方の工場立地 130年の歩み』中国地方総合研究センター。

中国海運局

1961、『山陽地方における海事関係中小企業の現況』中国海運局。

1978、『管内造船資料』。

中国新聞社編

2005、『ハト派の伝言－宮沢喜一元首相が語る』中国新聞社。

千須和富士夫

2002、『現代内航船主経営史の研究』多賀出版。

ダイヤモンド社編

1971、『産業フロンティア物語　日本水産』ダイヤモンド社。

土井全二郎

1992、『最近捕鯨白書』丸善。

堂野智史

1992、「わが国造船業の立地再編に関する一考察－1970年代中盤から80年代後半を中心として」『経済地理学年報』38（1）：37-54。

エコノミスト編集部

1984a、「名脇役演じた内航海運」『証言・高度成長期の日本（上）』毎日新聞社：248-257。

1984b、『証言・高度成長期の日本（上）』毎日新聞社。

藤井耿介

1991、「打瀬船について（3）－周防灘を中心とした打瀬網の普及とその漁法の制限」『光地方史研究』17、光地方史研究会・光市立図書館：17-36。
藤森勉
1960、「造船独占資本の立地と地域構造－岡山県玉野市三井造船の場合」『人文地理』12（4）：18-41。
福山農業改良普及所
1975、『田島横島の昔話』内海町。
舩橋晴俊
1998、「環境問題の未来と社会変動－社会の自己破壊性と自己組織性」舩橋晴俊・飯島伸子編『講座社会学12　環境』東京大学出版会：191-224。
舩橋晴俊・長谷川公一・飯島伸子編
1998、『巨大地域開発の構想と帰結－むつ小川原開発と核燃料サイクル施設』東京大学出版会。
布施鉄治編
1982、『地域産業変動と階級・階層』御茶の水書房。
1992、『倉敷・水島/日本資本主義の展開と都市社会』東信堂。
後藤和夫
1970、「沿岸漁業村落の階級（階層）構造と漁民層の性格」『村落社会研究』6：275-318。
荻野喜弘
1982、「宇部共同義会における炭鉱業の統制」『宇部地方史研究』第10号：27-49。
濱島朗
1960、「戦後日本の階級・階層関係とその動態」『日本人の社会意識』三一書房：9-55。
濱島朗・松浦孝作
1963、『日本資本主義と村落構造－賃労働兼業化の社会的影響』誠信書房。
橋本健二
2000、「戦後日本の農民層分解」『日本の階層システム1　近代化と社会階層』東京大学出版会：109-134。
蓮見音彦
1990、『苦悩する農村』有信堂高文社。
広島県輸送海運組合
1994、『広島地区海運組合沿革史』広島県輸送海運組合広島支社。
広島県水産試験場
1903、「明治三十六年広島県水産試験場事業報告」。

百年史編纂委員会
1998、『宇部興産創業百年史』宇部興産株式会社。
板橋守邦
1987、『南氷洋捕鯨史』中央公論社。
化学経済研究所編
1959、『石油化学資本の形成』東洋経済新報社。
柿崎京一
1978、『近代漁業村落の研究－君津市内湾村落の消長』御茶の水書房。
神原汽船
1962、『神原勝太郎伝』非売品。
兼田明逸
1923、『田島村志 吉備高島宮記』先憂会出版部。
環瀬戸内海会議
1998『住民のみた瀬戸内海』。非売品。
苅谷剛彦・菅山真次・石田浩編
2000、『学校・職安と労働市場』東京大学出版会。
川島武宜
1955、「農村の身分制」、井上・宇佐美編『日本資本主義講座』第8巻、岩波書店。
きだみのる
1956、『南氷洋』新潮社。
1967、『にっぽん部落』岩波書店。
木下晃
1987、『想い出の第二図南丸』私家版。
北島滋
1986、『造船のレクチャー』中央法規出版。
米花稔
1958、「シングル・インダストリィ・タウンにおける関連産業の事例研究－玉野市における造船下請金属機械工業」『企業経営研究年報』8：17-48。
近藤康男編
1953、『日本漁業の経済構造』東京大学出版会。
河野通博
1956、「瀬戸内海島嶼部における半農半漁村の経済地理学的研究－広島県沼隈郡内海町田島の場合－」『岡山大学法文学部学術紀要』5：90-127。
極洋捕鯨30年史編集委員会編
1968、『極洋捕鯨30年史』非売品。

前田敬治郎・寺岡義郎
1952、『捕鯨』いさな書房。
牧野由朗
1969、「戦後におけるカツオ・マグロ漁業の展開と村落の変容」『村落社会研究』5：5-55。
松原治郎・似田貝香門編
1976、『住民運動の論理』学陽書房。
松村直道
1976、「エネルギー開発と住民運動」松原治郎・似田貝香門編『住民運動の論理』学陽書房：23-62。
松島静雄
1978、『友子の社会学的考察』御茶の水書房。
御厨貴・中村隆英編
2005、『聞き書 宮澤喜一回顧録』岩波書店。
皆川勇一
1966、「就業構造の近代化と農家労働力市場の変貌」『村落社会研究』2：211-248。
宮本常一
1960、『忘れられた日本人』未来社 =1984、『忘れられた日本人』岩波書店。
1967、『宮本常一著作集 第3巻 風土と文化』未来社。
1968、『宮本常一著作集 第1巻 民俗学への道』未来社。
1971、『宮本常一著作集 第10巻 忘れられた日本人』未来社。
1972、『宮本常一著作集 第12巻 村の崩壊』未来社。
1973a、『宮本常一著作集 第13巻 民衆の文化』未来社。
1973b、『宮本常一著作集 第15巻 日本を思う』未来社。
1976、『宮本常一著作集 第21巻 庶民の発見』未来社。
1981、『宮本常一著作集 第26巻 民衆の知恵を訪ねて』未来社。
水野勇
1961、『現代日本海運史－戦後十五年の歩み』日刊海事通信社。
村上雅康
1972、「巨大造船工場設立に伴う地域の変貌－長崎県香焼町の場合」『宇都宮大学教育学部紀要』22（1）。
1973、『造船工業地域の研究－相生・因島両地区の場合』大明堂。
1975、「巨大造船工場設立に伴う地域の変貌－熊本県長洲町の場合」『宇都宮大学教育学部紀要』25（1）。
村串仁三郎

1998、『日本の鉱夫－友子制度の歴史』世界書院。
中村隆英
2002、「石油化学コンビナート」、徳山大学総合経済研究所編『石油化学産業と地域経済』山川出版社。
中野卓
1995、増補版『口述の生活史－或る女の愛と呪いの日本近代』御茶の水書房。
中澤秀雄
2005、『住民投票運動とローカルレジーム』ハーベスト社。
日本銀行広島支店
1951、「広島県を中心とした瀬戸内海の機帆船について、広島支店、昭和26・8・1」、日本銀行金融研究所編、1985『日本金融史資料・昭和続編第十八巻　日本銀行支店報告（3）』大蔵省印刷局発行。
日本鯨類研究所編
1990、『社会文化人類学的研究叢書Ⅲ－Ⅲ　日本の捕鯨業に見られる捕獲枠ゼロの社会・経済的影響』。
日本捕鯨協会編
1980、『捕鯨業と日本国民経済との関連に関する考察』。
日本LPガス協会
1993、『未来をひらくLPガス』石油化学新聞社。
N社捕鯨部
1957、『第11次　南氷洋捕鯨』非売品。
1966、『第20次　南鯨』非売品。
西岡久雄・松橋公治編
1990、『産業空間のダイナミズム』大明堂。
似田貝香門
1976、「開発政策=計画と住民運動」松原治郎・似田貝香門編『住民運動の論理』学陽書房：201-245。
日東捕鯨株式会社編
1988、『日東捕鯨五十年史』非売品。
中園成生
2001、『くじら取りの系譜－概説日本捕鯨史』長崎新聞社。
NHK取材班
1986、『栄光の捕鯨船団』日本放送出版協会。
野中郁次郎・竹内弘高
1996、『知識創造企業』東洋経済新報社。

野村寅三郎・秋山一郎

1960、『瀬戸内海の貨物交通』神戸大学経済経営研究所。

沼隈町文化財協会

1988a、「海と造船」『文化財ぬまくま』第8号：22-25、沼隈町文化財協会。

1988b、「聞き書き・木造船徒弟記」『文化財ぬまくま』第8号：50-54、沼隈町文化財協会。

1989、「敷名は船どころという話」『文化財ぬまくま』第9号：20-21、沼隈町文化財協会。

1990、「敷名の渡し船」『文化財ぬまくま』第10号：15-17、沼隈町文化財協会。

1993、「睦渡船の話」『文化財ぬまくま』第13号：52-53、沼隈町文化財協会。

沼隈町教育委員会

1970、「沼隈町の文化財」3。

沼隈郡役所

1923、『沼隈郡誌』先憂会出版部。

小間芳男

1942、『南溟捕鯨記』那珂書店。

1949、『南氷洋の息吹き』産業復興倶楽部。

小野英二

1971、『原点四日市公害10年の記録』勁草書房。

大村秀雄

2000、『南氷洋捕鯨航海記』鳥海書房。

大西昭生・他

1989、『徳山海軍燃料廠史』徳山大学総合経済研究所。

2002、「三井石油化学コンビナート（岩国・大竹地区）の形成」『徳山大学総合経済研究所紀要』。

大野盛雄

1957、「沖家室の漁業」『東洋文化研究所紀要』12：49-105。

1961、「漁業の地域構造に開する研究―千葉県千倉の沖合漁業」『東洋文化研究所紀要』22：185-239。

大山信義

1988、『船の職場史』御茶の水書房。

Plath, D.W.

1980、*"Long Engagements, Maturity in Modern Japan"*, Stanford University Press.（井上俊他訳『日本人の生き方 現代における成熟のドラマ』岩波書店、1985）。

Polanyi, M.
1966、*"The Tacit Dimension"*, Routledge & Kegan Paul Ltd., London（佐藤敬三訳『暗黙知の次元』紀伊國屋書店、1980）。
佐野眞一
1996、『旅する巨人』文藝春秋。
佐々木誠治
1966、『内航海運の実態』海文堂。
佐藤金勇
1998、『聞き書　南氷洋出稼ぎ捕鯨』無明舎出版。
石油化学工業協会
1981、『石油化学工業20年史』非売品。
1989、『石油化学工業30年のあゆみ』非売品。
柴達彦
1986、『鯨一代』青英舎。
渋谷辰三郎
1967、『捕鯨回顧』私家版。
下川辺淳（談）
1984、「新全総にかけた夢」エコノミスト編集部『証言・高度成長期の日本（上）』毎日新聞社：102-116。
島崎稔・安原茂編
1987、『重化学工業都市の構造分析』東京大学出版会。
新明正道他
1959、「産業都市の構造分析」『社会学研究』第17号、東北社会学研究会。
白樫久
1979、「兼業農民の労働・生活過程と農村自治の変容－安城市高棚地区の事例研究」『村落社会研究』15 ：117-157。
1992、「地域社会と家族・町内会組織変動」、「漁村地帯における部落構造とその変動」、布施鉄治編『倉敷・水島/日本資本主義の展開と都市社会』2、東信堂：788-807、835-866。
2001、『地域社会の変動と住民　1960-2000』、アカデミア出版会。
大洋漁業80年史編纂委員会編
1960、『大洋漁業80年史』非売品。
大洋漁業南氷洋捕鯨船団の記録を残す会編
1997、『捕鯨に生きた』成山堂書店。
高野義祐
1953、「新川から宇部へ」『高野義祐著作集』第１巻、1996、往来舎（再録）。

武田尚子

1999、「都市流入者と出身地域という属性－広島県沼隈郡内海町出身者の大阪における同郷団体－」『日本都市社会学会年報』17：55-71。

2000、「村落から工業都市への変容－宇部における企業経営者層の形成－」『年報社会学論集』第13号：215-226。

2002、『マニラへ渡った瀬戸内漁民－移民送出母村の変容－』御茶の水書房。

2005、「祭礼の変容と地域社会－福山市内海町の事例から－」『ソシオロジスト』第7号：191-216、武蔵大学武蔵社会学会。

2006a、「造船業下請企業経営者層の形成と地域社会－広島県内海町を事例に－」『地域社会学会年報』第18集：79-102。

2006b、「移民経験者と家族のキャリア・コース－地元漁業からの離脱－」『移民研究年報』第12号： 141-153。

2007、「受苦圏の認知と地域社会－広島県内海町におけるLPG基地建設反対運動の事例から－」『ソシオロジスト』第9号：167-194。

2008、「1925～40年のマニラ湾における日本人漁業－漁業技術と排日－」蘭信三編著『日本帝国をめぐる人口移動の国際社会学』不二出版：753-779。

2010、「宮本常一の西日本社会論－「合理性」への関心と村落社会構造の把握－」『ソシオロジスト』第12号。

武田良三他

1963、「炭砿と地域社会—常磐炭砿における産業・労働・家族および地域社会の変容」『社会科学討究』22・23号、早稲田大学社会科学研究所。

田中省吾編

2001、『鯨取り追想記－遙かなる海－』鯨取り追想会。

多藤省徳編

1985、『捕鯨の歴史と資料』水産社。

徳山宣也編

1992、『大洋漁業捕鯨事業の歴史』私家版。

東京大学社会科学研究所

1960、「造船業における技術革新と労務管理」東京大学社会科学研究所調査報告第２集。

鳥越皓之

1985、『家と村の社会学』世界思想社。

1989、「経験と生活環境主義」『環境問題の社会理論』御茶の水書房：14-53。

1997、『環境社会学の理論と実践』有斐閣。

鳥巣京一

1993、『西海捕鯨業史の研究』九州大学出版会。
常石造船
1983、『神原秀夫伝』非売品。
上野嘉夫・高橋脩
1976、「企業コンフリクトの実態とその構造」似田貝香門・大森弥・永井進編『地域開発と住民運動』フジ・テクノシステム：450-468。
内海町教育委員会
1997、『内海町の文化財第5号 内海町の石造物』。
内海町史編纂委員会
2003『内海町誌』内海町。
渡辺徳二
1966、『石油化学工業』岩波書店。
1974、『日本の化学工業　第四版』岩波書店。
和座一清
1970、『慣習的共同企業の法的研究－いわゆる「宇部式匿名組合」を中心として』風間書房。
山田亀之介
1955、『宇部郷土史話』。
1956、『宇部共同義会史』宇部市共同義会。
山本茂
1967、「造船中小資本の下請利用の地域性－静岡県清水地区における事例」『埼玉大学紀要（教育学部）』16：65-79。
1968a、「清水地区における造船業の下請利用－造船独占企業からみた場合」『地理学評論』41（5）：310-321。
1968b、「下請利用からみた造船工業地域の諸類型」『埼玉大学紀要（教育学部）』17：39-53。
山岡栄市
1965、『漁村社会学の研究』大明堂。
財団法人琴平海洋会館
1988、「四国における内航船舶貸渡業の実態と今後の展望に関する調査研究報告書」財団法人琴平海洋会館。
全日本内航船主海運組合
1981、『内航船主の航跡』内航ジャーナル株式会社。

著者紹介

武田　尚子　(たけだ　なおこ)
武蔵大学社会学部教授
博士（社会学）
専攻は地域社会学、都市社会学
お茶の水女子大学文教育学部卒業、
東京都立大学大学院社会科学研究科（博士課程）修了。

著書：

『マニラへ渡った瀬戸内漁民－移民送出母村の変容』2002年、御茶の水書房（第2回日本社会学会奨励賞［著書の部］受賞）。

『質的調査データの2次分析－イギリスの格差拡大プロセスの分析視角』2009年、ハーベスト社。

『もんじゃの社会史－東京・月島の近現代の変容』2009年、青弓社。

『温泉リゾート・スタディーズ－箱根・熱海の癒し空間とサービスワーク』（共著）2010年、青弓社。

瀬《せ》戸《と》内海《ないかい》離《り》島《とう》社会《しゃかい》の変容《へんよう》
——「産業《さんぎょう》の時間《じかん》」と「むらの時間《じかん》」のコンフリクト——

2010年３月30日　第１版第１刷発行

著　　者　武　田　尚　子
発 行 者　橋　本　盛　作
〒113-0033　東京都文京区本郷5-30-20
発 行 所　株式会社御茶の水書房
電話　03-5684-0751
FAX　03-5684-0753
印刷／製本：東洋経済印刷（株）

ISBN 978-4-275-00872-5　C3036